市民・子ども・教師のための

教育行政学

奥田泰弘 編著

中央大学出版部

装幀　道吉　剛

まえがき

演劇を観ようとするとき、誰しも、まず劇のタイトルに惹かれ、筋書きを読み、主役は誰かその他の配役は誰かと探す。しかし、演劇には舞台が不可欠であるという自明のことを忘れがちである。どんなにおもしろい筋書きの劇をたとえ人気絶頂の役者が演じたとしても、舞台がお粗末ではその劇は台無しになってしまう。

教育についても、同じようなことがいえる。どんなに優れた内容の事柄を、どんなに有能な教師が教えようとしても、そのための舞台、すなわち教育の諸条件が整っていなければよい教育は行い得ないのである。たとえば、現代の日本の教育諸課題の中で最大の課題は三〇人学級の実現であるが、一クラスに四〇人近い生徒がひしめいている学級と二〇名前後の生徒がゆったりと向き合っている学級とでは、同じ教師が同じ教育内容を同じ教育方法で教えたとしても、その教育効果には大きな差が生じるであろう。三〇人学級の制度を採用するか否かはまさに教育行政の課題である。このように教育行政は、いわば教育の舞台を整えることをその使命とし、教育行政学はどのような舞台をどのように整えればよいかを考える学問なのである。

本書を編むに当たっては次のことに留意した。

第一は、教育基本法の原理に基づいて論述したことである。特に教育基本法第一〇条は教育行政を論ずる場合の基本である。第一〇条は次のようにいう。

教育基本法第一〇条（教育行政）
教育は、不当な支配に服することなく、国民全体に対し直接に責任を負って行われるべきものである。
②教育行政は、この自覚のもとに、教育の目的を遂行するに必要な諸条件の整備確立を目標として行われなければならない。

第二は、教育は、学習を援助する営みである、との理解に立って論述を進めたことである。もちろんその援助の中身には学習を動機づける営みをも当然含んでいる。教育が先に行われてそのあとを追って仕方なしに学習が行われるということがあるとすればそれは、たとえそれが学校教育の場で行われている教育であっても、そこで行われている学習も教育もどこかが間違っていると考えなければならない。

第三は、教育を学校教育と社会教育の総体としてとらえ、常にその両方を視野に置きながら教育行政を論じたことである。人は生涯にわたって学習を続ける。その学習を援助する教育は、人生を八〇年と考えると、学齢前の六年間、学校時代の一二年間、高等学校卒業後の六二年間の三つの時期に分けて考えることができる。これを第一期、第二期、第三期と呼ぶとすると、第二期の教育について考えるのが主として学校教育学であり、第一期と第三期の教育を考えるのが社会教育学であるということになる。しかも、第二期であっても最近は学校教育学だけでは問題は解決せず社会教育学の力がどうしても必要なのである。学社連携の必要が説かれる所以である。これまで、教育学といい教育行政学といえば無意識に学校教育の世界のみを頭に浮かべてものを考える習慣があったが、それでは二一世紀の教育を展望することはできない。その意味で本書は、内容の出来不出来は読者の判断にまつしかないが、学校教育と社会教育とをトータルに考えながら編まれた最初の教育行政学ではないかとひそかに自負している。

第四は、本書を誰よりもまず一般市民の方々に読んでいただきたいとの願いを持って編んだということである。その場合に「親」といわないで「市民」といっていることにも留意していただきたいと思っている。これまで教育学がおとなに語りかける際はたいていのばあい学校教育をよくするために、子どもの親として、教師や教育行政に協力を呼びかけるという形で行われてきた。それでは教育はおとなにとって他人事になってしまう。そうではなく、おとなも一人の市民としてあるいは住民・国民として教育を我が事と捉えて欲しいのである。社会教育の世界では、すでに一九六三年二月に枚方市教育委員会が『社会教育をすべての市民に』（後に「枚方テーゼ」と呼ばれる）という文書の中で「社会教育の主体は市民である。」と喝破しているが、多くの市民が学校教育も社会教育も含めて「教育の主体はわれわれ自身である」との認識に立ってはじめて二一世紀の教育も展望できるし、正しい教育改革もなし得るのである。

第五は、本書において教育行政学の対象とする事象を、とくに学校教育の分野（第六章及び第七章）に関しては、主として日本における一九五〇年代の後半から一九八〇年代の後半に至る約三〇年間の事象に限定して題材を収集したということである。現代の教育においては教育行政はほとんどすべての教育事象に関係を持っているといってよく、そのすべてについて一冊の書物で論ずることはもとより不可能である。そこで、現在の教育の荒廃と呼ばれる現象がなぜ生じたのかをもっともよく理解でき、いま必要とされている教育改革をどのように構想するのが正しいのかを見極めるためには、右の三〇年間の教育行政のありようをつぶさに検証することが最も重要かつ有効であると考えたのである。

編者は、現在の学校教育の諸問題の発生の根源は後期中等教育のあり方にある、と考えている。一九五〇年代後半からの国の教育政策は「後期中等教育の多様化政策」をてこに子どもたちを一八歳までに七パーセント弱のエリートとそれ以外の一般大衆とにふるい分けることに専念してきた。校内暴力も家庭内暴力も、いじめも自殺も、そして今一番問題視されている学力低下も学習意欲の喪失もすべてはここに主たる原因があると考えている。七パーセントに入りきれなかった子どもたちには暖く見守ってくれいつも親身になって相談に乗ってくれる大人が必要であり、そうでなければ多くのばあい将来の展望が描けないからである。そしてさらに不幸なことは、その政策は現在もなお続けられ、強化されているということである。それは現在の東京都の高等学校政策にもっとも端的かつ露骨に現れている。すなわち、少子化の時代は三〇人学級を実現する絶好の機会であるにもかかわらずそれをせず、むしろ高校においては全日制高校を二八校（約一三パーセント）、定時制高校にいたっては約半数近くにまで削減する。そして、それらすべての都立高校の学区を撤廃し（そのことにより受験戦争は今よりもさらに激化するであろう）、高校を全体としてさらに多様化・種別化するとともに、全都でエリート校を数校だけ選んで予算的に手厚く処遇する。さらにはいわゆる中高一貫校を九校つくり、結果として入学試験競争を小学校段階にまで降ろす。この結果何が起こるか。第六章及び第七章で明らかにした事象の延長として多くの市民に考えていただきたいのである。

二一世紀は、市民が、教育の主権者として、教育を学校教育も社会教育も含めてトータルに考え、国や地方自治体の教育政策を決定していく時代である。そのために本書が少しでもお役に立てるのであれば編者として望外の喜びである。

二〇〇三年二月

奥田泰弘

市民・子ども・教師のための教育行政学——目　次

第一章　教育行政とはなにか

一　教育行政の定義

教育行政とは、教育という事象に向けられる公権力作用である。したがって歴史的にみて、あるいは現象的にみて、教育が私事であるうちは教育行政は存在しないし、存在しても関与しない。

公権力作用には、強制力が伴う。また、公権力が作用する際には公費が支出される、あるいは支出されている。公権力作用には強制力が伴うと言っても、それは必ずしもそれと意識されるとは限らない。たとえば小学校教育は六歳からの六年間と定められていれば、五歳からは入学できないが、それを強制されたこととは誰も思わない。また、小学校は地方自治体が設置すると法律で決めれば、そのための費用は地方自治体が負担することになる。私立の小学校には、特に法律の定めがない場合には公費は支出されないが、それでも正規の小学校であるためには、私立小学校といえども法律に定められたカリキュラムに従って授業をすることが求められる、つまり強制されるわけである。

公権力には国家が行使するそれと、地方公共団体が行使するそれとがあり、それぞれ国家にあっては法律に基づき、地方公共団体にあっては法律の範囲内で定められた条例・規則に基づいて行使される。したがって、法律や条例・規則がどのような手続きで作られ、それらがどのような手続きで運用されるようになっているかによって、公権力作用、すなわち教育行政の内実は規定されることになる。

一九七〇年代には日本全国でいわゆる革新自治体が作られたことがあった。そのころの革新自治体とは日本社会党と日本共産党とが中心になって首長選挙を闘い勝利した自治体のことを言うが、そうなると当該の自治体の政策は当然のことながら社会党と共産党とが合意をした政策が公権力を通じて実現されるわけでそれまでの保守系の首長の行う政策とは自ずから異なってくる。つまり、同じ公権力の行使といっても誰が、どのように、どんな内容でその公権力を行使するかで、結果は大きく変わってくるのである。

二　教育行政の目的

憲法第二六条は、「すべて国民は、法律の定めるところにより、その能力に応じて、ひとしく教育を受ける権利を有する。」と定めている。

教育行政の目的は、「教育を受ける権利」をすべての国民に保障することである。すなわち、教育行政の目的はすべての国民の教育権・学習権を保障することにある。すべての国民とは、いうまでもなく子どもだけではなく大人も含まれる。したがって教育行政の目的は、学校教育も社会教育も含めて、すべての人間の生涯にわたる教育と学習の権利を保障することでなければならない。そして、その根拠は上述の日本国憲法第二六条にあるのである。

しかし、日本国憲法が教育について直接定めている項目は上の第二六条だけである。そこで「憲法に代わる教育根本法」(田中耕太郎)とも言うべき教育基本法が定められている。その教育基本法は次のように述べている。


第一条（教育の目的）　教育は、人格の完成をめざし、平和的な国家及び社会の形成者として、真理と正義を愛し、個人の価値をたつとび、勤労と責任を重んじ、自主的精神に充ちた心身ともに健康な国民の育成を期して行われなければならない。

第二条（教育の方針）　教育の目的は、あらゆる機会に、あらゆる場所において実現されなければならない。この目的を達成するためには、学問の自由を尊重し、実際生活に即し、自発的精神を養い、自他の敬愛と協力によつて、文化の創造と発展に貢献するように努めなければならない。

第六条（学校教育）　法律に定める学校は、公の性質をもつものであって、国又は地方公共団体の外、法律に定める法人のみが、これを設置することができる。

②　法律に定める学校の教員は、全体の奉仕者であって、自己の使命を自覚し、その職責の遂行に努めなければならない。このためには、教員の身分は、尊重され、その待遇の適正が、期せられなければならない。

第七条（社会教育）　家庭教育及び勤労の場所その他社会において行われる教育は、国及び地方公共団体によつて奨励されなければならない。

②　国及び地方公共団体は、図書館、博物館、公民館等の施設の設置、学校の施設の利用その他適当な方法によつて教育の目的の実現に努めなければならない。

すなわち、教育基本法第一条が求める教育の目的を、あらゆる機会に、あらゆる場所において実現するように、学校や図書館、博物館、公民館等を設置し運営することが、国および地方自治体に義務づけているのである。教育行政の目的は、この国および地方自治体の義務を果たすことにあるのである。

なお、この書では、法令の紹介およびその説明、その他やむをえない場合を除き「地方公共団体」の語の代りに「地方自治体」の語を使用する。その理由は「地方公共団体」は本来「地方自治体」と言うべきだからである。

三　教育行政のおよぶ範囲（領域）

教育行政すなわち教育における公権力の行使は、常に公費に支えられかつ強制力を伴うものであるから、その行使は常に公正かつ慎重でなければならない。そのために、教育基本法では、特に第一〇条を設けて次のように規定している。

1　教育行政の目標

第一〇条　教育は、不当な支配に服することなく、国民全体に対し直接に責任を負つて行われるべきものである。

②　教育行政は、この自覚のもとに、教育の目的を遂行するに必要な諸条件の整備確立を目標として行われなければならない。

すなわち、教育基本法によれば、教育行政の目標は教育の目的を遂行するに必要な「諸条件の整備確立」にあるのであって、それ以上であってはならない。なぜならば、教育行政が「諸条件の整備確立」以上のことをやりはじめると、日本の戦前の歴史が教えるように、「不当な支配」によって教育がゆがめられる虞があるからである。ただ、どこまでが「諸条件の整備確立」にあたり、どこからが「不当な支配」にあたるのかは、立場によって見解の異なるところであって、そのためにたとえば教科書検定のように裁判にまでなることがあるわけである。

2　教育の外的事項の条件整備

ふつう教育行政のおよぶ範囲は、教育の内的事項と外的事項とに分けて考えられている。
教育の外的事項の条件整備としては、次のような事項が考えられる。

教育立法
教育計画の立案
教育政策の立案
教育制度の立案、制定、改廃
教育行政組織の構成と運営
教育財政
学校、公民館等の教育機関の設置、改廃
学校、公民館等の教育機関の管理運営規則の制定、改廃
学校の教育課程の大綱の立案、改編
教員、社会教育職員等の養成制度の立案、制定、改廃
教員、社会教育職員等の研修制度の立案、制定、改廃
教員、社会教育職員等の定員の決定
教員、社会教育職員等の人事
教員、社会教育職員等への指導助言
教員、社会教育職員等の福利厚生

学校保健(学校安全を含む)

学校事故、社会教育活動に伴う事故の処理

同和教育、障害児(者)教育、僻地教育等の振興方策の策定と実施

3　教育の内的事項への関与の問題

教育の中身にまで公権力が介入することは、厳しく避けられなければならない。しかしながら、たとえば、法律によって学校の教育課程の大枠を定めることもいけないのか、あるいはどの程度までならばそれが許されるのかという問題は、なかなかむずかしい問題である。詳しくは、別の章で論ずるとして、よく議論の対象となる事柄の主なものをあげると次のようなものがある。

学習指導要領とその法的拘束力

教科書検定

全国一斉学力テスト

教員、社会教育職員等の研修、等

四　教育行政の三原則と教育の二原則

前節でも述べたように、教育行政すなわち教育における公権力の行使は「不当な支配」にならないように注意しなければならない。そのためにはさまざまな工夫が必要となる。その工夫は、教育基本法第十条の規定（この規定そのものもそういった工夫の一つであるが）に基づいて教育行政と教育とに分けて細心の注意を払いながら、凝らされて

いる。すなわち、教育行政は教育行政機関（教育委員会等）によって、教育は教育機関（学校および公民館等）によって行われるものとし、それらは、それぞれ次のような原則に基づいて運営されるようになっているのである。

1　教育行政の三原則

教育委員会制度は、教育行政が「不当な支配」に服することのないように、工夫された大切な制度である。教育委員会制度については後にあらためて詳しく述べるが、その精神は次の三つの原則に表わされている。

（1）教育行政の地方分権の原則

教育基本法にいう「不当な支配」とは、主として国家権力の中央集権的行使や地方自治体の首長による教育の直接的支配によって起きるとの理解の基に、教育行政の権限を戦前の内務省や文部省から外し、地方自治法によってそのほとんどを地方公共団体（地方自治体）にゆだねることとした。そのうえ、各地方自治体においては、教育の仕事に関する権限は首長にではなく教育委員会にそっくりゆだねることとしたのである。そのことについては次項で説明する。それは、「どんなことを、一年の間のどの時期に、その地方の実状にあった方法で教えるか、そのためにどんな教科書が必要か等をきめる」（文部省「教育委員会法のしおり」一九四八・九　巻末資料7参照）のは、地方公共団体の仕事であるとしたのである（この「しおり」の文章は、教育が学校教育だけではなく社会教育も含まれることを考えれば、ここのところの表現はもっと工夫されていてよいと思われるが、当時としては学校中心の考え方がなされていたためやむを得なかったのであろう。）これを、教育行政の地方分権の原則と呼んでいる。

（2）教育行政の一般行政からの独立の原則

戦前の地方教育行政は、一般行政のなかで一般行政官である知事や市町村長の手で行われていたが、戦後の教育改革によって、次のような考え方のもとに教育委員会を一般行政機関から独立したものとして設置したのである。文部省（当時）は言う。「教育も政治も長い目でみれば、その理想とするところは一致していますが、実際には、政治は、現実的な問題にとらわれすぎたり、また、ある一つの力の強い組織に左右されたりしがちです。これに反して教育は、常に社会の将来の建設をめざすものであり、未来に備えるものであるともいえるのです。そして教育は、真理をめざして人間を育成する営みです。ここに教育の特殊な使命があるのです。それで、もし教育に、国や地方における現実的な政治活動の影響が常に及ぶとすると、いわゆる不当な支配が教育に加わる場合も生じて、教育の特殊な使命を完全に果たすことができなくなります。」「そのために、教育委員会は、国民と国民の代表者に対して責任を負い、法令の規定に従って仕事をするので、ほかからの干渉を受けることはありません。」（「教育委員会法のしおり」）これを、教育行政の一般行政からの独立の原則と呼んでいる。

（3）教育行政の民主化の原則

すでにたびたび述べたように、教育基本法第一〇条は、教育は「国民全体に対し直接に責任を負つて行われるべきものである。」と定めている。そのために、教育委員会制度が導入された当初は、教育委員は選挙によって選ばれることになっていた。これを、教育委員会の民主化の原則と呼んでいる。現在では、教育委員は地方自治体の首長によって任命される制度に変わっているがその精神は生き続けていると考えなければならない。

2　教育の二原則

教育は、公的な教育機関において行われることが多い。その場合に、教育が不当な支配に服することがないように、また、教育が国民全体に対し直接に責任を負って行われるように、教育機関は次の二つの原則に基づいて運営されているし、また運営されなければならない。

（1）教育専門職制度の原則

教育行政は一般行政から独立していなければならないが、さらに、教育は教育行政からも独立して行われなければならない。教育基本法第一〇条が第1項で教育について述べ、第2項で教育行政について述べているのは、そのことを大原則として法に明記したものである。教育基本法第一条の言う「教育は不当な支配に服することなく」というのは、教育のことは教育の専門家にゆだねると言うことである。このことを教育専門職制度の原則と呼んでいる。そのための法的措置の一つが教育職員免許法である。社会教育職員の資格制度についても、同じ趣旨で法的措置がなされているが、そのことについては後に詳述する。

（2）教育の住民自治の原則

専門職としての教師および教師集団は、以上のように誰からも支配をされないわけであるから、何をやっても良いのかといえば、もちろんそんなことはない。そこに、教育基本法第一〇条第1項の「国民全体に対し直接に責任を負つて行われるべきものである」という規定に基づいて教育の住民自治の原則が要請される。そのために法はまたさまざまな制度を工夫しているのである。公民館運営審議会（社会教育法第二十九条―三十一条）、図書館協議会（図書館法第十四条―十六条）、博物館協議会（博物館法第二十条―二十二条）などがそれである。ただ、ここで注意しなければならないのは、日本においては学校教育に関するこの種の規定を全く欠いているといってよく、わずかに二〇〇〇年四月から学校評議員制度が導入されたとはいえ、実際上はきわめて不十分な内容であり、この点日本は世界の情勢からみてもたいへん遅れていると言わなければならない。今後の教育行政上の大きな課題と言わなければならないであろう。

以上の諸原則を図示すれば次図の通りである。

地方自治体（区市町村）における教育機関の位置

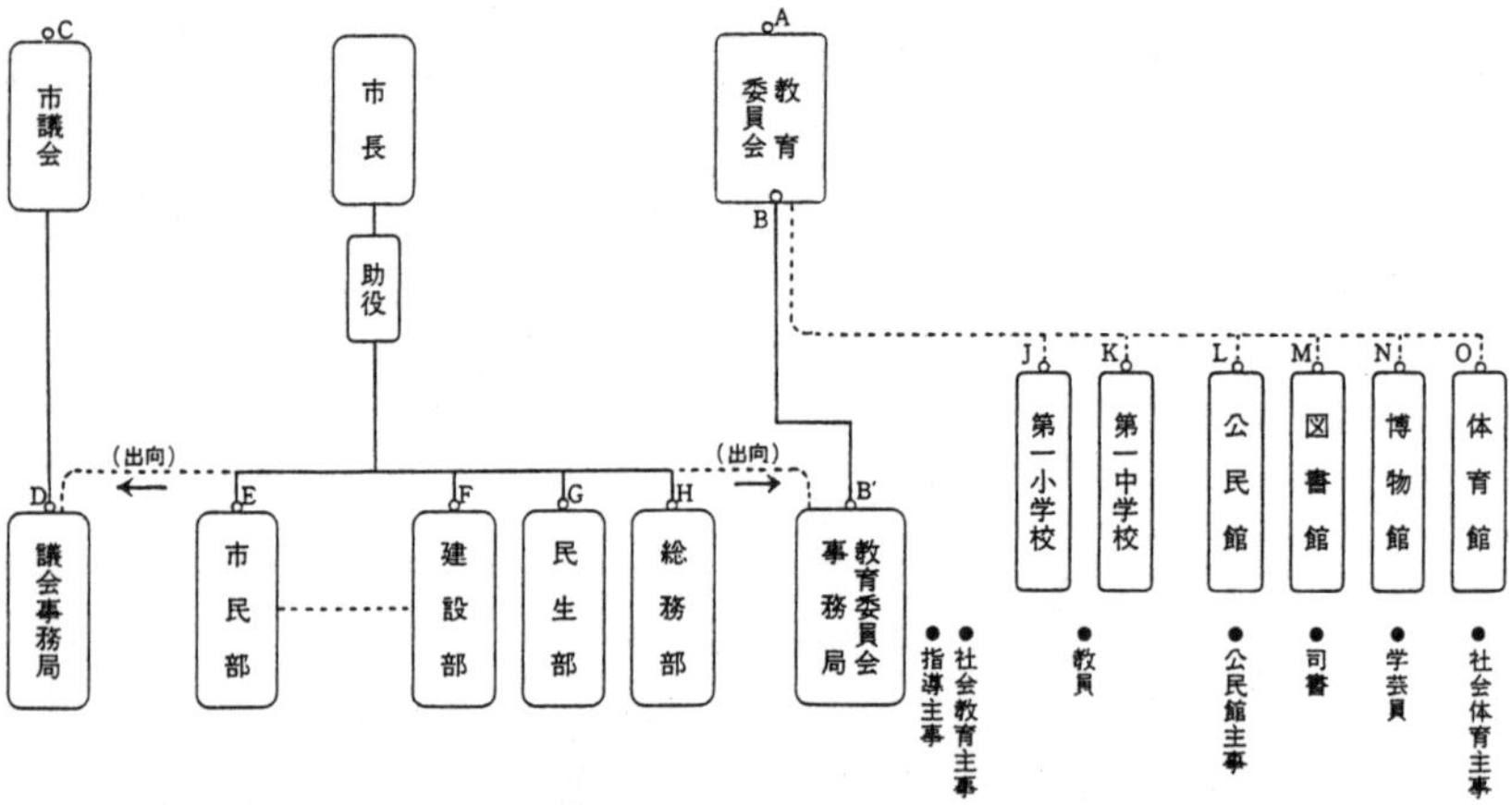

〔注〕A――教育委員長
B,B′―教育長
C――市議会議長
D――市議会事務局長
E～H―各部長
J～O―校長および各館長
●――教育専門職員

第二章　日本における教育行政の歴史と構造

日本における教育行政の歴史は、大きく三つの時期に分けて考えることができる。第一期は、戦前の教育行政で、これは明治維新から第二次世界大戦直後の教育委員会法成立までである。ついで、第二期は、一九四八(昭和二三)年の教育委員会法成立から一九五六(昭和三一)年の地方教育行政の組織および運営に関する法律の成立まで、そして、第三期は、一九五六年以降である。それぞれの期はさらに細かく時代区分をすることができるが、詳細は別の機会にゆずることとして、この章では第三期のみをさらに三つに分けて述べることとする。

一　戦前の教育行政

日本における戦前の教育行政は、理念において国体の明徴・護持、目標において国家主義・軍国主義、制度において中央集権であった。そして、その骨格は一八八九(明治二二)年の大日本帝国憲法(以下、明治憲法)の制定および翌九〇年の教育に関する勅語(以下、教育勅語、巻末資料8参照)の渙発、ならびにそれ以後の諸々の行政制度の整備によって形づくられていった。

戦前の行政全般の理念は国体の明徴ならびに護持にあった。明治憲法は、まず第一条において「大日本帝国ハ万世一系ノ天皇之ヲ統治ス」と天皇主権を宣言し、つづいて渙発された教育勅語によって「一旦緩急アレハ義勇公ニ奉シ以テ天壌無窮ノ皇運ヲ扶翼スヘシ」とした。そうして教育に関しては「わが国体」こそ「教育の淵源」であること、したがって教育行政の理念も「国体の護持」にあることを天下に宣明した。

また、明治政府の基本政策が「富国強兵」にあったことはよく知られるところである。戦前の国定教科書では小学校の一年生から国語で「ススメ、ススメ、ヘイタイススメ」と教え、中等学校では、陸軍現役将校を各校に配属して軍事教練を必修とするとともに、軍人勅諭が教える諸徳目を中心的な内容とする軍国主義的教育を徹底した。

教育行政制度は徹底した中央集権制を採用した。明治憲法には地方自治の項はなく、かつ教育行政の権限は行政一般の権限の一部として行使され、なおかつ明治憲法の制約を受けることなく天皇の意のままに行使された。実際的にはそれは全面的に各都道府県の知事にゆだねられ、知事は内務大臣によって任命され、内務大臣の命を受けて仕事をした。また、小学校長ならびに教員は市町村長によって任命されたが、その市町村長は知事に任命され知事の命を受けて任務を遂行した。かくして天皇の大権を補弼する内務大臣の意向は知事・市町村長・学校長を通じて瞬時にして全国の学校に浸透する体制ができあがったのであった。知事は教育に関する事項については文部大臣の命にも服したが、知事の傘下にある学務部長は県の視学官を兼ね、視学を指揮して人事権を盾に小学校長をはじめ全教員を支配し、それによって全国の学校の教育内容を統制した。

なお、社会教育についても一言すれば、戦前の社会教育はいわゆる団体中心の社会教育であって、青年団、婦人会、子ども会あるいは報徳会やボーイスカウトなどの教化団体を小学校長や教員が指導するという形で、結局学校と同じように軍国主義の教育が全国を支配する体制がとられたのであった。

さらにいえば、全国津々浦々に組織された隣組や在郷軍人会などの組織は、憲兵や特高警察による支配を陰に陽に受けながら、学校教育や社会教育に対し、その教育内容や方法に関してくちばしを入れ、そのことを通じて軍国主義の教育を全国に浸透させていく陰のしかし無視できない影響力を行使したのであった。

以上のことを、図示してみるならば、おおよそ次のようになるであろう。

戦前の地方教育行政組織図

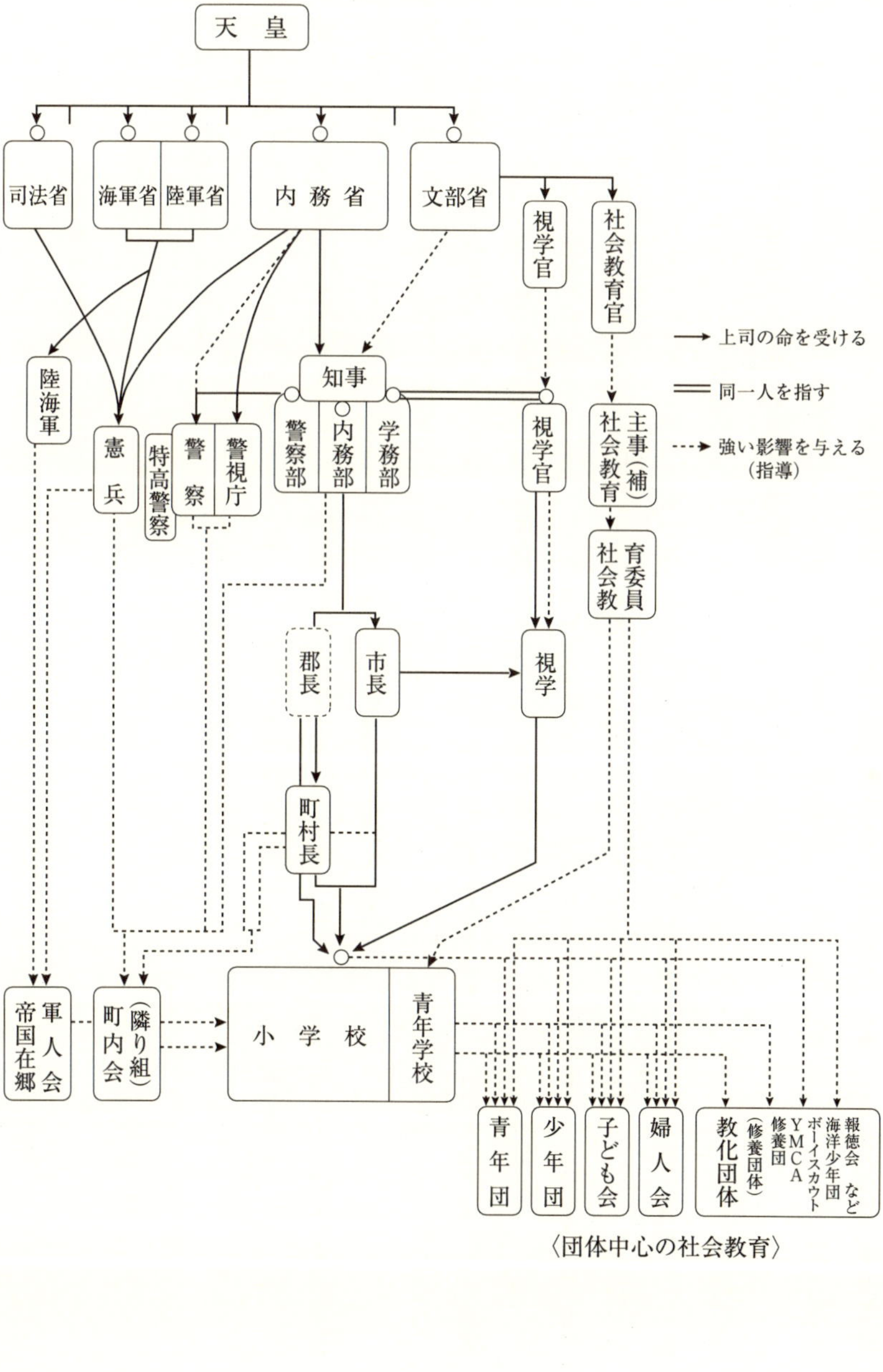

〈団体中心の社会教育〉

二　教育委員会制度の誕生

1　戦後の教育改革とその意義

第二次世界大戦は日本にとっては日中十五年戦争ならびに太平洋戦争を含む途方もなく巨大な戦争であったが、それに敗れた日本は、戦前の軍国主義、国家主義、中央集権制を反省し、平和で民主的な文化国家を建設するべく、教育の制度を根本から改革しようと志した。その改革点と意義を列挙すれば次のようになるであろう。

（1）教育における法治主義の採用

戦前の教育は、天皇の大権に基づくいわゆる勅令主義を採っていたが、それを今後教育に関することはすべて法律に基づいて行うという、いわゆる教育における法治主義を採用することとした。そこで、まず一九四六年一一月三日に日本国憲法（以下、憲法）を公布し、つづいて教育根本法ともいうべき教育基本法を制定して、以後教育に関してはすべて憲法・教育基本法に則って定められた法律に基づいて行う、としたのである。「教育勅語」については、わざわざその失効を宣言する議決を一九四八年六月一九日に衆・参両院において議決している。（巻末資料9・10参照）

（2）教育目標に、平和と民主主義を掲げた

憲法は、その前文で「ここに主権が国民に存することを宣言し」と民主主義の原理を明らかにし、さらに「日本国民は、恒久の平和を念願し」と平和主義を宣明した。それを受けて教育基本法では、「日本国憲法の精神に則り」「新しい日本の教育の基本を確立する」とした。これは、これからの日本の教育の目標を、戦前の国家主義・軍国主義に

かわって、平和と民主主義の確立におくということを内外に宣言したことを意味する。

（3）「教育を受ける権利」を憲法に明示した

憲法二六条は、「すべて国民は、法律の定めるところにより、その能力に応じて、ひとしく教育を受ける権利を有する」と定めた。憲法における教育条項は百三条中この一項に限られるのであるが、それは、教育に関するいちばん大切な事柄を一つだけ憲法に規定し、あとはすべて教育基本法の規定にゆだねたと考えることができよう。「教育を受ける権利」を宣言するということは、その教育が「権利として受けるに足る優れた内容の教育」であることを自明の理として予定していると考えられる。

（4）教育の機会均等をめざした

「教育を受ける権利」をすべての国民に保障するということは、まず、教育の機会均等をめざすことでなければならない。そのためには、次のような制度上の工夫が必要とされることとなった。

1　学校制度を六三三四制とし、複線型から単線型に替える。
2　義務教育をこれまでの六年から九年に延長する。あわせて、修業年限を課程制から、年齢制に変更する。
3　義務教育を無償とする〈憲法第二六条〉。
4　男女共学の原則を尊重する〈教育基本法第五条〉
5　後期中等教育に高校三原則（総合制、男女共学制、小学区制）を採用する。
6　大学間の格差を是正するため、帝国大学を廃止し、師範学校や旧制高等学校・専門学校等の大学昇格を奨励し、一県一国立大学の制を採用する。
7　心身障害児・者の教育を重視する。
8　社会教育の振興を図る〈教育基本法第二、七条〉

（5）教育行政の地方分権制と住民自治の原則の確立を求めた〈教育基本法第一〇条〉
このことに関しては、次節で詳しく説明する。

（6）学校運営の民主化をめざした
戦前・戦中の視学制度を廃止し、指導主事制度を導入するとともに、教頭職制を校務主任制に替え、校務分掌を校長による任命制から教員全体で話し合って決める制度に改めた。

（7）教科書制度を変革した
国定教科書の制度を廃止して検定制度とし、教科書の検定権を都道府県教育委員会に与えた（ただし「用紙割当制が廃止されるまで」文部大臣の検定を認め〈旧教育委員会法第八六条〉、そのうち、結局は、法改正によって文部大臣の検定権を恒常化したが）。さらに、教科書の採択は個々の教師の判断にゆだねた。

（8）教師の研修権と教育内容の自主編成権を認めた
教育公務員特例法（一九四九年一月一二日制定）は、その第一九条で教師の研修の義務を定め、第二〇条で教師に研修の権利があることを明定した。また、一九四七年三月二〇日に出された「学習指導要領（一般編）」（巻末資料13参照）は、「この書は、学習の指導について述べるのが目的であるが、これまでの教師用書のように、一つの動かすことのできない道をきめて、それを示そうとするような目的でつくられたものではない。新しく児童の要求と社会の要求とに応じて生まれた教科課程をどんなふうにして生かして行くかを教師自身が自分で研究して行く手引きとして書かれたものである」と述べて、教師が教育内容編成権を持つということを明確に示した。

（9）教員養成制度を改めた
師範学校制度を廃止し、教職課程を設置する大学であれば、どの大学でも教員免許を取得することのできる制度、いわゆる開放制教員養成制度を採用した。また、大学にのみ教員養成の権限を認めることによって、教師の専門性を高め、小・中・高等学校の教員の格差を否定した。

そのほか、社会科や家庭科の新設、学校給食の創設、私学におけるキリスト教教育禁止の解除、国立大学における学長の公選など、日本の教育を根底から変えて行くような、改革が次々となされたのであった。

2　教育委員会制度の創設

いうまでもなく、戦後の教育改革は教育行政の分野にも及んだ。教育委員会制度の創設は、その最も大きな改革であった。

すでに第一章でも述べたように、それは、三つの点で戦前の教育行政を大きく変革することとなった。第一は、教育行政の地方分権化である。教育に関する教育行政権限の行使は地方自治体、特にその重要部分は区市町村（以下、市町村という）にゆだねられることとなり、これまでのような中央集権制は理念上完全に否定された。第二は、教育行政の一般行政からの独立である。主として市町村にゆだねられた教育行政に関する権限は、それを市町村長が行使するのではなく、新たに設けられた教育委員会が行使する、ということにした。第三は、教育行政の民主化である。新しく作られた教育委員会法は、教育に関する行政権限の大部分をこの市町村教育委員会の権限にゆだねているのであるが、その権限を行使する教育委員会の委員の選定は主権者である住民の直接・秘密投票によるものとしたのである。これを、教育行政の三原則と呼んでいることについてはすでに第一章で述べたところであるが、教育委員会についてのさらに詳しい説明は第三章で述べることとする。

三　地方教育行政の組織及び運営に関する法律の成立

教育委員会制度の創設は、戦前からの日本の教育行政の歴史と構造を根底から改革するものであった。その意味でそれは、日本の教育行政史上きわめて大きな変革であった。が、その転機は意外に早く訪れた。

一九五二年四月、サンフランシスコ条約の締結によって日本が一応の独立を果たすといわゆる占領政策の見直しが各方面で行われるようになり、教育行政の面でも教育委員会の見直しが図られることとなった。議論の過程では教育委員会の存廃そのものが問題にされることさえあったが、結局、教育委員会は残ったものの、地方教育行政の組織及び運営に関する法律の制定によって、その性格は大きく変えられることになったのである。この法律の成立経過については第六章で詳述する。

地方教育行政の組織及び運営に関する法律が意図した改革のねらいは、同法案の提案理由によれば、第一に「地方公共団体における教育行政と一般行政との調和を進めるとともに、教育の政治的中立と教育行政の安定を確保すること」であり、第二に「国、都道府県、市町村一体としての教育行政を樹立」することにあると説明された。

地方教育行政の組織及び運営に関する法律が意図した改革点は次のとおりであった。

①教育委員の公選制を廃止し、首長の任命制とする

②文部大臣等による教育長の承認制を導入する

③文部大臣の措置要求権を新設する

④教育委員会が持つ教育予算の原案送付権ならびに予算執行権を廃止する

教育委員の公選が否定され首長によって任命されるということは、教育委員が仕事をするとき常に首長の意向を斟

酌しなければならなくなるということになる。また教育予算を作る際にはまずもって教育委員会が原案を作るという手順を失うことによって、教育委員会はその独自性を著しく失うことになる。それは、首長の側からいえば首長の意向どおりに「教育行政と一般行政との調和」を図ることができるものとして歓迎さるべきことであった。また、市町村の教育長は都道府県教育委員会の、都道府県の教育長は文部大臣の承認を必要とすること、ならびに文部大臣は「地方公共団体の長又は教育委員会の教育に関する事務の管理及び執行が法令の規定に違反していると認めるとき、又は著しく適性を欠き、かつ、教育の本来の目的達成を阻害しているものがあると認めるとき」は、当該地方公共団体の長又は教育委員会に対し「その事務の管理及び執行について違反の是正又は改善のため必要な措置を講ずべきことを求めることができる」（第五二条）ということになって、提案理由がいうところの「国、都道府県、市町村一体としての教育行政」を確立することができるようになったのである。（この条項は一九九九年の地方自治法改正に伴い全面削除された。しかし、改正された新地方自治法は第二四五条の五で「是正の要求」という権限を各大臣に与え、同法二四五条一項一号ハで地方自治体は「是正又は改善のため必要な措置を講じなければならない」とされた。）

なお、この地方教育行政の組織及び運営に関する法律の成立によって、⑤指導主事は「上司の命を受け」て仕事をし（第一九条）、場合によっては命令や監督をすることもあるようになるおそれがあること、⑥教育委員会は学校管理規則を定め、さらに教科書以外の教材の使用についても届出させ承認を与えるという制度とした（第三三条）こと、⑦教職員の勤務評定を実施する旨法定した（第四六条）ことなど、その後の教育行政と教育の現場との両方にさまざまな問題を投げかける基となったのであった。

この地方教育行政の組織及び運営に関する法律は、当時、矢内原忠雄東大学長をはじめとする一〇大学長による「文教政策の傾向に関する声明」などに代表される世論の強い反対があったにもかかわらず、日本の国政史上初めて国会議場に制服の警官五〇〇人を導入し強行採決するというやり方で成立させた法律であったことは記憶されていてよい。

四　教育委員準公選運動の展開と挫折

しかしながら、教育委員会は、地方教育行政の組織及び運営に関する法律の制定にもかかわらず、ともかくも存続した、ということは大切なことであった。たしかに、以後教育委員会は前節で述べたように首長や文部省の意向を常に気にしながら仕事をしなければならなくなったが、しかし地方教育行政の組織及び運営に関する法律の条文をよく読んでみると、地方自治体、特に市町村の教育に関する市町村教育委員会の権限はいまもなお法律上は極めて大きいことがわかる。それは、政府によるさまざまな牽制（合法的いやがらせ、例えば起債の不許可や補助金の削減など、を含む）を覚悟するならば、そして教育委員会が要求した予算を首長が原則として大筋認める姿勢を持つのであれば、市町村の教育委員会はその自治体内の教育に関してあらゆることを成し得るといってよいほどの権限を持っているのである。だとするならば、現行法規の許す範囲内において教育委員会委員の選出の方法を改善することによって、教育委員会本来の任務を遂行させうる、あるいは、させようという発想と可能性が当然生じてくる。教育委員の準公選はこのような考え方から考案されたものであった。

1　東京都・中野区における教育委員準公選制の始まり

東京都中野区は、一九八九年二月一四日一カ月間続いた第三回教育委員候補者選び区民投票を締め切った。これは、通称「教育委員の準公選」と呼ばれるもので、翌一五日、開票の結果五、〇〇〇票を超えた四人の「当選者」を確定し、近々任期切れとなる三人の教育委員の後任をこの四人の中から区長が選ぶということになった。

これは、一九八〇年七月七日に公布された「中野区教育委員候補者選定に関する区民投票条例」（以下、区民投票条例、巻末資料11参照）によって行われたものであり、八一年、八五年に続く第三回目の投票であった。区民投票条例は第一条で次のように述べている。「この条例は、日本国憲法、教育基本法の精神に基づき、区長が、地方教育行政の組織及び運営に関する法律（昭和三一年法律第一六二号）第四条に定める教育委員会の委員（以下、「教育委員」という。）を任命するに先立ち、区民の自由な意志が教育行政に反映されるよう民主的な手続きを確保し、もって教育行政の健全な発達を期することを目的とする。」続けて、第二条では、区長は区民投票の結果を「参考」にして教育委員の任命を行う、としている。教育委員候補者になろうとする者は、「区の住民基本台帳に登録されている年齢満二十年以上の区民六十人以上百人未満の推せん書を添付し」「文書でその旨を区長に届出」（同第五条）でなければならない。選挙は、公職選挙法にはよらず「区長と立候補者が別に定める協定」（同第八条）によって行われるので、戸別訪問も小集会による投票依頼もできる。区民はこれを文化選挙と呼んでいる。投票は、区から前もって届けられた投票用紙（はがき）によって行われ、投票期間は、一カ月間である。これまでの二回の選挙では、区長は区民投票の結果を「尊重しなければならない」とされていたものが、今回からは「参考にしなければならない」と変更され、五、〇〇〇票以上を獲得した候補者の開票はその時点で中止し、あとは区長の判断にゆだねることとする、となっている。これまでも何度か手直しがなされてきた結果であった。

この教育委員の準公選については、文部省は最初から反対であった。それは、地方教育行政の組織及び運営に関する法律第四条に定める区長の固有の権限、すなわち区長の任命権を侵すものであるから違法であるというのであった。しかし、中野区議会の再三にわたる議決も東京都知事の裁決もこの点に関しては合法というものであって、ただ、前述したように何度も議論を重ねることによって、その時の区議会の勢力地図も大きく反映して「尊重」と表現したり「参考」と表現したりするなどさまざまに工夫を重ねてきたのである。

中野区がこの方式を採用してからのち中野区の教育がどのように変わったかということはにわかに判断はできない

が、教育委員会そのものは大きく変わったといってよい。その最大の変化は教育委員が区長や文部大臣の意向を気にして仕事をしなくてもすむ、というよりは、積極的に区民のほうへ目を向けて仕事するようになったという点であろう。例えば、教育委員会は定例化され、事前に区民に開催日時および場所が告示され、傍聴も積極的に受け入れられるようになった。特に全国的にも有名になったことは、年に二回「夜の教育委員会」が開催されるようになったことである。働く区民でも集まりやすいようにと夜に教育委員会が開かれ、そこには毎回百数十人の傍聴者が詰めかけてその時々の教育問題を熱心に討論するようになっていったことは、特筆に値するであろう。また、準公選になってから二期目の教育委員会からは、教育予算に教育委員会の独自判断によって自由に使える予算が組まれたことも、かつての教育委員会法時代の予算原案送付権を一部回復したものとして評価できるところである。教育は教員が行うのであって教育委員が行うのではないし、教員の人事権は東京都教育委員会に実質握られているなど、区の教育委員会の権限は、実際にはいろいろと制約されているので、教育委員の準公選が行われたからといってすぐに教育全体が変わるわけではないが、教育委員の準公選はかつての教育委員の公選の精神を現行法の範囲内でも一部分回復できる試みとして、大事にされなければならないものであった。

2　準公選運動の全国的広まり

東京都中野区が教育委員の準公選を始めてから約三年後の一九八四年一〇月二七日、東京都調布市で「教育委員の準公選をすすめるための全国交流集会」が開催された。そこへは全国十数都道府県から約二五〇人余の人々が集まっている。そして、その場で結成された「教育委員の準公選をすすめるための全国連絡会」は、それ以後毎年秋に「教育委員の準公選をすすめるための全国交流集会」を開催するとともに、機関紙「準公選だより」を年に数回、時には毎月発行してきた。そのほか、教育委員会の傍聴を全国の会員に呼びかけたり、適宜全国の教育委員会の現状をアンケート調査し、さらには一九八八年から一九八九年にかけて映画「世なおし準公選」の制作に協力するなどした。

特に、大阪府高槻市では、一九八三年一二月一日に結成された「私たちの手で教育委員をえらぼう市民の会」が翌八四年二月一三日に「高槻市教育委員候補者選定に関する市民投票条例制定請求書」を高槻市長に提出し、中野に続いて教育委員の準公選を実現するべく強力な運動を展開した。しかし、その運動の甲斐もなく「高槻市教育委員候補者選定に関する市民投票条例」は特別委員会でも市議会本会議でもわずか二票の僅差で否決された。

この他、東京都調布市では、一九八六年一一月一五日に「教育委員を自分たちで選ぶ会」が「調布市教育委員候補者選定等に関する市民投票条例」（案）を作り、その中で中学生以上に投票資格を認めることとしたり、一九九一年一一月三〇日・一二月一日の両日に開かれた「第八回教育委員の準公選をすすめるための全国交流集会」の席上、開催地沖縄の代表が、革新県政の第二期にはぜひとも教育委員の準公選を沖縄でも実現したいと意見表明するなど、教育委員の準公選を求める運動は一時期大きな全国的な広まりを見せたのであった。

3　中野・準公選の挫折と準公選運動の停滞

中野区における教育委員の準公選は一九九三年一月一四日から第四回目の区民投票が行われたが、投票率は二四％にとどまった。このことが一つのきっかけともなって、その年の一二月、自由民主党と民社党両会派に所属する議員一五名が「中野区教育委員候補者選定に関する区民投票条例を廃止する条例」を議員提案の形で区議会に提出し、公明党が条例の実施を一年延期することを条件に賛成して、翌年一月三一日の臨時区議会において可決された。提案理由は「中野区教育委員候補者選定に関する区民投票制度を廃止するため」というものであった。

この後中野区長は教育委員候補者選定に関する区民投票条例に代わる制度のあり方を検討するための専門委員を委嘱し、専門委員から提言された「教育行政区民参加原則条例」の構想を基に一九九六年九月教育委員会は「中間まとめ」を発表、区民の意見や学識経験者の助言等を得て、一二月「最終まとめ」を決定した。これを基に区長は条例案を作成、一九九七年三月の議会で可決成立したのが「中野区教育行政における区民参加に関する条例」（巻末資料12参照）であった。この条例は「区民の意志が教育行政に適切に反映されるべきであるとの認識」を第一条目的に掲げはしたものの「教育行政を推進するに当たって区民参加の原則を確認」（同条）したにとどまるものであった。

かつて筆者は「準公選を実施する地方自治体が中野に続いて続々と現れ、やがてはそれが教育委員の公選制復活への足がかりになるのか、あるいはその前に中野区のほうが力つきて準公選そのものが潰れてしまうのかは、この運動の広がり如何にかかっているといってよい」（『教育行政学』中央大学通信教育部）と述べたことがあるが、残念ながら事実は後者になって現在に至っている。教育委員の準公選制からやがては公選制を復活させるという運動は、戦後の教育改革の理念を占領軍など他の力を借りないで自分たち自身の手で実現しようとする日本で初めての運動というべきものであったが、改めてスタートラインに立ったということであろう。

第三章　教育委員会——教育行政の地方自治と住民自治のための制度——

一　教育委員会の行政組織上の位置

歴史の章でも述べたように、日本における教育委員会は第二次世界大戦後に誕生した。教育委員会の設置は、戦前の中央集権的、超国家主義的教育行政を、地方分権的、民主的教育行政に改めることを目的としている。

まず、新憲法は、戦前の明治憲法にはなかった地方自治の項を「第八章　地方自治」としておき、その第九十二条（地方自治の原則）において「地方公共団体の組織及び運営に関する事項は、地方自治の本旨に基いて、法律でこれを定める。」とし、地方自治法の制定を促した。

これを受けて、地方自治法（一九九九年改正前）は第一条の二第2項で、「普通地方公共団体は、都道府県及び市町村とする。」とし、ついで第二条で、普通地方公共団体が処理する事務を「その公共事務及び法律又はこれに基づく政令により普通地方公共団体に属するものの外、その区域内におけるその他の行政事務で国の事務に属しないもの」と定めた。その具体的な中身については、同条第3項に例示されていたが、その事については後に詳しく触れるとして、大切なことは「国の事務」以外はすべて普通地方公共団体の事務であるとしたことである。このことは、普通地方公共団体こそ国民にとって基礎的・中心的団体（行政機関）であることを示すものである。（一九九九年に地方自治法の改正が行われ、国と地方自治体との関係を示す条項の表現が相当程度変更されたが、そのことについては後に述べることとする。）

地方自治法第二条第10項が規定する国の事務をあげれば次の通りである

一　司法に関する事務
二　刑罰及び国の懲戒に関する事務
三　国の運輸、通信に関する事務
四　郵便に関する事務
五　国立の教育及び研究施設に関する事務
六　国立の病院及び療養施設に関する事務
七　国の航行、気象及び水路施設に関する事務
八　国立の博物館及び図書館に関する事務

つまり、これ以外の事務は、すべて普通地方公共団体の事務であるということになるわけであり、その事は、私たちの日常生活に関わるすべての事柄が普通地方公共団体の仕事であるということを意味するのである。したがって教育に関する事務もそのほとんどが普通地方公共団体の事務であることになるのである。（普通地方公共団体のうち、都道府県と市町村との役割分担については、次の節で述べる。）

ところで、それぞれの普通地方公共団体内における「公共事務」に関する役割分担はどうなっているのだろうか。ここで、教育委員会が登場する。すなわち教育委員会は、普通地方公共団体が処理する事務のうち教育に関する事務を専ら処理するために設けられているのである。教育委員会の発足当初文部省が発行した「教育委員会法のしおり」（巻末資料7参照）にも述べられているように、「教育に、国や地方における現実的な政治活動の影響が常に及ぶとす

ると、いわゆる不当な支配が教育に加わる場合も生じて、教育の特殊な使命を完全に果たすことができなくなります」ので、そのことを回避するために地方公共団体の首長から独立した行政機関として教育委員会を設けることとしたのである。いまでこそ教育委員は議会の同意を得て地方公共団体の首長から任命されることになってしまっているが、教育委員会の発足当初は教育委員もまた、当該普通地方公共団体の首長や議会議員などと同じように住民の直接選挙によって選ばれていたことを考えれば、教育委員会の設置の趣旨がなおよく理解できるであろう。

二　教育委員会の任務（職務権限）

では、教育委員会はどのような任務を負っているのであろうか。地方教育行政の組織及び運営に関する法律の第二三条は教育委員会の職務権限を次のように定めている。

〈教育委員会の職務権限〉

第二三条　教育委員会は、当該地方公共団体が処理する教育に関する事務で、次に掲げるものを管理し、及び執行する。

一　教育委員会の所管に属する第三十条に規定する学校その他の教育機関（以下「学校その他の教育機関という。）の設置、管理及び廃止に関すること。

二　学校その他の教育機関の用に供する財産（以下「教育財産」という。）の管理に関すること。

三　教育委員会及び学校その他の教育機関の職員の任免その他の人事に関すること。

四　学齢生徒及び学齢児童の就学並びに生徒、児童及び幼児の入学、転学及び退学に関すること。

五　学校の組織編制、教育課程、学習指導、生徒指導及び職業指導に関すること。

六　教科書その他の教材の取扱いに関すること。
七　校舎その他の施設及び教具その他の設備の整備に関すること。
八　校長、教員その他の教育関係職員の研修に関すること。
九　校長、教員その他の教育関係職員並びに生徒、児童及び幼児の保健、安全、厚生及び福利に関すること。
十　学校その他の教育機関の環境衛生に関すること。
十一　学校給食に関すること。
十二　青少年教育、婦人教育及び公民館の事業その他社会教育に関すること。
十三　体育（スポーツを含む。以下同じ。）に関すること。
十四　文化財の保護に関すること。
十五　ユネスコ活動に関すること。
十六　教育に関する法人に関すること。
十七　教育に係る調査及び指定統計その他の統計に関すること。
十八　所掌事務に係る広報に関すること。
十九　前各号に掲げるもののほか、当該地方公共団体の区域内における教育に関する事務に関すること。

ただし、次に掲げるような教育に関する事務は地方教育行政の組織及び運営に関する法律第二四条によって地方公共団体の長の権限であると定められているので、それらの事務に対して教育委員会は手出しすることはできない。

〈長の職務権限〉

第二四条　地方公共団体の長は、次の各号に掲げる教育に関する事務を管理し、及び執行する。

一　大学に関すること。

二　私立学校に関すること。
三　教育財産を取得し、及び処分すること。
四　教育委員会の所掌に係る事項に関する契約を結ぶこと。
五　前号に掲げるもののほか、教育委員会の所掌に係る事項に関する予算を執行すること。

以上の五項目のうち三、四、五項の事務は前章でも述べたように、教育委員が公選で選ばれていた時代には教育委員会の任務であったのであって、そのことを考えると、教育委員会の設置の趣旨は、本来は、教育に関する全ての事務を教育委員会が処理すべき事務であると考えていたということが理解できるのである。

三　教育委員会の種類および構成と役割分担

教育委員会は、都道府県教育委員会と市町村教育委員会との二種類に分けられている。それは、普通地方公共団体が都道府県と市町村（特別区を含む、以下同じ）に分かれているのに対応している。（さらに詳しくいえば、地方教育行政の組織及び運営に関する法律第二条は、「第二十三条の事務の全部又は一部を処理する地方公共団体の組合に」も教育委員会を置くとしているが、ここでは、上の二種類の教育委員会を中心に説明することとする。）

教育委員会は五人の委員をもって組織されるが、町村の教育委員会にあっては三人でも良いことになっている（三条）。委員は、「当該地方公共団体の長の被選挙権を有する者で、人格が高潔で、教育、学術及び文化（以下単に「教育」という。）に関し識見を有する者のうちから、地方公共団体の長が、議会の同意を得て、任命する」（四条）。委員の任期は、四年で、再任は妨げないが（五条）、委員は「地方公共団体の議会の議員若しくは長、地方公共団体に執行機関として置かれる委員会の委員若しくは委員又は地方公共団体の常勤の職員と兼ねることができない」（六条)。

ところで、大事なことは都道府県教育委員会と市町村教育委員会との役割分担である。地方教育行政の組織及び運営に関する法律では、前述のようにその第二三条で「教育委員会の職務権限」について定めているが、この二つの教育委員会の職務権限の違いについては同法は特に述べてはいない。そこで地方自治法の第二条に戻ることになる。そもそも教育委員会は、地方公共団体の事務のうち教育に関する事務を専ら分担するために設けられた機関であったからである。地方自治法第二条では、まず第2項および第3項(この項は第2項の例示である)で普通地方公共団体(これには都道府県と市町村の両方が含まれる)に属する事務について例示し、つづいて第6項において都道府県に属する事務を例示することによって、市町村に属する事務を明らかにするやり方をとっている。(地方自治法第二条第3項の例示(巻末資料4参照)は、一九九九年の地方自治法の改正によって全文削除された。削除の理由は現在のところ明らかにされていない。ここでは事の本質の理解を容易にするために改正前の条項により説明する。)

地方自治法第二条第3項の五は、

「学校、研究所、試験場、図書館、公民館、博物館、体育館、美術館、物品陳列所、公会堂、劇場、音楽堂その他の教育、学術、文化、勧業に関する施設を設置し若しくは管理し、又はこれらを使用する権利を規制し、その他教育、学術、文化、勧業に関する事務を行うこと。」

と、普通地方公共団体の処理する事務について例示し、つづいて第6項の四で、都道府県の処理すべき事務として、次のように例示する。

「高等学校、盲学校、ろう学校、養護学校、研究所、試験場、図書館、博物館、体育館、美術館、物品陳列所(中略)に関する事務等で一般の市町村が処理することが不適当であると認められる程度の規模の事務に関すること。」

これは、たとえば学校については、都道府県も市町村も学校全般を設置することができるが、そのうち高等学校の設置は主として都道府県の事務（したがって、小・中学校の設置は主として市町村の事務）であること、図書館および博物館については、都道府県も市町村も設置することができるが、公民館については、都道府県は公民館を設置せず、その設置は専ら市町村の事務であること、を示している。そしてそのことは、学校教育法の第二九条および第四〇条が市町村に小・中学校の設置義務を課し、社会教育法がその第二一条で市町村に公民館の設置義務を課していること、と対応している。義務教育学校と公民館の設置は最も身近な地方公共団体の責務としていることが読み取れるのである。

四　教育委員会事務局と教育長の役割

教育委員会には「教育委員会の権限に属する事務を処理させるため」に事務局を置き（地方教育行政の組織及び運営に関する法律第一八条）、「事務局の内部組織は、教育委員会規則で定める」（同条2項）ことになっている。この事務局を統括するのは教育長である（同第二〇条）。事務局職員は、首長に採用されまず教育委員会事務局へ出向させられたうえで、教育長の指揮監督の下で教育委員会の事務に従事することになる。これは、事務の処理をとおして教育行政の一般行政からの独立性が損なわれないようにするためである。

このように、教育委員会の決めたことは教育長の指揮監督の下に教育委員会事務局によって執行されるのであるから、教育長の比重はきわめて高いということになる。しかもそのことは、地方教育行政の組織及び運営に関する法律が旧教育委員会法に取ってかわって以来特にそうである。その理由は、一つには、同法によって教育長の権限が大幅に強化されたこと、二つには、教育長の選任にあたっては旧法時代には教育の専門家を選んでいたのに対し、最近は首長が自分の腹心を選ぶのが一般的であること、三つには、教育委員の選任が公選制から任命制に切り替えられたことによって教育委員の実質的な権限の比重は大きく減退し、その分だけ相対的に教育長の権限が増大したことによる。（しかも、地方教育行政の組織及び運営に関する法律の制定によって市町村の教育長は教育委員を兼ねることとなり、さらに一九九九年の改正によって都道府県の教育長も教育委員を兼ねることとなったので、教育長の権限はさらに強まったと言ってよい。）

教育長は、教育委員会に置かれる（地方教育行政の組織及び運営に関する法律第一六条）。その教育長の職務は、以下のとおりである。

〈教育長の職務〉

第一七条　教育長は、教育委員会の指揮監督の下に、教育委員会の権限に属するすべての事務をつかさどる。

2　教育長は、教育委員会のすべての会議に出席し、議事について助言する。

3　（略）

〈教育長の事務局の統括等〉

第二〇条　教育長は、第一七条に規定するもののほか、事務局の事務を統括し、所属の職員を指揮監督する。

2　（略）

なお、教育委員会事務局には、指導主事ならびに社会教育主事が置かれ、指導主事は「上司の命を受け、学校における教育課程、学習指導その他学校教育に関する専門的事項の指導に関する事務に従事」し（同法一九条）、社会教育主事は「社会教育を行う者に専門的技術的な助言と指導を与える。但し、命令及び監督をしてはならない」（社会教育法第九条の三）ことになっている。

これまでも何度も述べたように地方自治法は一九九九年に大きく改正された。しかし、この章のここまでの記述は地方自治法に関する限り、主として改正前の条項に基づいて説明してきた。そのほうが教育委員会の職務権限についての基本的な理解が得やすいと考えたからである。そこで、ここでは一九九九年の改正によって、間接的にではあるが、教育委員会の職務権限がどのように変化したかについて補足しておきたい。（詳しくは巻末資料3・4参照）

地方公共団体と国との関係については、改正地方自治法第一条の二は次のように述べている。

〈地方公共団体の役割と国の配慮〉

第一条の二　地方公共団体は、住民の福祉の増進を図ることを基本として、地域における行政を自主的かつ総合的に実施する役割を広く担うものとする。

2　国は、前項の規定の趣旨を達成するため、国においては国際社会における国家としての存立にかかわる事務、全国的に統一して定めることが望ましい国民の諸活動若しくは地方自治に関する基本的な準則に関する事務又は全国的な規模で若しくは全国的な視点に立って行わなければならない施策及び事業の実施その他の国が本来果たすべき役割を重点的に担い、住民に身近な行政はできる限り地方公共団体にゆだねることを基本として、地方公共団体との間で適切に役割を分担するとともに、地方公共団体に関する制度の策定及び施策の実施に当たって、地方公共団体の自主性及び自立性が十分に発揮されるようにしなければならない。

これを改正前の地方自治法と較べると、改正前の条項が国の役割を八項目に限定して明確に規定しているのに対し、改正後の規定は解釈の仕方によってはいくらでも国の役割が拡大されるおそれのある表現であることがわかるであろう。第一七条の見出しが国の「配慮」とされていること、第二〇条で定める国の役割が「国家としての存立にかかわる事務」「全国的な視点に立って行わなければならない施策及び事業」「本来国が果たすべき役割」という表現で示されていて何ら具体性がないこと、などがそれである。

地方公共団体の事務の分担についても、改正法は改正前と較べて著しく具体性を欠いている。改正地方自治法第二条は次のようになっている。

〈地方公共団体の事務〉

第二条　地方公共団体は、法人とする。

2　普通地方公共団体は、地域における事務及びその他の事務で法律又はこれに基づく政令により処理することとされるものを処理する。

3　市町村は、基礎的な地方公共団体として、第五項において都道府県が処理するものとされているものを除き、一般的に、前項の事務を処理するものとする。（後略）

5　都道府県は、市町村を包括する広域の地方公共団体として、第二項の事務で、広域にわたるもの、市町村に関する連絡調整に関するもの及びその規模又は性質において一般の市町村が処理することが適当でないと認められるものを処理するものとする。

地方公共団体の事務を都道府県と市町村とでどのように分担するかについては、改正法のほうが前のものより一見わかりやすいように見える。しかし、改正前の地方自治法の第二条第3項、第6項ならびに第10項にあった「例示」はことごとく削除されており、具体性がここでも著しく失われてしまったのである。

今回の改正が、「機関委任事務」を廃止する画期的な改正であると喧伝されながら、実際には改正前よりもずっと国の役割が強化される危険性を含んでいるのである。このことが、地方自治体における教育委員会の事務の執行にどのような影響を与えるかはこれからの運用に係っている。

第四章　教育専門職制度——教育の独自性確保のための制度——

一　教育基本法第一〇条と教育専門職制度

教育基本法第一〇条第1項は、「教育は、不当な支配に服することなく、国民全体に対し直接に責任を負つて行われるべきものである」と定めている。これは、教育のあり方に関する二つの原則を明らかにしており、前章で述べた同条第2項に導かれる教育行政のあり方に関する三つの原則に対応している。

教育のあり方に関する二つの原則とは、第一は教育専門職制度であり、第二は教育の住民自治の制度である。教育専門職制度とは「教育は、不当な支配に服することなく」の文言から導き出された制度であり、教育の住民自治の制度とは「教育は、国民全体に対し直接に責任を負つて行われるべきものである」という原則を実現するために考案された制度である。教育の住民自治の制度については、次章で取り上げることとして、ここでは、まず教育専門職制度について検討することにしよう。

二　教育の専門性と教育専門職員の養成制度

1　教育の専門性

〈教育とはなにか〉

教育とは、学習の援助であり、広くは学習権を保障する営みすべてをいう。家永教科書裁判の第二次訴訟の東京地裁判決（杉本判決　一九七〇年七月一七日）は次のように述べている。「子どもは未来における可能性を持つ存在であることを本質とするから、将来においてその人間性を十分に開花させるべく自ら学習し、事物を知り、これによって自らを成長させることが子どもの生来的権利であり、このような子どもの学習する権利を保障するために教育を授けることは国民的課題である」

もちろん、学習は子どもだけのものではない。大人も、日々学習を必要とし、現に学習を行っている。しかも、子どもは学校といういわば人為的に作られた社会で学習を行うことが多いのに対して、大人は、現実の社会の中で毎日の生活を営みながら学習をすることが多い。そこでは、生活は即学習であるといってもよい。主として大人の学習を援助する営みを社会教育と呼ぶならば、社会教育とは、このような生きた現実を学習化するのを援助する営みである、ということができる。

〈教育の専門性〉

教育は、誰でもできるし、現に誰でも行っている。しかし、教育を上のように考えるならば、教育を行うものには、かなりの力量が問われることになる。この力量の中味を教育の専門性と呼んでいる。

先の杉本判決は次のようにもいう。「公教育としての学校において直接に教育を担当する者は教師であるから、子どもを教育する親ないし国民の責務は、主として教師を通じて遂行されることになる。」そして、教師がこれらの子どもに対する教育の責任を果たすためには、「教師が児童、生徒との人間的ふれあいを通じて、自らの研鑽と努力とによって国民全体の合理的な教育意志を実現すべきものであり」、教師は、「児童、生徒の心身の発達とこれに対する教育効果とを科学的にみきわめ、何よりも児童、生徒に対する深い愛情と豊富な経験を持つことが要請される。」

社会教育の場合も同様である。主として成人を対象として仕事をする社会教育職員は、まず何よりも、成人といえども生涯発達するものであるという学問的な確信を持つことが必要であり、さらに、成人との日常的な人間的ふれあいを通じて、自らの研鑽と努力によって、成人の発達ないし学習の過程とこれに対する教育の効果とを科学的にみきわめる力量を持つことが要請されるのである。

2　教育専門職員の養成制度

以上のような教師や社会教育職員のそれとしての力量（専門性）は、一朝一夕に身につくものではない。彼らがそれらを十分に身につけるためには、職につく前の養成課程の十分な学習と、職についてからの不断の研修と、豊富な経験とが必要である。

研修の機会と方法については別に論じることとして、ここでは教育専門職員の養成制度について述べる。

〈教育専門職員の資格と養成〉

教育専門職員の養成は、教育専門職員の免許・資格制度を前提に行われる。教育は、上にも述べたように、教育活動を担うに足る力量を持った専門職員によって行われるべきであり、その力量を持っていることの証明として資格や免許が交付されるのである。現在の資格制度は次の表のようになっている。

教育専門職員の資格と養成

区分	教育の職場	専門職名	資格・免許	資格および免許の取得方法
行政機関	教育委員会事務局	指導主事〈地方教育行政の組織及び運営に関する法律第十九条〉		
		社会教育主事〈社会教育法第九条の二〉	社会教育主事〈社会教育法第九条の四〉	(一) 大学〈社会教育法第九条の四〉 (二) 講習（大学および国立社会教育研修所）〈社会教育法第九条の五〉〈社会教育主事等講習規程〉
教育機関	学校	教員〈学校教育法第七条〉	教員〈教育職員免許法第三条〉	(一) 大学若しくは文部大臣が指定する養成期間〈教育職員免許法第五条〉 (二) 検定〈教育職員免許法第六条〉 (三) 認定試験〈教育職員免許法第十六条の二〉
	公民館	主事〈社会教育法第二十七条〉		
	図書館	司書〈図書館法第四条〉	司書〈図書館法第五条〉	(一) 大学〈図書館法第五条〉 (二) 講習（大学）〈図書館法第六条〉〈図書館法施行規則〉
	博物館	学芸員〈博物館法第四条〉	学芸員〈博物館法第五条〉	(一) 大学〈博物館法第五条〉 (二) 講習（国立社会教育研修所）〈博物館法第五条〉 (三) 国家試験（試験認定と無試験認定）〈博物館法施行規則〉
	体育館			

この表を見てまず目につくことは、学校教育を担う教員については、教育職員免許法という特別の法律を用意してまで厳密に資格とその養成方法を規定しているにもかかわらず、社会教育の分野では、図書館と博物館とでわずかに資格とその養成方法が決められているに過ぎず、公民館と体育館については何も決めていないということである。体育館（学校体育館ではなく、いわゆる市民体育館を指す）についてはまだ教育機関としてさえ法定されてはいないため止むをえないとしても、公民館については、社会教育法制定以後すでに五〇年余も経過しているにもかかわらず、職員について同法第二七条は単に主事を置くことができるとしているに過ぎず、その主事の資格も養成方法についてもなんら決めてはいないのである。その上さらに奇妙なことは、社会教育主事については、社会教育法制定の二年後に早々と法改正をしてまで資格を定め養成方法を定めているのである。そのおかしさは、例えていえば、日々学校において教育活動を行っている教員は無免許で誰でもできるものとし、教育委員会にあって教員を指導する指導主事だけに免許を課しているのと同じことになる。これは専門職制度の本旨からして本末転倒といわなければならない。そのところの詳しい事情と歴史について今述べている余裕はないが、教育の第一線機関である公民館を軽視して、その指導と助言に当たる社会教育主事だけを重視したのは、戦前の上命下服の指導体制を継承しようとしたのではないかと解されても致し方のないところである。善意に考えれば、社会教育法が作られた頃はまだ公民館の歴史も始まったばかりであり、いうなれば公民館はまだ海のものとも山のものともわからない時代であって、それにひきかえ社会教育主事は戦前からあった職種であったことから、戦前社会教育主事をしていた職員がまだ多数存在したことを考慮した法改正であったといえるかも知れない。法制定時にはそれもまたやむを得なかったともいえようが、公民館の歴史が半世紀以上も重ねられてきた現在もなお公民館職員の専門性が確立していないということは、やはり、怠慢というよりは意図的というべきであろう。

なお、一九九八年に教育職員免許法が大きく改訂された。その改訂が持つ意味や二一世紀の教員養成はいかにあるべきかについては、特論で詳しく論じたのでそちらを参照していただきたい。

3　教育専門職員の任務と教育機関における位置

教育専門職員の任務はそれぞれ関係法に法定されている。学校の教員の任務については学校教育法第二八条第6項において、図書館の司書の任務については図書館法第四条第2項、博物館の学芸員の任務については博物館法第四条第4項において次のように示されている。

〈学校教育法第二八条〉

⑥　教諭は、児童の教育をつかさどる。

〈図書館法第四条〉

2　司書は、図書館の専門的事務に従事する。

〈博物館法第四条〉

4　学芸員は、博物館資料の収集、保管、展示及び調査研究その他これと関連する事業についての専門的事項をつかさどる。

教育専門職員としての教諭、司書、学芸員はいずれも誰からの命令も受けることなく仕事をする。条文に「上司の命を受け」という文言がないのである。たとえば、学校の校長は後にも述べるように学校教育法第二八条の第3項において「校長は、校務をつかさどり、所属職員を監督する。」とされているが、教諭はその校長からも「命を受け」て仕事をするのではなく、教諭自らの判断によって「児童の教育をつかさどる」のである。それが、教育専門職員の専門職たるところであり、任務なのである。司書、学芸員についてもそのことはまったく同様である。
ところが、公民館の職員だけはそうはなっていない。社会教育法第二七条第3項は次のようになっている。

〈社会教育法第二七条〉

3　主事は、館長の命を受け、公民館の事業の実施にあたる。

これは、前にも述べたように公民館職員の専門性がまだ確立していないためである。社会教育法第二七条第1項は「公民館に館長を置き、主事その他必要な職員を置くことができる。」としているが、その「主事」の資格を定めていない。そのために「主事」は専門職員として認められていないのであり、したがって、公民館の「主事」は公民館長の「命を受けて」仕事をすることになるのである。ちなみに社会教育主事は専門職に位置づけられており、その養成についても法定されている。社会教育法第九条の三は社会教育主事の職務として「社会教育主事は、社会教育を行う者に専門的技術的な助言と指導を与える。但し、命令及び監督をしてはならない。」と定めているが、その中には「上司の命を受け」という文言は入っていないのである。公民館の歴史が創設以来半世紀以上にもなり、その数は中学校よりも多くやがて小学校の数に迫ろうとする今日、一日も早く公民館主事の専門性を法的に確立する必要があるのである。

なお、教員や社会教育職員の養成課程のカリキュラムのあり方についても、論じられなければならない問題が数多くあるが、それは別の機会にゆずることとする。

三　狭義の教育専門職制度――教育の専門性の発揮を担保するための諸制度

ところで、教育の現場に専門的な力量を持ったすぐれた職員を配置しさえすればそれでいい教育ができるかといえば、それは必ずしもそうではない。教育の制度やシムテムのありようによっては、教育専門職員のすぐれた力量が全然発揮できない場合も多くあるからである。

教育の専門性の発揮を担保するための制度を狭義の教育専門職制度と呼んでいる。それは、教育が「不当な支配に服することなく、国民全体に対し直接に責任を負つて」行われるように工夫された教育機関の独立性確保のための制度と言い替えてもよい。

では、どのような制度を作れば教育機関の独立性は確保できるのであろうか。それは、次のような三つの自律性を確立することであろう。すなわち決裁の自律性、職員任用（配置転換を含む）の自律性、研修の自律性の三つである。

1　教育機関の長の決裁権限の自律性

教育機関の長には上司は存在しない。教育機関の意志決定は教育専門職員集団の民主的合意の下に教育機関の長が責任を負って行うのが教育の条理である。現に、学校教育法の第二八条の第3項も「校長は、校務をつかさどり、所属職員を監督する」と定めており、「上司の命を受け」という文言はなく、教育機関である学校の長は誰からも指揮監督されることはない。

公民館、図書館および博物館の館長についても同様である。社会教育法第二七条第2項は「（公民館の）館長は、公民館の行う各種の事業の企画実施その他必要な事務を行い、所属職員を監督する」と定めており、図書館法第一三条第2項「館長は、館務を掌理し、所属職員を監督して、図書館奉仕の機能の達成に努めなければならない。」とし、博物館法第四条第2項「館長は、館務を掌理し、所属職員を監督して、博物館の任務の達成に努める。」と定めていることからも明らかなように、学校長同様に誰からも指揮監督をされることはないことになっているのである。

ただ問題は、教育の条理や法の建て前はそうであっても、現実はその通りになっているのかどうかと言うところにある。学校長のなかには、教育長を直接の（とまではいわなくとも実質的には）上司と考えている人も多いであろうし、公民館長にいたっては、非常勤館長はいうにおよばず課長職の館長であっても社会教育部長や教育次長、さらには教育長を、場合によっては社会教育課長をさえ上司と考えて日々の業務に取り組んでいる場合があるのが実状である。

何故そうなのかについては、学校、公民館等それぞれにそれなりの理由があって、事はそう簡単ではない。ここでは、その原因について詳しく述べるいとまはないが、教育の条理や法の建て前が現実のものになるよう努力することがいま大切なことなのである。

2　職員任用の自律性

教育機関の独立性を確保するために、次に必要なことは、職員任用の自律性を確立することである。任用には、任免と配置転換との二面がある。任免には、また、採用と免職の二つの側面がある。

まず採用についていえば、教員の採用には、形の上では任用の自律性は確保されている。すなわち、全国の公立学校では、都道府県および政令指定都市（以下、都道府県という）ごとに教員採用試験が行われ、その教員採用試験は試験問題の作成から面接、採用決定にいたるまですべて教員免許状を持っている指導主事や学校長によって実施されているのである。

ところが、公民館の場合はそうなっていない場合が多い。前にも述べたように公民館主事の専門職としての資格制度が確立していないことがその主たる原因であるが、それならそれで社会教育主事資格を持つ者を公民館勤務を前提として別枠で教育委員会が採用し公民館に配置する制度が採られているかと言えばそれもなかなかそこまでいっていない。かつて、一九七〇年代の前半には、一時期かなり多くの自治体で社会教育主事有資格者の教育委員会による別枠採用が行われたことがあったが、現在では、筆者の感触によれば全国的に見て徐々にその数は増えているように思われるもののその数はたいへん少ないと言わざるをえない。図書館の司書や博物館の学芸員の場合も同様のことがいえ（公民館より図書館、図書館より博物館のほうが専門職員の別枠採用の率は高いようである）、総じて、社会教育の場合は職員の任用の自律性はほとんど確立されていないといわなければならない現状である。

次に、配置転換についてはどうか。まず、教員の場合についてみてみると、教員の人事異動は都道府県単位に都道府県の教育委員会によって行われる。その手続きは教員の採用の場合とほぼ同じであって、その意味で、教員の配置転換の自律性は確保されていると言える。ただ、実質はどうかということになると、第九章でも述べられているように、かなりの問題をかかえている。

ところが、公民館の場合はこの点に関してもそうではない。現に公民館で仕事をしている公民館主事等は、多くは、社会教育主事等の資格を持つ者を専門職として別枠採用したわけではなく、首長部局で、一般職の職員としてまとめて採用し、その上で教育委員会へ出向させ公民館に配属したのであるから、その結果、公民館の職員も首長部局の職員もなんら区別なしに人事異動がなされることになることが多いのである。そこには、教育機関としての人事異動の自律性などと言うものはなにもなく、したがって、公民館に勤務する職員に、公民館は教育機関であるとの認識が生まれようはずがないと言う結果にもなってくるのである。図書館についても、博物館についても若干の程度の差はあれ事情はほぼ似たようなものである。

なお、職員の人事異動についても関連してもう一つのことにふれておかなければならない。それは、職員の人事異動は本来は決して懲戒の手段ではないはずであるにもかかわらず、これまでの教育の歴史を振り返ってみると、場合によってはあたかも懲戒処分であるかのようなニュアンスで受け取られる事例が多かったということがあるということである。「左遷」とか「飛ばす」とかいう言葉はそのことをよく物語っている。教員の任用の自律性がある程度確立している学校においてさえ今もしばしば起こり得ることなのであるから、そのことがまだ確立していない社会教育の世界では当然起こり得るし、現に起こっているのである。

なお、免職については、学校教育・社会教育を問わず、職員が例えば刑事事件でも起こさない限り強行されるということは今はない。そのことは、戦前と戦後との大きな違いであって、憲法が保障する労働権をはじめとする国民の基本的人権の確立の賜といってよいであろう。

3　研修の自律性

教育専門職員にとって、研修は不可欠である。いかに立派な資格・養成制度が確立したとしてもわずかの期間の準備教育で一生の仕事の遂行に間に合わせるなどということはありえない期待だからである。これはなにも教育の仕事に限ったことではないが、日々変化する社会情勢の中にあって、千差万別の個性を持つ大人や子どもの学習の援助をめざす教育にあっては、なおさらのことである。だからこそ、教育公務員特例法は、特に第三章を設けて研修について次のように規定しているのである。

教育公務員特例法

第一九条（研修）教育公務員は、その職責を遂行するために、絶えず研究と修養に努めなければならない。

2　教育公務員の任命権者は、教育公務員の研修について、それに要する施設、研修を奨励するための方途その他研修に関する計画を樹立し、その実施に努めなければならない。

第二〇条（研修の機会）教育公務員には、研修を受ける機会が与えられなければならない。

2　教員は、授業に支障のない限り、本属長の承認を受けて、勤務場所を離れて研修を行うことができる。

3　教育公務員は、任命権者の定めるところにより、現職のままで、長期にわたる研修を受けることができる。

この法律そのものは、教員のみを想定して作られているが、そしてそのこと自体が社会教育職員の専門職制度がまだ十分に確立していないという現状を反映しているが、この規定が公民館職員等社会教育職員にもあてはめて考えなければならないのはいうまでもないことである。

研修とは、前述の教育公務員特例法第一九条にいう研究と修養のことだとされているが、同法第一九条第1項は、教育職員に対して国民に対する責任として研修の責務を負わせていると解すべきであり、第2項は、同様に教育職員の国民に対する責任を遂行する前提として、教育職員の研修の機会を保障するよう任命権者に対して義務を負わせているのである。しかしながら、教育職員の研修とは、同法第二〇条第1項により、まずなによりも教育職員の権利として考えられなければならない。そして、研修の原則は、教育専門職員の自由な発想に基づく個々人の研修が基本であり、任命権者が研修の機会を設定するに当たっては、それを援助し、その内容を豊かなものにするためのものにするという基本的態度が要請されるのである。研修の機会は任命権者によって十分に保障されなければならないが、研修の中味については、決して、一方的な内容を強権的に押しつけるようなことがあってはならないのである。このことを研修の自律性と呼ぶが、この自律性が確保されなければ、教育機関の独自性は保たれえないのである。

ところで、同じ教育職員といっても現状では教員と社会教育職員とでは、研修のあり方や問題点などが大きく異なっている。教員の場合についていえば、どちらかといえば現在研修特に強制的な研修過剰の状態であり、反対に社会教育職員の場合には研修の機会が極端に少ないのが現状である。教員の場合には、過剰な研修を昇格や昇任の条件として押しつけられている傾向があり、社会教育職員の場合には、任命権者による研修はもちろん職場内の研修さえ十分に保障されていないのが現状で、いずれにせよ教育専門職員の研修の自律性の確保という観点からして問題といわなければならないであろう。そしてここでも、社会教育職員の専門職制度確立の努力の立ち遅れの状況が顕著にみられるのである。

第五章　教育の住民自治——教育における主権在民——

一　教育基本法第一〇条と教育の住民自治

教育の住民自治とは、教育基本法第一〇条第1項のいう「国民全体に対し直接に責任を負つて行われるべき」教育を実現することである。それは、第四章で論じたように「不当な支配に服することなく」教育を行うために必要とされる教育専門職制度と対をなす概念であり制度である。

ここでは、教育の住民自治およびその制度について考えるのが目的であるが、そのためには、まず、教育行政の住民自治についてあらかじめ説明しておかなければならない。なぜならば、教育行政の住民自治は、教育の住民自治を実現するための前提ともなる概念であり、制度であるからである。その意味では、教育行政の住民自治は広い意味での教育の住民自治の概念の中に含まれると考えてもよい。

二　教育行政の住民自治

1　教育委員の公選制

教育行政のなかでも中心的な役割を果たすのは都道府県および市町村の教育委員会、特に市町村の教育委員会である。このことはすでに第三章で詳しく述べたとおりである。したがって、教育行政の住民自治を実現するためには、教育委員に誰がどのような方法で選ばれるかが大切なポイントになる。市民全員が教育委員を務めるわけにはいかないので、市民の中から何人かを選ぶことになる。その場合、市民「全体」の意見が最も「直接に」反映するのは公選制ということになるであろう。

日本に初めて教育委員会制度が導入されたとき、教育委員会法は、第七条第2項で「委員は、日本国民たる都道府県又は市町村の住民が、これを選挙する」と教育委員の公選制を謳い、その選挙の仕方を次のように定めたのであった。

第九条　都道府県又は市町村の議会の議員の選挙権又は被選挙権を有する者は、都道府県委員会又は地方委員会の委員の選挙権又は被選挙権を有する。

第一三条　委員の選挙に関する事務は、当該地方公共団体の選挙管理委員会が、これを管理する。

第一五条　委員の選挙は、市町村の議会の議員の選挙に関する選挙人名簿により、これを行う。

これらの規定を見れば、教育委員の地位と権限は都道府県や市町村の議会の議員と同等に考えられていたことがわかる。教育委員は、教育に関しては議会に代わって市民の意志を決定するもの、とされたのである。

現在ではこのような教育委員の選挙は行われておらず、首長の任命によっていることもすでに述べたとおりである。

2　社会教育委員の制度

ところで日本においては、教育の住民自治を実現する上で、学校教育の世界にはないすぐれた制度が社会教育の世界にはあるということを忘れることはできない。それは、社会教育委員の制度である。

社会教育法は、社会教育委員について次のように定めている。

（社会教育委員の構成）
第一五条　都道府県及び市町村に社会教育委員を置くことができる。
2　社会教育委員は学校教育及び社会教育の関係者並びに学識経験のある者の中から、教育委員会が委嘱する。
（社会教育委員の職務）
第一七条　社会教育委員は、社会教育に関し教育長を経て教育委員会に助言するため、左の職務を行う。
一　社会教育に関する諸計画を立案すること。
二　定時又は臨時に会議を開き、教育委員会の諮問に応じ、これに対して、意見を述べること。
三　前二号の職務を行うために必要な研究調査を行うこと。
2　社会教育委員は、教育委員会の会議に出席して社会教育に関し意見を述べることができる。
3　市町村の社会教育委員は、当該市町村の教育委員会から委嘱を受けた青少年教育に関する特定の事項について、社会教育関係団体、社会教育指導者その他関係者に対し、助言と指導を与えることができる。

社会教育委員の職務のうち第3項については、一九五九年の社会教育法大改正の際に付け加えられた項目であってその性格は前二項と全く異なっており、法改正時にも強い反対意見があったところであるが、それを除けば社会教育委員は「社会教育に関する諸計画を立案」したり、「社会教育に関し教育長を経て教育委員会に助言」したり、「教育委員会に出席して社会教育に関し意見を述べ」たりするなど、地方自治体の社会教育行政に対して、住民の意見を直接反映する役割を担っているのである。たとえば神奈川県相模原市教育委員会が社会教育委員会議の助言に基づいて策定した「相模原市公民館整備基本計画」（第二次、一九七四年三月）や、東京都国分寺市の基本計画（第一次、一九七〇年三月）に位置づけられた「公民館五館構想」（これもまた、同市の社会教育委員会議が答申し、市の教育委員会が作成した「国分寺市社会教育施設要項」に基づいて作られたものである）などが、その後の両市の公民館の発展の基盤をなしたことをみるとき、社会教育委員ないしは社会教育委員会議の果たす役割の大きさを改めて認識するのである。

ただ、社会教育委員は任意設置になっており、現在では、都道府県のすべてに設置されてはいるものの、市町村段階ではまだ設置していない自治体もあって今後の課題となっている。

また、一九九九年の社会教育法改正により、社会教育委員の構成が大きく変更された。先に紹介した条文は現行のものであるが、それ以前は、次のようになっていた。

（社会教育委員の構成）

第一五条　〈第1項は同文〉

2　社会教育委員は、左の各号に掲げる者のうちから、教育委員会が委嘱する。

一　当該都道府県又は当該市町村の区域内に設置された各学校の長

二　当該都道府県又は当該市町村の区域内に事務所を有する各社会教育関係団体において選挙その他の方法により推薦された当該団体の代表者

三　学識経験者

3　前項に規定する委員の委嘱は、同項各号に掲げる者につき教育長が作成して提出する候補者名簿により行うものとする。

4　教育委員会は、前項の規定により提出された候補者名簿が不適当であると認めるときは、教育長に対し、その再提出を命ずることができる。

この条文は社会教育法が制定されたときからの条文であるが、第2項第二号の委員の選出について「選挙その他の方法により推薦された」ものという文言があるなど、現行法の規定よりはもっと「国民全体に対し直接に責任を負って」いる制度であったことがわかる。その点で今回の法改正は教育行政の住民自治の面で大きく後退したものといわざるを得ないであろう。

なお、一九九〇年六月末に公布された「生涯学習の振興のための施策の推進体制等の整備に関する法律」によって、都道府県に都道府県生涯学習審議会を設置することが可能となったが、これによって、学校教育行政の分野にも理論上は住民自治の道がわずかに開かれたといえなくもない。しかし、この審議会を設置する場合には（これも任意設置である）都道府県教育委員会にではなく都道府県そのものに設置されることとなったために、教育行政の一般行政からの独立という戦後教育改革の大原則が犯されるという問題が新たに生じてきてもいるのである。

三　教育の住民自治

次に、教育の住民自治について考えてみよう。教育の住民自治は教育機関の住民自治という形で実現される。日本においては、学校の運営に対して住民「全体の」意志を「直接に」反映する機関は未だ存在しない、と言ってよい。二〇〇〇年四月から学校評議員制度が導入されたが、住民「全体」の意志を「直接に」反映しうるものではまったくない。戦後教育改革の一つのホープとして登場したPTAも残念ながらその役割は果たし得ていない。

ところが、社会教育の分野では、教育機関の住民自治は、学校教育の分野でよりも格段に進んでいるのである。そこでここでは、まず社会教育における教育の住民自治について見てみることにしよう。社会教育における住民自治のシステムの代表格は公民館運営審議会であるから、まず、公民館運営審議会の検討から始めよう。

1　公民館運営審議会

〈公民館運営審議会の構成と役割〉

二〇〇〇年三月三一日までは、公民館は公民館運営審議会を必ず設置することになっていた。公民館運営審議会は必置性だったのである。それが同年四月一日から大きく変わるのであるが、ことの本質を理解するためには改正前の社会教育法に基づいて説明する方が分かり易いので、しばらくは改正前の社会教育法に基づいて説明することとする。旧第二九条および第三〇条は次のように規定していた。

（公民館運営審議会）
第二九条　公民館に公民館運営審議会を置く。但し、二以上の公民館を設置する市町村においては、条例の定めるところにより、当該二以上の公民館について一の公民館運営審議会を置くことができる。
2　公民館運営審議会は、館長の諮問に応じ、公民館における各種の事業の企画実施につき調査審議するものとする。
第三〇条　市町村の設置する公民館にあつては、公民館運営審議会の委員は、左の各号に掲げる者のうちから、市町村の教育委員会が委嘱する。

一　当該市町村の区域内に設置された各学校の長

二　当該市町村の区域内に事務所を有する教育、学術、文化、産業、労働、社会事業等に関する団体又は機関で、第二十条の目的達成に協力するものを代表する者

三　学識経験者

2　前項第二号に掲げる委員の委嘱は、それぞれの団体又は機関において選挙その他の方法により推薦された者について行うものとする。

3　第1項第三号に掲げる委員には、市町村の長若しくはその補助機関たる職員又は市町村議会の議員を委嘱することができる。

4　第1項の公民館運営審議会の委員の定数、任期その他必要な事項は、市町村の条例で定める。

公民館運営審議会は、一号、二号、三号の三種の委員からなっていた。人数は法定されておらず、自治体が条例で定めることになっており、個々の公民館運営審議会の特色は委員全体の中に占める二号委員の数と性格によって決まることが多い。そのことについては次の項で述べる。

公民館運営審議会の役割は普通三つと考えられている。一つは、館長の諮問に応じることである。館長の諮問は、当然のことながら文書で出されることもあれば口頭でなされることもある。

二つは、公民館の各種の事業の企画実施につき調査審議することである。最近東京多摩地域の多くの公民館では、公民館運営審議会を毎月一回定例的に開くようになってきており、例えば、東京都旧保谷市（現在は隣の田無市と合併して西東京市になっている。旧保谷市には公民館が三館あり、そのいずれにも一〇人の委員で構成する公民館運営審議会が設置されていた）の柳沢公民館では公民館で行われるすべての事業についてあらかじめ委員会にかけて意見を聞くことが慣例化している。他の二館でも同様である。そのための準備の意味あいも含めて、最近では公民館運営

審議会自体がさまざまな問題について調査活動をする例もよく聞かれるようになってきている。

公民館運営審議会の三つ目の役割は、公民館館長の人事に関してのことである。日本においてはたいへんめずらしいことであるが、改正前の社会教育法第二八条は次のように定めていたのである。

第二八条　市町村の設置する公民館の館長、主事その他必要な職員は、教育長の推薦により、当該市町村の教育委員会が任命する。

2　前項の規定による館長の任命に関しては、市町村の教育委員会は、あらかじめ、第二九条に規定する公民館運営審議会の意見を聞かなければならない。

教育機関の長の人事に関して、住民の代表で構成する運営審議会にあらかじめ意見を聞くという制度が法律で定められているのは、日本では、公民館だけである。どのような経過を経てこのような制度になったかについては後で述べるが、このことを決めた社会教育法が一九四九年の法制定直後に、法制定の中心にあって作業をした寺中作雄社会教育局長（当時）が『社会教育法解説』で次のように述べていることは記憶されておいてよい。「(館長や職員を) 教育委員会が任命するということはいわば形式的な手続であって実際はできるだけ公民館運営審議会の意見を尊重し、公民館運営審議会において適任者を銓衡し、その審議会において内定した館長（職員を含む）候補者について市町村の教育委員会から辞令を発するのである。」

ところが、実際にはこの五〇年余の間に、ほとんどの市町村で館長人事に関しあらかじめ公民館運営審議会の意見を聞くという手続きが形式化・形骸化してきており、公民館長の人事は市長による一般人事の一環とみなされることが多くなっていたのである。たとえ「意見を聞く」だけであって必ずしも決定（ないしは内定）ではないにしてもこの規定の持っている意義は極めて大きいといわなければならなかった。現に、東京・三多摩のある市では、公民館一筋で仕事をしてきた有能なある女性館長を広報課長として異動させたいという市長の意向を、公民館運営審議会等の反対によって撤回させたという事例もあるし、また同じ三多摩の別の自治体では、教育長が三人の館長候補（この市でも館長は課長職である）の名簿を公民館運営審議会に非公式に示して意見を求めたと言う事例さえ報告されているのである。公民館運営審議会の委員構成が民主的な手続きでなされており、かつこのような手続きで館長が選任されるのが当たり前という状況になってくれば、教育の住民自治の理想の実現は社会教育においてさらに大きく前進すると言ってよいであろう。

〈公民館運営審議会の前身は公民館委員会〉

ところで、学校教育には見られないこのような民主的な制度が五〇余年も前に社会教育法の中に位置づくにあたっては、どのような経過があったのであろうか。

一九四六年七月五日文部省は「公民館の設置運営について」という文部次官通牒を全国の地方長官（知事）宛発した。これが、公民館について述べたわが国最初の公文書であったのであるが、その通牒は、「今後凡そ別紙要綱に基く町村公民館の設置を奨励することとなったから、（中略）命に依って通牒する」とし、「公民館設置運営要綱」を伴っていた。そのなかで公民館委員会について次のよう述べている。

四　公民館の維持及運営

㈢　公民館事業の運営は公民館委員会が主体となって之を行うこと。公民館委員会の委員は町村会議員の選挙の方法に準じ全町村民の選挙によって選出するのを原則とすること。但し其の町村の実情によっては公民館運営に最も熱意を有し最も適任と思われる各方面の代表者（町村会議員、学務委員、学校教職員、各種産業団体及び文化団体の幹部、其の他の民間有力者）の中から七の㈡に記した公民館設置準備委員会等に於て適宜話合の上選んでもよいこと。其の人数は凡そ三人乃至八人位が適当と思われ、其の中に教育者及婦人が含まれていることが望ましいこと。

㈣　公民館委員会の任務は公民館運営に関する計画や具体的方法を決定し、町村当局や公民館維持会と折衝して公民館運営に関する必要な経費を調達経理し、又町村内の産業団体文化団体との間の連絡調整に当るものであること。

㈤　公民館長は公民館委員会から選出され其の推薦によって町村長が嘱託すること。公民館長の任期は凡そ一年位と定め、教育に理解あり、且つ衆望のある最適任者を選任することに努めること。適任者の重任は差支えないこと。

㈥　公民館には専属又は兼任の職員を置いて公民館運営の仕事を担当させること。公民館職員は主事と呼び、館長が公民館委員会の意見に依って選定し、町村長が之を嘱託すること。主として青年学校教職員及国民学校教員を兼務させるのはよいが、財政に余裕のある限り出来るだけ多くの練達堪能な実力のある人材を専任に嘱託する様にすること。

この通牒が日本の敗戦後一年を経ずして出されていること、憲法は公布されてはいたもののまだ施行されておらず、教育基本法も学校教育法も教育委員会法も社会教育法もまだ姿を見せていなかったこと、したがって教育委員会もまだ存在していなかったという時期に公民館委員会委員の公選を謳っていることは極めて注目に値することである。公民館の運営はあくまでも住民の直接の意志に基づいて行うのだと言う精神がみちみちているといってよいであろう。社会教育法に定められた公民館運営審議会はこの公民館委員会の後身であるのであるが、そのことは、公民館運営審議会を考える上で忘れてはならない大切な事柄であろう。

〈公民館運営審議会第二号委員の準公選〉

ところで、さきに公民館運営審議会の特色は第二号委員の数と性格によって決まると述べたが、それはこういうことである。委員の構成が一―三号の三種類によってなされるということは法で決まっている（前述のように現行法ではこの部分が変更されている）が、それぞれの号の人数は各市町村が条例で定めることになっている。そこで最近では、二号委員の人数をできるだけ多くして、しかもその二号委員をできるだけ選挙に近い形で選出しようとする試みが各地でなされるようになってきているのである。なぜならば、一号委員は区域内の学校の長から選ぶことになっているし、三号委員は教育委員会がいわば勝手に選べる委員枠であるのに比べると、二号委員だけが、最も直接に住民の意見を反映させて選出することができる委員枠であるからである。

例えば、東京都旧保谷市では、二号委員の選出を保谷市教育委員会の内規「公民館運営審議会委員候補者選出方法」に基づいて次のように行っている。

○　公民館運営審議会委員候補者選出方法（保谷市教育委員会）

1　候補者の推薦

(1)　教育委員会は、各団体宛候補者の推薦を依頼します。

(2)　各団体は、候補者一名推薦することが出来ます。（次のア～キの各項による）

ア　候補者は、当該団体の構成員であること。（その団体以外の人を選んでもそれは無効）

イ　候補者は、当該団体の構成員であればだれでも良く、公民館運営審議会委員としてふさわしい人（たとえば、公民館活動に熱意があり会議に必ず出席できる人）を必ず話し合いを持って、規則や会則に基づく会議に諮るなど民主的な方法で選ぶこと。（必ず所属する団体の推薦が必要）

ウ　候補者の届け出は、文書（様式1　省略）によって候補者の承諾書（様式2　省略）を添えて期限までに

教育委員会社会教育課に届け出をすること。（本人の承諾書が無いときは無効）

エ　できるだけ多くの人に経験していただくため、二期以上務めた人（通算で四年の人も含む）は遠慮すること。

オ　候補者となる人は一つの団体から推薦を受けたら他の団体から推薦することはできません。

カ　同一人が複数の公民館の運営審議会委員候補者になることはできません。

キ　一つの団体から複数の公民館に運営審議会委員候補者を出すことは出来ません。

2　候補者の推薦を受けた教育委員会は、次の方法で候補者の決定を行います。

(1)　期限までに届け出のあった候補者名簿を各団体に公表します。

(2)　区分別定数および推薦会の日程は別表によります。

(3)　届け出のあった候補者の数が選出区分の定数を超えているときは、団体の代表者によって会合を持ち候補者の推薦を行います。この場合この席に欠席した団体は棄権とみなします。また候補者はこの席に列席して自己紹介をしていただきます。推薦は話し合いによることを原則とし、これによれないときは同日選挙を行います。

(4)　届け出のあった候補者数が選出区分の定数に満たないときは、当該選出区分においてのその不足数を補充選出します。

(5)　任期中に委員が辞任したときは、辞任した委員が属していた選出区分においてその不足数を補充選出します。

(6)　上記(4)、(5)においてなお選出区分の定数に満たないときは、教育委員会に一任していただきます。

(7)　選挙の方法

ア　選挙人は、あらかじめ確認された別添団体名簿に登録された団体の代表者または代理人一名とします。
イ　投票は一人一票とします。
ウ　候補者の推薦決定は、最高得票から順次、定数まで得票数によって決定します。
エ　その他選挙について必要なことは各区分ごとの話し合いによりきめていただきます。（たとえば単記式、不完全連記式、完全連記式）
この会で推薦された候補者は、教育委員会の審議を経た後委嘱します。

旧保谷市には前にも述べたとおり三つの公民館にそれぞれ一〇人で構成する三つの公民館運営審議会が置かれているが、二号委員は各館とも七名ずつである。任期はそれぞれ二年ずつで、改選期が三館ともばらばらにずれているので、結局保谷市では二年置きに三回ずつ選出会が開かれるのである。回数を重ねるたびに公民館運営審議会に対する市民の意識が高まっていき、そのことが結局は教育の住民自治に対する市民の意識の向上につながることを考えるとき、この制度とそれを生かそうとする工夫とが持つ意義はきわめて大きいと言わなければならないであろう。

社会教育の世界には、公民館運営審議会の他に図書館協議会、博物館協議会の制度もある。それらの協議会は任意設置ではあるが、公民館運営審議会と同様、図書館や博物館の運営に対して市民の意見を直接反映させるために、多くの市町村で、真摯な努力が重ねられている。

ところで、大変残念なことにこの公民館運営審議会の規定は一九九九年の社会教育法改正（実施は二〇〇〇年四月一日）で大きく変更された。たとえば、社会教育法第二九条は「公民館を置く。」から「公民館を置くことができる。」に変更されたし、第二八条の公民館長の任命に当たってはあらかじめ公民館運営審議会の意見を聞くという条項がそっくり削除された。さらに第三〇条の公民館運営審議会委員の構成は一号委員、二号委員、三号委員の区別がなく

公民館運営審議会委員候補者の推薦受付及び推薦会日程

	（仮称）ひばりが丘公民館運営審議会委員	住吉公民館運営審議会委員	柳沢公民館運営審議会委員	備考
推薦受付	10月16日(月)～11月15日(水)	12月15日(金)～1月16日(火)	3月15日(木)～4月16日(月)	用紙をまちがえないようお願いします
候補者名簿公表	11月20日(月)～	1月22日(月)～	4月23日(月)～	社会教育課にて配布
推薦会日程	別表	2月中旬	5月中旬	市報，公民館だよりでお知らせします

〈別表〉

選出区分	定数	推薦会の日時・会場
学校長	1	――――
教育または生活団体・婦人団体および地域団体	3	12月7日(木)午後2時～　柳沢公民館第一会議室
産業・労働福祉に関する団体または機関	1	12月7日(木)午後7時～　柳沢公民館第一会議室
青少年団体	1	12月6日(水)午後7時～　住吉公民館第一会議室
文化団体・他の区分に入らない関係団体	2	12月6日(水)午後2時～　住吉公民館集会室
学識経験者	2	――――
計	10	

なり、「公民館運営審議会の委員は、学校教育及び社会教育の関係者並びに学識経験のある者の中から、市町村の教育委員会が委嘱する。」となってしまったのである。公民館運営審議会は置いても置かなくてもいいと言うことになり、公民館長の任命に当たってあらかじめ意見を聞かれるという公民館運営審議会の重要な役割を保障する規定すなわち教育機関の住民自治の規定がきれいさっぱりなくなってしまい、さらに「選挙その他の方法で」選ばれるべきとする二号委員の規定が削除されてしまったのである。実態に合わせたといえばそれまでであるが、世界の趨勢に逆行した大きな後退であった。

2　学校評議会

以上のような教育の住民自治のための制度が日本の学校教育の世界にはまだ存在しないということはどう考えたらよいのであろうか。それは、日本における近代学校制度がその始まりから第二次世界大戦の敗戦まで、一貫して中央集権的であったし、そのことが戦後の民主化の過程でも人々の意識の上で、きちんと清算できなかったということを示していると考えなければならないのであろう。第二章歴史の項で明らかにしたように、戦前の中央集権的教育行政制度を戦後の教育改革は法制度上は徹底的に地方分権化し、民主化したのであったが、そのことが人々の意識の中にきちんと定着しさらに進んで学校教育の世界にも学校運営審議会のごときものが作られるようになるべきであったのであるが、それ以前に、むしろ日本の教育行政は戦前的中央集権制に後戻りさせられて来たように思われるのである。

ところが世界に目を転じて見れば、西欧諸国では学校にも、というよりはまず学校にこそ教育の住民自治を保障する制度が積極的に整備されてきた。

ヨーロッパの各国やアメリカなどでは、総じて学校評議会とでも訳すべき機関が作られ、父母が学校の運営に対して正式に参加する制度が発達してきている。governing body（body of managers or governors）（英）、conseil décole（仏）、Schulbeirat, Elternbeirat（独）、school council（米）などと呼ばれる諸機関がそれである。特に旧西ドイツでは、一九八〇年代に、すべての州に学校評議会の設置を義務づける法律が作られており、イギリスでも学校はもちろん社会教育施設等すべての教育機関に governing body の設置を義務づけているのである。（詳しくは特論を参照）父母はこれらの学校評議会に正規の委員として参加し、教員代表や行政関係者代表などと対等の立場に立って、学校の運営に参加し、学校長の選任や、教職員の採用、基本的な教育方針の樹立あるいは学校財政の切り盛りに関与しているのである。

もちろん日本においても学校評議会の設置を進めようとする動きがないわけではない。岩波書店発行の雑誌『世界』は一九九〇年および一九九一年のそれぞれ五月号において二年連続で「学校協議会」についての特集を組んでいる。さらに、第一六期中央教育審議会は審議の過程で、公立学校の各学校ごとに校長の諮問機関として「学校協議会」を設置することを検討している。しかしながら、ようやくにして日本においても学校評議会的な機関が設けられるようになるのかと期待したのであるが、一九九八年の答申では学校評議員制度の新設を提言したに止まり、一九九九年の地方教育行政の組織および運営に関する法律の改正において学校評議員制度の導入が決められたのである。

最後に、これまで述べてきた「教育の住民自治のしくみ」について、その概念図を示しておこう。

教育の住民自治のしくみ

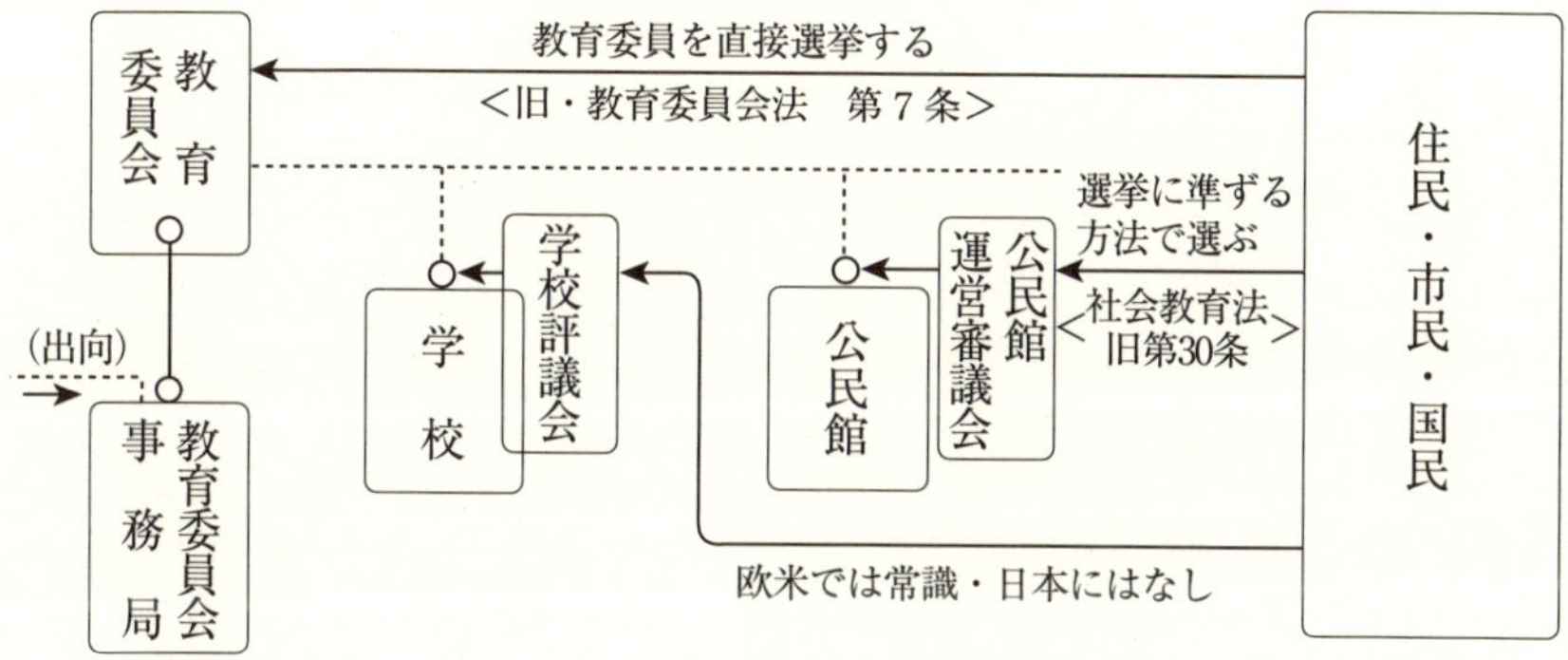

第六章　教師と教育行政

一　池田・ロバートソン会談と戦後の教育

1　「戦後の教育」と「戦後教育」について

一九八四年中曽根康弘首相（当時）は、臨時教育審議会を設置するに当たって「『戦後教育』の総決算をする」と述べた。この時首相は「戦後教育」といい「戦後の教育」とはいわなかった。このことは注目に値する。

第七章でも詳述するように当時校内暴力や家庭内暴力、いじめ、登校拒否・不登校などさまざまな問題が学校の内外や子どもをめぐって起きており、今の教育を何とかしなければならないとの気持ち、すなわち「教育改革」は全国民の願いであり、その点で中曽根首相の訴えは多くの人々の共感を呼んだ。

しかし、そのためにはどうするのか。「荒廃」ともいうべき教育の現状はどこにその原因があるのか。中曽根首相はそれを端的に「現在の教育の荒廃の原因は戦後教育にある。」としたのである。その場合「戦後教育」と言えば一九四五年八月以後の教育を指し、それは、戦後四〇年間（当時）の教育を一つのものとして考えることになる。その中には当然のこととして一九四七年に制定された教育基本法とそれに基づいて行われた戦後の教育改革も含まれることになる。つまり、現在の教育の荒廃の原因は教育基本法を含めた戦後の教育改革そのものにある、だから、ここから変えていかなければ現在の教育の改革はなしえない、という結論に至るのである。見事なロジックという他はないであろう。「戦後教育の総決算」とは教育基本法の改正を含む戦後教育改革の否定を意味したのである。

いうまでもなく、「戦後の教育」は「戦後教育」ということばでひとくくりにすることはできない。「戦後の教育」を何期に分けて考えるかは人によって異なるが、当時においても少なくとも二期、現在（二〇〇二年）では三期に分けて考える必要があると考える。第一期は、憲法・教育基本法の制定に基づき官民挙げて取り組まれた敗戦直後の教育改革期、第二期は、次節で詳述するように池田・ロバートソン会談以後急速に改変されそれがずっと継続された政府の教育政策の時代、そして第三期は日本教職員組合の文部省との対話路線採用の宣言と分裂以後現在までである。

（次頁の表参照）

2 「池田・ロバートソン会談議事録草案要旨」の意味するもの

池田・ロバートソン会談とは、朝鮮戦争が「休戦」した直後の一九五二年一〇月に日本側特使の池田勇人とアメリカ国務省極東担当国務次官補ロバートソンとの間で行われた会談で、朝鮮戦争後の極東情勢にどう対処するかを日米間で協議したものである。

その会談の中間報告ともいうべき「池田・ロバートソン会談議事録草案要旨」（一九五三年一〇月二一日（巻末資料15参照））では、その第一議題であった「日本の防衛と米国の援助」の中で、今後の日本の教育の在り方に関連して次のように述べている。

（A）日本側代表団は十分な防衛努力を完全に実現する上で次の四つの制約があることを強調した。

（ロ）政治的、社会的制約　　これは憲法起草にあたって占領軍当局がとった政策に源を発する。占領八年にわ

「戦後の教育」時代区分

一期（'45〜'50）

'45・8・15　日本敗戦

'53・10・21　池田ロバートソン会談議事録草案要旨の発表

二期（'60〜'80）

'54・6・3　■義務教育諸学校における教育の政治的中立の確保に関する臨時措置法

'56・6・30　■地方教育行政の組織及び運営に関する法律

'56・11・1　■愛媛県教育委員会勤務評定実施を決定

'58・10・1　■学習指導要領官報に告示

'61・10・26　■全国一斉学力テスト実施

'63・1　■第一次教育正常化運動はじまる（岐阜県）

'63・12・21　■義務教育諸学校の教科用図書の無償措置に関する法律

'71・6・11　■今後における学校教育の総合的な拡充整備のための基本的施策について（中教審答申）

'86・4・23　■臨時教育審議会「第二次答申」（生涯学習体系への移行）

三期（'90〜）

'89・11・17　日教組分裂・全教結成

'90・6・29　■生涯学習の振興のための施策の推進体制等の整備に関する法律

たって、日本人はいかなることが起こっても武器をとるべきではないとの教育を最も強く受けたのは、防衛の任に先ずつかなければならない青少年であった。

(B) 会談当事者はこれらの制約を認めた上で、

(ハ) 会談当事者は日本国民の防衛に対する責任感を増大させるような日本の空気を助長することが最も重要であることに同意した。日本政府は教育および広報によって日本に愛国心と自衛のための自発的精神が成長するような空気を助長することに第一の責任をもつのである。

日本の教育の将来が「日本の防衛と米国の援助」という議題の中で語られているところにこの文書の特異性があるが、内容はもっと衝撃的である。「十分な防衛努力」を「完全に実現する」とはおそらく「再軍備をし」「あわよくば徴兵制を布く」ということであろうが、それを実現するには四つの制約がある。そのうちの一つは、この八年間憲法に基づいて行ってきた平和教育であって、しかもそれは占領軍が強制してきたものである、とする。そして、両国の代表者はそのことを互いに認めあった上で日本政府は次のように約束する。教育と広報（マスコミ）を二つの有力な手段として「日本に愛国心と自衛のための自発的精神が成長するような空気を助長する」、すなわち青年たちが「自発的精神」から「武器をとる」気持ちになるような環境を醸成する、そのことに日本政府は第一の責任をもつ、というのである。

これが、再軍備に必要な経済的・軍事的援助をアメリカから引き出すための単なる口約束に過ぎなかったのか、それとも日本政府はこの約束を忠実に実行したのかは、その後の歴史を見れば明らかである、といえよう。

二　「安保体制」下の国の教員政策――ねらわれる教師
――「先生　ほんとうのことおしえて」

教育改革というものは、ある日突然に行われたり、ある日突然に中止されたりするようなものではない。戦後の教育改革も同じで、仮に政府が上に述べたようなアメリカとの約束である教育政策を熱心に進めたとしても、憲法・教育基本法が存在する限りそれに沿った施策は当然求められるし、それを頭から無視したりあるいは明らかに相反する政策を強行することはなかなかできない。かくして、一九五二年前後からは、それまで通りの憲法・教育基本法の精神に則った教育政策と池田・ロバートソン会談議事録草案要旨に沿った教育政策（これを日米安全保障条約体制〈略して「安保体制」〉下の教育政策と呼んでおこう）とが互いに牽制しあいながら並立・併存していくこととなる。本節で取り扱う期間はこのような二つの相反する政策が微妙な政治的確執を伴って進行する時期なのであり、それが前述した「戦後の教育」の時代区分における第Ⅱ期の特徴なのである。

1　教育の政治的中立を守れ！
――「義務教育諸学校における教育の政治的中立の確保に関する臨時措置法」がねらったもの

政府がまず手をつけたのは教員の政治活動を制限することであった。教育公務員特例法の一部を改正する法律と義務教育諸学校における教育の政治的中立の確保に関する臨時措置法（以下、臨時措置法という）のいわゆる教育二法の制定がそれである。一九五二年六月にすでに設置されていた中央教育審議会（以下、中教審）から五四年一月一八日、中教審最初の答申として「教育の中立性維持について」が出されると、同二月九日には教育二法を閣議決定、六月三日には多くの反対にもかかわらず修正案に助けられて成立させてしまう。

臨時措置法はわずか五条の法律であるが、その中核となる第三条は次のように規定している。

第三条　何人も、教育を利用し、特定の政党その他の政治的団体（以下、「特定の政党等」という）の政治的勢力の伸張又は減退に資する目的をもって、学校教育法に規定する学校の職員を主たる構成員とする団体（その団体を主たる構成員とする団体を含む。）の組織又は活動を利用し、義務教育諸学校に勤務する教育職員に対し、これらの者が、義務教育諸学校の児童又は生徒に対して、特定の政党等を支持させ、又はこれに反対させる教育を行うことを教唆し、又はせん動してはならない。

この法律は、注意深く読めば、「学校の職員を主たる構成員とする団体」（日本教職員組合を念頭に置いていたことは明らかであろう）の組織又は活動を利用した者のみが罰せられるのであって、教員一人一人が対象とされているのではないのであるが、教育公務員特例法の改定ともあわさって教員に与えた心理的影響には大きなものがあり、結果として教員に対して教室での政治的発言に神経質にならせることとなったのである。なお、「臨時措置法」が期限を切らなかったために五〇年近く経った現在でもなお効力を失っていないことにも注目しなければならない。

2　教育委員会の変質とミサイル人事

――〝教育委員会法〟から〝地方教育行政の組織および運営に関する法律〟（一九五六・六・三〇）へ

（1）なぜ警官隊を国会へ導入してまで？

「教育二法」に続いて起きたのが「教育三法」をめぐる攻防であった。公選制教育委員会は、すでに、一九四八年一一月一日には全都道府県および五大市を含むいくつかの市町村で発足しており、一九五二年一一月一日には全市町村にも設置された。一九五六年政府は、通常国会も後半にさしかかった三月になって、教育委員の公選制を任命制に変えることを中心とする教育委員会法改正案を他の二つの法案とともに提出する。

この法案はマスコミ上では主として教育委員の公選制か任命制かという形で争われているかのように報道されたが、実はそれ以外にも後の日本の教育行政を大きく左右するような重要な改正がはかられようとしていたのである。そのことを示す対照表を次に示す。

現行法＝一九五六年六月三〇日公布
旧　法＝一九四八年七月一五日公布

教育委員会に関する現行法と旧法との対照表

	（現行法） 地方教育行政の組織及び運営に関する法律	（旧　法） 教育委員会法
法の目的	第一条　この法律は、教育委員会の設置、学校その他の教育機関の職員の身分取扱その他地方公共団体における教育行政の組織及び運営の基本を定めることを目的とする。	第一条　この法律は、教育が不当な支配に服することなく、国民全体に対し、直接に責任を負って行われるべきであるという自覚のもとに、公正な民意により、地方の実情に即した教育行政を行うために、教育委員会を設け教育本来の目的を達することを目的とする。
委員会の組織	第三条　教育委員会は、五人の委員をもって組織する。ただし、町村の教育委員会にあっては、条例で定めるところにより、三人の委員をもって組織することができる。	第七条　都道府県委員会は七人の委員で、地方委員会は五人の委員で、これを組織する。
委員の任命もしくは選挙	第四条　委員は、当該地方公共団体の長の被選挙権を有する者で、人格が高潔で、教育、学術及び文化に関し識見を有するもののうちから、地方公共団体の長が、議会の同意を得て、任命する。	第七条 2　第三項に規定する委員を除く委員は、日本国民たる地方公共団体の住民が、公職選挙法の定めるところにより、これを選挙する。 3　委員のうち一人は、当該地方公共団体の議会の議員のうちから、議会において、これを選挙する。
会議の公開	なし	第三七条　教育委員会の会議は、これを公開する。（但し、秘密会も可）
教育長の任命	第一六条　教育委員会に、委員長をおく。 2　都道府県に置かれる教育委員会は、文部大臣の承認を得て、教育長を任命する。 3　市町村又は第二条の市町村の組合におかれる教育委員会は、第六条の規定にかかわらず、当該市町村委員会のうちから、都道府県委員会の承認を得て、教育長を任命する。	第四一条　教育委員会に、教育長を置く。 2　教育委員会が、これを任命する。

指導主事	第一九条 3 指導主事は、上司の命を受け、学校における教育課程、学習指導に関する事務に従事する。	第五二条の四 指導主事は、校長及び教員に助言と指導を与える。但し、命令及び監督をしてはならない。
予算の編成	第二九条 地方公共団体の長は、歳入歳出予算のうち教育に関する事務に係る部分その他特に教育に関する事務について定める議会の議決を経るべき事件の議案を作成する場合においては、教育委員会の意見をきかなければならない。	第五六条 教育委員会は、毎会計年度、その所掌に係る歳入歳出の見積に関する書類を作成し、これを地方公共団体における予算の統合調整に供するため、地方公共団体の長に送付しなければならない。 第五七条 地方公共団体の長は……教育委員会の送付に係る歳出見積を減額しようとするときは、あらかじめ教育委員会の意見を求めなければならない。 第五八条 地方公共団体の長は、教育委員会の歳出見積を減額した場合においては、教育委員会の送付に係る歳出見積について、その詳細を歳入歳出予算に付記するとともに地方公共団体の議会が教育委員会の送付に係る歳出額を修正する場合における必要な財源についても明記しなければならない。
学校等の管理	第三三条 教育委員会は、法令又は条例に違反しない限度において、その所管に属する学校その他の教育機関の施設、設備、組織編成、教育課程、教材の取扱その他学校その他の教育機関の管理運営の基本的事項について、必要な教育委員会規則を定めるものとする。(以下略) 2 前項の場合において、教育委員会は、学校における教科書以外の教材の使用について、あらかじめ、教育委員会に届け出させ、又は教育委員会の承認を受けさせることとする定を設けるものとする。	なし。
勤務評定	第四六条 県費負担教職員の勤務成績の評定は、地方公務員法第四十条第一項の規定にかかわらず、都道府県委員会の計画の下に、市町村委員会が行うものとする。	なし。
措置要求	第五二条 文部大臣は、地方自治法第二百四十六条の二の規定にかかわらず、地方公共団体の長又は教育委員会の教育に関する事務の管理及び執行が法令の規定に違反していると認めるとき、又は著しく適正を欠き、かつ、教育の本来の目的達成を阻害しているものがあると認めるときは、当該地方公共団体の長又は教育委員会に対し、その事務の管理及び執行について違反の是正又は改善のため必要な措置を講ずべきことを求めることができる。	なし。

出典：教育委員の準公選をすすめるための全国連絡会編『あなたもいっしょに考えてください』1986。

これを見るとこの改正案が単に教育委員を公選制から任命制に変えるだけではない極めて大きな改変であったことがわかる。教育委員会はその命ともいうべき予算原案送付権ならびに予算執行権を失い、会議の公開制を謳った明文を失い、教育長の任命においては市町村は都道府県教育委員会の、都道府県は文部省の承認を必要とし、文部省に措置要求権を認めた。さらに注目すべきは教員の勤務評定を法定化（義務化）し、学校等の管理規則を制定することを教育委員会に義務づけたのである。この後すぐ全国的な規模で勤務評定問題が表面化するのであるが、教育委員会が教師の勤務評定の根拠を問われたとき、答えに窮した際最後は〝法律に決まっているからやるのだ〟といって強行したことはよく知られているところである。

延長国会の会期末が迫った六月二日、政府は審議打ち切りのための文教委員会中間報告を求めたため与野党が激突し、ついに空前の警官隊の国会内導入となった〈次頁資料「写真」参照〉。「教育三法」のうち「臨時教育制度審議会設置法案」と「教科書法案」の二法案の成立を断念してまでの強行採決であった。政府の決意のほどがうかがわれるのである。

（2）「ミサイル人事」始まる

教師には異動（転勤）はつきものである。適材適所の教員配置はむしろ奨励されなければならない。しかし、教員の人事配置はいわば「両刃の剣」であって、配置転換（以下、異動または配転という）は合法的な弾圧手段にもなりうる。この頃、公然とささやかれるようになった「ミサイル人事」はそのことを如実に示している。

次の資料はその一つの例である。高知県で勤評闘争を闘った倉橋隆先生は次のように異動という名の弾圧を受ける。

24年間に異動13回

教師生活二十四年を数える倉橋先生の勤務歴を、ざっとふり返ってみましょう。

1956年6月2日夕刊（朝日新聞）

昭和二十二年三月、高岡郡東津野村船戸小学校に奉職△同二十三年四月、同村高野中学校へ転勤△同二十七年四月、同郡檮原村四万川中学校へ転勤△同二十八年四月、同郡中土佐村上ノ加江中学校へ転勤△同三十年四月、同郡窪川町興津中学校へ転勤△同三十三年四月、須崎市須崎中学校へ転勤△同三十四年四月、幡多郡西土佐村藤ノ川中学校へ転勤△同三十五年四月、高岡郡佐川町加茂中学校へ転勤△同三十六年四月、香美郡物部村別府中学校へ転勤△同三十七年四月、高岡郡中土佐町上ノ加江中学校へ転勤△同三十八年四月、土佐市高岡中学校へ転勤△同四十一年四月、高岡郡東津野村郷中学校へ転勤△同四十三年四月、同郡仁淀村泉川中学校へ転勤。

教員に異動はつきものです。だが二十四年間に十三校というのは、ちょっと多すぎます。前記の異動歴を見て、気づくことは、三十三年に須崎中学校に転勤していらい、三十八年に高岡中学校へいくまで、毎年異動していることです。（中略）

始まった気違い人事

昭和三十三年、政府は教師にたいして勤務評定を実施しようとしました。（中略）

高知県下でも勤評反対闘争は激しくたたかわれました。（中略）

この勤評闘争にたいする同県教委の報復は苛烈（かれつ）をきわめました。

評定書提出をこばんだ高、中、小校長をはじめ多くの教師が教壇から追われました。県教組の分会役員、活動家といった人たちが、いっせいにへき地の学校へ配転されたばかりか毎年のように、極端な場合は一年に二度も三度も勤務校を異動させる気違い人事がはじまったのです。興津や須崎で同僚や父母たちと勤評反対を主張しつづけた倉橋先生もその対象にされました。（「ここに生きる」『赤旗』一九七〇年一〇月四日付）

義務教育諸学校における教育の政治的中立の確保に関する臨時措置法が教員組合を標的としていたのと同様にここでも教員組合の活動家がねらい打ちされた。教員の異動は最終的には教育委員会で決定される。その場合公選制教育委員会であれば教員組合の推薦を受けた候補者が少なくとも一名は当選することが多い。しかし、任命制の教育委員会ではそれは皆無といってよい。首長の意向によるのはもちろんであるが、それ以上に議会の同意を得るためにはそうならざるを得ないのである。公選制教育委員会では委員会の席上で組合活動を熱心にやっているかどうかを異動の理由に加えることは不可能であったであろうが、任命制の教育委員会ではそれは可能である。以下に述べる「ミサイル人事」もそのような状況下でこそ起こり得たことであった、と考えられる。

一九六〇年代の初め北海道教育委員会は「広域人事五カ年計画」を定め、それこそミサイルにでも乗せて飛ばさなければ不可能なような極端な遠距離異動を含む教員の人事異動を実施する。「ミサイル人事」という呼び名はここに由来する。これを不当とする人事委員会闘争が起こるのはいわば当然といえるが、その過程で次頁の表のような「教員の思想調査」の実態が明らかになることもある。

このような「教員の思想調査」は全国で広く行われていたと推定される。それが教員の配転の実質的な条件になったことも大いにあり得るところである。しかし、いくら任命制の教育委員会といえどもそれを表立って理由とすることはできない。そこにこそ次に述べる勤務評定が実施されていることの意味があるのである。実際には異動は思想調査に基づいて行われながら表向きは勤務評定の結果による適正な人事異動である、とするのである。地方教育行政の組織および運営に関する法律が教育委員の任命制と勤務評定の実施を同時に定めた意味はここにあるといってよいであろう。

3　教師の勤務評定――「勤評は戦争への一里塚」

地方教育行政の組織及び運営に関する法律の成立によって一九五六年一〇月一日全国一斉に任命制教育委員会が発足する。その一カ月後愛媛県教育委員会は次年度の教職員の昇級昇格は勤務評定によると発表した。いわゆる「勤評問題」の始まりである。

教師の勤務評定とは、教諭等の勤務状況を校長が、校長の勤務状況を教育長がそれぞれ年度末に評定し、人事の参考にするというもので、場合によっては愛媛県教育委員会のように昇級昇格にもその結果を参考にすることになる。

教員の思想調査(抄)

1967年７月20日，北海道教委の「広域人事５ヵ年計画」による不当配転の人事委員会審理は相当はげしい追及がおこなわれ，審理が終るや否や教委関係者は逃げるように立ち去りました。その場にのこっていた資料のなかから，教員の思想調査をした書類が発見されました。

札幌地方裁判所も認めているように，それはつぎのようなものでした。

別紙１　㊙

○　党　員　　△　同調者

		年齢	本校勤続	
	浅水恭太郎	50	1.00	
○	村田秀夫	50	15.09	・赤間小学校組織並に赤平教員組織をつくりあげた元凶 ・学力テスト，並に10月22日半日休暇闘争の際の職員会議に於ても正面から校長に反対演説，他の教員これにつづく ・日常業務に於ても校長補佐の任をつくさず ・北鮮より勲章授与される（北鮮への支援，鮮人の世話） ・妻は新婦人会副会長，○○事務局長（赤間校教員）と共に活動を推進
△	A	46	1.00	・昨年４月に赴任した教員である前任校三笠小学校時代から問題視されていた ・○○○○と同学年であり諸々の指導をしている傾向さえあり
△	B	40	1.00	・昨年４月赴任，前任地○○小学校時代から党員と親交あった由 ・妻新婦人会加入
		59	2.00	
○	C	38	3.09	・村田とはかり万般についての段取りをし，住宅会議の結果が学校に持込まれる ・村田の第一の子分 ・過去に於てはアカハタを西洋紙でつつみ児童に家庭へ持帰らせたりしていた由であるが現在は行動を秘す ・入党勧誘工作熱心
		48	1.00	
○	D	35	7.00	・党運動には最も筋金の入った人物 ・国民救援会赤平支部責任者 ・「村上国治を守る会」会長 ・特殊教育サークルにも影響を与えていることが考えられる ・入党勧誘工作頗る熱心
		37	2.00	
		37	1.00	
		35	1.00	
○	E	33	11.00	・党の市教育会機関紙部を担当していたという（アカハタ） ・現在も情報蒐集，調査活動と思われる不可解な行動が頗る多い ・党の筋金入り

日本教職員組合編『中教審路線の教育実態』（'72. 1. 10）74-76頁より

問題は勤務の状況の何を、どのような基準に従って評定するのかということになる。都道府県教育長協議会が一九五七年一二月二〇日に明らかにした「勤評試案」は七九頁のようなものであった。

一人の校長が三〇人も四〇人も場合によってはそれ以上の教職員について一人一人これだけの項目を評定しうるのかということがまず問題になるが、それ以上に問題なのは、評価項目の中身である。いったい「教育愛」というものを計りうるのか。「正しいことを言いまた行うのに勇気があるか」「上司や有力者にへつらい、取り入ることはないか」ということを他ならぬ校長が評価するのであるから、職員会議等で校長の意見とは違う意見を堂々と述べた場合その教師はどう評価されるのか。疑問は尽きないのである。しかも日本の勤務評定は、その結果が本人には知らされないこと、したがって教師側に弁明の機会すら与えられないばかりか、それを基に反省するすべさえないことなど、世界の常識と大きくかけ離れたものであったのである。

にもかかわらず勤務評定が強行されたのはなぜか。当時としてはとにもかくにも勤務評定が行われているという事実が必要であったのであろう。そうでなければ前節でも述べたように教員組合活動や場合によっては思想傾向によって配転を行う口実を得られなかったからである、と考えられるのである。

勤評によって教師を統制することは教育全体を統制することにつながり、それはやがて戦前のように国民全体を戦争へと導きかねない危険性を有する。すなわち「勤評は戦争への一里塚」なのだ、として日本教職員組合は組織を挙げて反対運動に立ち上がったが、その経過については、日本教職員組合編『日教組四十年史』等の記録に詳しい。

4 「教育正常化」運動——日本教職員組合をねらい打ち

教育正常化運動といえば誰しも教育を正常に戻す運動である、と考える。しかし「教育正常化」運動と言うときそれは独特の意味を持っていた。

都道府県教育長協議会「勤評試案」（抄）〈1957. 12. 20発表〉

評定要素の観察内容
（教諭・助教諭・講師）

(1) 職務の状況

評定要素	評価	観察内容
(イ)学級経営		1 学級経営は、学校経営の基本に即しているか。
		2 学級は集団としてよく親和し、秩序が保たれているか。
		3 学級内における児童・生徒の編成を教育的に配慮しているか。
		4 児童・生徒について、よく理解し、掌握しているか。
		5 教室における備品、教材、教具、児童・生徒の作品等の整備がよくなされているか。
		6 清潔、採光、換気、保温等保健上の配慮が行きとどいているか。
(ホ)研究修養		1 日頃、研究修養に努めているか。
		2 教育上必要な研究を熱心に行っているか。
		3 児童・生徒の指導と研究活動との調整をとっているか。
		4 研究の結果を指導の上によく生かしているか。

(2) 特性・能力

評定要素	評価	観察内容
(イ)教育愛		1 児童・生徒に愛情を持っているか。
		2 児童・生徒を正しく理解しているか。
		3 教育に対する正しい信念をもっているか。
		4 児童・生徒に親しまれているか。
(ホ)公正		1 えこひいきをしないか。
		2 判断にかたよりがないか。
		3 正しいことを言いまた行うのに勇気があるか。
		4 上司や有力者にへつらい、取り入ることがないか。
		5 公私の区別をわきまえているか。
(ヘ)寛容・協力		1 異なる意見、立場、習慣に対する理解や包容性があるか。
		2 他人の欠点や誤りに寛容であるか。
		3 同僚等に対して積極的に協力するか。
		4 自説にこだわることはないか。
		5 利己的、打算的なところはないか。
		6 自己の周囲をなごやかな空気にすることができるか。
(ト)品位		1 礼儀正しいか。
		2 身体や服装が清潔であるか。
		3 身辺の整理、整とんが行きとどいているか。
		4 生活態度が清廉であるか。

神田修ほか『史料教育法』学陽書房1973，489-492頁より

愛媛県から始まった勤評問題が全国に広がり、日本教職員組合が「非常事態宣言」を発して勤評反対の闘争を全国規模で展開し始めた頃、それに対抗するように「教育正常化」運動がこれまた全国的に展開され始める。岐阜県における動きはその典型例であった。

一九五九年四月岐阜県教育委員会（以下この項では県教委）は人事を専門に扱う教職員課を新設し、一一月文部省から弱冠二九歳の高石邦男を課長に迎える。以後、同月組合専従制限条例を抜き打ち的に可決するなどして岐

阜県教職員組合（以下この項では県教組）の弱体化を図りつつ着々と「教育正常化」のための準備を行う。

ところで「教育正常化」運動とは何か。「自由民主党の日教組（日本教職員組合）破壊指針」ともいうべき「教職員の日教組脱退促進に関する対策」（一九六〇年）（巻末資料16参照）は次のようにいう。「教職員を日教組から解放することこそ、真にわが国教育の正しい発展をはかる唯一の道であることの確固たる信念のもとに、有志教育委員が協力し、教育長にも脱退促進の決意を確立させる。」「公安当局と緊密な連絡を取り、必要ある場合の支援体制の整備をし」「信頼できる学者、文化人を…講師団として動員できるよう準備をし」「集団脱退を目途に目標地域の設定」を図る。その際「教職員は勇気に欠ける故、なるべく郡市単位に集団脱退させることとし、郡市単位に目標地域を設定する」。「教育正常化」運動とは要するに教員を日本教職員組合から脱退させる運動だったのである。

かくして本格的な県教組に対する脱退工作は六三年一月から始まったと言われている。その一年三カ月後（その間に二度の定期人事異動期を経ている）の六四年四月の岐阜県教組の組織の実態は次の通りであった。可児郡二七〇名↓一五〇名、武儀郡三六〇名↓一四〇名、益田郡三一八名↓一七名、郡上郡五〇〇名↓二〇〇名、吉城郡四五〇名↓〇名、加茂郡五〇〇名↓〇名、本巣山県郡六〇〇名↓〇名、高山市二六〇名↓〇名、恵那郡七〇〇名↓五四〇名、海津・養老・揖斐・不破・安八郡八一〇名↓〇名。県教組全体では一二、〇〇〇名いた組合員がわずか二、〇〇〇名にまで減少するという凄さであった。

では、どのような方法が採られたか。男の教師に対しては出世の誘いや僻地への配転のほのめかし、女の教師に対しては親元に働きかけての嫁に行けなくなるからという泣き落とし作戦、学校単位では申請されているプールの新設に予算が付けてもらえないという脅し、あるいは村内の教職員が全員集められてこのままでは中学校の整理統合に必要な補助金四、〇〇〇万円の支出が困難になる、など、場合によってはなんとかよい返事がもらえる（集団で脱退する決心が付く）まで職場会で話し合うようにという校長の「職務命令」が出された実例もあったことが報告されている。八一〇名もいた組合員がゼロになるというからくりはこういうところにあったのである。

このとき教職員課長として第一線に立って辣腕を振るった高石邦男はその実績を評価されて、文部省に課長として戻り、一九六七年再び北九州市教育長に出向、その後社会教育局長、初等中等教育局長などを経て、文部事務次官・臨時教育審議会事務局長などを歴任した。その彼が次官当時にリクルート未公開株の譲渡を受けて逮捕・起訴され、収賄罪で有罪判決を受けたということは記憶されていてよいだろう。

5　学習指導要領とその法的拘束力の強化——「試案」から「官報告示」へ

(1) 学習指導要領は「試案」として始まった

一九四七年、戦後教育改革の一環として国定教科書が廃止され、代わって学習指導要領が作られた。それは、文部省が一般編と各教科毎に「試案」として作ったものである。

『学習指導要領一般編（試案）』は「序論　なぜこの書はつくられたか」（巻末資料13参照）でその編集の意図を次のように述べている。

これまでの教育では、その内容を中央できめると、それをどんなところでも、どんな児童にも一様にあてはめて行こうとした。だからどうしてもいわゆる画一的になって、教育の実際の場での創意や工夫がなされる余地がなかった。このようなことは、教育の実際にいろいろな不合理をもたらし、教育の生気をそぐようなことになった。（略）しかもそのようなやり方は、教育の現場で指導にあたる教師の立場を、機械的なものにしてしまって、自分の創意や工夫の力を失わせ、ために教育に生き生きした動きをすくなくするようなことになり、時には教師の考えを、あてがわれたことを型どおりにおしえておけばよい、といった気持ちにおとしいれ、ほんとうに生きた指導をしようとする心持ちを失わせるようなこともあったのである。（略）

この書は、学習の指導について述べるのが目的であるが、これまでの教師用書のように、一つの動かすことのできない道をきめて、それを示そうとするような目的でつくられたものではない。新しく児童の要求と社会の要求とに応じて生まれた教科課程をどんなふうにして生かして行くかを教師自身が自分で研究して行く手びきとして書かれたものである。

（2）学習指導要領の「官報」への告示と基準性の強化

このような考え方が前述の池田・ロバートソン会談議事録草案要旨の考え方と相容れないことは明らかであろう。そこで政府は、この学習指導要領の基準制を強化することによって教育内容の統制を図ることとする。もともと学習指導要領は、学校教育法施行規則第二五条で「小学校の教育課程については、この節に定めるもののほか、教育課程の基準として文部科学大臣（当時は文部大臣）が別に公示する小学校学習指導要領によるものとする。」（中学校については第五四条の二、高等学校については同第五七条の二）と定めているに過ぎない。法律ではなく省令に根拠を持つに過ぎない学習指導要領をもって、教科書はもちろん教育内容全般を統制するというのは、そのことだけでも大きな問題であるといわなければならないが、その上、政府は、これ以後、学習指導要領の内容を数次にわたって改訂する（巻末資料14）とともに、一九五五年には改訂された高等学校学習指導要領から「試案」の文字を削除し、一九五八年の小・中学校学習指導要領の改訂以後はすべて文部省告示として官報に記載することにした。それによって、学習指導要領の法的拘束力を強め教育内容の統制を図ったのである。

その象徴的な事例として例えば「日の丸・君が代」の取り扱いについていえば、次のように変化してきている。

・一九五八年版学習指導要領

「国民の祝日などにおいて儀式などを行う場合には、児童に対してこれらの祝日などの意義を理解させるとともに、国旗を掲揚し、君が代をせい唱させることが望ましい。」（小学校学習指導要領・学校行事）

「各学年で具体的な曲名を示した歌唱教材は、いつどこでも暗唱できるよう指導しておくことが望ましい。『君が代』は各学年を通じ児童の発達段階に即して指導するものとし、そのほかに校歌なども学年に応じて適切な指導をすることが望ましい。」（同・音楽）

・一九七七年版学習指導要領

「国民の祝日などにおいて儀式などを行う場合には児童に対してこれらの祝日などの意義を理解させるとともに、国旗を掲揚し、国歌を斉唱させることが望ましい。」（小学校学習指導要領・特別活動）

「国歌『君が代』は、各学年を通じ、児童の発達段階に即して指導するものとする。」（同・音楽）

・一九八九年版学習指導要領

「入学式や卒業式などにおいては、その意義を踏まえ、国旗を掲揚するとともに、国歌を斉唱するように指導するものとする。」（小学校学習指導要領・特別活動）

「国歌『君が代』は、各学年を通じ、児童の発達段階に即して指導すること。」（同・音楽）

・一九九八年版学習指導要領

「入学式や卒業式などにおいては、その意義を踏まえ、国旗を掲揚するとともに、国歌を斉唱するよう指導するものとする。」（小学校学習指導要領・特別活動）

「国歌『君が代』は、いずれの学年においても指導すること。」（同・音楽）

・国旗及び国歌に関する法律（一九九九年八月十三日法律百二十七号）

　第一条　国旗は、日章旗とする。

　第二条　国歌は、君が代とする。

・学校における国旗及び国歌に関する指導について（一九九九・九・十七、　初等中等教育局長・高等教育局長通

知)

「この法律は、長年の慣行により、国民の間に国旗及び国歌として定着していた『日章旗』及び『君が代』について、成文法でその根拠を定めたものです。(略)学校におけるこれまでの国旗及び国歌に関する指導の取り扱いを変えるものではありません。」(以上、傍点は引用者)

以上のように、はじめは政府の判断だけで制定・改正することが可能な学習指導要領において、君が代をせい唱させることが「望ましい」とし、国会では賛成が得られないと思われる事案でもまずは既成事実として先行させ、しかるのち時期を見て法制化を強行するという、かつての教頭法などでも採られた政府の常套手段がここでも採用されたのであった。

6　全国一斉学力テストの実施とそのねらい

勤務評定問題や「教育正常化」運動が全国的に問題になっていた教育界にあって、もう一つ新たな問題が惹起された。一九六一年秋から強行実施された全国一斉学力テスト(以下、この項では「学テ」)の問題である。

そもそも学力テストは教育評価の一つの形態である。学力テストの目的は、第一は子どもたちの理解の程度を知ることにあり、第二は教師の教育活動の妥当性を知ることであり、第三は教育環境が適切に整えられているかどうかを判断する資料の一つとすることである。その意味で学力テストは教育の行われているところでは常に行われているといってよい。しかし、そのような学力テストを政府(国家権力)が問題をつくり、全国一斉に、悉皆で調査をするということになるとその意味は一変する。それは、第一に教育内容の国家統制につながり、第二に教師の新たな勤務評定になり、児童・生徒の差別と選別に悪用される危険性が生ずるのである。一九六〇年に政府が発表した全国一斉学力テスト構想はその危険性を孕んだものであった。

文部省はいう。「目下政府が立案中である三六年度より四五年度に至る国民所得倍増長期計画において、広く人材を開発することを必要としているが、何よりも、優れた人材を早期に発見し、その者に対する適切な教育訓練を施すことがたいせつである。この見地から、義務教育の終了期において、生徒の能力、適性を見出し、その進路を指導していくことが必要である。」学テの対象は中学校第二学年および第三学年、テストする教科は国語、社会、数学、理科、外国語の五科目とし、学テの目的について文部省はさらに次のように述べる。「⑴能力、適性等に応じて進学させ、教育を受けさせるための客観的資料とする。⑵選抜時における学力テストと学校差を無視して作成された内申書に依存する現行の選抜方式を改善する資料とする。⑶各民間会社等における就職時の一般学力テストのむだを省く。⑷平常時の勉学を奨励し、いわゆる受験勉強の弊を除く。⑸各学校における生徒の学力水準を全国的、全県的水準などの比較の上に正確に把握(は)させ、その条件の反省と改善への努力を通じて学校差をなくし、教育水準の向上を図る」。(「当面する文教政策の重要課題」『文部時報』六〇年一一月号)

学テは一九六一年一〇月二六日の第一回実施を皮切りにさまざまな反対を押し切って一九六四年まで強行され、翌年から二〇％抽出に切り替え、一九六六年を最後に以降打ち切りとした。

学テは日本の教育界に大きな傷跡を残した。ここでは、その中でも最も大きな傷跡として二つのことを指摘しておきたい。その一つは学テは教師に対する第二の勤評として作用したこと、二つ目は学校現場に教育の荒廃が蔓延したことである。文部省は学テに対する批判・反対に応えて実施に当たっては学テの目的をさまざまに言い換え、学テの結果も公表しないこととしたが、実際には香川県が全国で一位、次いで愛媛県などと噂されたりした。それは、それぞれの県内の学校間でもどこが成績がよく、どこが悪いかが公然の秘密としてわかっていることを意味し、成績の悪い学校はまだ日教組に入っている教師がいるからだなどと非難されるなど、教師の実質的な勤評と教員組合弾圧の資料とされたのである。

学校現場における教育の荒廃状況については、ここでは資料を紹介するにとどめよう。それらは、宗像誠也東大教授らの調査による『香川・愛媛「文部省学力調査問題」学術調査団報告書』に詳しく報告されている。

7　教科書「検定」の強化——教科書にも権力支配の手

前々項で学習指導要領の法的拘束力の強化について述べたが、それはそのまま教科書検定の強化と連動している。

(1)　教科書検定制度とは

教科書の発行形態には自由発行・自由採択制度、検定制度、国定制度の三種類があり、戦後の日本は一貫して検定制度を採用してきた。それは、学校教育法第二一条「小学校においては、文部科学大臣の検定を経た教科用図書又は文部科学省が著作の名義を有する教科用図書を使用しなければならない。」(中学校においては第四〇条、高等学校においては第五一条)に基づいている。

教科書検定の具体的な手順は一九六五年当時は次頁「教科書検定の仕組み」の通りであった。

(2)　検定の実態——家永三郎の受けた検定

一九六五年六月一二日東京教育大学教授の家永三郎は世界でも例がないといわれた教科書裁判を提訴した。教科書『高校日本史』(三省堂)に対して一九六三・六四年度に受けた検定はもはや我慢の限度を越えたものとして、受けた精神的苦痛に対して文部省を相手取って慰謝料を請求(第一次訴訟)したのである。家永は提訴に当たって『教科書検定違憲』の訴訟をおこすにあたっての訴え」(八八頁参照)を発表し、提訴を決意した心境を述べている。

第一次訴訟以後家永教科書裁判は第三次訴訟まで三二年間に亘って争われたが、ここでは家永が一九六三・六四年に受けた検定の内容についてそれも特筆すべき例を一つだけ示しておく。

八九頁の六枚の写真はいずれも『高校日本史』の原稿本に載ったものであるが、これに対して文部省は次のように

「教科書検定の仕組み」

1974年1月15日　教科書裁判ニュース　（第三種郵便物認可）第81・82合併号　（8）

教科書が生徒の手にわたるまで

〈2〉

「合否」は調査官次第

検定のしくみ　その1　〝基準〟あいまい

原稿審査

各教科書会社は、検定を受ける本を、定められた期日までに文部省に提出します。この本は表紙が白いので「白表紙本」といわれますが、中味は、現在では完全に印刷された本になっています。

〝秘密のベール〟

教科書検定は、文部省によって任命された「教育職員」「学識経験のある者」および「関係行政機関の職員」により構成される検定調査審議会によって行われます。この審議会のなかに、国語・社会・理数など九つの教科種の部会が設けられ、そこでは教育指導の調査員や文部省の常勤職員である教科書調査官の合否に関する評価が報告されて、それをもとに審議されます。部会の後、審議会が審議を行ない、その結果が文部大臣の決定として出版社に通知されるのです。

この検定（審査）の過程については、従来まったく秘密のベールに包まれていましたが、教科書裁判が起され、その進行にともなって、文部省が提出を余儀なくされた検定文書や被告・文部省側の証言によってようやく明らかになってきました。

検定について、法律的には学校教育法で「文部大臣の検定を経た教科用図書……を使用しなければならない」とされ、また教科書の発行に関する臨時措置法で教科書を定義し、そこでは「文部大臣の検定を経たもの、又は文部大臣において著作権を有するもの」とされ、文部省はこれなどの法律を教科書検定の根拠としているのです。

しかし、これらの条文が文部省が検定を行う根拠となるかどうか疑問の意見もあり、まして「『検定の定義規定』や『手続規定』は法律に全く規定されていない」（教科書裁判原告側準備書面）で、政令や文部省の内規によって検定が行われており、「憲法上の法治主義の違反」であるとして、教科書裁判で争われている論点の一つとなっています。

検定の「内規」「規準」

検定の合否は、白表紙本を文部省に提出してから、ほぼ四～八ケ月ぐらいで出版社に通達されます。

文部省の「教科用図書の検定申請原稿の調査評定および合否判定の内規」および「教科用図書検定規準」は次のようになっています。

次にのべる『絶対条件』および『必要条件』がいずれも合格と判定されたものを合格とする。

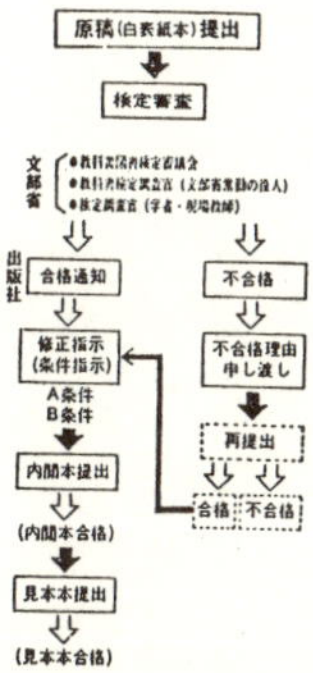

映画・「教科書百年」の1コマ

(1)絶対条件

① 教育基本法・学校教育法に定める教育の目的に一致しており、これに反していないか。

② 学習指導要領に定める目標に一致しており、これに反していないか。

③ 政治や宗教について立場は公正であるか。特定の政党や宗派にかたよった思想題材をとっていないか。また、その主義や信条を宣伝したり、あるいは非難したりはしていないか。

(2)必要条件

次の各項目の評定結果について「×」の評価がなされれば不合格とする。

たとえば、社会科では、

①（取扱内容）　指導要領に示す目標・内容などによっているか（内容に必要なものが欠けてもいけないし不必要なものがあってもいけない）。

②（正確性）　誤りや不正確なところはないか。

③（内容の程度）　児童・生徒の発達段階に適応しているか。

④（内容の選択と扱い）　内容の選択と扱いは、学習指導を進めるうえで適切であるか。

⑤（組織・配列・分量）　これらが適切に考慮されているか。

⑥（表記・表現）　文章・さし絵などの表現に冗長、粗雑なところはないか。用語などの表記に不統一はないか。

⑦（造本）　判型・分冊・印刷・製本その他適切であるか。

「合否」は調査官次第

以上、これらの「内規」の項目に「×」がないばあいには、提出本一点につき、千点の持点から「減点方式」で採点されて、八百点以上が合格、以下が不合格とされます（創意工夫があれば加点されることになっています）。（注「調査評定および合否判定に関する内規」は昭和四十一年度のもので「法律時報」一九六九年八月臨時増刊号・教科書裁判特集号による）

しかし、この減点方式にしても〝減点基準〟〝対象〟が全くあいまいで無きに等しく、合否は審議会や教科書調査官の胸先三寸で決ってしまうのです。これは文部省との接触にあたる教科書編集者の等しく抱いている感じです。その確たる証拠は、先の家永裁判〝新日本史〟検定の主査であった渡辺調査官の証言で〝点数に関係なく、委員の判断によってどうにでもなる〟ことが証人の口から明らかになりました。

そして、全体を通して学習指導要領に完全に合致しなければ不合格となるということが、全体に貫かれているのです。

〈出版労連出版対策部教科書対策委員会　高原良治・浅羽千之助〉

次回　教科書検定のしくみ〈その2〉

「検定」する。「二四二頁に『本土空襲』『原子爆弾とそのために焼野原となった広島』という戦争の暗い写真が掲げられ、二四四頁では『出陣する学徒』『工場で働く女子生徒』のように戦争に協力している明るい面がでているが、二四五頁ではまた『戦争の惨禍』のような写真があって全体として暗すぎる。」「『戦争の惨禍　戦争が終わっても、戦傷兵士の失われた手足は永久に帰ってこない。』という説明は削除せよ。」（傍点引用者）と。いくつもの問題を感じさせる検定であるが、特に見逃せない点は文部省の次の認識であろう。すなわち戦争に「明るい面がある」という認識、「出陣する学徒」「工場で働く女子生徒」を「戦争に協力する明るい面」とする認識である。周知の通り戦前戦中は男はわずかの例外を除いてすべて兵隊に取られた。徴兵制である。ところが日本の敗戦がほとんど決定的となってきた一九四三年の秋、徴兵を猶予されていた学生・生徒も兵隊に取られることとなり、同年一〇月二一日一万余の学生が秋雨煙る神宮外苑に集められ、そこから隊列を組んで入隊していった。「出陣する学徒」はその時の写真である。これより先、旧制中学・高等小学校の生徒たちは学校の授業をほとんど受けず、工場で一人前に働かされており、先生たちは朝工場で生徒を迎え、出席を取り、生徒の作業の監督をした。「工場で働く女子生徒」はその時の写真である。これらの写真を「戦争に協力する明るい」写真とする教科書検定官の人間性が問われるのである。

「提訴に当たって」

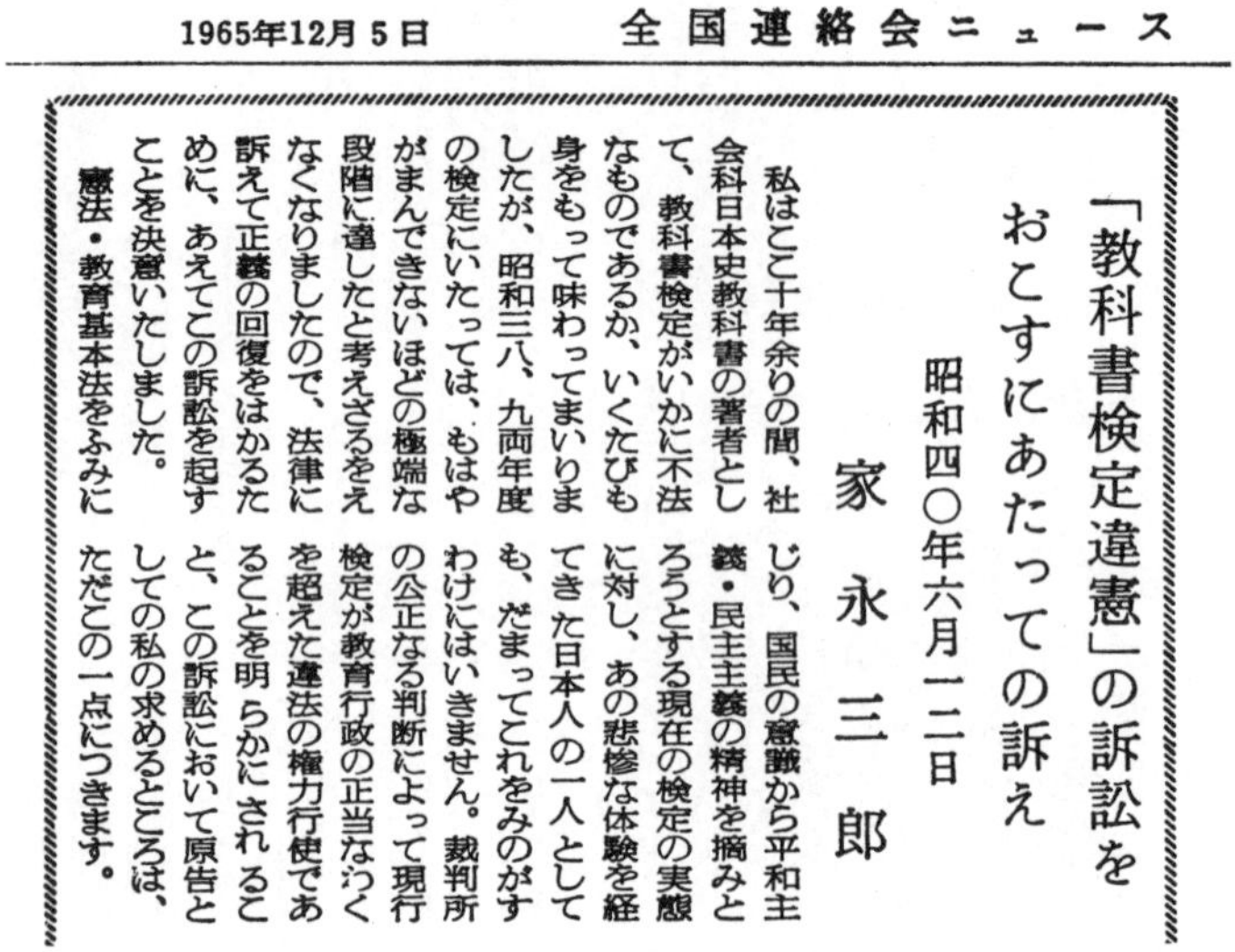

1965年12月5日　全国連絡会ニュース

「教科書検定違憲」の訴訟をおこすにあたっての訴え

昭和四〇年六月一二日

家永三郎

私はここ十年余りの間、社会科日本史教科書の著者として、教科書検定がいかに不法なものであるか、いくたびも身をもって味わってまいりましたが、昭和三八、九両年度の検定にいたっては、もはやがまんできないほどの極端な段階に達したと考えざるをえなくなりましたので、法律に訴えて正義の回復をはかるために、あえてこの訴訟を起すことを決意いたしました。

憲法・教育基本法をふみにじり、国民の意識から平和主義・民主主義の精神を摘みとろうとする現在の検定の実態に対し、あの悲惨な体験を経てきた日本人の一人としても、だまってこれをみのがすわけにはいきません。裁判所の公正なる判断によって現行検定が教育行政の正当なわくを超えた違法の権力行使であることを明らかにされること、この訴訟において原告としての私の求めるところは、ただこの一点につきます。

家永の受けた検定の内容をつぶさに検討してみると検定官が何を中心に検定したかがよくわかる。筆者の調査によればそれは次の五項目、すなわち第一は「戦争について」第二以下は「天皇・皇室」「大衆運動」「女性の地位および家族制度」「憲法」である。これらの項目を中心に家永の『高校日本史』は全部で四七五カ所の修正を求められたのであった。

（3）　教科書無償措置法のねらい

一九六三年一二月二一日に公布された「義務教育諸学

『高校日本史』

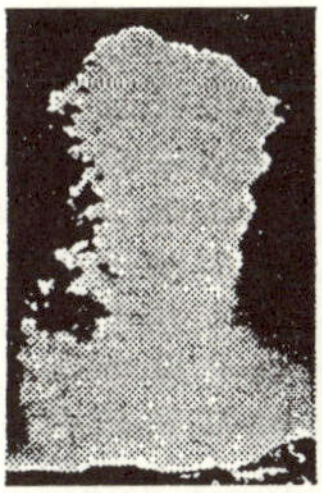

原子爆弾（左）とそのために焼野原となった広島（中）

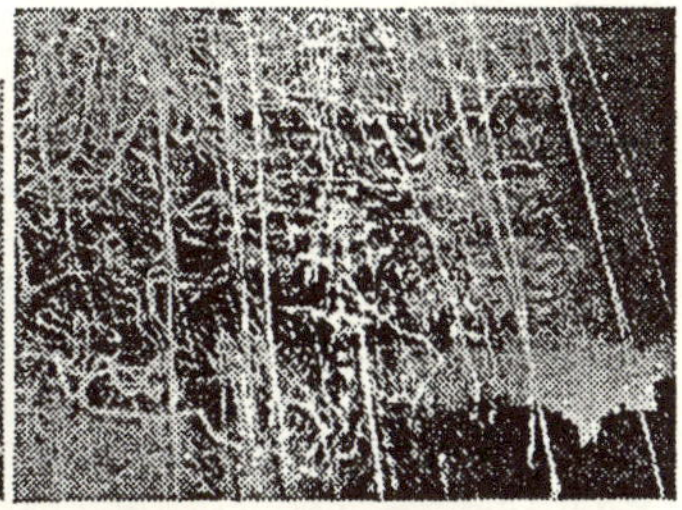

本土空襲。焼夷弾が雨のように投下された（右）

戦争の惨禍

（左）出陣する学徒
（右）工場で働く女子生徒

校の教科用図書の無償措置に関する法律」（以下、「教科書無償措置法」）についても触れておかなければならない。この法律は一九六二年三月三一日に公布された「義務教育諸学校の教科用図書の無償に関する法律」第一条二項に基づいて定められたもので、小・中学校生徒が使用する教科書を無償で給布するに当たって「教科用図書の採択及び発行の制度を整備」（第一条）したものであった。そこでは①都道府県教育委員会が「市若しくは郡の区域又はこれらの区域をあわせた地域に」教科書採択地区を定める（広域採択、第十二条）、②一度決めた教科書は四年間使用する（長期採択、第十四条および施行規則）、③教科用図書発行者を指定制とし、資本金一千万円以上とする（第十八条および施行規則）と定めた。広域採択制では例えば青森県のように全県で一区とする県も現れるなどいずれも複数の市町村を一区とする場合が多く（仮に一市一採択地区にしたとしても、これまでのように学校毎に教科書を決めることができた制度と比べればかなりの「広域」採択ということになる）、そこで採択された教科書は四年間使用されるわけであるから、別の見方をすれば採択されなかった教科書を発行した会社は潰れるしかなかった。その結果、教科書会社は寡占化することとなり、いわゆる「県定」教科書が多数出現することとなったのである。〈次頁資料参照〉これは、教科書を検定する側から言えば多数の会社の教科書を検定する手間が省けることとなり、それだけ検定に身が入ることともなった。

8　教師の研修をめぐる動き——研修の統制と日教組の自主編成運動

（1）研修の奨励と統制

一九七〇年一月、岐阜県で開催された日本教職員組合主催の第一九次教育研究全国集会に筆者は初めて参加した。雪がしんしんと降り積もるなかを全国から約一二、〇〇〇人もの教職員が詰めかけて会場は熱気に包まれていた。開会の挨拶に立った岐阜県教職員組合の委員長は挨拶の途中絶句した。まだ駆け出しの教員であった筆者はその時委員長の絶句の意味を真から理解していたとはいえない。六年前あの凄まじい「教育正常化」運動によって県教組の組織がずたずたに切り刻まれたとき、今日こうして全国の仲間を迎えて岐阜で全国教研を開くことができるとは思いもよらなかった、よくぞここまで、という意味の挨拶であり涙であった。

分科会は社会科分科会に出席した。正会員七〇名余を含む三五〇名余の社会科の小・中・高校の教員が全国から集まっていた。会場はお寺の本堂であったが、分科会が始まってしばらくした頃、先ほどから右翼の宣伝車が流す軍歌が遠くから聞こえているなと思う間もなく、突然大きな物音と同時に二、三個の発煙筒が分科会会場に投げ込まれ火を噴いた。会場は一瞬騒然となったが、立ちこめる煙の中から「席を立たないでください！　ここで分科会を中断したら、それこそ右翼の思うつぼです！」という司会者の毅然としたことばに全員がはっとして、浮かしかけた腰を下

教科書検定訴訟を支援する全国連絡会編

寡占化・「県定」教科書の進行

教科書裁判ニュース

1996年11月20日

中学校教科書97年度用採択結果・各教科何種類が採択されたか＝「県定教科書」化の状況

都道府県	地区数	国語	社会			数学	理科		英語
			地理	歴史	公民		第一	第二	
発行者数		5社	7社	7社	7社	6社	5社	5社	7社
北海道	24	1	2	3	2	3	3	3	4
青森県	9	3	1	1	1	3	1	1	2
岩手県	10	1	2	2	2	1	1	1	1
宮城県	8	1	1	1	1	1	1	1	1
秋田県	9	1	2	2	3	2	2	2	2
山形県	7	2	3	3	2	2	3	3	2
福島県	9	1	1	1	1	1	1	1	1
茨城県	7	2	2	2	2	2	1	1	1
栃木県	8	2	3	3	2	2	3	3	2
群馬県	9	2	3	2	2	2	2	2	3
埼玉県	11	2	1	2	2	2	3	3	4
千葉県	12	2	3	3	3	2	1	1	5
神奈川県	22	4	2	4	5	4	3	4	5
東京都	54	5	4	4	4	4	4	4	7
山梨県	5	1	3	3	2	1	2	2	2
長野県	15	2	2	1	1	2	1	1	2
新潟県	14	4	3	4	2	4	2	2	3
富山県	9	1	2	1	1	1	1	1	3
石川県	9	2	2	2	2	2	2	2	2
福井県	5	1	1	1	1	1	2	2	1
岐阜県	6	1	1	1	1	2	1	1	1
静岡県	11	3	3	3	3	2	2	2	4
愛知県	9	3	2	2	2	1	3	3	2
三重県	9	4	3	2	3	2	2	2	3

都道府県	地区数	国語	社会			数学	理科		英語
			地理	歴史	公民		第一	第二	
発行者数		5社	7社	7社	7社	6社	5社	5社	7社
滋賀県	6	2	3	1	3	3	3	3	2
京都府	10	3	2	2	3	2	2	2	1
大阪府	25	5	5	5	5	3	2	2	3
兵庫県	15	4	5	5	5	2	2	2	5
奈良県	7	2	2	1	1	2	2	2	3
和歌山県	8	2	4	4	4	2	2	2	2
鳥取県	3	2	1	1	1	1	1	1	1
島根県	5	2	2	2	1	1	1	1	2
岡山県	7	2	3	3	4	3	3	3	2
広島県	8	5	4	2	2	2	1	1	3
山口県	10	2	2	3	3	2	1	1	1
徳島県	4	1	2	2	1	1	1	1	2
香川県	3	1	1	1	1	1	1	1	1
愛媛県	5	2	1	1	2	1	2	2	1
高知県	5	2	3	3	3	1	1	1	3
福岡県	8	2	4	2	3	2	1	1	3
佐賀県	5	2	2	2	3	1	1	1	2
長崎県	11	5	5	5	5	1	2	2	3
熊本県	11	3	2	3	3	2	2	2	4
大分県	6	2	3	2	2	3	1	1	3
宮崎県	7	1	1	1	1	1	1	1	2
鹿児島県	12	1	3	3	3	2	1	1	2
沖縄県	6	2	1	2	3	3	3	3	2

ろした。そのまま煙が収まるまでの約二〇分の静寂はこれまた極めて印象的であった。
分科会討議の最終日の三日目、北海道から参加したという一人の女性教員が発言した。夜行列車で北海道を発つぎりぎりまで分会（教員組合の最小単位）で交渉したが校長は遂に私の年次休暇を認めなかった。明日学校に戻ったときひょっとして私の座る机は職員室にないかもしれない、と。後日、私たちはその先生が懲戒免職処分となり、人事委員会に提訴して闘っているという話を聞くことになる。（八年後、この女性教員は勝利して職場復帰を果たしている。）

教職員が自主的に教職員組合を組織して教育研究活動をするのを右翼はなぜ妨害するのか。なぜ、校長はそれへの出席を認めないのか。ここに教職員の研修をめぐる考え方の対立が鋭く現れている。
教育公務員特例法第一九条・二〇条は次のように定めている。

第一九条　教育公務員は、その職責を遂行するために、絶えず研究と修養に努めなければならない。
2　教育公務員の任命権者は、教育公務員の研修について、それに要する施設、研修を奨励するための方途その他研修に関する計画を樹立し、その実施に努めなければならない。
第二〇条　教育公務員には、研修を受ける機会が与えられなければならない。
2　教員は、授業に支障のない限り、本属長の承認を受けて、勤務場所を離れて研修を行うことができる。
3　教育公務員は、任命権者の定めるところにより、現職のままで、長期にわたる研修を受けることができる。

教師の研修を考える場合、第一に考えなければならないことは研修は権利であり、義務である、ということである。第二に、任命権者が計画する研修（ふつう行政研修と呼ばれる）が権利として受けるに足る充実した内容を備えているか、第三に、教員が教職員組合主催の教育研究集会等に「勤務場所を離れて」参加することを校長（本属長）が認めるかどうか、が問題となる。そして、現実には行政研修のみが半ば義務的に強制され、行政研修以外の研修については時間内の研修は認められないばかりか、時間外の研修さえ弾圧されることがあるのである。研修の統制は教育内容の統制に通ずるのである。

（2）日本教職員組合の教育課程自主編成運動

一九六八年七月、日本教職員組合は定期大会において「総学習・総抵抗運動」を方針として決定する。これは、日本教職員組合がこれまで取り組んできた教育課程の自主編成運動（以下、自主編成運動）の新しい発展形態として「職場に自由をかちとり、研究の自由と自主編成権を確立する組織的な教育闘争と、教育国民運動を一体的に推進する」（『総学習・総抵抗運動資料集Ⅱ』一九六九）ことをめざしたものであった。

日本教職員組合が取り組む自主編成運動は一九五一年一一月に日光市で開かれた第一回全国教育研究大会（四回目から第四次教育研究全国集会。以下、全国教研）に始まるといえる。その後一九五三年からは毎年全国教研を積み重ねてきたが、相次ぐ教育課程の改悪に危機感を募らせた日本教職員組合は、一九六七年教育課程研究委員会を組織して自主編成運動の具体的手引きとして『私たちの教育課程研究』を出版、六六年から六八年にかけて展開された日教組編の『沖縄の子ら』『沖縄の教師たち』『沖縄の母親たち』をテキストにした「沖縄を教える」自主編成運動などを経て、六八年の「総学習・総抵抗運動」に収斂していった。中央委員会決定は言う。「教育課程の自主編成活動のたたかいとともに押し進めていくことを目指す総学習・総抵抗運動を基盤とし、その発展とともに、憲法・教育基本法に基づく教育諸要求と結合し、地域に根ざした教育内容充実を含めて運動をすすめなければならない。」先に紹介した「先生　ほんとうのことおしえて」というフレーズは日本教職員組合が一九六九年に編集発行した『今こそ平和と真実を　総学習・総抵抗運動の手引き　Ⅱ』の表紙を飾ったことばである。（次頁参照）

しかしこの自主編成運動も、前述のような弾圧に加えて日教組の組織力の全体的な低下もあって、必ずしも所期の目的を達成し得たとはいいがたかった。

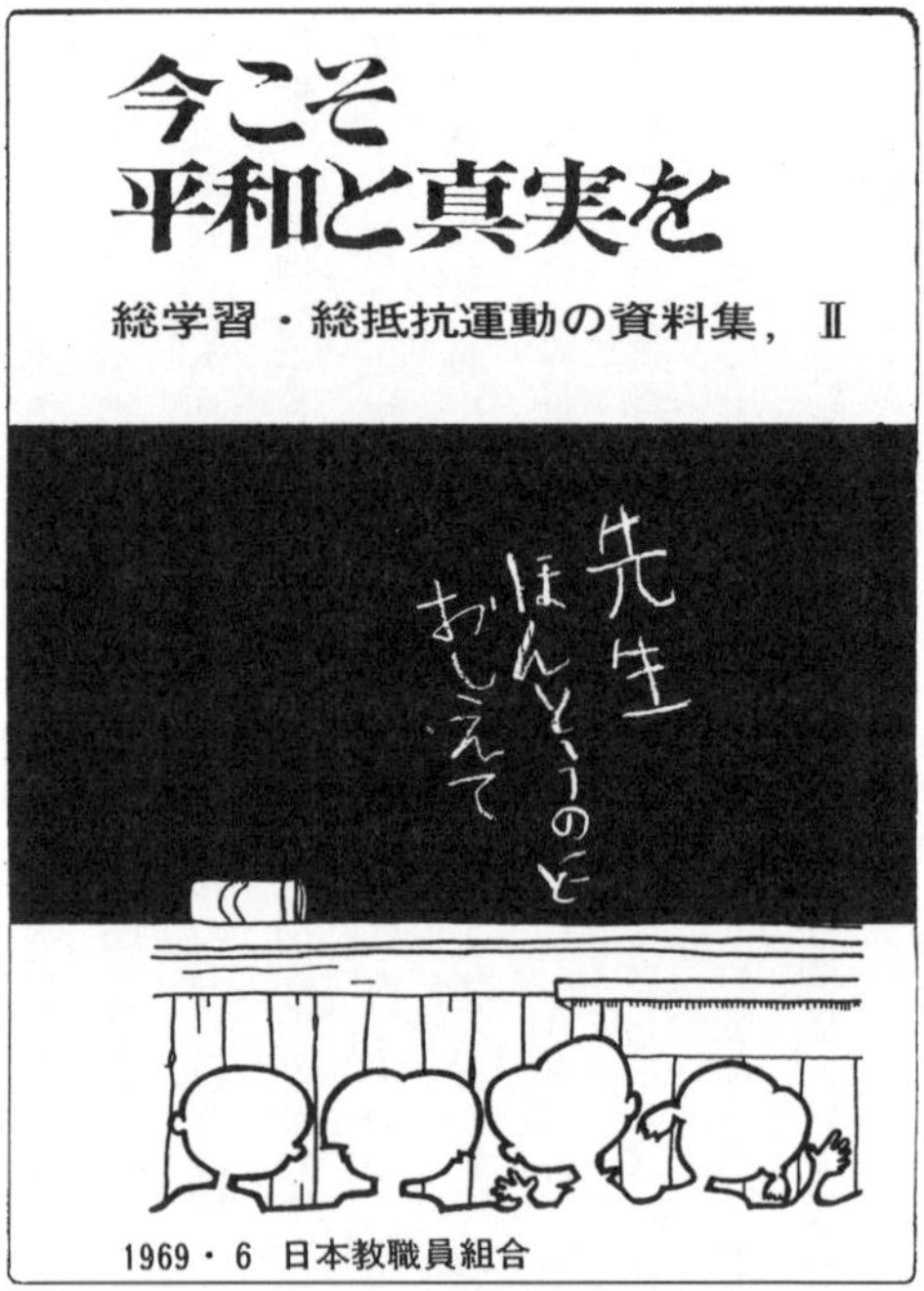

（3）民間教育運動の発展

教育課程の自主編成という課題を考える場合、この頃、各教科別または教育課題別にさまざまな教育研究会が自主的かつ全国的規模で組織されたことにも注目しなければならない。これらの研究会には、多くの場合教師たちは時間外にしかも全くの自費で参加した。算数の分野で水道方式を案出した数学教育協議会、教科書裁判を理論的に支える一翼をも担った歴史教育者協議会、家庭科の男女共修を押し進めた家庭科教育研究者連盟などをはじめ、別表（九五頁参照）のように数多くの研究会が活躍した。しかしながら、例えば水道方式の例のようにそこでの教授方法を教室における日々の授業に取り入れようとすると校長からクレームが付けられるという例も少なくなかった。

9　学校「管理」体制強化の理論と政策——学校経営近代化論と五段階給与体系案

（1）学校経営近代化論の登場

一九六三年五月、東京教育大学助教授の伊藤和衛は『学校経営の近代化入門—経営合理化の理論と実際—』（明治図書）を出版する。氏はこの本を始めとして『教育課程の近代管理』（一九六五年、明治図書）ほかいくつかの著書を著すが、そこで主張された「学校経営の近代化」とは次のような内容であった。

学校経営の近代化とは、学校経営の民主化と合理化のことであるが、戦後学校経営の民主化は行われたから、いまや必要なのは合理化である。合理化とは能率化、効率化、技術化のことである。それを実現するためには、学校経営

日本民間教育研究団体連絡会加盟団体一覧

名称	住所
新しい絵の会	東京都新宿区高田馬場2-6-10 関ビル201 駒草出版内
音楽教育の会	東京都文京区千石1-17-1 宮長スタジオ２Ｆ親子音楽の会
科学教育研究協議会	東京都文京区湯島2-23-5 新生出版内
家庭科教育研究者連盟	東京都足立区伊興町本町3423 丸岡方
学校体育研究同志会	東京都豊島区東池袋2-60-14 民教連内
教育運動史研究会	東京都神田神保町1-60 赤石ビル 教育史料出版会内
教育科学研究会	東京都千代田区神田錦町1-3 平和ビル内
技術教育研究会	埼玉県川越市中原町2-24-5 河野義顕方
子どもの遊びと手の労働研究会	神奈川県川崎市中原区木月451 森下方
産業教育研究連盟	東京都小平市花小金井南町3-23 保泉方
児童言語研究会	神奈川県秦野市北矢名666-122 永川信晴方
社会教育推進全国協議会	東京都中央区八重洲2-10-7 丸万ビル
新英語教育研究会	東京都豊島区長崎6-17-2 金子方
数学教育協議会	東京都文京区本郷5-33-6 山崎ビル
数学教育実践研究会	東京都文京区大塚1-9-1 筑波大附属高校内
全国高校生活指導研究協議会	埼玉県東松山市美登里町7-16 加美越生
全国障害者問題研究会	東京都新宿区百人町2-24-6 石見ビル
全国商業教育研究協議会	東京都品川区大崎4-11-12 大根方
全国進路指導研究会	東京都国分寺市東戸倉2-13-13 川口方
全国生活指導研究協議会	東京都千代田区猿楽町2-1-8 三恵ビル 高文研内
全国農業教育研究会	東京都葛飾区西亀有1-28-1 都立農産高校内
全国PTA問題研究所	東京都新宿区新宿2-51 サカゼンビル内
全国保育問題研究所	愛知県半田市岩滑高山町6-6-3 宍戸方
全国民主主義教育研究会	埼玉県春日部市武里団地6-17-208 高野哲郎方
全国養護教諭サークル協議会	東京都東村山市諏訪町1-37-3 水波方
全国幼年教育研究協議会	埼玉県川越市大字寺尾273 豊丹生方
創造美育協会	愛知県名古屋市昭和区長池町2-28 滝本方
ソヴィエト教育学研究会	埼玉県浦和市別所4-8-4 五十嵐顕方
地域と教育の会	京都府熊野郡久美浜町関 渋谷方
地理教育研究会	東京都渋谷区代官山17-23 小島方
同和教育における授業と教材研究協議会	京都府京都市左京区私書箱34号 部落問題研究所内
日本演劇教育連盟	東京都豊島区長崎1-20-7
日本教育版画協会	東京都中野区南台4-56-5
日本作文の会	東京都文京区本郷2-18-9
日本生活教育連盟	東京都世田谷区桜2-18-18 和光学園
日本文学教育連盟	埼玉県川越市通町24-6 松崎方
日本文学協会（国語教育部会）	東京都豊島区南大塚2-17-10
日本平和教育研究協議会	広島県広島市光町20-7-31 広島平和教育研究所
文学教育研究者集団	東京都三鷹市牟礼4-15-22 明星学園内
文芸教育研究協議会	千葉県流山市向小金新田21-114 加藤方
美術教育をすすめる会	埼玉県新座市畑中2-11-22 南河方
歴史教育者協議会	東京都豊島区南大塚2-13-8 千成ビル
乳幼児の生活と教育研究会	東京都世田谷区桜2-18 和光幼稚園内
新しい書の研究会	滋賀県坂田郡米原町番場656 込出方

出典：社会教育推進全国協議会編『社会教育ハンドブック』総合労働研究所 1979

を、学校外においては国・都道府県・市町村・学校、学校内においては経営層・管理層・作業層、の二種類の重層構造で考えなければならない。学校外の重層構造の構築については地方教育行政の組織および運営に関する法律ならびにその第三三条に基づく学校管理規則の制定等によりいちおうの法令的整備がなされたから、これから必要なことは学校内の経営合理化である。

　学校内の経営合理化の目的は学校の経営・管理・作業をもっとも能率的なマネジメント・サイクルで動くようにすることである。そのためにはテーラーの「科学的管理法」「職務分類法」などの経営・労務管理論を学校経営にも適用する必要がある。具体的には、学校内の業務を経営・管理・作業の三つの階層に分け、それぞれの職務を標準化し、職務権限を確定して、その運行を管理することである。そのような学校経営の管理機能にスタッフを付けることがいま最も肝要である。これを図で示すと上のようになる。

学校経営における経営・管理・作業機能の関連

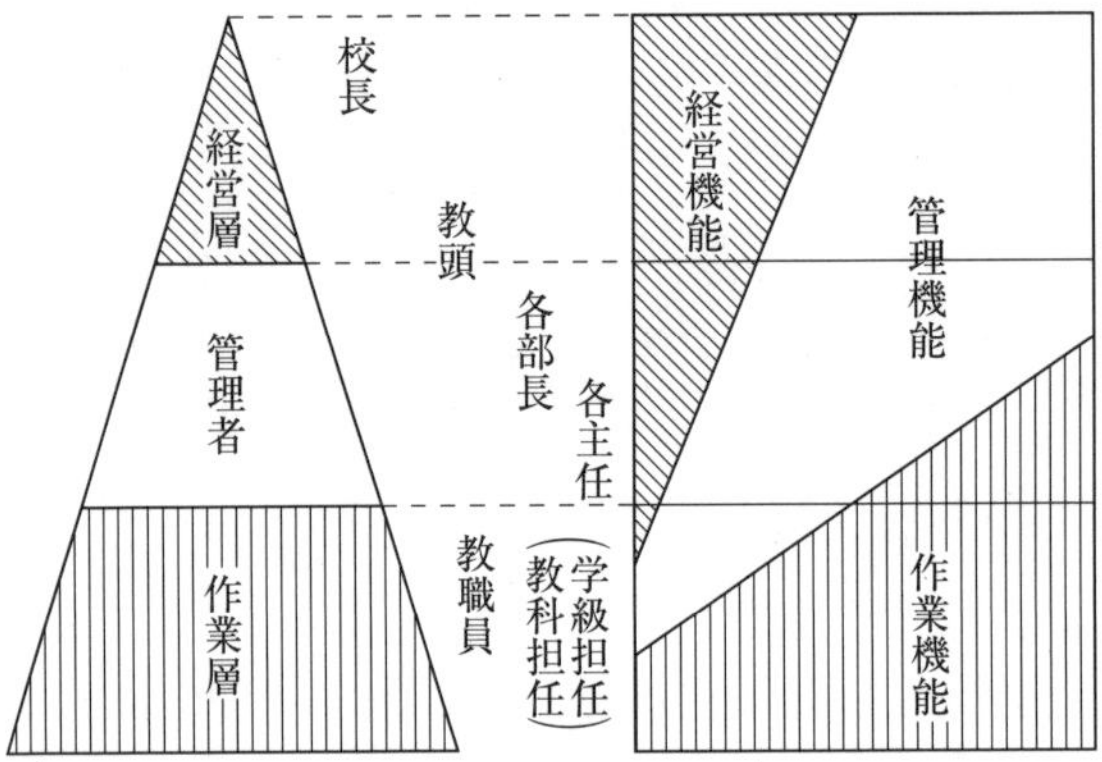

出典：伊藤和衛『学校経営の近代化入門』1963

　ところで、学校経営近代化の中核は教育課程の管理である。その場合教育課程の量的進度の管理はもちろん必要であるが、それに劣らずだいじなことは教科の質的な管理である。教育課程の管理に参加するのは、校長・教頭・教務主任・学年主任そして教科主任である。教育課程の管理の方法として大切なのは内部報告制度である。

　以上を要約すると次のようになる。学校の教育・経営方針は経営層である校長・教頭が立てる。作業層である平教員はそれに基づいて授業をする。各種の主任である管理層は授業が経営方針通り行われるように教員を管理する。そのためには教員に対し、授業の年間計画や月間計画はもちろん週案や時案をも主任を通して校長・教頭に提出させ、その管理の下に授業をやらせる。このやり方を教育課程における内部報告制度という。

（2）五段階給与体系への道――政策化された学校経営近代化論

伊藤和衛の学校経営近代化論に対しては宗像誠也らから鋭い反論がなされ、日本教職員組合の機関誌『教育評論』においても三回にわたっていわゆる伊藤・宗像論争が展開された。（『教育評論』一九六五年七月臨増号、同年一〇月号、および同年一二月号）

その論争が行われている最中に「四年という異例の長期間にわたって慎重に審議を行った」（答申前文）中央教育審議会は、一九七一年六月一一日『今後における学校教育の総合的な拡充整備のための基本的施策について』を答申する。本答申は、前文で「明治初年と第二次大戦後の激動期に教育制度の根本的な改革が行われたが、今日の時代は、それらとは別の意味において国家・社会の未来をかけた第三の教育改革に真剣に取り組むべき時である」と述べた上で、次のようにいう。

第1編　学校教育の改革に関する基本構想

第2章―第2―8　学校内の管理組織と教育行政体制の整備

（1）各学校が、校長の指導と責任のもとにいきいきとした教育活動を組織的に展開できるよう、校務を分担する必要な職制を定めて校内管理組織を確立すること。

第2編　今後における基本的施策のあり方

第1章―3　教員の資質の向上と処遇の改善

「職制・給与・処遇に関する改善措置」

（3）教員の研修を体系的に整備し、その適当な課程の修了者には給与上の優遇措置を講ずる。また、教頭以外

第三次教育改革とは（中央教育審議会案）

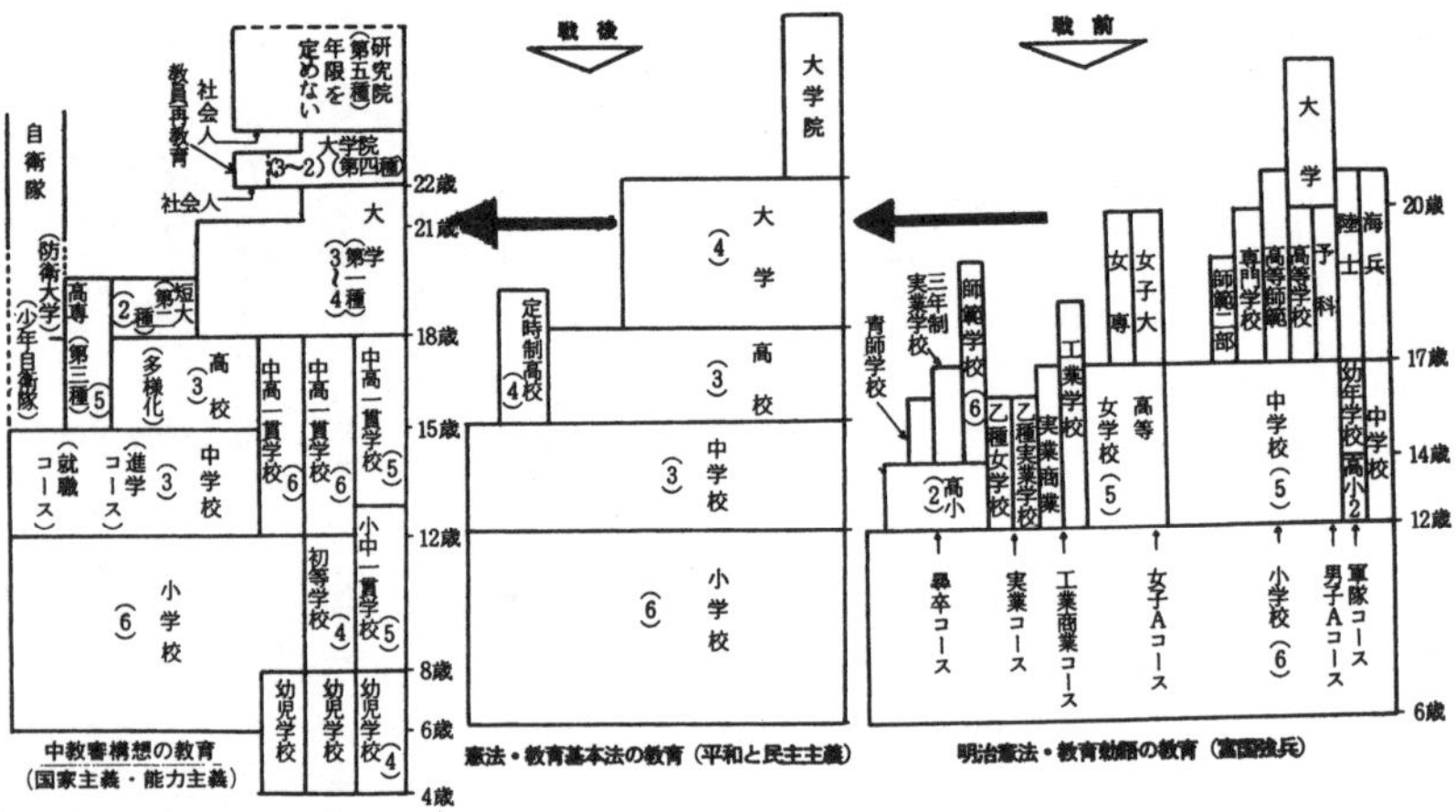

三多摩高校問題連絡協議会編（討議資料 Ⅳ）
『三多摩の市町村に、地元の子どもが入れる、充実した高校を』（'76. 3.）

の校内の管理上、指導上の職務に従事する者についても特別の手当を支給する。

以上の文章は、伊藤が主張するような学校重層構造論や五段階給与体系案について直接的な表現は用いてはいないものの、結局のところ、伊藤が主張する学校内の重層構造すなわち教職員を経営層・管理層・作業層に分けてそれに見合う職制を決めること、それぞれの職制に対してはそれに見合った給与体系を確立すること、を求めていることになる。それを「第三の教育改革」の名において行うと表明しているのである。

そのことは、その後の政策の動向によっても裏付けられる。教師の勤務評定が全国的に実施されようとしているまさにその時に政府は文部省令で小・中学校の教頭を職制化し、翌五八年、多くの反対を押し切って小・中教頭に対する管理職手当を支給する法律を強行採決する（支給は六〇年四月から）。それから一〇年後の六八年には教頭を管理職とするいわゆる「教頭法案」（学校教育法一部改正案）を国会に提出し、六回の審議未了廃案を繰り返しつつも七四年五月、漸くにしてこれまた強行採決で成立させる（公布は六月一日）。その後七五年一二月二六日、政府はまたも文部省令で主任制を制度化（実施は七六年三月一日）、七六年四月から主任手当を支給するのである。教頭法案の可決によって教頭職給与表が新たに加えられ四段階の給与体系となった。二〇〇二年段階でもまだ主任制は法制化されてはいないが、もしこれが法制化されたならば主任給与表がさらに加わるわけで、これによって五段階給与体系は完成することになるのである。

なお、「第三の教育改革」がめざしたものは、学校管理体制の強化だけではない。三多摩高校問題連絡協議会が提示する表（九八頁参照）にも明らかなように、日本の教育体系を戦前の複線型の教育体系へと変えようとする大がかりなものであったのである。ただし、ここではそのことを指摘するだけにとどめる。

（3）学校が行き着くところ

これまで、一九五三年一〇月の池田・ロバートソン会談以来の国の対教員政策について簡単に整理してきた。その結果学校現場はどのように変化したのだろうか。日本教職員組合の機関誌『教育評論』（No.二九一　一九七三・六月号）はその一つの典型例として次のような事例を紹介している。

提案があって討論がない
組合員ただ一人の職場の経験

愛媛県松山市和気小分会　橋　本　敬　三

わたしは、組合員のひとりもいないある小学校（職員数二五、学級数一八）につとめていた。この学校は、集中学習・全員反応のできることで有名な学校であった。

職員室に入ると、「挨拶・同時・連絡」と書いた額ぶちが目に入る。これが校長のモットーである。朝出勤したら全体に聞こえる声で、「おはようございます」といい、全員もそれに必ずこたえ、帰るときも、「お先に失礼します」

を同じように言う。チャイムと同時にすべてを始め、すべてを終わる。一秒たりとも延ばさないし縮めてもいけない。たとえば、授業の始めのチャイムがなり終わったときには、教師はすべての準備を終えて教壇に立っていなければならない。職員会開始のチャイムが鳴り終わると同時に会を始める。一名も入室におくれてはならない。つぎに、いかにささいなことでも校長に連絡する。それが情報化時代の新しい教師のあり方だというわけである。校長は、次のように言う。

「運営については、挨拶・同時・連絡の三原則とする。外形的・形式的なことではあるが、その奥にあるものは誠実である。連絡を軽視してはならない。情報に対する処理のしかたが教育である。」

この学級の日課表は別表1のとおりである。この日課表では、一日に二三回のチャイムが鳴る。その度毎に教師も子どもも動きを停止して「不動の姿勢」をとる。「準備の時間」は子どもを遊ばせる時間ではなく、便所に行かせたあと、次の学習の準備をし、じっと席にすわっている時間である。話をしたければ、無声音（ムセイオン）でする。「健康の時間」は、すべての子どもを外へ出して遊ばす。どうしても残らなければならない子どもは体に異常があるとしか考えられないから、全員保健室へ行かせる。その子どもたちの管理は、養護の先生が責任をもつ。「能力の時間」は家庭学習のしかたを身につけることを目ざし、自習させる。そのあいだに、各学年会をやりあげる（従って、学年会という特別の時間はとらない）。「清掃の時間」は、一切無言でする。どうしてもものを言わなければならないときは、教師も子どもも無声音で話す（この状況は、まったくこっけいである）。「協力の時間」は、子どもたちが「協力目標」（別表2）を守ろうと話し合うためのものである。「特設の時間」は、全員反応と腰ぼねを立てて動かない姿勢の訓練にあてる。校長は、次のように強調した。

「学校の〝日課表〟というのは、列車の時刻表と同じものである。地域にも重大な影響を及ぼすものである。本校は

日課表　（別表１）

月・火・木・金		水		土	
読書の時間	8:10〜 8:25				
朝　　会	8:25〜 8:35				
準備の時間	8:35〜 8:40			左に同じ	
１校時	8:40〜 9:20				
準備の時間	10分				
２校時	9:30〜10:10				
健康の時間	15分			清掃の時間	10：10〜10：25
３校時	10:25〜11:05			健康の時間	15分
準備の時間	10分	左に同じ		３校時	10：40〜11：20
４校時	11:15〜11:55			協力の時間	15分
能力の時間	10分			終　　会	10分
給食の時間	12:05〜12:50			下　　校	11：45〜11：55
昼休み	20分			休　　憩	５分
清掃の時間	1:10〜 1:25			推進部会	15分
準備の時間	5分			休　　憩	５分
特設の時間	15分	協力の時間	15分	全体会	12：20〜12：25
協力の時間	15分	終　　会	10分	運営会	12：25〜12：35
準備の時間	10分	下　　校	1:55〜 2:05		
５校時	2:10〜 2:50	準備の時間	5分		
準備の時間	10分	クラブ活動	2:10〜 2:55		
６校時	3:00〜 3:40	下　　校	2:55〜 3:05		
終　　会	10分	休　　憩	5分		
下　　校	3:50〜 4:00	職員会	3:10〜 4:00		
		休　　憩	５分		
		研修会	4:05〜 4:45		

協力目標　（別表２）

曜	校　　内	校　　外
月	礼　儀，ことば，善　行	
火	レコード，チャイム	あそび，テレビ
水	集中学習，清掃作業	家庭学習，手伝い
木	手洗い，用便，歯みがき，つめ，ハンカチ・ちり紙	
金	給食，健康	間食，運動
土	ろう下，階段，安全	道路，安全
日	心と体をまもる（禁止事項を守る）	

禁止事項
- 火薬遊び，火遊び，ふき矢
- 工事場や砂とり場での遊び
- 自転車のふたり乗り・ぬすみ，物とり
- シンナー遊び・その他きけんな遊び
- 子どもだけで校区外へ出ないこと

校務分掌（別表3）

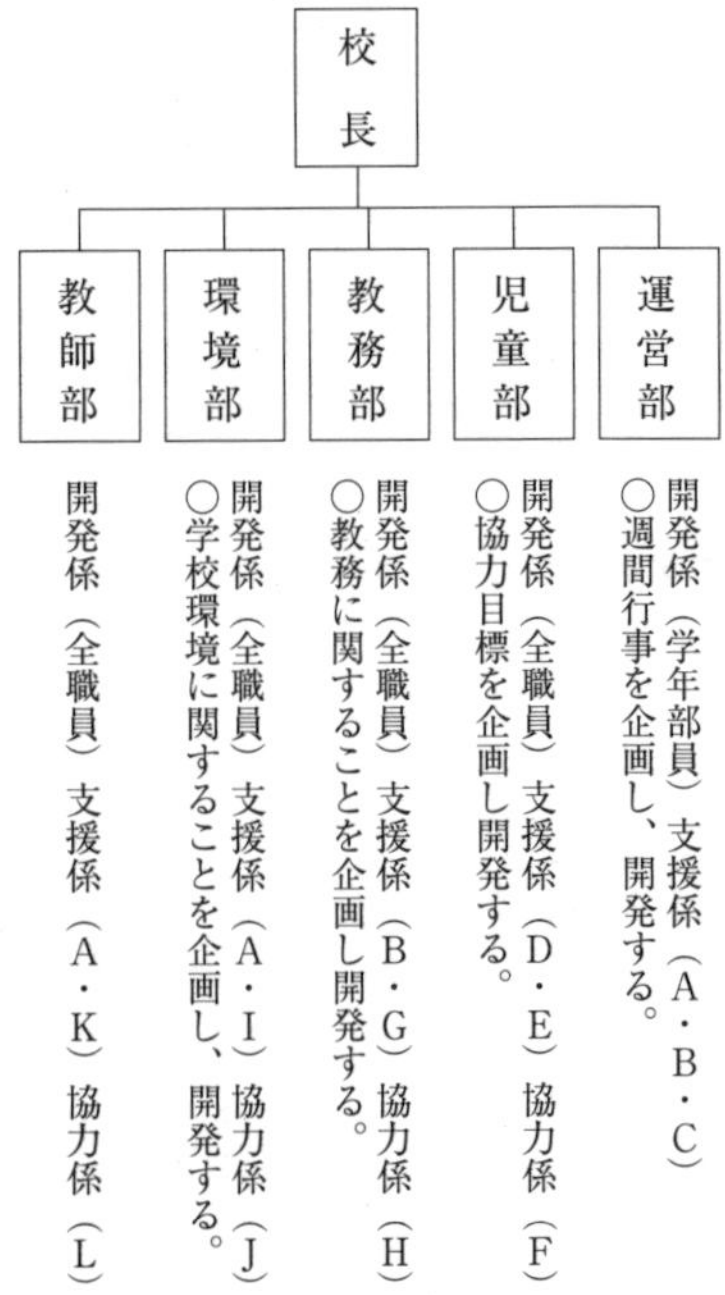

集中体制ができているので、この日課表の消化はできると信じている。本校だからできるのである。他の学校では絶対にできない性質のものである。」

職員を暗示にかけ、たいした自信のもちようである。

職員会は、提案があって討論がない。職員会は五〇分間、それを、「校長より」「協議」「連絡」の三つに配当し、協議のなかの一議題に対して五～一五分が配当される。連絡などは大てい一～三分でやらなければならない。職員会が予定された時間内に終わらないときは、輪番で司会をやらされた学年部の責任となり、「不手ぎわだ」の一かつがくだる。校長は職員会について次のように考えている。

「学校というところは、日常がたいへん忙しい。したがって、話し合う時間がとりにくい。一般の学校では、企画部から命令が出て、それにみな従うという。しかし、その命令は守られない。何ごとも徹底していない。このようなことが、今日の教育界ではあたり前になっている。こんなことではたいへんなことになる。本校では、この忙しく複雑な時代に、長い時間をだらだらとかけて職員会をするという〝たてまえ〟はとらない。どのような問題でも、一〇分か一五分あれば相談できる。また相談できなければならない。いくら長い時間をかけたところで、出てくる結論は同じようなものである。決まったことに、不平や意見のあるものは、あとで校長室へきて、充分に述べてもらう。校長室へ意見をもってくることを歓迎する。みなさんは全員が開発係だから、どんどん本校を開発してもらいたい。」

この学校の「集中学習」は、教務の説明などを総合すると、次のようなものである。

子どもたちは、授業中に集中した姿勢を取る。まず腰ぼねを立てる。手はひざの上、足は床に垂直におろし、机と体の間をにぎりこぶしほどあける。椅子のうしろにはもたれない。もたれると、この姿勢がくずれるからだ。そして、教師を見つめ、耳をすます。ぜったいに動かない。教師や仲間の発言には、必ず全員が反応をするように強制させられる。反応とは手をあげることである。人の言ったことに賛成のときは「はい」と大きな声で言い手をあげる。反対のときは、「意見！」「つけたして」と言って手をあげる。賛成でも反対でもないときは、だまって手をあげる。これは鉄則なのである。手をあげないことは許されないということにしてしまうのだ。だから子どもたちは、集中学習をやっている教師の教室では手をあげる体操をしているような状態に追いこまれる。

このような授業の指導ができているかできていないかを見てまわる係が、教務主任と校長と学年部長である。ときには、教科主任も動員される。従って、教師たちは年中教室訪問の襲来をうけ、全員反応のできていない教師はあとで電話で校長室へ呼び出され、叱せきを受ける（こういうときの電話は全く不ゆかいである）。

校務分掌がまたこっている。どこかの会社経営かと見まちがいそうである。

「企画委員会」とか「運営委員会」などという組織はなく、各部に数名の担当者をつけ校長と直結させているのである。開発係・支援係・協力係の数は一二名で、職員の半数を係にしていることになる。このような組織形態だから、校長の一存でどうにでもなるように仕組まれているわけである。各部は、すべて校長のご意向通りに、ことをすすめてゆき、各部独自にやったことはなにひとつ見当らない。

このようななかで、教師たちは、朝出勤して勤務終了まで、緊張の連続であった。のんびりと歩いているものを見かけるのが困難なほど、校長の「開発せよ」というハッパに追いまくられていた。わたしも毎日足が重く、砂をかむ思いで校門をくぐり、勤務時間が終わると子どものように喜んで帰宅の途についたものであった。（以下略）

この後、日本の小・中・高校では生徒たちの登校拒否・不登校が大きな社会問題となるのであるが、実はその前に教師の方が先に「一刻も早く学校から逃げ出したい」状況に追い込まれていたのである。

第七章　子どもと教育行政

学校制度であれ、教師に対する国の教育政策であれ、結局のところは、学校で生活する子どもたちの成長発達にいろいろな影響を与えることにはなる。しかしここでは、より直接的に子どもの成長発達に関係する教育行政施策について取り上げることにする。

一　後期中等教育の多様化政策と高等学校の「格差」

1　高等学校の「格差」とは何か

高等学校に格差はあるか、と問えばほとんどの人は「ある」と答えるだろう。では、それはいいことなのかと重ねて問うと、それは困ったことだと答える人も少なくない反面、高等学校は義務教育ではないのだから「格差」はあって当然だと答える人も結構多い。ほんとうにそうなのだろうか。

まず、高等学校の格差とは何かを考えてみる。高等学校の「格差」とはその高等学校に合格できる生徒たちのいわゆる「偏差値の差」であり、高等学校の「格差」が云々されるようになるのは一九七〇年代の初頭以来のことである。それはその前後に進行していた後期中等教育の多様化政策と密接に関係するのであるが、そのことについては次項で述べることとして、まず、その頃の高等学校の「格差」の実態について見てみよう。

東京都内のある工業高校の机には「この学校に入ったことによって、おれの人生はまっくらになった。」と彫りつ

高校進学率の推移　　（文部省統計）

区　分	高校進学率（%）			予　測　値		
	男	女	計	1	2	3
昭和23年						
24						
’50　25	48.0	36.7	42.5			
26	51.4	39.6	45.6			
27	52.9	42.1	47.6			
28	52.7	43.7	48.3			
29	55.1	46.5	50.9			
’55　30	55.5	47.4	51.5			
31	55.0	47.6	51.3			
32	54.3	48.4	51.4			
33	56.2	51.1	53.7			
34	57.5	53.2	55.4			
’60　35	59.6	55.9	57.7			66
36	63.8	60.7	62.3			67
37	65.5	62.5	64.0	61.0	66.3	55
38	68.4	65.1	66.8	60.0	64.8	55
39	70.6	67.9	69.3	61.5	68.3	57
’65　40	71.7	69.6	70.6	63.0	70.3	62
41	73.5	71.2	72.3	64.5	72.3	65
42	75.3	73.7	74.5	66.0	76.0	70
43	77.0	76.5	76.8	68.0	78.0	70
44	79.2	79.5	79.4	70.0	80.0	70.5
’70　45	81.6	82.7	82.1	72.0	82.0	71
46	84.1	85.9	85.0			71.5
47	86.2	88.2	87.2			72
48	88.3	90.6	89.4			72.5
49	89.7	91.9	90.8			73
’75　50	91.0	93.0	91.9			73.5
51	91.7	93.5	92.6			

予測値１は文部省
予測値２は全入全協（小川・伊ヶ崎『戦後民主主義教育の思想と運動』1971年）
予測値３は清水義弘『20年後の教育と経済』（1961年）
出典：日本教育法学会『公教育と条件整備の法制』有斐閣，1979
（西暦略年号は奥田が追加）

けられている、と高野哲朗は報告している（「工業高校からのレポート」教育科学研究会編『教育』国土社　一九七三・三月号）。一九七三年のことである。よく知られるように偏差値が高く入学試験を受ければ高得点が期待できる生徒はまず普通高校または高校の普通科をめざす。職業高校よりも大学受験にとって有利だからである。したがって偏差値的に普通科が無理な生徒は工業科又は商業科というように職業科に回ることになる。そこでは「大学へ行こうと思っても普通科にくらべて受験科目の時間や程度がぜんぜん不利だ。」だから、おれの人生はまっくらだ、ということになる。

ところでこれは何も職業高校に限ったことではない。一九七二年頃「昭島に都立高校を増設する会」（東京・昭島市）の学習会で都内のある私立高校の先生から直接聞いた話であるが、その学校の女子生徒の一人は「雨の日はうれしい。レインコートが着られるから。」と書いたという。ごく少数の進学校を除けばほとんどの高校では制服を着用させているが、それはそのままその学校がどの程度の偏差値の学校であるかを示すことになる。しかし、その学校はレインコートまではそれほど厳しく規制はしていなかった。レインコートを着れば制服は隠れる。つまりはどの学校に行っているのかは見た目には判らない、だから「雨の日はうれしい」のだ。その先生はこのようにも言った。「お母さんたちはご存じでしょうか。子どもたちが制服・制帽を着用して街を歩くということは中学時代の成績表を首からぶら下げて歩いているようなものなんだ、ということを。」と。

わずか一五歳の子どもたちにこのような気持ちを抱かせるような状態がそのままにされていていいものなのか。しかもそればかりではなく、仮に普通科高校に進学できたとしても、その学区でトップの学校でない限り多くの生徒が程度の差こそあれ似たような劣等感を抱いていると考えてよいのである。これが、高等学校の「格差」の実態なのである。この年一九七三年の高校進学率は八九・四％であった（表「高校進学率の推移」参照）。

都道府県における学区制の採用状況（全日制普通科）

区分＼年度	'52	'53	'54	'55	'56	'57	'60	'61	'62	'63	'64	'65	'67	'69	'71	'73
1校1学区のみ（小学区）	23	13	13	12	7	8	5	4	3	3	3	2	1	1	1	1
1学区2校以上（中学区）	15		8	9	12	5	4	5	5	5	4	6	5	5	5	4
小学区と中学区併用	5		23	22	25	21	20	18	20	16	10	10	7	10	9	10
小学区と大学区併用	0		1	2	1	0	1	1	1	1	1	1	2	3	3	2
小学区と中学区と大学区併用	0		1	1	1	1	1	3	1	2	5	3	6	4	4	4
中学区と大学区併用	1		0	0	0	7	10	10	10	11	13	14	13	10	11	17
大学区のみ	2		0	0	0	4	5	5	6	7	9	10	12	13	13	9
（大学区のあるもの）	(3)		(2)	(3)	(2)	(12)	(17)	(19)	(18)	(21)	(28)	(28)	(33)	(30)	(31)	(32)
計	46		46	46	46	46	46	46	46	45	45	46	46	46	46	47

（注）中学区とはおおむね1学区に2～6校設置の場合をいうが，7校以上あっても東京を中学区とするなどの例外がある。

日本教育法学会『公教育と条件整備の法制』有斐閣　1979

2　後期中等教育の多様化政策とそのねらい

では、何故このような高等学校の「格差」は生まれたのであろうか。結論から言えば、それは、後期中等教育の多様化政策という教育政策が生み出したものなのである。

地方教育行政の組織および運営に関する法律が警官隊の導入によって強行採決された一九五六年、日本経営者団体連盟（日経連）教育特別委員会は「普通高校を圧縮し、職業高校を増やせ」（「新時代の要請に対応する技術教育に関する意見」）という意見書を公表する。この年の高校進学率はまだ五一・三％であったが、ベビーブームの子どもたちはすでに小学校の高学年になっており、やがて、高校進学率の上昇とあいまって高校増設の要求が全国的に高まって来るであろうことを見越しての提案であった。

それを受けて実際にも例えば富山県などでは第四次県勢総合開発計画の中に普通高校と職業高校の入学定員の割合を三対七にまでもっていくといういわゆる「三七体制」政策が取り入れられ、文部省も将来は「五対五までもっていく方針を固めており」（日本教育新聞一九七〇年一二月二四日付）と

高等学校は、こんなに多様化されている　　（　）は分校で外数

区分	学科の種類数	学科数 公立 全日制	公立 定時制	公立 計	私立 全日制	私立 定時制	私立 計	計 全日制	計 定時制	計 計
普通科	1	1,791 (115)	805 (223)	2,596 (338)	1,016	60 (1)	1,076 (1)	2,807 (115)	865 (224)	3,672 (339)
農業に関する学科	59	1,246 (43)	153 (141)	1,399 (184)	10	1	11	1,256 (43)	154 (141)	1,410 (184)
工業に関する学科	133	1,732 (8)	490 (6)	2,222 (14)	470	66	536	2,202 (8)	556 (6)	2,758 (14)
商業に関する学科	22	766 (12)	239 (6)	1,005 (18)	481 (3)	26	507 (3)	1,247 (15)	265 (6)	1,512 (21)
水産に関する学科	13	162 (3)	5 (1)	167 (4)	1		1	163 (3)	5 (1)	168 (4)
家庭に関する学科	13	598 (36)	44 (86)	642 (122)	260 (2)	7	267 (2)	858 (38)	51 (86)	909 (124)
その他の学科	15	174 (1)	26 (1)	200 (2)	111	7	118	285 (1)	33 (1)	318 (2)
合計	256	6,469 (218)	1,762 (464)	8,231 (682)	2,349 (5)	167 (1)	2,516 (6)	8,818 (223)	1,929 (465)	10,747 (688)

文部省職業教育課編『産業教育』昭和46年10月号

報道されたりした。事実、高校進学率は文部省の予想をはるかに越えて上昇（前掲表参照）するとともに、ベビーブームの子どもたちが高校へ押し寄せることを見込んで高校増設運動が全国的に繰り広げられ、それらの要請を受けて多くの高校が増設されるのであるが、新設される高校は多くの都道府県で工業高校を中心に職業高校に偏っていた。生徒や親の多数が普通高校への進学を希望するにもかかわらず普通高校の建設が押さえられ、職業高校ばかりが新設されるとなれば勢い普通高校をめざす入学試験は激烈な競争を引き起こすことになる。「受験戦争」なることばが生まれたのはまさにこのことを背景としていたのである。

　そればかりではなかった。後期中等教育の多様化政策は普通高校、職業高校それぞれに対しても取られた。

　まず、普通高校について取られた政策はといえばいわゆる「大学区制」であった。一つの学区で七校（東京では八校）以上の高校を選べる学区をふつう

大学区と呼んでいるが、新制高等学校の発足時は高校三原則（第九章第三節参照）に則って小学区制を採用した都道府県が多かったにもかかわらず、やがて、高等学校は義務教育ではないのだから選べることが大切だという考え方を背景に文部省の強い指導もあって大学区制を採用する都道府県が増えていく（表「都道府県における学区制の採用状況」参照）。このことは、普通高校としては一種類でありながら、それを成績のいい生徒の行く学校とそうでない学校とに多様化するという意味で、多様化政策の一環であり、優秀なエリートを早期に選別したいとする経済界の期待に応えるものであったのである。

次に、職業高校についてであるが、日経連教育特別委員会は一九六五年「後期中等教育に対する要望」ならびに一九六六年「技能高等学校の構想」を出して「高校教育の改善」策として「a技能に関する学科の新設」「bコース等の多様化」を要望する。「コースの多様化をはかり、多様な社会的要請および生徒の個人差に即した適切な教育を行なう。」というのである。これを受けて一九六六年には中央教育審議会（中教審）が「後期中等教育の拡充整備について」（答申）において「職業または実際生活に必要な技能または教養を、高等学校教育の一部として短期に修得できる制度を考慮する。」と答申したり、理科教育及び産業教育審議会（理産審）が「理科・数学に関する学科の設置について」（一九六七年、答申）「高等学校における職業教育の多様化について」（第一次一九六七年、第二次一九六八年答申）を続けて答申し、「理数科高校」の新設を始め職業高校の多様化をさらに進めるよう要望する。その結果は、資料にも見るとおり全国で二七〇種類近く（一九七三年には二七七種類）にも及ぶ学科が誕生することとなり、（表「高等学校は、こんなに多様化されている」参照）職業科においても偏差値で進学する学科が決められるということになったのである。

何故高等学校の多様化が求められるのか。それについては本章三−2−(4)「人的能力政策」と教育行政の項（一三七頁以降）で示した自由民主党文教部会の資料が端的にそれについては説明している。人生の早い段階で自分の能力を見極めさせ、無理して普通科高校へ進学しないよう進路指導を徹底すべきだというのである。そのために後期中等教育の多様化は必要であったのである。

3　新制高等学校がめざしたもの

以上のような高等学校の「格差」は一九四八年に新制高等学校が発足したときにはまったく予定していなかったことであった。一九四九年に文部省が出した『新制中学校 新制高等学校　望ましい運営の指針』「第十四　入学者の選抜」には次のように書かれている。

新制高等学校は、入学者の選抜はそれ自体望ましいものであるという考えをいつまでももっていてはならない。入学希望者をできるだけ多く、全日制か定時制かのどちらかに収容することが、結局のところ望ましいことなのである。新制高等学校は、その収容力の最大限度まで、国家の全青年に奉仕すべきものである。これまで一部の人々は新制高等学校は社会的経済的および知能的に恵まれたものからよりぬいた者のためにのみ存在するきわめて独善的な学校であるべきだと実際に信じていたが、学校の教師・校長または教育委員会の委員や教育長が理論的にも実際上にもこの考えに同意するようではいけない。選抜をしなければならない場合も、これはそれ自体として望ましいことでなく、やむをえない害悪であって、経済が復興して新制高等学校で学びたい者に適当な施設を用意することができるようになれば、直ちになくすべきものであると考えなければならない。

この年一九四八年の新制高等学校出発時の高校進学率は四二・五%であった。いまや、それは九七・三%にも達するようになっている。しかも経済は驚異的に復興・発展しすべての希望者を高校に受け入れる施設・設備は十分に整っている。高校は選ばれた者のみが行く学校という考え方を捨てて現在の小・中学校と同様にすべての青年が地元の高校へ通うのが当たり前という考え方に一日も早く頭を切り替える必要があるのである。

二　差別と選別に猛威をふるう五段階相対評価法――「内申書重視」の意味するもの

1　内申書の重視とは

高等学校の入学試験が激烈さを増せばますほどそれは中学校の教育に影響を与える。まして中学校の卒業生の大部分が高等学校への進学を希望しているということになればなおさらその影響は大きくなる。「受験戦争」が問題にされるときいつも「昔も受験競争は厳しかった」ということが言われるが、それは高校進学率を無視した考え方であって、一〇人に一人弱とか（旧制高等学校）三人に一人（新制高等学校の発足時）しか高校を受験しないのであれば仮にその試験に失敗したとしても受験できたというだけで一種のエリートであるのであって、同級生のほとんどが高校を受験する時代にあっては試験の失敗が与えるショックは「昔」とは比較にならないほど大きいのである。ここでも高等学校のあり方を考える場合高校進学率を考慮に入れないわけにはいかない。

さて、高校入試が激烈になってくると必ずといってよいほど内申書を重視せよという意見が出てくる。試験一本で合格を決めるとなると試験当日に風邪を引いたなど体の具合の悪かった人は気の毒だし、緊張すると実力を発揮できない人もいる。試験勉強だけに専念して普段の学校生活をないがしろにする生徒も出ないとも限らない。だから、普段の成績を内申書に記してそれを当日の試験結果に加えるべきだ、というのである。この意見はそれなりの説得力を持っており、現実はその方向に動いた。ただ、内申書の点数をどのくらい加味するかでいくつかのパターンができた。内申書はあくまでも参考程度にしか見ないところ、試験をアチーブメントテストに切り替え一定以上の点数を取った者に対しては内申書で最終的に合否を決定するところまで多様であった。東京都は試験結果と内申書の結果とをほとんど半々に採用する方式をこれまで採用してきた。

2　「五段階相対評価法」の登場

ところで内申書重視には大きな弱点がある。それは、内申書に書かれた成績が信用できるかという問題である。もしもある中学校から提出された内申書がその中学校で操作されていて、つまりある生徒には実際よりもいい成績が密かに付けられていて、それが合否の決め手にされるとすると、非常な不公平が起こることになる。では、誰にでも「信用される」成績を付けるにはどうすればいいか。そこで考えられたのが「五段階相対評価法」であった。

そもそも「五段階相対評価法」とは統計学の一つの考え方であったが、それが内申書の成績評価に応用されることとなった。すなわち、ひとまとまりの生徒の成績を全体として五段階に分け、全体の最上位七%と最下位七%の生徒を五および一、平均値を含む真ん中の三八%の生徒を三、それらの間に残った二つの二四%を四、二として「評価」する方法である。つまり、すべての生徒の成績を、全体の中の相対的な位置づけで判断し、それをもって差を付けるというやり方なのである。

例えば東京都では一九六六年に設置された「都立高等学校選抜制度改善審議会」が「学校群」「三教科」「内申書重視」を答申（実施は一九六七年度から）した以後「五段階相対評価法」に基づく内申書が入学試験の点数と五対五で「重視」されるようになるのである。そして、その正確性を期するために高校入試の申し込みが締め切られた段階でその学区内の中学校はそれぞれ全三年生を縦軸に九科目を横軸に科目毎に五段階に相対評価された数値を書き込んだ一覧表を一カ所に持ち寄る。各教科毎に正確に五段階相対評価が成されているかどうかをお互いに点検し合うためである。こうして得られた内申書の数値と試験による数値とを五対五に計算して合格者を決定するのである。

3 「五段階相対評価法」のもたらすもの

「五段階相対評価法」の導入は中学校の教育にさまざまな問題を引き起こした。もちろん中学校における日常の成績評価に「五段階相対評価法」を使用する必要性は必ずしもない。「五段階相対評価法」は入学試験における合否の判断の「客観性」を確保するために考案されたものであるから、普段は絶対評価法でもいいわけである。しかし、それは教師に二重帳簿を付けることを強要することになるし、絶対評価による普段の成績でこの程度の学校に行けると期待していた生徒にとって「五段階相対評価法」による学校の振り分けには納得行かない場合も多々出てくる。その説明を一人一人の生徒にしなければならない教師・学校側の手間と心労は大変なものである。そこで分かり易く、普段の成績も「五段階相対評価法」を用いることになる。

「五段階相対評価法」の問題点とは次のようなことである。第一は、「五段階相対評価法」は生徒の学力を正確に表現するとは限らない。ある生徒が頑張って確かに学力が付いたはずなのにたまたま他の生徒も頑張っていい成績を取っていたとすると「五段階相対評価法」の点数は上がらない。それは、生徒のやる気をなくさせることにもなる。小学五年生のある生徒は「算数がきらいなわけ」と題して次のような作文を書いている。

「三年生になった。三年の一学期は、わり算だった。私は、その時、『よーし、三年生になったんだから、算数をがんばってすきになるようにしよう』と、自分で決めた。それからは、算数をいっしょうけんめいがんばった。そして、わり算がすらすらにできるようになった。(中略) 私は、『こんどのつうしんぼ、たのしみ、算数はぜったい四だな、だってあんなにがんばったもん。そいやし、だいたい全部あっとったもん』と、自信まんまんだった。つうしんぼをもらった。そしたら、算数三だった。私はすごく泣きたくなった。だって、あんなにがんばったのに、四だと思って、うれしがっとったのに三だったんだから。このことがあってから、私は、算数をあまりやらなくなった。急にすーっと気がぬけたみたいになっちゃったから。そして、算数をがんばろうと思っても、どうしてもいっしょうけんめいやろうなんて気にはなれなくなった。」（日本子どもを守る会編『子どものしあわせ』草土文化 No.二〇九）

「五段階相対評価法」の第二の問題点は、子どもたちの連帯感を育てにくいということである。例えば「四」の評価は二四％と決まっているのであるから誰かが三から四にあがるということは誰かが四から三に下がるということである。一緒にがんばって一緒に成績を上げようということはできないのである。

第三は、教師も大変苦しむことになる、ということである。先の例の場合教師も彼女が算数をがんばってわり算はほとんど完全にできるようになっていることは承知しているはずである。しかし、にもかかわらず四を付けられない。この時教師はその子に対してどういう態度を取ればいいのか。それればかりではない。もっと教師を苦しめるのは自分が教えている生徒の誰かに必ず一を付けなければならないということである。一生懸命に授業をやってみんなによくわかってもらいたいと教師は努力する。そこに教師としての生き甲斐がある。しかし、評価の段階になると、たんに誰かに必ず一を付けなければならない。となると、たまたまその時何かの事情で点数の取れなかった生徒がいてその子に一を受け持ってもらえてほっとするというようなことが現実にはある。そのようなことが何回、いや何年も何十年も繰り返されるということになると、いつのまにか「一」を常時引き受けてくれる生徒がいることをむしろ心の中で期待するということがあっても（公にはあってはならないことであるにもかかわらず）しかたがない、ということにもなるのである。「教育の荒廃」の事実がもしあるとすればその遠因の一つはここにあるといってよいであろう。

結局のところ「五段階相対評価法」は五段階に分けたグループ間の成績の格差しか表現しないのであり、それは高校入試のためにだけ必要な格差なのである。

三　子どもの生活と教育行政——「落ちこぼれ」、家庭内・校内暴力、登校拒否

これまで述べてきたことが子どもの成長・発達に影響しないはずがない。一九六〇年代ぐらいまでは、最近の子どもはひもが巧く結べないとかはさみを上手に使えないとかといったことが問題とされているにはいたが、一九九〇年代の後半のように「一七歳の犯罪」が世間を騒がせるようなことはなかった。

いま子どもたちはどのような生活を強いられているのか、少し長いスパンで見てみることにしよう。

1　子どもの心と体の変調は一九七〇年代初めからいわれるようになった

子どもの生活時間の変化

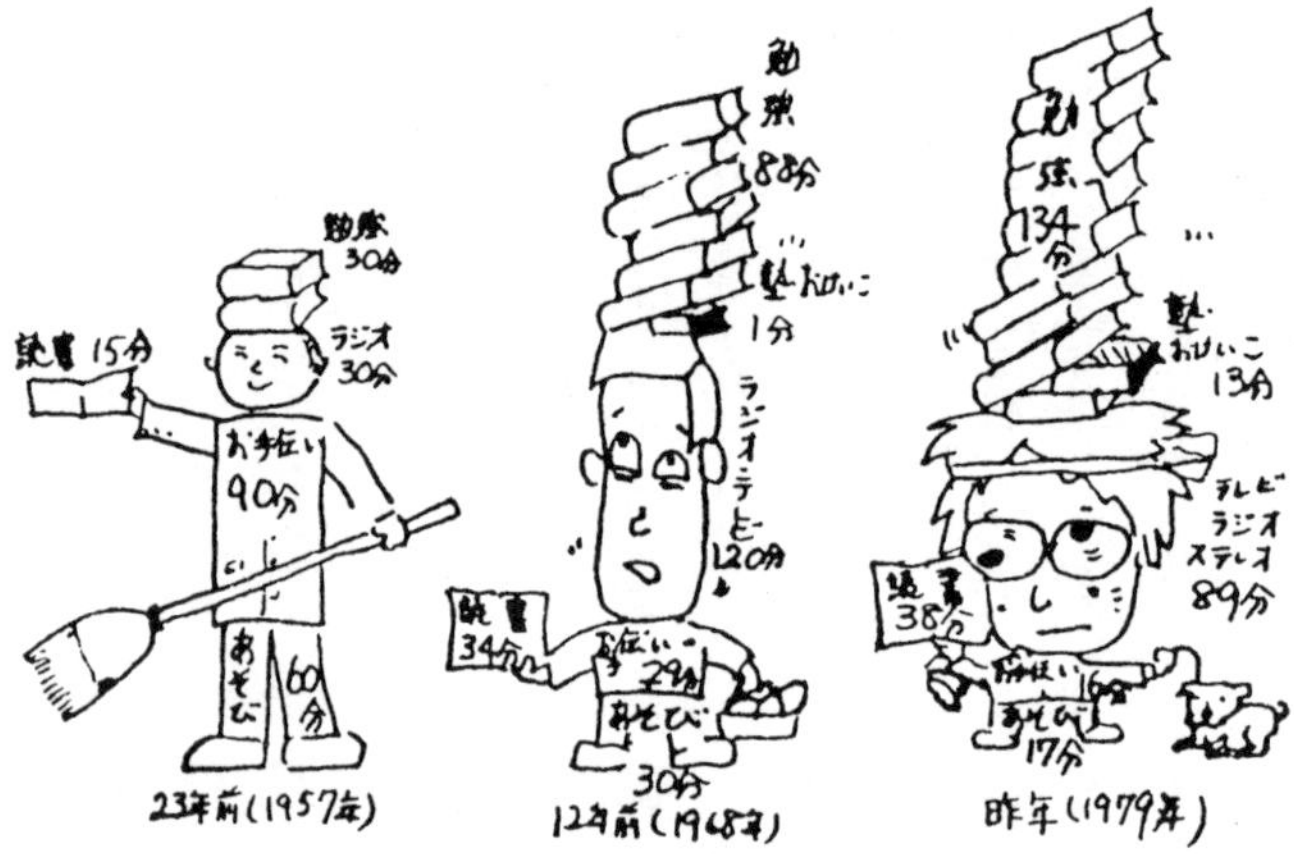

『子どもの文化と環境』（全国子ども劇場おやこ劇場連絡会）1979
（東京少年少女センター『子ども会少年団』1980, 7 月号）より

〈高度経済成長は子どもにとって何だったのか〉

二〇世紀の奇跡とさえいわれた日本の高度経済成長は子どもにも大きな影響を与えた。上のイラストはそれをよく物語っている。

これを見ると子どもの生活はこの二〇年の間に大きく変化したことがわかる。徐々に首から上だけで生活するようになる。

教育内容の理解程度　　（　）実数

	無答	子どもの約3/4	約1/2	約1/3	約1/4以下	わからない	非該当	計
小学校	1.1%	28.9	49.2	14.0	2.2	4.5	0.1	100.0% (1,591)
中学校	1.1	16.7	50.2	26.1	4.1	1.8	0.1	100.0% (1,884)
指導主事	1.4	29.9	50.5	10.8	0.7	6.6	0.1	100.0% (2,361)
研究所員Ⅰ	1.4	20.1	50.0	12.8	1.5	14.2	0.1	100.0% (1,032)
研究所員Ⅱ	2.0	20.6	43.8	20.9	3.3	9.5		100.0% (306)

研究所員Ⅰ　都道府県指定都市教育研究所員
研究所員Ⅱ　区市町私立教育研究所員
深谷鍋作『母親のための教育学』新日本出版社、1972より

体を動かしていない、音と映像と文字による知識にのみ依存し、実体験を積んでいない、そして何よりも受験の重圧を受けて日々生活をしている。これでストレスが溜まらない方がおかしい。

〈「落ちこぼれ」が問題になる〉

一九七一年六月三日、新聞各紙は授業についていけない子がクラスに半数もいる、という全国教育研究所連盟の調査結果を報道した。その調査というのは「現在、わが国の義務教育における教育内容は、学習指導要領によって学年ごとに指導すべき内容を示し、原則としてどの児童生徒にもそれを学習させることをたてまえとしています。このようなやり方で、どのくらいのこどもが一応その内容を理解しているとお考えですか。1　約四分の三以上の子どもたち　2　約半数の子どもたち　3　約三分の一ぐらいの子どもたち　4　約四分の一以下のこどもたち　5　わからない」という質問に対する答えは上の表に示すような結果だった、というものである（深谷鍋作『母親のための教育学』）。この表によれば小・中学校の先生や指導主事などの約半数が「約二分の一の生徒がいまの授業に一応ついていっている」と答えている。ということは反対に考えると約半数の生徒はついて来られていないということになるわけで、その後テレビのワイドショーに連続して取り上げられるなど、大きな反響を呼んだのである。これが新聞などに「落ちこぼれ」という文字

が登場するようになるきっかけであった。

当然のことながら、教師や学校側はこのことを容易には認めようとしなかった。しかし、五年後の一九七六年五月全国の教職員で作る日本教職員組合が自ら行った調査の結果「落ちこぼれ」の事実を認めざるを得ないということになり、翌七七年一月には国立教育研究所も同様の調査結果を発表するに及んで「落ちこぼれ」は誰もが認めざるを得ない事実となっていったのである。

〈蝕まれる子どもの体〉

この頃、子どもの体に異変が起こりつつあるのではないかという指摘も出始めていた。肥満児が多い、運動会でよく転んで全力で走れない、簡単に骨折してしまう（斉藤伊都夫「木に登れないチンパンジー」全日本社会教育連合会編『社会教育』一九七六年二月号）など。一九七八年一〇月九日、体育の日の前夜に放映されたＮＨＫ特集「警告！

「子どものからだ」アンケート項目

1 つまずいた時など、とっさに手が出ないで頭や顔からぶつかって、頭や顔にケガをする子がいる。
2 まばたきがにぶく、目に虫やゴミ、あるいはライン引きの石灰などが入った子がいる。
3 頭がよけられなかったために、ボールが目にあたった子がいる。
4 腹をポンとたたいたりした時、ぶよんとした感じで、反射的に腹筋が緊張しない子がいる。
5 なんでもないような時に骨折する子がいる。
6 いつ骨折したかわからないうちに骨折していて、特に痛みを訴えない子がいる。
7 夜寝ている時、膝や肘や足首などの関節が痛くてねむれないと訴える子がいる。
8 オスグート・シュラッテル病（膝の骨の異常発達で痛む）の子がいる。
9 土ふまずの形成がおくれて扁平のために遠足で長く歩けない子がいる。
10 立ちなおり反射が鈍く、ちょっとしたでっぱりにもつまずいて、よく転ぶ子がいる。
11 内またのために、なわ跳びで足がひっかかったり、ドッチボールなどで転ぶ子がいる。
12 いつもつま先立ちで歩き、立っている時も踵が下につかない子がいる。
13 骨盤の発達が悪く、トレパンがずれおちる子がいる。
14 「気をつけ」の姿勢の時、腹が前にでっぱっている子がいる。
15 椅子にすわっている時、背もたれによりかかったり、ほお杖をついたり、じっとしておれず、ぐにゃぐにゃになる子がいる。
16 脊柱異常の子がいる。
17 そのなかに側彎症の子がいる。
18 脊柱異常とまではいかなくても、背筋がおかしな子がいる。
19 肩甲骨の発育が悪く、左右の大きさが違ったり、左右の高さが対称でない子がいる。
20 懸垂が一回もできない子がいる。斜懸垂が一回もできない子がいる。
21 朝礼の時などにうずくまったり、倒れる子がいる。
22 朝からあくびをする子がいる。
23 大脳の興奮水準が低く、授業中、目がトロンとしている子がいる。

24 休み時間、ボーッとしていて、なにもしない子がいる。
25 こどもの身体にさわると、こどもらしい温かさがなく、体温の低い子がいる。
26 あまり汗をかかず、こどもらしい汗くささのない子がいる。
27 手でも足でも、ヌルヌル、グニャグニャしたものにさわるのをいやがる子がいる。
28 はだしになって歩くことができない子がいる。
29 手指が不器用でぞうきんをしぼれない子がいる。
30 手指の不器用さに続いて、腕の不器用さが目につく、例えば、弱い力で近くの目標に物を投げ入れることができない子がいる。
31 棒のぼりをしても足うらを使えない子がいる。
32 まっすぐに走れないで、蛇行してしまう子がいる。
33 遊んでいる時、キーッといった意味のない奇声を発する子がいる。
34 首すじがはったり、肩こりを訴える子がいる。
35 腕のしびれを訴える子がいる。
36 腰痛を訴える子がいる。
37 脚気の子がいる。
38 貧血の子がいる。
39 高血圧や動脈硬化の子がいる。
40 心臓病の子がいる。
41 糖尿病の子がいる。
42 神経性の胃かいようや十二指腸かいようの子がいる。
43 アトピー性皮ふ炎やじんましんなどのアレルギー性疾患の子がいる。

（一九七八年九月、NHK、日体大体育研究所）

出典：正木健雄『子どもの体力』大月書店　一九七九

子どものからだは蝕まれている」は、当事者の「予想をはるかにこえてじつにたくさんの人が見た」（正木健雄『子どもの体』）。子どもの背筋がぐにゃっと曲がっている、大学一年生の背筋力は一九六五年から一九七五年にかけて平均で一〇％以上落ちた、成人病（いまは生活習慣病と呼ばれる）の症状を訴える子どもが増えている等々日本体育大学教授正木健雄がNHKと共同で行ったアンケート結果に、一気に子どもの体に関する関心が広まったのである。

〈凄まじい家庭内暴力〉

一九七七年一〇月三〇日、世の中を震撼させた開成高校生事件が起こる。あまりに凄まじい家庭内暴力に思い余って両親が高校生を殺害したという事件である。続いて翌々年の七九年一月一四日、祖母殺し自殺高校生事件が、八〇年一一月二八日には金属バット両親殺害事件が起こる。特に祖母を殺して自殺した高校生は大学ノート四〇頁余に約一万五、〇〇〇語にものぼる遺書を残しており、その中でその高校生は、人間は「エリート」と「愚劣で低能な大衆」の二種類であり、それを分けるのは「偏差値」だ、「偏差値六十六以下は人間じゃない」と書いて世間を驚かせた。(本多勝一『子どもたちの復讐』下、朝日新聞社　一九七九) 受験戦争の閉塞感が子どもたちを直撃している様子が窺われるのである。

これらの事件の特徴の一つは、いずれも父親が大学教授であったり東大卒のエリート社員であったりしたことにあると思われる。その後世紀末に連続して起こった「十七歳の犯罪」は、いわば「普通の子」「普段は目立たない子」が主役を務めることとなるが、この時期登場してくる子どもたちはいわゆる「できる子ども」たちであった。受験戦争の圧迫感はまずは「できる子」から襲ったということであろうか。

いうまでもなくこれらの事件は氷山の一角に過ぎない。家庭内暴力は可能な限り隠されるからである。

〈荒れる校内暴力〉

同じ頃、一九七八年七月二三日付けの毎日新聞は「校内暴力後を絶たず」という五段抜きの見出しで七八年度上半期の自社による全国調査の結果を報じていた。同月岩手県のK工業高校の教室で下級生が上級生を刺殺したという事件を受けて急遽調査したものと思われるが、それによると暴力事件のその年上半期の発生件数は中学で三一二件、高校で二〇八件、暴力を振るって補導された生徒は中学生一、六二〇人、高校生一、一四四人、被害者は一、一七二人にのぼった、という。また、先生に対する暴力も中学校で五六件発生し、六五人の先生が殴られた。高校では四件六人。授業中にたばこを吸っていた中学二年の男子生徒を注意したところ生徒四人が先生を殴った(香川県)など集団で先生に対して暴力を振るうケースも多い。

その後五年を経て文部省も多発する中学・高校の校内暴力について初の全国調査を行い、「校内暴力は公立中の七校に一校で起きている。また対教師暴力がこれまでの警察調べの二倍近いなど、校内暴力が水面下で予想外に広がっていることが浮き彫りにされた。」（一九八三年六月三日付「毎日新聞」）などの結果を公表した。同調査によれば八二年度一年間に校内暴力（対教師、生徒、器物損壊）の発生件数は全国の公立中学の一三・五％、一、三八八校、同じく公立高校の一〇・五％、四一五校、対教師暴力は六五七中学で一四〇四件（被害教師数一、七一五人、加害生徒数二、八一〇人）、一一八高校で一五九件（同一六五人、同二三八人）であった。筆者の知り合いの若い教師が「授業から職員室へ戻るとほっとします。一歩職員室を出れば、ネクタイを摑まえられたり場合によっては殴られたりするのは日常茶飯事ですから」と話していたのはこの頃のことであった。

〈いじめ、自殺、登校拒否・不登校〉

やがて、一九八〇年代の後半にもなると、いじめ、自殺、登校拒否・不登校の記事が連日のように新聞に報道されるようになる。一九八六年の東京・中野区の中学二年生がいじめを苦にして自殺した事件をはじめ、九四年の愛知県西尾市の中学二年生大河内清輝君のいじめによる自殺など全部はとてもここに拾いきれない数である。特に九四年度は、文部省の全国調査によるといじめの発生件数は小中高合計で約五六、〇〇〇件と前年度の倍以上に急増していたことがわかった。ただこのように多かったのは、大河内清輝君の自殺を契機に「文部省が『積極的な実態把握』を求め『調査方法を改めた』ため」で「これまで見逃していたいじめがいかに多かったかを示して」いる、とも報じられている。（一九九五年一二月一六日付朝日新聞）

登校拒否・不登校についても文部省の一九八八年の調査において、一九八七年度は「小学校五千人、中学校三万人超す」「登校拒否過去最高に」となり（一九八八年一二月一日付読売新聞）、同じ文部省の一九九五年の調査でも「登校拒否七万七千人」「昨年度最高　長期化の傾向進む」（一九九五年八月一一日付読売新聞）と報道されており、年を追うごとに増加しているのである。

また、やや性質が違う問題であるとはいえ、高校中退も増えている。「一九九六年度中に全国の公、私立高校を中退した生徒は全日制、定時制合わせて前年度比約一万四千人増の十一万一千九百八十九人で、五年ぶりに十一万人を超えたことが二十六日、文部省の調査でわかりました。」「八十二年度の調査開始以来最高となりました。」（一九九八年二月二七日付しんぶん赤旗）

〈子どもによる殺人・傷害〉

一九八九年一月に起こった四人の少年による「女子高校生監禁・コンクリート詰め殺人事件」は大変な衝撃を世の大人たちに与えたが、さらに一九九七年五月二四日の「神戸・小学生殺害事件」、二〇〇〇年五月三日の一七歳少年による「バス・ジャック殺人事件」ほか、これもすべてをここに記録し得ないほど多くの子どもによる凶悪犯罪が次々と起こっており、大人は語るすべを持たない状態に至っている。

2　なぜ「落ちこぼれ」が増え、「人間破壊の危機」が進行するのか

一九七〇年代の初めから始まった子どもたちの心と体の異変はついに自分を殺し他人を殺す「人間破壊の危機」にまで達したと言ってよい。では、なぜそうなるのか。一言で言えば、子どもの成長・発達にとって必要な環境が全体として悪くなっているからであろう。ここでは、よくいわれる子どもが育つ環境としての学校、家庭、地域について、ならびにそれらを貫くものの考え方について考えてみよう。

（1）学校は楽しいところか

子どもたちは毎日朝八時前後には学校へ行き、夕方学校から家に帰ってくる。四時に帰るとして八時間、クラブ活動などで遅くなり帰りが六時だとすると一〇時間近く学校で過ごすことになる。一日の三分の一、寝ている時間を除けば約半分近くの時間を学校で過ごすのである。これで、学校が楽しくなければ子どもたちの生活は悲惨そのものというべきだろう。

子どもたちにとって学校は、いじめられたりしない限り、基本的には楽しいところであるはずである。友だちがたくさんいるからである。しかし、子どもたちが本当に学校が楽しいと感じるためには勉強がわかる、つまり授業内容がよく理解できることが必要である。いま勉強していることがさっぱりわからないで五〇分じっと座っていなければならないと言うのではそれは苦役以外のなにものでもない。そこで、学校が楽しくなるためにはすべての子どもにとって授業がよくわかるということが第一の条件なのである。いま学校はそうなっているのか、の点検が必要である。

〈教科書が難しく、習う分量が多い〉

子どもにとって教科書はいわばバイブルである。ところが、その教科書の中身が一九七〇年代の初め頃から急に難しくなり、かつ勉強しなければならない分量が極端に増えた。次頁に紹介する「だんだんむずかしくなる教科書」などはそのことをよく表している。その後少しは手直しされてはいるものの基本的には二〇〇二年度から始まる学校五日制に伴って改訂された新しい学習指導要領まで変わっていない。例えば、五年生の算数(上)の「面積・体積」の単元で、一九六〇年の教科書ではせいぜい「平行四辺形と三角形の面積」を計算する程度であったものが、一九七〇年の教科書では「おうぎ型」や「正多角形」の面積を計算しなければならないことになり、さらに、これまでは高学年で習っていた「歩合・百分率」や「公約数・公倍数」ほかいくつかの単元が新たに五年生で学習しなければならないことになった。しかも、教科書のページ数は変わらない。ということはこれまでと同じ学習時間で一〇年前とは二倍近いしかも難しい内容の学習をしなければならず、それぞれの学習内容がすべての子どもたちの身に付くように反復練習するための時間は学校には残されていないのである。これでは、「落ちこぼれ」が出ても仕方がない。世の中には「落ちこぼれ」が出るのはあたりまえという考え方に立っているカリキュラムであるというしかないであろう。「落ちこぼれ」と言わないで「落ちこぼし」というういい方もある所以である。

〈ぜんぶの子どもがわかるまで面倒みてはいられない〉

だんだんむずかしくなる教科書　五年生算数(上)教科書の内容比較

二葉(昭35検定)	頁数
1 整数と小数	(14)
一億より大きい数	6
十進法	4
☆問題・テスト・練習・復習	4
2 整数の計算	(24)
わり算(1)	8
わり算(2)	3
計算の工夫	5
がい数とその計算	3
☆	5
3 小数の計算	(20)
小数のかけ算	6
小数のわり算	9
☆	5
4 時間と速さ	(16)
時間の計算	6
速さ	4
年令	1
☆	5
5 三角形と四角形	(18)
いろいろな三角形	5
いろいろな四角形	5
四角形のかき方	3
☆	5
6 面積と体積	(20)
長方形・正方形の面積	3
直方体・立方体の体積	2

東書(昭39・42検定)	頁数
1 十進法	1 (12)
整数と小数	4
概数	4
☆テスト・練習・復習	3
2 かけ算とわり算	1 (16)
わり算	5
かけ算・わり算の工夫	6
☆	4
3 三角形と四角形	1 (12)
三角形の辺と角	4
四角形の辺と角	5
☆	2
4 四角形と三角形の面積	1 (12)
平行四辺形と台形	5
三角形の面積	4
☆	2
5 分数(1)	1 (16)
約分と通分	7
分数のたし算・ひき算	5
☆	3
6 分数(2)	1 (10)
分数とわり算	2
分数と小数	5
☆	2
7 平均とのべ	1 (10)
平均	3
のべ人数とのべ日数	2

啓林(昭45検定)	頁数
1 平均とのべ	(12)
平均	4
のべ	2
問題	2
復習・テスト	4
2 小数のかけ算・わり算	(10)
小数をかける計算	4
小数でわる計算	5
テスト	1
3 大きな数	(8)
大きな数と概数	2
概算	5
復習	1
4 考えましょう(1)	(4)
5 歩合・百分率	(16)
割合	3
歩合	4
練習	1
百分率	2
問題	3
テスト・復習	3
6 円と正多角形	(14)
円周率	3
おうぎ形	2
練習	1
正多角形	5
テスト・復習	3

小学校学習指導要領の比較

【国語】学年別漢字配当数

学年	46年3月まで	現在	増減
1	46字	76字	+30字
2	105	145	+40
3	187	195	+8
4	205	195	-10
5	194	195	+1
6	144	190	+46
計	881	996	+115

【算数】事項別の最初に学習する学年

事項	46年3月まで		現在
不等号	中学1年	→	小学2年
関数	中1	→	小3
図形の合同	中1	→	小4
集合	高1	→	小4
文字式	中1	→	小5
負の数	中1	→	小6
確率	高1	→	小6

出典：「教科書　その問題点は多い」
『毎日新聞』1974.3.27付

平行四辺形と三角形の面積	4
いろいろな形の面積	4
☆	7
7しゅ算	(12)
かけ算	6
わり算	3
たし算・ひき算練習	3
	(124)

単位の面積あたりの人数	2
☆	2
8問題の考え方	(5)
9 1学期の復習	(3)
10小数のかけ算	1 (10)
小数のかけ算(1)	2
小数のかけ算(2)	5
☆	2
11小数のわり算	1 (13)
小数のわり算(1)	2
小数のわり算(2)	6
☆	4
12計算練習	(4)
13そろばんのかけ算	(4)
	(127)

7単位量あたり	(10)
二つの量の割合	2
速さ	2
いろいろな速さ	3
テスト・復習	3
8考えましょう(2)	(4)
9位置とその表わし方	(12)
案内図	3
旅行の道順	1
位置の表わし方	3
復習・テスト	5
10量のはかり方	(8)
正しいはかり方	2
およそのはかり方	2
はかり方の工夫	2
復習	2
11表とグラフ	(8)
学校給食（円・帯）	3
いろいろな表とグラフ	3
復習	2
12整数	(14)
奇数・偶数	2
約数と公約数	2
倍数と公倍数	2
問題・練習・テスト	5
復習	3
13しゅ算	(4)
	(124)

※中津川市教育研究所〈ある事実の報告〉「「勉強のわからない子がふえている」―その実態と原因を探るため―」（1971年9月）

出典：深谷鍋作『母親のための教育学』新日本出版社、1972年より

教科書の内容が難しくかつ分量が多いという問題と関連してもう一つの問題は、「ぜんぶの子どもがわかるまで面倒みてはいられない」という仕組みに学校がなっているということである。

その第一は、一つの学級に四〇人もの生徒が詰め込まれているという点である。一学年一一五人の生徒がいるとして「四〇人学級」の制度だとすると三クラス、一クラス三八～九人ずつという学級編成になる。もし、それが「三〇人学級」の制度だと四クラス、一クラス二八～九人という学級編成となる。これはまぎれもなく教育行政の問題である。（第九章第一節参照）

第二は、一週間に三〇時間近くも授業を持たされている先生もいるという点である。多くの親は、一週間に三〇時間労働とはやはり先生は楽だな、と勘違いしてしまう。筆者の経験から言えば教師の仕事の総量は、教材研究や生徒の生活・進路指導および校務などを考えると授業の持ち時間の約三倍（本当は四倍と言いたいところである）なければいい仕事はできないと考えている。さらに、一人の英語の教師が仮に五クラスの英語を担当するとなると、その年度その教師は二〇〇人近い生徒の英語に責任を負うことになるのである。おそらくその教師は教えている生徒一人一人の名前さえ完全には覚えきれないのではあるまいか。一人の教師が一週間に何時間の授業を受け持つか、ということはその学校のクラスの数に対して教師が何人配置されているかによって決まることであり、結局のところ教師の定数を決める法律によって決められる。これまた教育行政の重要な課題なのである。

〈厳しい校則と減少する自主活動〉

学校生活を楽しいものにすることを阻害している第三の要因に厳しい校則に象徴された学校生活の細部に至るまでの管理と、それとは裏腹の関係にある自主活動の減少とが挙げられる。

次に掲げるのはいわゆる「校則」の一部であるが、これでもまだ優しいほうのものである。校則の必要性を一概に否定できないが、校則というものは、それを守らせようとし始めるとだんだんと増殖していく性質を持つ。「服装のきまり」は服装検査を必然化し、生徒は検査に反発して故意に「きまり」に違反したり、きまりぎりぎりの違反を考え出したりして楽しんだり抵抗したりする。それに対抗して学校側は「きまり」を精密化し、教師はさらに検査に時

服装規定

上・下衣	男子—黒色で標準の学生服に校章の入ったボタンをつける。 女子—紺色で本校規定のものとする。 ただし，夏季は制服上衣を脱いだ状態で、男子は白Ｙワイシャツ，女子は白の丸襟ブラウスとする。
校　　章	男子—右襟につけ，学年章は左襟につける。 女子—左胸につけ，学年章はその下につける。
コ ー ト	型は自由であるが，学生らしいもので丈は膝頭までとし，色は黒または紺色とする。
靴　　下	男子—黒・白・紺色またはスポーツソックスとする。 女子—ストッキングは黒，ソックスは白，ワンポイントは可とする。
靴	男子—黒または茶の短革靴，白または黒の運動靴。 女子—黒・茶・白の短革靴，白または黒の運動靴で，かかとの短いものとし，「エナメル」は不可とする。
髪　　型	男子—襟・耳もとがかくれない長さで，見苦しくないもの。 女子—刈上げは不可。ロングヘアの場合は必ず結ぶ。（髪につけるバンドおよびリボンは，黒・紺・茶で幅が 2 cm 以下）男女ともパーマ，カール，染色，脱色等は禁止する。
装 飾 品	所持していた場合は，現品預りとする。

A. 夏季の服装について

男子—白Ｙシャツ（半袖も可）で裾はズボンに入れる。
ボタンダウン・ピンホール・ジャージ・ポロシャツ類および開襟シャツは不可とする。
ベスト・カーディガン着用も不可とする。

女子—白の丸襟ブラウスで前たて付きのものとして，ベスト着用とする。（半袖も可とする）
Ｙシャツ・角襟ブラウス・ジャージ・ポロシャツ類は不可とする。なお，カーディガン着用も不可とする。上衣については，原則として着用させないものとする。ただし，バイク通学者には許可制とし，登下校時のみ着用できるものとする。
※許可については，所定の用紙に記入されたものと，バイク通学許可名簿とを照合の上許可し，その証明を発行する。
病気のための着用については，生徒手帳をつかってその理由を担任に届けて着用できるが，きちんと着用すること。

B. 上・下衣について

男子—上衣の丈は第一指のところまでとする。
下衣は裾口20〜25 cm，ベルト上 3 cm までとし，大腿部はつまんで 8 cm までの太さとする。上衣のセンター・サイドベンツは不可とする。下衣のベルト使用の型になっているものは，黒・紺・茶のベルトをつける。

女子—上・下衣ともに本校規定のものであるが，下衣（スカート）については，特に35〜40 cm までの床上がりとする。

注）教師の指導用資料から抜粋

出典：古賀正義『〈教えること〉のエスノグラフィー—「教育困難校」の構築過程—』金子書房，2001より

間と労力とを費やすことになるのである。公立学校の場合いわゆる偏差値の高い生徒の行く学校は制服を決めていないところが多く、教育困難校ほど校則は厳しくなる。つまり、これは高校の格差の問題が形を変えて現れた現象なのである。

これと強く関連するのが学校における自主的活動の減少である。学校で自主的活動が活発に行われるためには生徒も教師も物理的にも精神的にもゆとりを持っていることが必須の条件である。生徒の自主的活動はいうなれば何が起こるかわからないという一面を常に持っているので、教師は、生徒を頭から管理するやり方よりはずっと時間と経験と力量を要求される。生徒の側も小学校の段階から勉強や塾に追われていて自主的活動の時間も経験も少なく、何をどうすればいいのかがわからない。そこで、自主的活動の楽しさを体験する前に自主的活動なんてかったるい、と言うことになってしまう。

〈先生も、学校がおもしろくない?!〉

学校が生徒に対して管理的になるのは、先生自身が管理されているからである。また、学校生活の中で生徒の自主的な活動が減少しているのは、指導の立場にある先生自身に自主的活動の経験、自主的活動の楽しさ・すばらしさの体験が少ないことも関連していると思われる。先生がどのように管理されてきたかについては、前章で詳しく述べたのでここでは繰り返さないが、先生自身が学校がおもしろくなく「一刻も早く学校から出たい」と思うような状況があるとすればそこから改善していかなければ生徒にとって学校が楽しいところになるのは難しいのである。（第六章二—9の資料「提案があって、討論がない。」（九九頁参照）

（2）家庭に子どもの居場所があるか

一九七〇年代すでに核家族は全体の七〇%を超えていた（松原治郎『核家族』）。核家族とは一組の夫婦とその子どもたちで構成する家族のことである。その家庭は当然のことながら祖父母と同居していないから、子育ての経験を日々直接祖父母から受け継ぐことはできない。これは、仮に六〇歳の祖母がかつて六〇歳の祖母から教わった子育ての智恵を孫に伝えるという機会を失うことでもある。その智恵が時代遅れの迷信に毒された智恵であることもままあるにはあるが、反面、その民族の子育てに関する一二〇年の智恵の蓄積を継承し損なってしまうと言うことにもなりかねない。一方最近では、「自分の出産以前に、一度も赤ちゃんをだっこした経験がなかった人は全体の二七・〇%で、『おむつの交換』や『ミルクを与える』という具体的な育児行為になると、『経験なし』がそれぞれ七四・〇%、七九・〇%を占めた。」(「新米ママの4人に1人　出産前　赤ちゃん抱いた経験なし」『読売新聞』一九九六年一一月九日付)という調査結果もあるほどで、いまはこれらのことを前提にして子育ての有り様を考える必要があるのである。

〈『なぜ、ひとりで食べるの?』〉

子どもの生活に関してこの頃問題になったことの一つに「子どもの孤食」がある。一九八二年一二月、女子栄養大学教授の足立己幸とNHKとが共同で調査した「五年生の食事調査」の結果がNHK特集『こどもたちの食卓―なぜひとりで食べるの』で放映され、翌年それが『なぜひとりで食べるの』という本として出版されたのである。それによると、岩手、茨城、大阪、福岡、東京など全国一、〇六七人の小学五年生の児童の食事の取り方は次のようであった。

「○朝食については、四〇%近い子どもたちが、子どもだけ、あるいはひとりで食事をしている。

○一〇%近い子どもは朝も夜も、大人不在の食卓についている。

○約三〇%の子どもが、食べ盛りにもかかわらず、食事が楽しいと感じていない。

この調査結果とともに、私たちの目をひいたのは、子どもたちが描いてくれた食卓の絵のさびしさであった。」

しかも、子どもがひとりで食事をしているとき、「親はどこにいたか」を調べた結果はさらに衝撃的であった。「そのとき多くの親は家にいるのである。朝食時、母親の九一%、父親の五一%は家にいるし、夕食時でも母親の

黒一色の食卓
――食生活が子どもを変える――

非行少年たちの46%は，ひとりで夕食をしていた。しかも「ひとりで食べた」と答えた子は，ほとんど毎日ひとりで食べていた。(18歳男子・恐喝)

夕食のイメージは黒。食事は毎日家族そろっていた，と答えているのに，なぜか食卓には，だれもいない。(18歳男子・放火)

出典：足立己幸・NHK「おはよう広場」『なぜひとりで食べるの』日本放送出版協会，1983

七〇％は家にいる。」

それなのになぜ、母親はわが子と一緒に食事をしないのか。

「子どもたちが調査票に書き入れてくれたことばのいくつかを引用すると、次のようなことになる。

○お母さんは食事をつくってくれたあと、テレビの前で新聞を読んでいた（朝食）。

○お父さんは、外で水まき、お母さんは寝ていた（朝食）

○お母さんは、タバコを吸いながら、横になってテレビを見ていた（夕食）。

○父と母は隣の部屋でビールを飲んでいた（夕食）」（足立、一一ページ）

これでは、子どもたちは飼われている猫や犬と同じである。子どもにとって家族の絆や家庭の暖かさを感じ取る機会はない、といってよい。極端な場合、この子どもたちの行き着く先が少年院であったとしても少しも不思議ではない、といえば言い過ぎだろうか。「あなたが〝自分の小学校高学年から中学時代の家での夕食〟というと思い出すのはどんなことでしょう。食卓の様子をかんたんな絵にしてください。」という質問に対して少年院に収監されている一八歳の少年が描いた絵（前頁の二枚の絵「黒一色の食卓」参照）は、それを雄弁に物語っている。

〈「いもづる式」がわからない〉

こういう話がある。「ある中学の数学の

手を使う仕事　知らない子ふえている

◇小学４年生の「手の動き」（84年）

		×	△	○
きゅうすからお茶をつぐ	男	19.0	27.6	53.4
	女	2.7	21.5	75.9
たまごをわる	男	4.4	27.0	68.6
	女	1.5	18.8	79.7
ナイフでくだもののかわをむく	男	28.4	50.5	21.1
	女	13.8	58.1	28.1
カン切りでカンヅメをあける	男	11.6	23.6	64.7
	女	10.7	35.9	53.4
お米をとぐ	男	42.1	22.6	35.3
	女	19.8	16.4	63.7
マッチをすってロウソクに火をつける	男	14.1	16.6	69.3
	女	22.2	22.2	55.6
ツメ切りでツメを切る	男	4.1	16.4	79.5
	女	2.3	13.4	84.4
シャンプーを使って自分１人で頭をあらう	男	1.4	7.5	91.1
	女	0	8.8	91.2
洗たくものをたたむ	男	12.3	32.8	54.9
	女	1.5	13.0	85.5
フトンをたたみ押入れに入れる	男	22.3	29.9	47.8
	女	17.7	34.2	48.1
ぞうきんをしぼる	男	1.7	10.2	88.1
	女	0	6.5	93.5
くつのひもを結ぶ	男	6.5	21.1	72.4
	女	3.5	10.8	85.8
ふろしきにものをつつむ	男	12.0	37.1	50.9
	女	4.2	21.2	74.5
針と糸でぼたんをつける	男	53.6	33.3	13.1
	女	17.2	41.2	41.6
ミシンでぞうきんをぬう	男	67.2	20.7	12.1
	女	52.1	24.7	23.2
ハンカチにアイロンをかける	男	41.5	19.4	39.1
	女	12.3	14.2	73.6

（注）×やったことがない　△うまくできない　○うまくできる（４項目は省略）

1985.8.22.毎日新聞

先生の話だが、『ここをよく理解しておけば、あとは〝いもづる〟式に応用できる』といっても、生徒たちはキョトンとしている。念のために聞いてみるとだれひとり〝いもづる〟を知らない。ジャガイモやサトイモと関係があると思っていた中学生もいた。」（酒匂一雄「〝よく学べ〟だけの反省」『毎日新聞』一九七六年一〇月二六日付）というのである。この話を紹介している酒匂一雄はこうも言う。「ポンプでふろの水くみを日課としていた私には、小学四年の理科の『ポンプ』の断面図はたちどころに納得できた」「川遊びで、どういうわけか水中の石の軽いことを経験で知っていたため、中学一年のアルキメデスの原理はすとんと理解できた」（同）と。これらのことは、日常の生活経験が、遊びであれお手伝いであれあるいはそれ以外であれ、すべて学力と密接に関連していることを示している。

〈手を使う仕事を知らない子がふえている〉

一九八四年秋「子どもの遊びと手の労働研究会」（手労研）は、「生活」「道具を使った手仕事」「遊び」について小中学校一八校三、八〇〇人を対象に調査をした。その結果は表「手を使う仕事　知らない子ふえている」（前頁参照）の通りであった。手労研では、一〇年前にも同様の調査をしているが、「その結果、『生活』については、前回と同じ項目十三のうち十二で『やったことがない』子どもが増えていた。例えば『ナイフで果物の皮をむく』では小中学生全体に未経験者が増加。特に小三女子は二五％で前回の五倍、小四男子は二八％で四倍増になっている。中三男子でも一二％が経験ゼロだった。」（一九八五年八月二二日付毎日新聞）

〈『子どもの学力と日常生活』〉

一九七八年一〇月、東京都立教育研究所は『子どもの学校での学習と学校外の生活との相関についての調査研究』を公にし、「学習にうちこめない子どもの学校外の生活の問題点とその克服の方向」を明らかにした。その中で酒匂一雄は「学校外の生活と学校の学習をつなぐ教育の論理」について次のように述べている。

第一は、規律ある生活時間と心身の安定が学習の大前提である、ということである。「テレビを野放図に視聴し、一二時前後に就寝し、翌朝、寝坊や食欲不振から朝食もとらずに登校したり」するようでは「睡眠不足や頭痛、栄養障害、空腹、情緒不安」などで心身の安定が損なわれ、学校での授業に打ち込むことができない。

第二は、「比較的学習にうちこんでいる子どもたちが、家庭での仕事・手つだいにもかなりとりくんでいる」ということである。「遊びと違った厳格な実行が要求される（中略）仕事の手伝いが学習に意欲的にとりくむ力の源泉」となっている。

第三は、「意欲的でゆたかな遊びの創造」こそが「意欲的でゆたかな学習の土台」となっているということである。

第四は、「多様な活動＝経験の広がり」が「授業を『わかる』力」を育てているということである。第二、第三、第四についてはすでに詳しく述べたところである。

第五は、「日常的な言語生活・思考の努力」が必要である、ということである。

酒匂は言う。「このような活動＝経験がゆたかにひろがっていても、そのまま学習にうちこみ、授業をよくわかるとは限らない。そのためには、学校はもちろんであるが、家庭でも、子どもの経験を言語・概念として定着させ、その言語・概念を媒介に、思考をうながす場が必要である。」人間はことばや概念を使ってものを考える。そのことばや概念が豊かでかつ正しく操作されて始めて正しく豊かな思考が生まれる。そのためには、まず「親自身の内容ゆたかな会話、意欲的な読書、文通などがなければ、子どもだけにそれを期待することはできないし、なによりも親子・家庭での語り、綴るべき充実した日常生活が必要だといえよう。」

（3）地域に子どもの自主的集団活動の場を

〈二つの子ども像・人間像〉

先に、核家族の問題に触れたが、それらの核家族がそれぞれお互いに交渉を持たず孤立して生活をしている状態

子どもの発達のすじ道と地域の子どもの活動保障図（案）

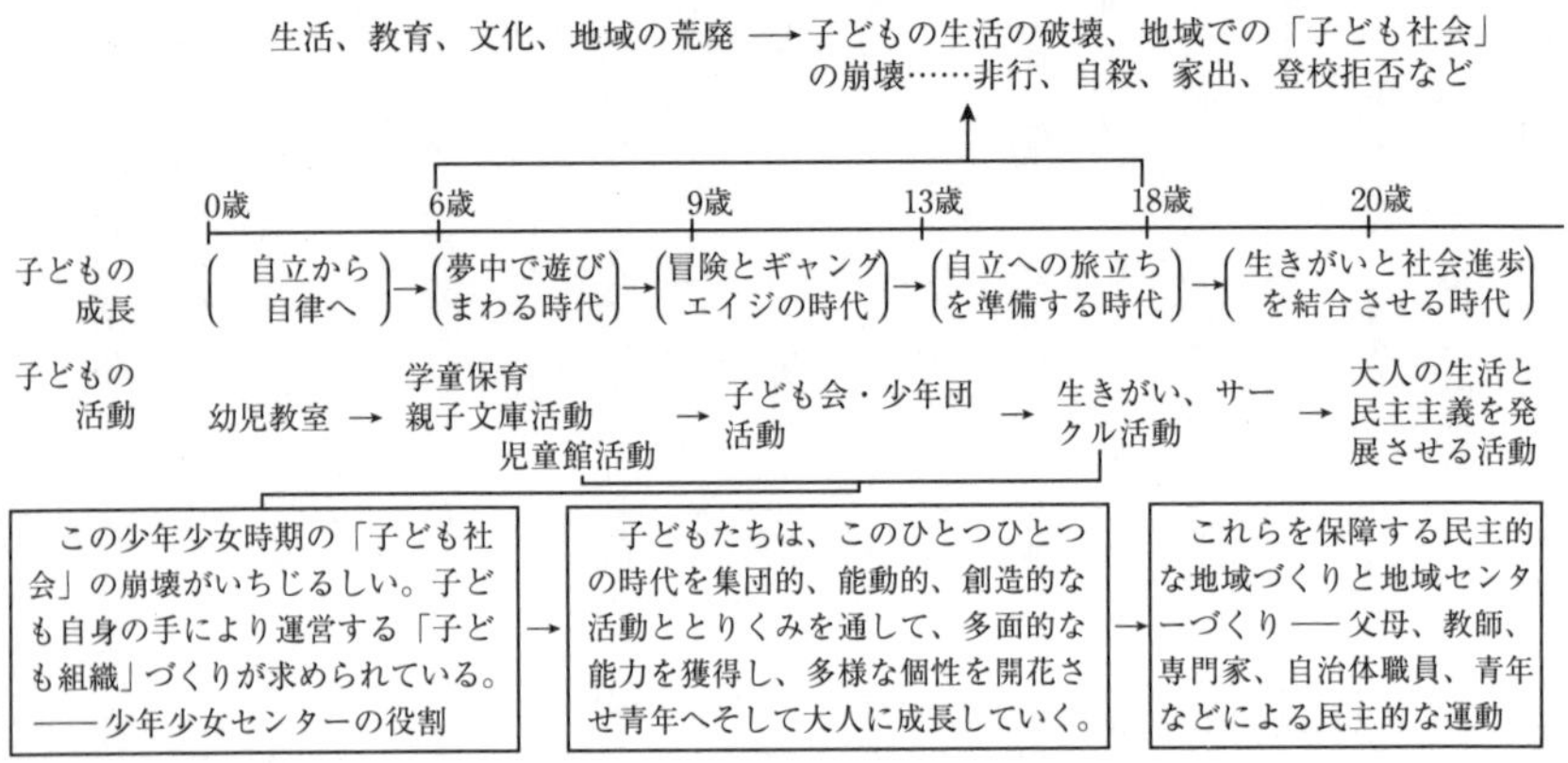

生活、教育、文化、地域の荒廃
子どもの生活の破壊、地域での「子ども社会」の崩壊……非行、自殺、家出、登校拒否など
0歳
6歳
9歳
13歳
18歳
20歳
子どもの成長
自立から自律へ
夢中で遊びまわる時代
冒険とギャングエイジの時代
自立への旅立ちを準備する時代
生きがいと社会進歩を結合させる時代
子どもの活動
幼児教室
学童保育
親子文庫活動
児童館活動
子ども会・少年団活動
生きがい、サークル活動
大人の生活と民主主義を発展させる活動
この少年少女時期の「子ども社会」の崩壊がいちじるしい。子ども自身の手により運営する「子ども組織」づくりが求められている。――少年少女センターの役割
子どもたちは、このひとつひとつの時代を集団的、能動的、創造的な活動ととりくみを通して、多面的な能力を獲得し、多様な個性を開花させ青年へそして大人に成長していく。
これらを保障する民主的な地域づくりと地域センターづくり――父母、教師、専門家、自治体職員、青年などによる民主的な運動

出典：増山均「子どもの発達の危機と地域の子育て」自治体問題研究所編『住民と自治』1980．3月号

も、実は一九六〇年代以降の日本の都市化現象がもたらした一つの特徴であった。この頃から、子どもたちは地域で群れて遊ぶということをしなくなった。一九八〇年に『子どもの発達と地域の子育て』を著した増山均は「子どもの発達のすじ道と地域の子どもの活動保障図（案）」を上の図のように示している。これは、とりもなおさずこのような子どもの活動が保障されにくくなったことへの警鐘でもあった。そしてこのような地域での子どもの活動がまったく保障されなかった少年と反対に豊かに保障された少年とを比較して次のような図も提示した。

増山は言う。「東京・世田谷の高校生がおばあさんを殺して自殺した事件は、ある意味では本多（勝一――引用者）さんも言うように時代「象徴的」な事件とみていいと思います。／それがどういう意味かはこの少年が書き残した一万五、〇〇〇語にわたる遺書を読んでみてください。」「そこには、これまでのべたような発達環境の中で育ってきた子どもが、親が時代の変化に対する認識と反省をもたずに受験体制に追い込んでいくと、どういう人格形成をとげるのかということが、子どもの口から表現されているのです。」「この少年は、人間は二種類だと言っています。一種類は『エリート』で、もう一種類は『愚劣で低能な大衆』。そしてそれをわけるのは『偏差

現代に育った＜二つの子ども像＞

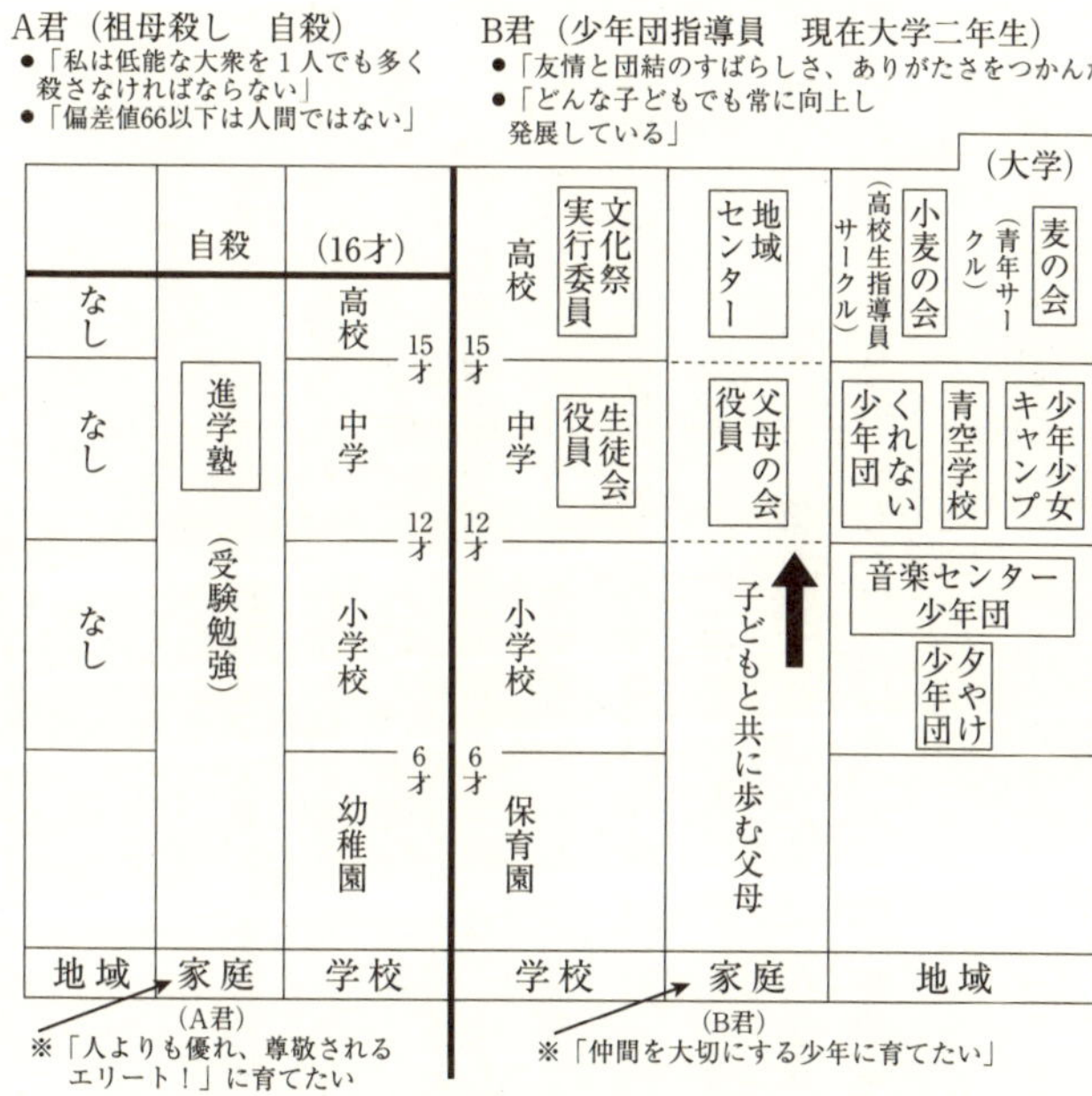

出典：増山均「子育てと地域生活」熊本子ども劇場『未来をひらく子どもたち〈熊本子ども劇場児童文化講座Ⅱ〉』1980

値』だというのです。『偏差値六十六以下は人間じゃない』という言い方をしています。」「この手記を読んだときに、私は、東京・中野区のある少年団で育った高校生の記録を、ひじょうに対照的なものとして思い出しました。彼が一七歳の時に書いた「高校生指導員二年生」という力作の文章です。「この子は、中学生までの生活をずーっとふりかえって総括し、自分は何を学んだかということを書いています。彼は第一に『友情と団結のすばらしさ、ありがたさを学んだ』と書いています。東京中から集まる少年団のキャンプ村の運営委員長に立候補して、みんなが応援してくれて成功させたこととか、日頃の少年団活動の思い出を書きながら、第一に友情と団結をあげています。二番目に青空少年少女学校を通して『ものごとを疑う心。疑った後それを新しい形に発展させる』ことを学んだ。三番目に『連絡の方法』。四番目に『あとがまづくり』。後輩を育てないと組織や活動がつぶれるということ。五番目に『活動は地域がせまいほどやりやすい』。そして六番目に、『どんな子どもでも、つねに向上し発展していく。どんないたずらっ子でもかならずよい面をもっていて、少しずつでも確実に育っている。』というふうに書いていています。」「おばあさんを殺して自殺した少年は、『偏差値六十六以下は人間じゃない』という人間観を持ち、『私は低能な大衆を一人でも多く殺さねばならない』という結論を書いて、殺人を犯し、自ら十六歳の短い人生を閉じました。しかし、地域の少年団で育ったこちらの少年は、『友情と団結のすばらしさ、ありがたさ』『どんな子どもでも常に向上し発展していく』と言って仲間とともに成長しているのです。」（増山均「子どもの発達の危機と地域の子育て」『住民と自治』一九八〇年三月号）

〈新しい子育ての制度と運動〉

ところで、地域での子どもたちの群れ遊びや集団活動が大切である、必要であるといっても以前のように放っておいて自然にそれが可能になるという状況ではなくなってきていた（きている）のもこの時代の特徴である。それならばどうするか。その工夫や努力にはお互いに関連しつつも二つの流れがあった。

一つは、学童保育や児童館などのようにかつては学校がそれとなく担ってきた役割を独立して担う新たな施設が誕生してきたことである。これらが教育施設なのかという点では現在のところ異論もあり（学童保育や児童館は、現在のところ、福祉部・課が管轄している市町村が圧倒的に多い）、したがってそれらを整備する仕事が教育行政の任務なのかどうかについては将来の決定に待つしかないが、しかし教育行政学が取り上げなければならない課題であることは疑いのないところである。第八章で取り上げる予定の公民館保育なども その一つと言ってよいであろう。（公民館保育については、筆者は、明らかに公民館そのものの整備拡充を通してなされるべき教育行政の当面の任務であると考えている。）

もう一つは、以前から全国のどこででも取り組まれてきている子ども会活動と、新たな動きとして発展しつつある各地の親子読書運動、親子映画運動、親子劇場運動、さらには少年少女組織を育てる全国センターなどに代表される子ども会・少年団運動あるいは青空学校・遊びの学校・冒険学校などの取り組み・運動である。これらの運動が一九六〇年代の末から一九七〇年代にかけて相次いで全国に展開されたことは、これまで述べてきた学校や教師あるいは児童・生徒をめぐる容易ならざる状況を克服するための努力の現れであったことは明らかであり、そう考えるならば、それらの運動を組織したりあるいは直接支援したりすることが即教育行政の任務であるとはいえないかも知れないが、教育行政学ひいては教育学そのものが対象としなければならない研究課題であることは確かであろう。

（4）「人的能力政策」と教育行政

これまで、なぜ「落ちこぼれ」が増え「人間破壊の危機」が進行するのか、についてその原因を、若干それを克服しようとする動きと併せて述べてきた。最後に、このような事態が進行することを当然とまでは言わないまでも、ある程度やむを得ないことと考える考え方すなわち広く「能力主義」ともいうべき考え方を二つ紹介して、この節を締めくくることにしよう。

〈「人的能力政策」と教育行政〉

まず第一は、一九六三年一月に出された経済審議会答申『経済発展における人的能力開発の課題と対策』を見てみよう。「第三章　人的能力政策の基本方向」の「(3)能力主義による教育の改善」では、次のように述べている。

教育における能力主義の徹底のためには、まず能力の観察と進路指導の強化が図られなければならない。それらは常に留意されるべきであるが、とくに能力観察と進路決定の重要な時期は中学と高校の年代であろう。(中略)

現在能力発見の唯一の方法として非常に大きな役割を果たしている入学試験のあり方はより合理的なものに改善されるべきであろう。すなわち客観的な能力によって進学が行われるよう、国家的な進学資格試験のようなものを行い、これを合格した者が各大学の入学試験を受けるようにすべきであろう。(宮原誠一・丸木政臣・伊ヶ崎暁生・藤岡貞彦編『資料　日本現代教育史』三省堂、一九七四)

この答申が出されたときは、前章で詳しく述べたように後期中等教育の多様化政策が押し進められ、全国一斉学力テストが強行されている真っ最中であった。そこでは、職業高校の増設によって高校増設要求をかわして普通科高校の増設を押さえること、普通科高校の中にエリートのための理数科の設置を進めること、そしてそこへの進路は全国一斉に行われる学力テストの成績で決めること、を意図していたのである。

〈「ハイタレント」は三〜六パーセント〉

つづいて、同じ経済審議会答申は「参考資料　ハイタレントの概念規定と性格」の中で次のように言っている。

ハイタレントの内容は、真の独創力をもって科学技術を進歩させる人、あるいは産業社会の組織の主導層であるが、その範囲は狭く考える説とかなり広く考える説があって、定説はない。狭く考える説の例としては、産業界の組織のトップクラスにあって、組織を動かす者とし、そのような人は各組織にせいぜい一〇人位しかいないとするようなものがある。広く考える説としては、大学に入っている者または大学に入る能力のある者をすべてハイタレントとする。この考えからいけば、最近の日本では大学、短大の第一年次に二〇万人以上在学生がいるが、これがハイタレントということになる。第三の考え方は、同一年齢層のうち、知能検査等で判定して、上位の三ないし五%がハイタレントだとする。（中略）

このうちどれをとるかは検討を要する問題であり、目的によって範囲は異なるが、あまり神経質になる必要はない。（略）各国における議論もあわせ考えると、狭く考えて人口の三%程度、これに準ハイタレントの層も入れて五ないし六%程度が検討の対象となると考えてよいのではないか。

〈「個性尊重」と教育行政〉

第二は一九七五年一二月に自由民主党文教部会がまとめた『高等学校制度および教育内容に関する改革案―中間まとめ―』である。「第一章　改革に当たっての基本理念」の「第三　真の意味の個性尊重が必要」の項は次のように述べている。

競争原理は、自由主義社会における原理であるとともに、人間の原理でもある。人は、基本的人権の尊さにおいては平等であり、その間に差があってはならない。しかし、現実の人間には差がある。よくできる子供とできない子供は、遺伝によってある程度まではきまっている。

そのある程度とは、どの程度であるか――は、学者によって諸説がある。ある学者は五〇%と言い、ある学者は八〇%と言う。教育の効果は十分評価しなければならないが、さればといって、教育万能論は正しいとはいえない。

子供は環境を整えてやれば、つまりよい学校に入れてよい教師につけてやれば無限に才能が伸びる――と信じている親が多い。これが平等主義に走らせ、能力や特性を考えず無理して有名校に殺到する原因となっている。能力と適性を無視して、高等学校普通科を希望し、何としてでも大学卒の肩書きを手に入れようとする。

前期中等教育（中学校のこと―引用者）の後半又は後期中等教育（高等学校のこと―引用者）段階において、生徒の適性を判別し、また、家庭環境等をも深く考慮し、子供の現在と未来を考えて進路をきめるべきであろう。（神田修・山住正己編『史料　日本の教育』学陽書房、一九八六）

以上の二つの文章をまとめて考えるとこういうことになる。世の中に必要なハイタレントはせいぜい三～六パーセントだ。自分の能力も考えずにみんなが普通高校へ行き大学へ進もうというのは悪しき平等主義だ。だから、中学校など早い段階でその子の能力を見極めてやって、将来ハイタレントになる可能性のある子供にこそ集中的にお金をかけて教育するのが経済的だ、それをこそ、教育行政の果たすべき役割なのである、と。

この考え方は、すべての子どもの幸せを実現するにはどうすればいいか、という発想で考えられたものではないということ、そして、残念ながらこれは単に三〇年前の話だというだけではなく、現在もこの考え方で教育行政が行われているということを忘れてはならないであろう。

第八章　住民・市民と教育行政

――新しい教育機関の創造・農村型公民館から都市型公民館へ、そして…――

一　公民館数の変遷が物語るもの

一九五五年文部省が実施した初めての『社会教育調査』（指定統計第七二号）によれば、一九五五年の公民館数は三五、三四三館、公民館職員数は七四、五四六人であった。文部次官通牒「公民館の設置運営について」から一〇年目の数である。それから一三年後の一九六八年には公民館数は一三、八〇一館まで激減する。公民館職員数はといえば一九六〇年に二五、〇七二人とこれまた激減するのであるが、その後はやや回復し、一九六三年に三八、八八三人、一九六八年には再び減って三一、五五四人と推移する。その後は館数・職員数ともに一度も減少することなく、一九九六年の公民館数一七、八一九館、公民館職員数五二、三三四人に至るまで、極めて緩やかなカーブではあるが増加している。〈図1〉〈図2〉

公民館数について総数・本館・分館に分けてもう少していねいに見てみると、公民館本館だけは一貫してわずかではあるが増加し続けて今日に至っていることが分かる。唯一の例外は五五年から六〇年にかけてで、この時だけは二五二館減少している。すなわち、公民館総数が約三分の一近くまで激減した一九六〇年代においてもなお本館だけは増加しているのであって、公民館総数が減少したのは分館数の減少を反映していることになるのである。

〈図１〉

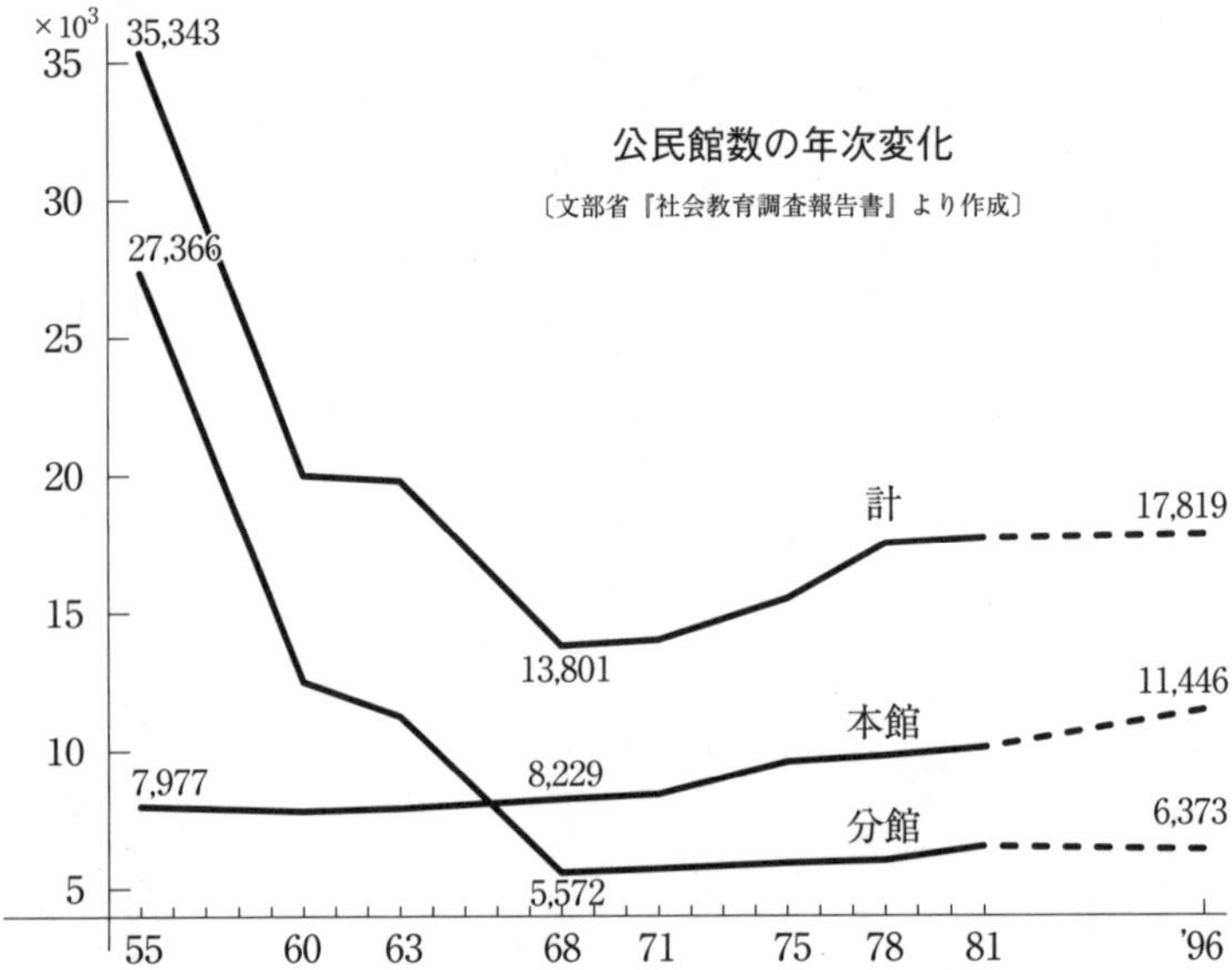

〈図２〉

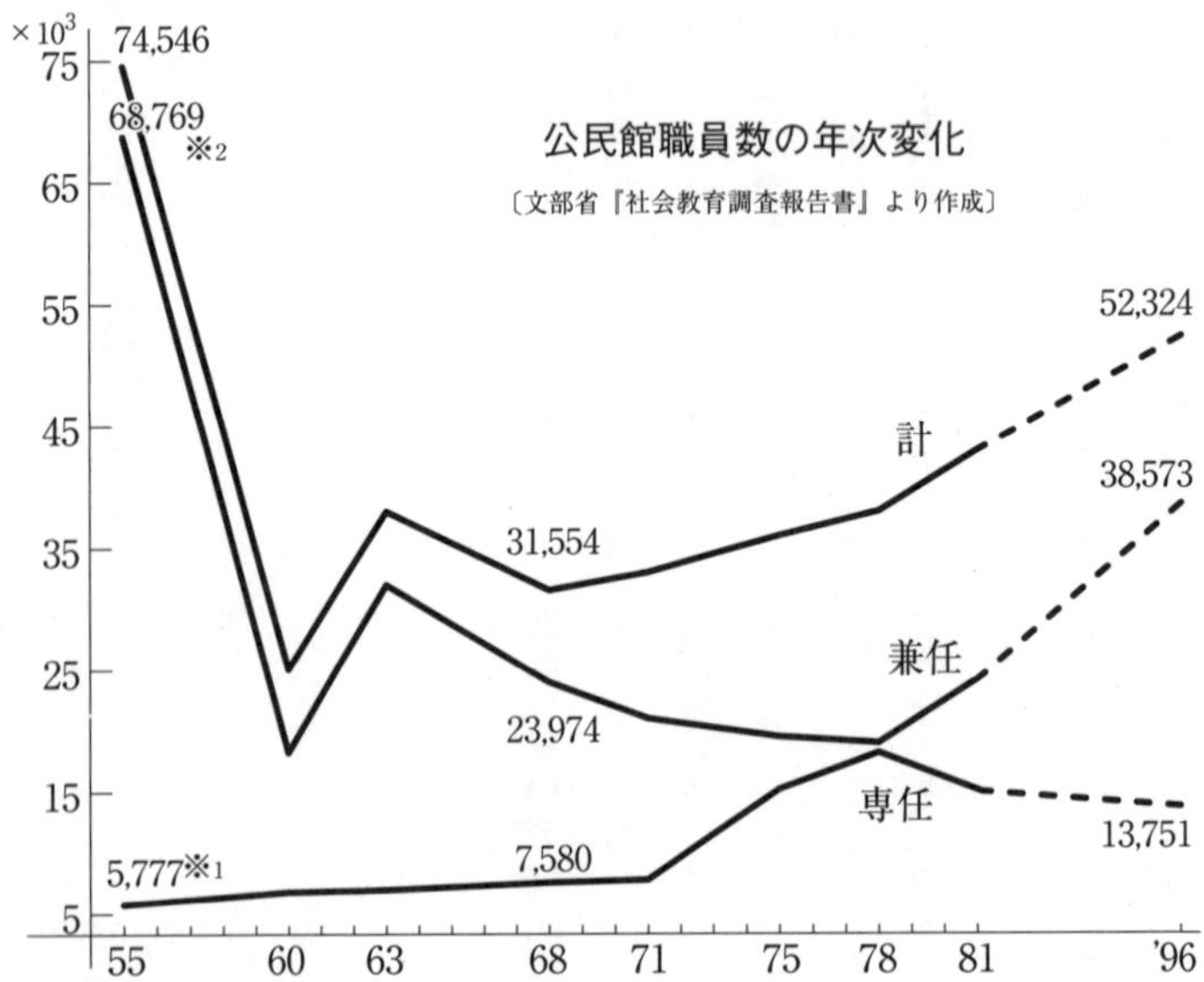

※1 本務者
※2 兼務者

これらのことをまとめてみると次のようにいうことができる。

第一、五〇年代後半から六〇年代にかけて公民館数・公民館職員数ともに激減したのは周知のように町村合併によるものであろう。五五年から六〇年までの五年間に公民館の数は四三%も減少し、この時はさすがに本館さえも四%減らしている。

第二、公民館の数は一九六八年、つまり六〇年代末に最低を記録し、その後すなわち七〇年代に入ってからは増勢に転じている。もっとも、文部省の統計はこの間六八年と七一年にしか行われていないために何年に増勢に転じたかは確定し得ない。しかし、七〇年代に入ってからは今日に至るまで一貫して増加していることは間違いのないところである。

第三、七〇年代以降の公民館総数の増加は、主として本館の増加によるものである。

以上のことは、いったいどのように解釈すればいいのであろうか。

五五年から六〇年代末までは経済の高度成長にともなって農村人口の都市への流出と大都市周辺農村部の都市化が同時に進行し、それに大規模な市町村合併が追い打ちをかけて、公民館は分館を中心に大きく減少する。全国の公民館関係者特に大都市周辺の都市化の波に洗われる地域で公民館活動を行っていた職員たちは公民館の将来像を描ききれずに煩悶していた。一九六四年七月から着手され一九六七年九月に成案が発表された全国公民館連合会編『公民館のあるべき姿と今日的指標』と、それを作成するための組織挙げての努力は、その時代の公民館関係者の切実な願いに応えようとしたものと言うことができる。当時、埼玉県入間地方で公民館の活動をしていた中心人物の一人沖山功は、その時の状況を次のように述べている。「一九六〇年代後半から一九七〇年代にかけて、埼玉県内の各公民館では、急速な都市化の進展にともなって、これまで公民館のさまざまな活動やとりくみの基盤をなしていた地域青年団、地域婦人会等の組織がその力を失ない、町や村の青年教育、婦人教育を核として展開してきた公民館活動もかげりが生じてきた。／なかでも、都心から三〇㎞圏内にある入間管内の都市化の進展は急速・急激なものであった。大規模な住宅団地・工業団地の造成に象徴されるように、地域の様相は日に日に変貌していった。／こうしたなかで、公民館は新たな対象もつかみきれず、その活動の内容にもたしかな手ごたえも感じとれないもどかしさにかられ、職員たちは、顔を合わせれば、公民館の危機とも云える状況を如何に克服していくか、どこにその活路を見出すかと論じ合っていた。」[1] つまり、一九六〇年代は公民館存続の危機と新しい公民館像の模索の時期であったのである。

このような状態はその後もしばらく続くことになるが、一九七〇年代に入って、上記のような公民館関係者の渇望に応えて、東京で、一つの公民館像が華々しく登場する。東京都教育庁社会教育部発行の『新しい公民館像をめざして』である。前述の沖山劢は先の文に続けて次のようにいう。「この時期に『新しい公民館像をめざして』のタイトルのもと、三多摩の公民館職員たちを中心にまとめられたレポート、所謂「三多摩テーゼ」が発表された。／公民館の存在理由、その役割、館運営の原理・原則について自問自答をつづけていた公民館職員たちにとって、自らの思いを整理し集約するに恰好のテキストとなり、職員の研修会やさまざまな学習会の折りの又とない学習資料としてとびついていった。／『公民館の四つの役割、公民館運営の七つの原則』は、きわめてわかりやすく、説得力のある表現として受け入れられ、職員のみならず、新しく公民館の利用者群として現れだした公民館を拠点にさまざまなサークル活動をつづける市民たちの間にもひろまり、むしろ市民・住民の中に公民館を暮らしの中に必要な施設・機関としてとらえる人々をひろげていく役割を果たすことともなった。」[2]

一九七〇年代の東京周辺の公民館は、『新しい公民館像をめざして』によって都市部にも可能な「新しい公民館像」の鮮明なイメージを得、公民館は本館を中心に発展し、公民館数も増加していくのである。その「新しい公民館像」とは後述するように都市型公民館像であり、教育機関としての公民館像であった。[3]

二　長野県下伊那地方における農村型公民館の実践

公民館の活動はまず農村部から始まり発展したことはよく知られている。前節の公民館の変遷からいえば、初期公民館の時代から一九六〇年代末までの時代である。しかし、その当時から農村部で行われている公民館活動を農村型公民館活動と呼んでいたわけではもちろんない。前述の「新しい公民館像をめざして」が明らかにした公民館像を都市型公民館像と呼がゆえにそれとの対比においてあえて農村型公民館と呼ぶのである。

1　長野県松川町における農村型公民館の実践

農村型公民館実践の典型を、筆者は長野県松川町の松下拡の実践に見る。

松下は、一九八一年に『健康問題と住民の組織活動』、一九八三年に『住民の学習と公民館』の二著を世に問うて、自分の実践を詳しく紹介・分析している。

そのなかに当時全国的に有名になった「農薬問題へのとりくみ」と「むし歯の問題へのとりくみ」と呼ばれる実践がある。「農薬問題へのとりくみ」とは、果樹栽培の際に農薬散布をする夫たちの健康を気遣ったある若妻会のメンバーの発言から端を発し、「健康を守る会」を結成するなどして、健康管理に関する意識調査をしたり、防除合羽・作業衣を作って実験をしたり、オペレーター（夫たち）の肝機能検査をしたりしてなんとか農薬散布による健康被害の問題を解決しようとする取り組みである。そこには常に公民館主事（松下）が関わっており、それだけではなく松下は図3に見るようにその問題を町全体の問題に広げていくのである。また、「むし歯の問題へのとりくみ」とは、これまたある若妻会のメンバーの「子どもの虫歯に悩まされている」とのつぶやきに端を発し、表1に見るようにむ

〈図３〉

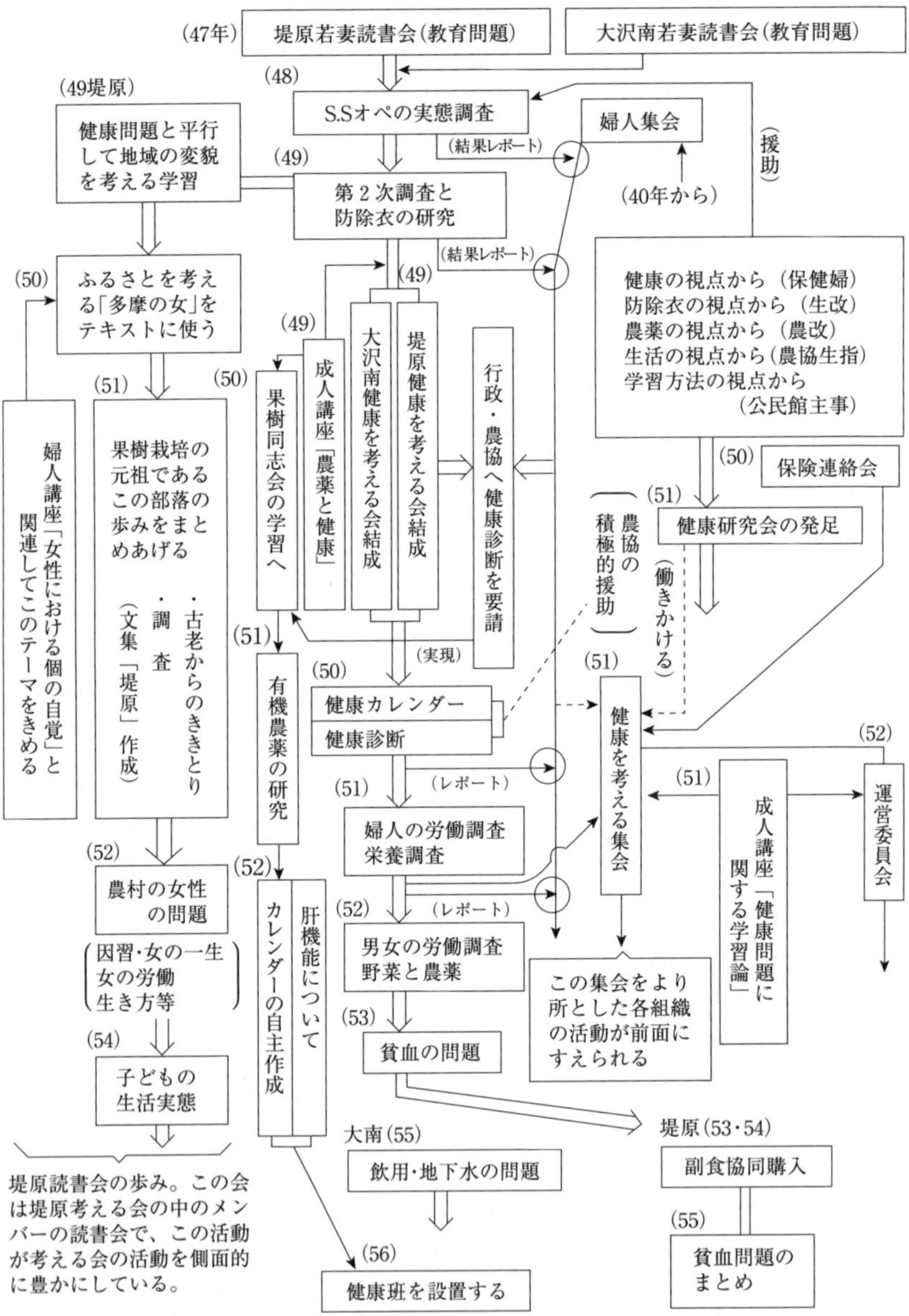

出典：松下拡『健康問題と住民の組織活動』44頁

し歯の実態調査から始まっておやつの与え方の調査や意識調査、子どもの生活実態調査などへと発展していく取り組みである。ここでも松下は若妻たちの活動にぴったりと身を寄せながらさまざまな援助を惜しまないのである。

ここで問題にしたいのはそれらの取り組みの内容であり、松下の公民館主事としての活動のスタイルである。まず、取り組みの内容、すなわち住民にとっては学習の課題、松下にとっては社会教育の課題、は「むし歯の問題へのとりくみ」といい「農薬問題へのとりくみ」といい、いずれも生活課題・生産課題である。いわゆるまず「教養」講座ありきではない。もちろん公民館では教育講座で「こどものからだと心」という講座を開いたり、成人講座で「農薬と健康」講座を開催したりするが、それはそれぞれ単独で開催されるものではなく「むし歯の問題へのとりくみ」や「農薬問題へのとりくみ」の一つの過程として位置づけられているのである。次に、松下の公民館主事としての活動のスタイルの問題であるが、松下は上のような講座が行われるときには当然公民館にいて仕事をするが、それ以外の大部分は公民館から外に出て、町中のあらゆる場所で住民たちと共に考えたり行動したりするのである。松下にとっては、町のあらゆる場所が仕事場であって、公民館での仕事はそのごく一部分でしかない。松下は述べている。「(住民の）学習の場としては、（1）一般の学習者の底辺を拡げ、より開放的な要素をもった小集団と、（2）各々の小集団の連携をはかり、小集団学習の内容的援助を行うような機能をもった学習の場の設定と、（3）小集団の積み上げをより客観的普遍的のものとしたり、更にみんなの共通課題とし、自主的な運動の方向を見出すような場の三つの柱をたてながら、そこで（1）の場としては部落（三〇～五〇戸）を単位とした少集団の組織の活動内容に光をあて、（2）の場としては婦人学級、家庭教育学級を開設し、（3）の場としては自主的にもたれるようになった婦人集会への側面的援助を積極的に行った。[4]」ここでいう「学習の場」はいうまでもなく松下にとっては公民館主事としての社会教育実践の場である。表2は、「グループの学習活動が非常に活発になって来たのは昭和四〇年頃からであったが、その年の二月に私が出向いた部落学習は前頁のようであった。（午前・午後・夜とオートバイでとび歩いた）（二月は

子どものむし歯の問題を中心にした若妻会の活動

五一	各班で子どもの健康に対する悩みが出され、洗剤、食品公害の学習会が行われた。	洗剤、食品公害の学習の中から若妻会会員が不安に思っていることを発表（おやつ、食品公害、洗剤、河の汚れ、農薬、幼児の健康、医療、学校保育園の給食、乳幼児検診）
五二	全班（二七）がむし歯の問題にとりくむ ① むし歯の実態調査 ② おやつの実態調査 ③ 班毎の学習 （テーマ「砂糖の害」） （①〜③）→婦人集会へ ④ 地域へＰＲ ⑤ 公民館研究集会で発表	① むし歯の実態 ・むし歯のある子ども　三歳—七〇％ 四～六歳—九五％　七歳—一〇〇％ ② おやつの実態 イ、与え方　母親七六％　祖父母—二〇％　その他—四％ ロ、内容　糖分の高いもの—四七％　テレビの影響が非常に強い ③ 親自身の学習が必要
五三	おやつの問題にとりくむ ① 子どもをとりまく家族、地域の人々の意識調査 ② 各班での学習 ③ 全体の集約 →婦人学級、老人学級へ 部落懇談会へ おやつ作り講習へ	意識調査の実態 ① 与える時期に問題がある。（地域差がある） 保育園に行く前、食事の前。しょっちゅう。だましで与えてしまう ② 今のおやつの反省 ・買ったもので甘いものが多いという現実を問題視している（各年代共通している） ・昔のおやつの方が健康的であるという意識も共通している ③ おだちん・おみやげ 心情的に理解して、その内容についての工夫を考えあうことが必要（地域で）
五四	スライドづくり 学習（地元歯科医師・松本歯科大） ・学校・保育園のむし歯の実態資料収集 各班で利用 活用方法の研究	・スライドの発表 ・とりくみの状況 ・むし歯の実態（三歳児松川は郡下で三番目に悪い） ・母親自身の徹底的な学習の必要性 ・家族全員の理解を ・地域への理解を（各学級や検診の際にとりあげてもらうようにする）
五五	① スライドによる徹底的な学習（班） ② 地域の人たちにスライド学習実施 （六月～一二月までに八五カ所） ③ 子どもの生活実態調査	① 子どもの食生活が乱れている ・それは生活リズムが崩れているからだ ・子どもの生活実態調査をしよう ② おやつの回数が多い ・見ながら、何かしながら食べる ・朝食、昼食、夕食ヌキの子ども

〈表１〉

年度		
（前頁より続く）	④　第二次調査実施 ⑤実態調査結果にもとづいた班別学習	・家庭によって差が大きい ・ダラダラの生活の子どもが多い ③　家の手伝い等できない子どもが多い ・基礎的な生活習慣が身についていない この問題は子どもの人格形成（教育）の問題である （この問題は公民館研究集会に提起） ④　調査結果を学習資料にまとめる
五六	①　班別学習のまとめ 班長会で課題設定 →遊びの実態 ②　遊び（集団遊びとテレビ）の実態調査 ③　実態調査にもとづいた班別学習 ④　むし歯⇩子供の食生活の乱れのテーマに沿ってスライドの修正	①　子どもの生活の乱れは大人の生活の乱れである ・（例）テレビ　大人の見方に関係してくるし、テレビに子守りをさせている 遊び場づくりをしても遊ばない ②　集団遊びが少い。外で体を使う遊びが少い ③　昔の良い集団遊びが忘れられている。子どもに伝えられていない ・親自身忘れないうちに記録し、各地区で実際に子供に教え伝えて行くようにしよう ⇩ （地区別つどいの企画実施 （集団遊び研究会の発足へ） ④　お茶の習慣が子供に及ぼす影響からの実態を調査し、スライドづくりと合わせて研究する
五七	①　スライド「へらない虫歯」の学習 ・むし歯の問題は、オカズの質と与え方のみではない。子どもの生活がむし歯を引きおこす問題をもっている個人の問題であり、地域課題だ ②　集団遊びを伝える活動 ③　子供の食事の実態、食事に対する悩み、問題点の実態調査 ④　実態調査をもとに食品別点数の計算 ⑤　実態調査、食事に対する問題とアンケートをまとめ、五八年度の学習資料を作成する	①　（スライドの内容） ・むし歯の実態（五〇年～五六年） ・松川町における、むし歯の原因となる問題 ・子供の生活の乱れ⇩大人の生活の乱れ ・地域の習慣であるお茶の問題 ・子供の食生活の基本、腹の減らない子供たち、オヤツと食事のアンバランスの問題 ・オヤツのあり方 ・むし歯の予防 ②　集団遊び研究会、地区別つどいの実施、「集団遊び集」の刊行 ③　八月の平均的一日の子供の食べたものすべての食品・分量 ④　子どもの年齢に合わせ、基準量にてらし合わせて行なう。母親自身で実施 ⑤　班長会引継会で資料を配布 各班での学習方法も工夫してすすめるように示唆⇩班学習の徹底を

出典：松下拡『住民の学習と公民館』102-104頁

〈表２〉

日　グループ	内　容
一日・大栢婦人グループ	憲法学習（第六回目）　自由の問題について
二日・第二保育園母の会	幼児教育のこと　家庭教育としつけを中心に
四日・名子中部若妻会	幼児教育のこと（第四回目）　情緒の発達を中心として
五日・諏訪形婦人会	生活の問題　日本経済のしくみ
・鶴部若妻会	幼児教育のこと（第二回目）　家庭教育の重要性さについて
・上町若妻会	憲法学習（第五回目）　国民の権利について
六日・婦人学校	日本女性史（第六回目）　大正初期の女性（・第一次大戦　・米騒動　・社会主義の台頭） 日本経済のしくみ　ベトナム問題
八日・峠若妻会	幼児教育のこと　幼児の発達としつけ 子供をとりまく社会
・名子北二若妻会	ローマ字学習（第一回目）
九日・大栢婦人グループ	憲法学習（第七回目）　国会予算審議 婦人会のあり方について　日韓会談の問題
一一日・長峰若妻会	幼児教育のこと（第一回目）　就学前教育の重要性
・古町若妻会	幼児教育のこと（第一回目）　幼児の発達としつけのこと
一二日・鶴部婦人グループ	学習会（第五回目）　青少年問題について　原潜問題について
一三日・生田婦人会	婦人会のあり方と婦人の学習について
一四日・大沢北婦人会	青少年問題について　青年の問題
一五日・家庭教育学級 〜一八日	出産と育児　幼児の心理（連続四日二五時間）
一五日・名子老人クラブ	家庭生活と幼児の問題について
・名子北二若妻会	ローマ字学習（第二回目）
一六日・諏訪形若妻会	家計簿学習（第二回目）　日本経済のしくみについて
・中山若妻会	幼児教育のこと（第三回目）　幼児の知的発達について
・名子下西若妻会	民法の学習（第一回目）　その概要と夫婦の問題
一七日・中荒町若妻会	幼児教育のこと（第三回目）　しかり方、反抗期など
・増野婦人会	ローマ字学習（第七回目）　自作の発表とまとめ
一八日・名子北二若妻会	ローマ字学習（第三回目）
一九日・婦人学級	日本女性史（第七回目）　昭和初期の恐慌　戦争への過程　婦人会の歩み　期待される人間像について
一九日・上町若妻会	憲法学習（第六回目）　権利と義務の問題
二〇日・大栢婦人グループ	憲法学習（第八回目）　内閣について 青少年問題について
二二日・古町若妻会	幼児教育のこと（第二回目）　幼児の特性　絵本の与え方
二三日・鶴部若妻会	幼児教育のこと（第三回目）　知的発達を中心として
・名子北二若妻会	ローマ字学習（第四回目）
・新井婦人会	ローマ字学習（第三回目）
・名子中若妻会	ブローチ作り（第一回目）
二七日・上片桐地区公民館研究集会	婦人学級参加

出典：松下拡『住民の学習と公民館』二一五頁

最も活発な月）。」と松下が書いているところの表である。この表に日付が出ていないのは七日分であるが、その内の四～五日が公民館での仕事に当てられたと考えても、この月の松下の公民館主事としての仕事はほとんどが公民館の外でなされていたことがわかるのである。[5]

2　「下伊那テーゼ」における公民館論

この頃、長野県飯田・下伊那主事会は、後に「下伊那テーゼ」と呼ばれることになる文書を作っている。正式の文書名は「公民館主事の性格と役割」である。その主事会の中心的メンバーに松下拡・島田修一がいた。いま、その文書の構成を記すと次の通りである。

公民館主事の性格と役割

一　公民館の仕事

1　民主的な社会教育を守るものとしての公民館

2　地域における活動の姿

二　公民館主事の性格と役割

1　公民館主事の二つの性格と、そのになう課題

2　今まで果たしてきた役割

3　これからの主事の役割

4　具体的な仕事

あとがき[6]

この文書は、日本の公民館論史上重要な文書であるが、題目・目次からも推察されるとおり、また執筆者自身が「わ

れわれは、公民館の仕事を『民主的な社会教育活動の発展につくすこと』と規定し、公民館主事の役割を、『働く国民大衆の人間的な解放に役立つ学習・文化運動の組織化である』ととらえた。[7]」と要約しているように、公民館論と言うよりも公民館職員論である。後に「三多摩テーゼ」の起草者の一人になる徳永功もいうように「下伊那テーゼには施設論は全くない[8]」のである。それは、おそらく当時の下伊那地方の公民館職員にとっては、公民館職員の仕事の内容を明らかにすることが最も重要かつ緊急の課題であったのであって、公民館の施設論はそれほど切迫した議論の対象とはならなかったと考えられるのである。つまり、農村型公民館の活動にとっては公民館の施設はどうあるべきかという課題は二の次の課題であったのである。

三　東京・三多摩地方における都市型公民館の実践

1　「公民館三階建論」から「三多摩テーゼ」へ

〈公民館三階建論〉

第一節でも述べたように全国の公民館は一九七〇年代初頭から本館を中心にじょじょにではあるが増え始める。そのきっかけとなったのが後に「三多摩テーゼ」と呼ばれるようになる『新しい公民館像をめざして』である。その「三多摩テーゼ」には下敷きがあった。それは、東京三多摩地方で誕生した「公民館三階建論」であり、その母胎は三多摩社会教育懇談会であった。

三多摩社会教育懇談会が一九六五年二月に出した研究集録『三多摩の社会教育』にメンバーの一人であったおがわ・としおは次のように書いている。

「たとえば、ここ二、三年来、僕は公民館活動の今後のあり方について、いわゆる公民館三階建論なるものを主張してきた。それはもちろん、公民館の建物を三階にするということではない。そうではなくて公民館活動の形態と内容を、そのようなものとして組織し、発展させることが、これからの社会教育行財政および社教職員の主要な任務の一つではないか、というのである。

すなわち、一階では、体育、レクリエーションまたは社交を主とした諸活動がおこなわれ、二階では、グループ・サークルの集団的な学習・文化活動がおこなわれる。

そして三階では、社会科学や自然科学についての基礎講座や現代史の学習についての講座が系統的におこなわれる。――そして、それらの学習・教育活動のそれぞれについては、おそらく今日のような公民館主事のイメージとは相当異なった『学習・知的要員』としての社教職員が積極的な役割を果たすようになるであろう。[9]」

一九六一年に『月刊社会教育』の読書会として始まった三多摩社会教育懇談会（以下、三多摩社懇）には、三多摩各地で活動している公民館職員が毎月一回土曜日国立に集まって研究会を持っていた。当時の三多摩各市町村には一人かせいぜい二人の公民館職員がいるだけで、自分が日常やっている活動を検証する自主的な場は市町村を離れたここにしかないという状況であったという。五時頃終わる研究会はその後街の赤提灯で延々と続けられた。以下の徳永の回想は、公民館三階建論がどのような雰囲気の中で誕生したのかを良く伝えている。「三多摩社懇に小川利夫氏が参加されるようになったのは六三年の秋ごろだったと記憶する。いま現在も意気盛んな小川氏はいまよりも幾倍か血気盛んで、大いに飲み、高らかに歌い、そして熱っぽく論じたのであった。思うに、小川氏の独創的で重厚でしかも切れ味抜群の理論は、書斎でのたゆみない研鑽の結果というよりは、もっと感性豊かな、詩的直感というようなものがまずあって、それを飲んでは語り、語っては飲む反復のなかで、次第に一つの形となって実を結んでいくのではないだろうか。公民館三階建構想はまさにその典型といってよかろう。[10]」もちろん議論は一人でできるものではない。

でき上がった公民館三階建論の中身を見れば、そこには三多摩の各地で奮闘・苦労している多くの公民館職員の実践が下敷きになっていることがよくわかる。

〈「三多摩テーゼ」〉

一九七三年三月東京都教育庁社会教育部は『新しい公民館像をめざして』（第一部）を出す。翌七四年「第二部公民館職員の役割」を加えて改めて『新しい公民館像をめざして』として発行されるが、これが後に「三多摩テーゼ」と呼ばれるものである。いま、第一部のみの目次を掲げると次の通りである。

第一部　新しい公民館像をめざして

Ⅰ　はじめに

Ⅱ　公民館とは何か—四つの役割—

1　公民館は住民の自由なたまり場です

2　公民館は住民の集団活動の拠点です

3　公民館は住民にとっての「私の大学」です

4　公民館は住民による文化創造の広場です

Ⅲ　公民館運営の基本—七つの原則—

1　自由と均等の原則

2　無料の原則

3　学習文化機関としての独自性の原則

4　職員必置の原則

5　地域配置の原則

6　豊かな施設整備の原則
7　住民参加の原則
Ⅳ　公民館の施設
Ⅴ　いま何をめざすべきか
1　公民館は住民がみずからつくりあげていくべきものです
2　既存施設の内容を新しいものにつくりかえましょう
3　自治体の基本構想の中に公民館をはっきり位置づけよう
4　公民館を図書館と共に地域社会に当面必要な二本の柱にしよう[11]

この文書を作成したのは東京都教育庁社会教育部「資料作成委員会」で、メンバーは小林文人を中心に小嶋道男、進藤文夫、徳永功、西村弘の五人であった。東京学芸大学の社会教育担当の教授であった小林の他はすべて三多摩におけるベテランの公民館職員であって、かつての三多摩社愬の有力メンバーばかりであった。このメンバーの顔ぶれからも、あるいは「公民館―四つの役割」を見ても、この文書が「公民館三階建論」を下敷きにしていること、すなわちこの文書もまた一九六〇年代後半における三多摩の豊かな公民館実践を集大成する形でまとめられたものであることは明らかであろう。そして、先に引用した目次を見てもわかるように、この文書がまず「公民館施設論」を中心にまとめられたものであることはこの文書の大きな特色である。七四年の『新しい公民館像をめざして』の「はしがき」も次のように述べている。「本年度は昨年度の施設論（第一部）に引き続き、職員論（第二部）に視点をあてて検討をしてきました。施設論については、昨年度一応発表しましたが、その後、更に、住民の方々、公民館関係職員の方々から、ご意見をいただき内容を充実させ、本年度の職員論も加えて一さつの報告書として作成いたしました。」[12]と。

2　都市型公民館像の確立――新しい教育機関の創造

では、何故この『新しい公民館像をめざして』（以下、三多摩テーゼ）が公民館論史のなかで重要な位置を占めると考えるのか。それは、公民館の教育機関としてのイメージを鮮明に描き上げたからである。「新しい公民館像」とは「都市型公民館像」であり、それは「教育機関としての公民館像」であった、と考えるのである。

〈教育機関とは何か〉

教育機関とは、「教育、学術及び文化（以下「教育」という）に関する事業（引用者中略）を行うことを目的とし、専属の物的施設及び人的手段を備え、かつ、管理者の管理の下に自らの意志をもって継続的に事業の運営をおこなう機関」（昭和三二・六・一一　文部省初等中等教育局長回答[13]）である。ここには教育機関が備えるべき条件を四つ挙げている。すなわち、①専属の物的施設を備えていること、②専属の人的手段を備えていること、③自らの意志をもって事業の運営をおこなうこと、④継続的に事業の運営をおこなうこと、の四つである。ここで注目すべきことは教育機関の第一の条件として「専属の物的施設を備えること」を挙げていることである。これは言うならば三多摩テーゼのいう公民館運営七つの原則の「6　豊かな施設整備の原則」に当たる。しかも、②専属の人的手段を備えること、は同七つの原則の「4　職員必置の原則」に、③自らの意志をもって事業の運営をおこなうこと、は「3　学習文化機関としての独自性の原則」にそれぞれ対応しているのである。④継続的に事業の運営をおこなうこと、は公民館であれば改めて言及するまでもないであろう。三多摩テーゼは明らかに公民館を教育機関として考えているのである。ここで少し補足すれば、文部省初等中等教育局長回答はおそらく教育基本法第一〇条第一項を意識して回答したものと思われる。教育基本法第一〇条第1項は次のようにいう。「教育は、不当な支配に服することなく、国民全体に対し直接に責任を負って行われるべきものである。」上の局長回答が③自らの意志をもって事業の運営をおこなうこと、と述べるのはおそらく「不当な支配に服することなく」を言い換えたものであろう。であるとすれば「国民全体に対し直接に責任を負って行うべきもの」に対しても局長回答は言及すべきであったというべきである。それがなされなかったのは当時もいまも日本の学校には欧米でいう学校協議会に当たる制度がまったくなかったからであろう。しかし、公民館にはなんと公民館発足の当初から公民館委員会（社会教育法制定後は公民館運営審議会）なるものが設けられており、それを受けて三多摩テーゼは公民館七つの原則の中で「7　住民参加の原則」をきちんと掲げているのである。先の局長回答は教育機関としての条件を四つではなく五つ挙げるべきであったのであり、ここにも三多摩テーゼの先進性がうかがわれるというべきであろう。なお、ここで「新しい教育機関の創造」という場合の「新しい」とは、「学校に次ぐ第二の教育機関[14]」という意味である。

〈都市型公民館像を必要とした社会的要因〉

一九六〇年代の末から一九七〇年代にかけて、東京・三多摩で、なぜ都市型公民館像が描かれたのであろうか。当時の東京・三多摩地方は、日本中の大都市周辺がそうであったように、都市化の真っ最中であった。人口は急増し、それまでの田畑は新興住宅街と化していった。全国の農村地帯から移り住んできた青年を中心とする労働者は見も知らない土地で孤独な生活を余儀なくされた。それは、二つの意味を持っていた。一つは、社会が地縁社会から大衆社会へ移行したということであり、二つは、生活の場すなわち家庭と働く場すなわち職場とが分離したということである。

大衆社会とはいうところの一人一人の人間が乾いた砂のようにばらばらに孤立した社会であり、そこにはかつての農村地帯のような地縁集団、すなわち青年団や婦人会等はもはや存在し得ない社会であった。農村型公民館の活動が依拠した青年団や婦人会が存在しない以上、三多摩の公民館は農村型公民館の手法では手も足も出せなかった。それに対象としなければならない地域は農村地方に比べ、公民館の数が少なかったこともあって広すぎたし、対象とすべき人口も巨大すぎた。これに対応するには、ふらりと寄ってみたくなるような素敵な「館」としての公民館を用意し、そこに集まってくれる人々をまずは相手とするしかなかった。そのためには、公民館にはたまり場あるいはロビーが不可欠であった。三多摩テーゼの公民館四つの役割の「第一　公民館は住民の自由なたまり場です。」はまさにこの状態に対応するものであった。

大衆社会においては生活課題も生産課題も人それぞれ、ばらばらである。ましてや農村地帯のように農業を中心にして生活課題と生産課題とが統一的に把握できるような状態にはまったくない。生活課題を同じくする地域で生活する人々がほぼ似たような生活を送り、なおかつそれらの人々が横に繋がっている場合には、それは学習課題にもなろうし、解決を必要とする課題にもなりうる。ところが、隣は何をする人ぞといわれるような社会では、しかもそれをむしろよしとして望んでそうしている人たちが多い地域では、それは望むべくもない。ましてや生産課題（それは職場課題と言い換えてもよい）はそれぞれの職場での労働組合の課題にこそなれ、公民館のエリアでは成り立ち得ない。もっとも、こういうこともあった。筆者が住むＦ市でこの頃、青年サークル協議会の有力加盟団体であったあるサークルが労働基準法の勉強会を始めた。やがてそれは、各自の勤める職場の労働条件を出し合って労働基準法と照らし合わせるようになった。すると、ある男性のメンバーがだんだんに精神的に不安定になってきて、結局自殺してしまう。あとでわかったことだが、その青年は職場からそういう学習をするサークルに加わっていることを厳しく叱責・糾弾され、それがもとでとうとう神経的に参ってしまったのだ、ということであった。このような状態で公民館は何をどうすればよいのか。そこで考えられたのが一人一人の多様な学習要求にまず応える、ということであったと考えられる。その学習要求とは、場合によっては生活の課題であり、他の場合には職場の課題である、もっと抽象的にいえばそれぞれが抱える政治的・経済的・社会的・文化的課題であったろう。それに対応するにはいわゆる「教養講座」が最も適していたのである。三多摩の公民館の特徴とも都市型公民館の特徴ともいわれる「教養講座」形式はいわば当時としては必然の選択であったといわなければならない。三多摩テーゼの公民館四つの役割にいう「3　公民館は住民にとっての『私の大学』です」はまさにそのことに応えようとしたのである。

3　東京・三多摩における都市型公民館の実践――公民館は幸せをつくる館

どこに、誰が住んで、どんな仕事をしているのか皆目見当もつかない大海のような過密市街には公民館主事は出かけて行きたくても出かけて行きようがない、せめて、まずは公民館に来てくれた市民と向き合って、その人がいま何を求めているのか、どうすればその人の本当の要求に応えることができるのか、を考えることにしょう。手がかりはそこから摑むしかない、というのが都市型公民館の出発点であった。そのためにはとにかく公民館へ足を運んでもらう工夫をする必要があった。それは、人もいない、設備も何もないという公民館分館であっては話にならない。公民館に来ればそれなりに満足できる施設・設備が整っていなければならない。それは本館である。前述したように公民館運営七つの原則の「6　豊かな施設整備の原則」は都市型公民館の出発点でもあった。そういった公民館（本館）はすべての市民にとって近くになければならない、高齢者や妊婦や障害者や幼児や子どもにとっては公民館が遠くては行くことさえできない。だから、「5　地域配置の原則」（七つの原則）は譲れない。しかし、豊かな施設を整備した公民館本館がすべての地域に配置されるまで仕事をしないということはできない。かくして、三多摩では、まずいまある公民館でできるところから実践を始めること、それと並行して新たな公民館（本館）をできるだけ多く地域に配置する努力をすること、が始まったのである。

ここでは、一九六〇年代後半から七〇年代にかけての三多摩における公民館活動の詳細を述べている余裕はない。事柄だけを年表風に述べるにとどめるしかない。

一九六五年、くにたち公民館で「若いミセスの教室」が始まる。ここから、三多摩における公民館保育の歴史が始まるといってよい。

一九六七年、これもくにたち公民館で、青年学級に使っていた青年室が公民館閉館後も使用できるようになる。青年室と公民館とのドアは公民館側から施錠し、青年室と外とをつなぐドアのみ鍵を青年たちの管理に任せる形でそれが実現する。一つの工夫であり、青年たちと公民館との信頼関係の現れでもある。

この青年室はその後大きく発展する。この青年学級から一九七五年第一回のコーヒーハウス（青年講座の一種）が誕生し、やがてそこに障害を持つ青年の参加を得て一九七六年サンデーコーヒーハウスを昼間にも開くようになる。同年「心身障害者スポーツの集い」、七八年「障害青年実態調査」を経て、一九七九年の新しい公民館への建て替えを機に心身障害者の自立訓練の場づくりの試みが始まり、それが一九八〇年喫茶コーナー「わいがや」として開店するに至る。三多摩における公民館ロビーの「喫茶コーナー」の草分けの誕生である。

一九七〇年、国分寺市において地区館並列方式による「公民館五館構想」が基本構想に位置づけられる。これは公民館地域配置の原則の先駆けとなる。もっともこの計画の完全実施は一七年後のことになるが。

一九七二年、公民館ではないが東京都社会教育会館市民活動サービスコーナーがコピーサービスと講師派遣制度（このサービスをコーナー職員が考案するのは昭島・公民館をつくる会との出会いからであったが）を考案し、やがてそれは三多摩中の公民館に広がる。特にそれから数えて一三年後に開館した昭島市公民館は、閉館後でも利用できるという構造を持つ「団体活動室および印刷・コピー室」として結実させている。

一九七三年、町田市公民館で月に二回日曜日の午前一〇時から午後三時まで障害者青年学級を始める。現在では、三学級を開設するまでに発展している。

地縁集団に依拠して公民館活動を進めるわけにはいかない以上、公民館をできるだけ多く市民に知ってもらうためには公民館報は必須である。くにたち公民館では早くも一九五六年六月から公民館報を発行しているが、さらに一九七九年「点字版公民館だより」の発行を始め、福生市公民館松林分館では職員が手作りの公民館だよりを職員自らが各家庭へ手配りをすることを試みている。また、保谷市（当時）では一九八三年来「公民館だより編集室」を作り、市民から募集した「編集スタッフ」とともに館報の編集を行うなど、現在毎月一回を目標に定期発行している公民館はたいへん多い。

この他、一九七二年から国分寺市本多公民館で始まった講座準備会方式は、すぐその後東村山市において、公民館（そのときはまだ公民館がなく、社会教育課）が行うすべての事業を市民とともに企画する全体企画員制度に発展する。また一方、一九七三年に町田市で始まった社会教育委員の準公選制度は各市の公民館運営審議会委員の準公選制度にも発展するなど、いずれも市民とともに市民の要求に基づいた公民館活動を実現するために努力しているのである。

三多摩の公民館は、まだ、十分に地域に出かけるまでにはいたっていないが、その間少なくとも公民館そのものは「幸せをつくる館」たらんとして努力を重ねてきたのである。

四　新しい世紀の公民館をめざして

1　教育機関としての公民館とその地域配置

新しい世紀の公民館のあるべき姿とは、当面は、都市型公民館像が明らかにしてきたように教育機関としての公民館（本館）を、すべての地域すなわちすべての小学校区に一館ずつ整備しながら、一方で農村型公民館の実践の様式に学んで公民館主事が地域に出て仕事もするというスタイルを取るようになるであろう。そうして、すべての地域に公民館本館が整備されるようになり、かつ公民館職員が時には公民館の外に出て、かつての農村型公民館の職員のように仕事をすることが可能な状態になれば、農村型公民館や都市型公民館の呼称は不必要になるであろう。

その際教育機関としての公民館が備えなければならない条件は次の四つと考えられる。

第一は、教育専門職員としての公民館主事が相当数配置されること。[15] その際の公民館主事は法律によって教育専門職と位置づけられかつ資格取得条件も法定されること。

第二は、公民館運営審議会が各館に必置されること。

以上の二項は、教育基本法第一〇条第1項が要請するところでもある。

第三は、豊かな施設・設備を備えること。[16]

第四は、以上のような公民館（本館）を、すべての住民にとって身近なところ、理想的には各小学校区に、一館ずつ配置すること、である。

2　新しい時代を予想させる東京・国分寺市公民館の実践

国分寺市は、中学校区に一館の公民館を配置する構想（五館構想）を立ててから約三〇年、それを完成させてからでも一三年経つ。その公民館の一つもとまち公民館の職員だった（現在は光公民館勤務）菊池滉は次のような実践を始めている。詳細を示す余裕はないが、概略を公民館だよりで辿ると以下の通りである。

□ 講座・私達の手でまちづくりを考える

一九八三年　国分寺のまちづくりと農業（九回）

—私達の手でまちづくりを考えるNO. 1—

一九八四年　市民農園・学童農園をテーマに楽しく役に立つ会（六回）

—国分寺のまちづくりと農業パートⅡ—
一九八五年　国分寺の農業と子ども農園をビデオに撮る（七回）
—国分寺のまちづくりと農業パートⅢ—
一九八六年　講座・国分寺のまちづくりと農業を考える第四弾（九回）
一九八七年　あらためて、まちづくりと農業について考える（総括編）（八回）
—国分寺のまちづくりと農業パートⅣ—
一九八八年　〝地場農業をみなおそう〟（五回）
「国分寺産の農畜産物を使っての実習と見学」のおさそい！
—国分寺のまちづくりと農業パートⅤ—
一九八九年　国分寺の郷土料理を味わい考える—地場農産物を使って（一一回）
—国分寺のまちづくりと農業パートⅥ—
一九九〇年　みんなで作って、穫って、食べる会（一〇回）
～自ら耕作することによって農を考える～
—国分寺のまちづくりと農業パートⅦ—
一九九一年　台所の生ゴミを肥料に、皆で野菜づくりをする講座（一三回）
—国分寺のまちづくりと農業パートⅧ—
一九九二年　ゴミコンポストを生かして無農薬・有機肥料で野菜をつくる会（一八回）
—国分寺のまちづくりと農業パートⅨ—

ここで、菊池はもとまち公民館から光公民館へ異動になる。そして、次の実践を続ける。

□くらしとまちをデザインする講座
一九九六年　ハケから学ぶ（九回）
～けやき台団地から国立駅までの暮らしをマップに
―くらしとまちをデザインする講座Ⅰ―
一九九七年　ハケ（国分寺崖線）の自然と生活の環境を学ぼう（一一回）
―くらしとまちをデザインする講座Ⅱ―
一九九八年　ハケのくらしと緑を守る（一六回）
―ハケの自然をくらしに生かす提案をつくってみよう！
―くらしとまちをデザインする講座Ⅲ―
一九九九年　崖線の緑とくらしを守る（八回）
―市民として何ができるか―
―くらしとまちをデザインする講座Ⅳ―
二〇〇〇年　崖線の緑とくらしを守る（一二回）
―地域・市民は何ができるか―
―くらしとまちをデザインする講座Ⅴ―

菊池はこの講座に関するかぎり徹底的に地域に出ている。それは、農村型公民館の実践を想起させる。テーマもその地域の人々が共通に抱えている（抱えているであろうと考える）課題に迫っている。すなわちそれは、「まちづくり」であり、「緑を守る」であり、「都市農業」であり、「ごみ問題の解決」であり、「崖線をくらしに生かす提案づくり」である。ここには、公民館という館に来た人たちといっしょに何をやるか、という発想と明らかに違う発想がある。人口一〇万を超える都市にあってなお菊池をしてそれを可能にせしめた条件とは何かといえば、都市型公民館の四条件を完全とはいえないまでも満たした国分寺の公民館体制だからこそ可能であった、といえる。すなわち①中学校区に一館の公民館（本館）が②地域並列方式で配置され、③各館に決裁権限を持つ課長職の館長と社会教育主事ならびに同有資格者が複数配置され、④公民館運営審議会が各館に独立して設置されているのである。もちろんそれぞれの条件はさらに充実されなければならない。しかし、一方で都市型公民館の活動を保障しつつ、他方で農村型公民館の活動スタイルを可能にする条件が国分寺市ではようやく整ってきたと理解することができるのである。

日本全国のすべての地域でこのような条件が整うまでには、さらに四～五〇年の歴史が必要であろう。それは、日本における近代学校制度がやはり約一〇〇年の歴史を経てやっと見るべき体制を整えたのと同様である。

注

(1)(2)　沖山叻「四つの役割・七つの原則」公民館史研究会『公民館史研究』第二四号　二〇〇〇　七頁

(3)　奥田泰弘「一九七〇年代における公民館整備の動向とその意義」日本教育学会『教育学研究』第五二巻第四号　一九八五　二九頁も参照。

(4)　松下拡『住民の学習と公民館』勁草書房　一九八三　一三頁

(5)　同二六頁。なお、（　）は原文。

(6)　長野県飯田・下伊那主事会「公民館主事の性格と役割」小川利夫『現代公民館論』（日本社会教育学会年報第一六集）東洋館出版社　一九六五、一七六―一八六頁

(7)　同、一八五頁

(8)　社全協資料委員会編『社会教育・四つのテーゼ』一九七四　四〇頁

(9)　おがわ・としお「都市社会教育論の構想―三多摩社懇に学び、期待するもの―」東京都三多摩社会教育懇談会『三多摩の

(10) 社会教育―三多摩社会教育懇談会研究集録・第一集―』一九六五　二六頁
(11) 徳永功「公民館三階建論について」社全協資料委員会編『社会教育・四つのテーゼ』　四〇頁
(12) 東京都教育庁社会教育部『新しい公民館像をめざして』一九七四　「目次」
(13) 同「はしがき」
(14) 笹井弘之・木場幸博「学校管理Q＆A　教育機関」文部省『教育委員会月報』平成七年四月号
(15) 奥田泰弘「公民館五〇年をどう見るか―新しい教育機関創造への挑戦―」日本社会教育学会『紀要』NO.三三　一九九七　七頁
(15) 三多摩テーゼは、一九七〇年代の一つの公民館職員配置構想を次のように示している。

3　充分な職員配置

住民の学習・文化活動を充分に保障し、多種多様な要求にもこたえられるためには、すでに一人や二人の職員では応じきれなくなっています。東京三多摩の現状をみても住民の学習・文化活動を誠実に保障する努力のなかで、すでに一館一〇名近い職員を現実には必置制にしているところもあります。たとえば、立川市中央公民館や国立市公民館では一〇名、国分寺市本多公民館では八名の職員が配置されています。

公民館の地域配置の原則で私たちは歩いて一〇分から一五分程度、人口二万人（ほぼ中学校区に相当する）に一館の配置が必要であることを確認しましたが、この地域のひろがりのなかで公民館が住民の学習・文化機関として充分に役割を果たしていくためには、最低つぎのような職員配置が実現されなければなりません。［くわしい職務内容については、次項を参照してください。］

○　館長　　一名

公民館を代表し公民館事業を総括する専門的力量と豊かな経験をもった常勤・専任の館長が必要です。

○　成人担当　　二名

婦人を中心にした成人の学習・文化活動の高まる傾向は、今後ますます強まることが予想されます。そのために最低二名の職員配置が必要です。

○　青年担当　　二名

現代社会のなかで孤独な勤労青年たちが学習と仲間づくりの場として公民館に寄せる期待は切実なものがあります。それにこたえるためには、夜間や休日の勤務がむしろ中心になり、そのために最低二名の職員配置が必要です。

○　文化担当　　一名

文化団体（サークル）への援助と同時に、「公民館の自由なたまり場」あるいは「文化創造のひろば」としての役割りに積極的に意をくばり、魅力的、多画的な機能を公民館につくりだすことをつねに考えていく担当です。

○　広報・資料担当　　一名

公民館活動を広く、公平に住民に紹介し、地域全体の文化をつくりあげていくために広報活動は重要です。さらに、住民の学習・文化活動に役立つような資料を積極的につくっていくことも大切です。

○　経理・庶務担当　　一名

公民館の施設提供など主として貸出し事務、経理、文書整理などにあたる職員で公民館がきちんと役割りを果すためには欠かせないものです。この領域は職員集団全体である程度分担していくものでしょうが、中心となって担当する職員が一人必要です。

以上、八名は最低必要な職員です。

今後、公民館に対する住民の期待がたかまり、それにこたえて住民の学習・文化活動をさらに充分に援助をしていくためには、以上八名のほか成人担当に老人を中心に援助できる職員一名、婦人の学習活動を助ける保育担当一名、少年も含め青年担当一名、視聴覚担当も含めて文化担当に一名程度の職員の増員が必要になります。また、施設内容によっては、管理・警備にあたる職員も必要に応じて配置しなければなりません。

このようにみてくると、望ましい公民館職員の配置として、一二名ないし一五名が必要になってきます。今後、地域における施設設置等の具体的状況や住民の要求や運動如何によりこの定数も多少の増減はありますが、一つの目安として一二名ないし一五名の職員配置が、これから大きな目標であると、いわなければなりません。

(16) 三多摩テーゼは、一九七〇年代の一つの公民館施設構想を次のように示している。これは、すべての小学校区に配置されることを前提に構想されたものと理解される必要がある。〈表3〉

〈表3〉　公民館の標準的施設・設備の規模と内容

室　名	数	面積	用　　途	設　　備
市民交流ロビー	1	400㎡	談話，休けい，新聞・雑誌コーナー，テレビコーナー，レクリエーションコーナー，相談コーナー，軽飲食コーナー	ソファー，テーブル，雑誌・新聞棚，陳列用戸棚，テレビ，囲碁・将棋，展示壁面，照明設備，軽飲食設備
ギャラリー	1	50	展　示	展示壁面，展示用パネル，照明設備
集　会　室	3	40, 40, 50	会　議	黒板，机，椅子
和　　室	2	40, 50	会議，学習・研究会	黒机，座机，座ぶとん，茶・生花用具，寝具，ガス・水道設備
団体活動室	1	40	団体事務，団体交流会議	机（事務用机含），椅子，団体ロッカー，交換ポスト，伝言板，印刷設備
青　年　室	1	40	談話，団体事務，団体交流，学習・研究会	黒板，机，椅子，団体ロッカー，交換ポスト，伝言板，印刷設備
ホ　ー　ル	1	300	講演会，映画会，発表会，軽スポーツ，レクリェーション	舞台，化粧設備，ピアノ，拡声設備，暗幕設備，照明設備，椅子，ガス・水道設備，防音設備，軽スポーツ，レクリエーション用具
保　育　室	1	60	託　児	遊具，すべり台，ベビーベッド，落書用黒板，ガス・水道設備，便所

室　名	数	面積	用　途	設　備
学習室	3	60,60,40	学級，講座，学習，研究会	黒板，机，椅子，掲示板，スクリーン
図書室	1	60	閲覧，貸出し，調査・研究	書架，資料棚，閲覧机，椅子
美術室	1	50	絵画・彫刻などの創作活動	工作台，椅子，黒板，イーデル，焼物用カマ，ガス・水道設備
音楽室	1	50	コーラス，うたごえ，民謡，楽器演奏	机，椅子，ピアノ，黒板，楽器類，防音設備
実験学習室	1	60	実験，料理実習	実験器具，ロッカー，実習台椅子，ガス・水道設備
視聴覚室	1	60	映写会，幻燈会，ステレオコンサート，写真現像，映画製作，録音	視聴覚機材類，黒板，机，椅子，暗室設備，ガス・水道設備
事務室	1	40		
応接室	1	15		
研究室	1	20		
休憩室	1	20		
宿直室	1	15		
印刷室	1	10		
倉庫	3	50		
機械室	1	100		
車庫	1	30		
便所	3	90		

ここにあげたへや数と面積は一応の目安です。実際の建設にあたっては，住民の要求や，地域の条件などを考慮して創意工夫をする必要があります。

第九章　二一世紀の教育改革の課題

第一節　三〇人学級の実現と学級編成

はじめに

学級は、子どもたちにとって教科の学習とともに自主的・自治的活動を継続して行う学校生活での基礎的な単位であり、学習権を実現する基礎的・基本的集団である。また、教師にとっても学級は学習指導と生活指導の基礎的単位集団であって、その規模は、子どもたちの豊かな成長と発達を保障していくうえでの基本的な条件をなしている[1]。

以下では、今日もなお教育改革の中心的な課題であり続けている学級規模の縮小問題を取り上げ、少人数の学級編制を行い、教職員を十分に配置したゆとりある教育環境のなかで、子どもたちを豊かに育んでいくことをめざした教育行政の課題を検討したい。

一　学級編制をめぐる教育改革の動向

1　現行の学級編制基準

一学級の児童又は生徒の数（学級規模）は、「公立義務教育諸学校の学級編制及び教職員定数の標準に関する法律」（以下「義務標準法」）及び「公立高等学校の適正配置及び教職員定数の標準等に関する法律」（以下「高校標準法」）によって、国がその基準を示し、それを標準として都道府県の教育委員会が定めることになっている。[2]後に述べるように、学級規模は、子どもと教師のよりよい学習環境を求める絶えざる努力のなかで、縮小の方向が求められ、実際に縮小されてきた。

二〇〇一年四月の改正に基づく現行法で現在の学級規模をみてみると、まず、小学校では、①同学年の児童で編制する学級は四〇人、②二つの学年の児童で編制する学級は一六人（第一学年の児童を含む学級にあっては八人）、③特殊学級（学校教育法第七五条に規定する）は八人を標準とし、都道府県の教育委員会が定めることとなっている。（義務標準法第三条二項）次に、高等学校では、やむを得ない事情がある場合を除いて、全日制の課程又は定時制の課程における一学級の生徒の数は四〇人を標準とし、盲学校・聾学校・養護学校では、①小学部・中学部の一学級の児童・生徒数の基準は六人（心身の故障を二以上併せ有する児童・生徒で学級を編制する場合には三人）、②高等部では、重複障害生徒で学級を編制する場合にあつては三人、重複障害生徒以外の生徒で学級を編制する場合にあっては八人を標準とし、都道府県の教育委員会が定めることとなっている。（義務標準法第三条三項、高校標準法第一四条）ここからもわかるように、今回の法改正においても、いわゆる三〇人学級の実現は見送られた。

2　学級編制基準の弾力化と少人数による学習集団

二〇〇一年四月の法改正は、教職員配置の在り方等に関する調査研究協力者会議が文部大臣に提出した「今後の学級編制及び教職員配置について」（二〇〇〇年五月一九日）を受けてなされたものである。(3) この報告は、現在の財政状況等を考慮して四〇人学級を維持しつつも、次の二点に関してこれまでにない提起を行っている。

第一は、学校での生活を生活集団としての機能と学習集団としての機能とに分け、前者を従来の「四〇人学級」として維持し、後者を「学級という概念にとらわれず」少人数授業の実施や総合的な学習の時間などの指導において多様な指導形態・指導方法を取り入れていこうとするものである。

第二は、学級編制の基準や教職員配置を弾力化し、都道府県教育委員会が地域の実状に応じて措置を講じることができるようにすることである。報告は、「都道府県が地域や学校の実態等に応じ、必要があると判断する場合には、義務標準法で定める学級編制の標準を下回る人数の学級編制基準を定めることができるようにする」と述べ、ここからは、各都道府県教育委員会が、従来のように画一的に四〇人学級とすることをやめ、例えば、四〇人よりも小規模の学級編制をしたり、小学校低学年と高学年とを異なる学級規模にしたり、複数の基準を選択できるようにするなど、さまざまなあり方が可能となる。

また、各学校への教職員の配当については、「県費負担教職員制度、国が定めた標準に基づく都道府県の学級編制基準の設定、国が定めた学級編制標準に基づき算定された教職員定数に係る教職員給与費の国庫負担等の仕組みは今後とも維持する」としながらも、「学級数に国が定めている係数をかけて算出される教職員数は、具体的に各学校への配置数を算出するためのものではないことを明確にする必要がある」とし、教職員の学校間の兼任や教員定数を活用した国庫負担による非常勤講師や短時間勤務教員の任用など、弾力的な教職員の配置を行うとしている。さらに、高校学校や特殊教育諸学校においては、教職員定数の算定方式を、学級数を基礎とするものから、生徒数を基礎とする算定方式に変更することなどを求めている。

文部科学省（当時、文部省）は、この報告を受け「四〇人学級を維持するものの、きめ細かな学習指導が行えるように学級編制にかかわる法改正を含めた制度改正を行い、同時に、今後五年間に予想される児童数の減少にともなう、いわゆる教職員の自然減に相当する二万数千人の増員を行うとし、教員一人当たりの児童生徒数が欧米並みの水準を目指す」とした第七次教職員配置改善計画（平成一三年度～平成一七年度）を発表した(4)。

二〇〇一年四月の法改正は、これらを基になされたもので、具体的には、例えば、「義務標準法」第三条二項及び三項と「高校標準法」第六条に、それぞれ「都道府県の教育委員会は当該都道府県における児童又は生徒の実態を考慮して特に必要があると認める場合については、この項本文の規定により定める数を下回る数を、当該場合に係る一学級の児童又は生徒の数の基準として定めることができる」という一文が加えられた。

また、「義務標準法」では第一七条に、「高校標準法」では第二三条に「教職員定数の短時間勤務の職を占める者等の数への換算」の項目が新たに創設された。さらに、「高校標準法」では、教職員定数の算定方式に関して、それまでの学級数を基礎とするものから、「生徒の収容定員」を基礎とする算定方式に改められた。

3　三〇人学級を求める全国的な運動

教職員配置の在り方等に関する調査研究協力者会議の報告に対し、『毎日新聞』の社説は次のように述べている。

「公立小中学校の学級編成の在り方などについて文部省の協力者会議が先日公表した報告は、現場から強い要望の出ている少人数学級を退け、現行の四〇人学級を維持するものになった。教科別の少人数授業を打ち出すなど、苦心の跡はうかがえるものの、小手先の改革という印象は否めない。先進国の中では、異様に多い四〇人学級を二一世紀も貫くという重大な選択をしたにしては、報告の根拠は薄弱で、説得力に欠ける。

いじめや不登校、学級崩壊、考える力の低下など、学校教育の問題現象は近年深刻化している。さまざまな要因が複合した結果ではあるが、新しい時代においても四〇人のままで対応可能なのか、……（中略）……きめ細かな指導を実現するもっとも単純で確かな方法は、四〇人の削減である。……（中略）……なぜ四〇人なら社会性は育成され、三〇人ではダメなのか。少人数の方が、学習効果が上がるという研究もある。……（中略）……結局は、財政問題なのだろう。全国一律に三〇人学級を実現するには、一二万人の教員が必要で、年間1兆円かかるという。厳しい数字だが、例えば低学年から先行させ、負担の軽減を図るなど工夫の余地はある」[5]

社説の論調にもあるように、一学級四〇人を標準とする学級規模の縮小を求める声は小さくない。二〇〇一年三月の通常国会では、前述した法改正の政府案に対し、野党三党共同による三〇人学級の実現を盛り込んだ「公立義務教育諸学校の学級編制及び教職員定数の標準に関する法律などの一部を改正する法律案」の提出がなされた。衆議院本会議では三〇人学級の有効性や可能性についての趣旨説明がなされており、政府案に対する審議でも、文部科学大臣は「未来永劫四〇人学級を続けるということではない」と答弁している。このような背景には、子どもたちに対して豊かな教育環境を保障していこうとする父母や教職員による全国的な運動と切実な要求の蓄積がある。例えば、広範な運動の一つである「ゆきとどいた教育をすすめる全国三、〇〇〇万署名運動」は、各都道府県から集約された一九二四万一、六〇〇筆の署名を国会に提出するとともに、自治体キャラバンや国に対する意見採択、PTAや関係団体の要望書、各政党や全国市町村長会などへの働きかけ、その結果、自治体の意見書採択は一、五六九自治体、要望書はPTA会長をはじめ関係者から九九六枚、団体署名は八、〇〇〇を越える広がりを作りだしてきている。[6]

またこれらの運動は、単に三〇人学級が実現すればよいというものではなく、例えば、今回の改正で非常勤講師や短時間勤務教員の活用が強く押し出されてくることに対しては、「全国臨時教職員問題学習交流会」などを通して、非常勤の臨時教員と父母らが交流し、少人数学級を実現しつつ、正規教員を増やしていく重要性を確認しあっている。(7) さらに、少人数授業が習熟度別授業、学年の枠を越えた能力別授業へとつながることへの危惧や、教職員定数の算定方式を学級数から生徒の収容定員を基礎に変更した「高校標準法」についても、生徒数の減を理由とする教職員定数の削減につながることのないよう運動をすすめている。

二　学級規模の歴史と適正改善をめざす運動や研究

1　学級編制の変遷

わが国の学級規模の変遷に関しては、「明治維新以降、学級規模の適正化は教育条件改善の基本問題であることはわかっていた」とする伊ヶ崎暁生、三輪定宣らをはじめとするいくつかの研究がみられるが、ここではそれらを参考にして、学級規模の変遷を整理してみたい。

①　戦前における学級編制の変遷

まず、一八八二(明治一五年)年、各地方の教育水準をひき上げるため発行された『文部省示論』に、「一教場(級ヲ分テル学校以下同シ)ニ入ルヘキ児童ノ数ハ凡ソ六十人ヲ最多トス而シテ授業並ニ管理上ニ便ナルモノハ三十人内外トス」と学級規模についての記載がみられる。

次いで、小学校については、一八八六(明治一九)年の「小学校ノ学科及其程度」(文部省令)第五条において「尋常小学校ニ於テハ児童ノ数八十人以下、高等小学校ニ於テハ六十人以下ハ教員一人ヲ以テ教授スルコトヲ得」と、尋常小学校における一学級当りの児童の数は八〇人以下、高等小学校では六〇人以下とされた。

さらに、一八九一（明治二四）年の「学級編制等ニ関スル規則」（文部省令）では、その第二条で「一、全校児童ノ数七十人未満ナルトキハ之ヲ一学級ニ編制スヘシ。二、全校児童ノ数七十人以上百四十人未満ナルトキハ之ヲ二学級に編制スヘシ但七十人以上百人未満ナルトキハ之ヲ一学級ニ編制スルコトヲ得（略）」、一九〇〇（明治三三）年の「小学校令施行規則」（文部省令）では、第三十条で「一学級の児童数ハ尋常小学校ニ在リテハ七十人以下、高等小学校ニ在リテハ六十人以下トス」とされ、ここで、尋常小学校が七〇人以下、高等小学校が六〇人以下となった。

そして、一九四一（昭和一六）年の「国民学校令施行規則」（文部省令）では、第五十条で「一学級ノ児童数ハ初等科ニ在リテハ六十人以下、高等科ニ在リテハ五十人以下トス」と戦前末期に至り、ようやく初等科六〇人以下、高等科五〇人以下となった。

②　戦後における学級編制の変遷

（ア）　義務教育の学級編制基準

このようにわが国の学級規模は、戦前から五〇～六〇人が常識とされてきたが、戦後は、一九四七（昭和二二）年に「学校教育法施行規則」が制定され、その第一八条に「小学校の一学級の児童数は、五十人以下を標準とする。但し、特別な場合をのぞいては、この標準を越えることができる」とされた。

しかしながら、その後、地方財政の窮乏化と義務教育人口の激増、加えて任命制教育委員の影響などもあり、各県の学級編制基準は五五人を越え、さらには六〇人をゆうに越えるところさえ現れた。このような状況に対して、日本教職員組合は「すしづめ学級」の現状を訴える「学校白書運動」を展開するとともに、多くの大学や研究機関が調査や研究に乗り出すなかで、過大学級の解消に向けた取り組みが、全国的な運動となって広がっていった。

このような全国的な運動の広がりに、政府は、財政窮乏にともなう義務教育水準の低下に対処し、義務教育人口の激増による「すしづめ学級」の解消を図ることを目的として、一九五八年、「公立義務教育諸学校の学級編制及び教職員定数の標準に関する法律」を制定した。そして、その第三条において、小中学校ともに同学年の児童で編制する学級は五〇人とされ、複式学級、特殊学級及び盲学校、聾学校、養護学校の学級編制についてもそれぞれ標準が定められた。また教職員の定数に関しても、学校数・学級数を基礎とし、これに特別の事情等による加配数を合計して標準が定められ、国は、この法律によって定められた各都道府県の教職員定数分の給与費等について、義務教育費国庫負担制度と地方交付税交付金制度により、二分の一の財政負担を行っていくこととされた。

この「義務標準法」の内容は、翌年の一九五九年から第一次五カ年計画でその実現がめざされ、次いで、第二次五カ年計画、第三次五カ年計画へと引き継がれていくことになる。

一九六三年までの第一次計画期間に、学級規模は、ほぼ五〇人以下となり、同年、同法の改正では、小中学校とも「四五人」とすることが示され、第二次五カ年計画（一九六四年～六八年）において、その実現がめざされた。次いで、第三次計画（一九六九年～七三年）では、複式学級及び盲学校等の学級編制基準を、第四次計画（一九七四年～七八年）では、特殊学級と複式学級の改定の実施がめざされたが、第二次ベビーブームによる児童・生徒数の急増期にあたるとして、この期間の四五人学級の引き下げは見送られた。

「義務標準法」の改正によって四〇人学級が明記されたのは、一九八〇年であった。この四〇人学級は、第五次改善計画の中で実現されていくことになるが、途中、八二年から八五年は財政再建行政改革関連特例法の適用などにより足踏み状態となったものの、計画の最終年である一九九一年度には、公立小中学校で「四〇人学級」（上限四〇人）が実現されるところとなった。

その翌年（一九九二年）、文部省内に教職員定数の在り方に関する研究協力者会議が発足し、一九九三年一月「今後の教職員配置の在り方について」を文部大臣に提出、第六次計画の基調となった。

この報告は、小中学校においては、一学級当たりの児童・生徒数を縮小していくというそれまでの五次にわたる改善計画とは異なり、「学級規模と教育効果との関係は必ずしも明確ではなく、財政負担に比して学級規模の縮小の効果は必ずしも明確でない」として、学級規模はそのままにして、ティームティーチング(複数教員による協力的指導)等の新しい指導方法の改善を行うための教職員配置や生活指導困難校や不登校児童生徒の多い学校など、個々の実態等に応じて教員を加配する方式を導入した。

(イ) 高等学校の学級編制基準

高等学校においては、義務教育諸学校に遅れること三年、一九六一年に「公立高等学校の適正配置及び教職員定数の標準等に関する法律」が制定され、学級編制基準については、原則として普通科等にあっては五〇人、農業・水産・工業に関する学科等にあっては四〇人と定められた。一方、教職員定数については、生徒数と課程数とを基礎として、これに特別の事情等による加配数を加えて標準が定められた。この「高校標準法」も「義務標準法」同様に、その内容の実現が翌年の一九六二年からの第一次五カ年計画でめざされ、次いで、第二次七カ年計画(一九六七年~七三年)、第三次五カ年計画(一九七四年~七九年)、第四次一二カ年計画(一九八〇年~一九九二年)、第五次七カ年計画(一九九三年~二〇〇〇年)へと引き継がれていく。

第二次計画では、普通科における学級編制基準を四五人、定時制のそれを四〇人に引き下げたほか、盲学校等の高等部の教職員定数の標準を定めた。

第三次では、計画期間中の一五歳人口の急増を理由として、学級編制基準を据え置き、第四次においても、第二次ベビーブームのため同様の措置をとった。

全日制普通科等で四〇人学級が記されたのは、一九九三年の五次計画においてであり、同時にこの計画では、特殊教育諸学校の学級編制標準の改善とともに、多様な教科・科目の開設等に応じた加配制度の創設や新しいタイプの高等学校・学科への加配制度の創設などが盛り込まれた。

2　学級規模の適正改善をめざす運動や研究

「すしづめ学級」の解消をめざした学校白書運動に始まる日教組などの四〇年にわたる自主的教育研究運動の実践や研究は、「過大学級は全体として学力低下だけでなく子どもたちの学力格差を拡大し、子どもと教師の人間的、教育的接触をさまたげ、教師のてづくりの変化にとむ豊かな自主的教育活動を困難にし、子どもの精神的、身体的、社会的発達を不完全なものとすること[8]」を指摘してきた。学級規模縮小の歩みは、こうした運動や要求と制度上の標準とが相まって進んできたと言える。

杉江修治は、一九九二年の教職員定数の在り方に関する研究協力者会議の報告の基調に対する疑問から、一九五〇年代後半から一九九〇年代前半までの学級規模に関する二〇を越える実証的研究を一つ一つ丹念に検討し、これらの蓄積の中から学級規模の適正規模について、次のような結論を見出している。[9]

「学級を単位とした学習指導法の場合は、ほとんどの教科で二〇〜三〇名規模の学級が児童生徒の学習内容の習得の上で効果的である。この規模はまた、児童生徒の相互作用から得られる多様な経験の習得をも見込めるものである。」

杉江は、このような結論から、一九九二年の協力者会議の報告に対して、「学級編制の標準を変更する」ことと「多様で柔軟な指導方法が工夫できるような教員配置」とを「二者択一的に選択すべきではなかった」とし、バーンアウト現象に象徴される教職員の現代的状況から判断しても、「学級規模縮小をもっと進めるべきであった」と述べている。その上で、「児童生徒の実態、教師の指導観・指導方法、教科・教材に応じて学校が選択、判断できるような、学級編制における現場の自由裁量を認めるシステムが考えられてよい」と指摘している。

三　地方自治体における学級編制の新しい動向

1　学級編制に向けた都道府県の動向

二〇〇一年四月の「公立義務教育諸学校の学級編成及び教職員定数の標準に関する法律」と「公立高等学校の適正配置及び教職員定数の標準等に関する法律」の改正以降、都道府県・市町村で独自に少人数学級を導入していこうとする動きが出始めている。

文部科学省のまとめた結果をみても、まず、児童生徒数が一定数以上の場合に学級編制を弾力化する例として、秋田県、新潟県、広島県、愛媛県、鹿児島県の五県があげられている。これらはいずれも、小学校一、二年生で、三〇人から三五人を学級編制の上限としている。また、山形県、千葉県、京都府、大阪府、兵庫県では、生活指導上の問題など特別の事情がある場合に学級編制を弾力化するとしている[10]。

その後、山形県では、この先二、三年を目途に県内すべての小中学校に三〇人学級の導入をめざすことが示され、続いて、埼玉県、福島県、長野県、北海道においても、少人数学級を導入していこうとする動きが出てきている。ちなみに、福島県では、県内すべての小・中学校の一年生で三〇人以下の学級を編制するとし、小中学校で習熟度別やT・Tによる指導の充実を図るため一四年度は、学級増に向け、新たに約四〇〇人の正規教員を県単独で配置、関係経費約一八億円を計上するという。

さらに二〇〇二年度から、政令指定都市の教育委員会においても自主的に公立小中学校の学級編制基準と教職員定数を設定できるよう制度の見直しが検討されており、すでに仙台市では、全小学校の一年生に非常勤教員を配置し、少人数指導やT・Tを充実させる方針が決まっているという。[11]

2　学級編制に向けた市町村自治体の動向

市町村自治体の動きも出てきている。「義務標準法」は、その第五条で「市町村の教育委員会は、毎学年、当該市町村の設置する義務教育諸学校に係る前条の学級編制について、あらかじめ、都道府県の教育委員会に協議し、その同意を得なければならない」と、事前協議制を定め、都道府県が市町村の意思を尊重することを可能としている。

埼玉県志木市は、二〇〇一年八月二三日、埼玉県に対し「小学校一、二年生における少人数学級導入の平成一四(二〇〇二)年度実施について」を要請し、その動向が全国から注目されているところである。要請は、「①小学校一年生、二年生における学級編制基準を現在の一学級四〇人から、一学級二五人程度（二〇人〜二九人）に引き下げること」「②このために、増員される教員の給与費等については、希望する地町村が二分の一を、県が二分の一を負担することとする財政措置を講じること」「③仮に①、②が困難な場合でも、志木市において実施できるよう何らかの措置を願いたい」の三つに及んでいる。

志木市によれば、市単独で導入する場合には、一年生のみで、増加予定の五学級分の担任は、非常勤教員を充て、必要経費の約五千万円を二〇〇二年度予算に盛り込むとする。こうした要請に対して、埼玉県教育委員会では、二〇〇二年度から現行四〇人である学級編制基準を引き下げる方向で検討しているという。[12]

3　地方分権推進下の市町村自治体の学級編制

ところで、学級編制と教職員定数の改善への動きは、すでに一九九〇年代に進められた地方分権推進のながれの中で、自治体独自の施策として展開してきている。田子健は、そうした自治体独自で進められる施策を常勤講師によるものと非常勤講師によるものとに分け、両者の事例を詳細に検討しながら、結果的に「当初は『三〇人学級』など、少人数学級を求めていた自治体であっても、次第に、第六次定数改善計画に示されたT・T加配の方式を採り、少人数授業を実現」していったことを明らかにしている[13]。

例えば、前者である長野県小海町は、少人数学級に対する町民の関心を背景として、すでに一九八五年から施策化を開始し、町立小学校二校について、一学年三七人以上の児童がある場合に、二クラスに分割する方針を示し、町費による常勤講師を毎年度配置してきた。これに対して、県教育委員会は、一九九八年から町村費採用の教員が担任を持つことを認めず、T・Tとして学習指導の補助として位置づけるよう指導を強め、その結果、一九九八年からは、一クラス二グループ制のT・T方式を採っている。

また、後者である千葉県浦安市は、市の基本施策に「二五人学級」を掲げて、一九九五年に独自の検討委員会を設けたものの、法制上市独自の教員採用ができないことから、二〇〇〇年度には、一億三〇〇〇万円の予算を充て、任期一年の非常勤講師（市の実施要項では「少人数教育推進委員」）を六〇名採用し、二五人程度の授業が実施できるようにしているものの、ここでも当初、少人数学級を実現しようとした市の主旨は達せられていない。

二〇〇一年四月の法改正及びそれをめぐる一連の学級編制改革が、地方分権の推進により学級編制がそれまでの法定受託事務から自治事務となったことと、今日の厳しい財政状況などを合わせて考えたとき、「自治体の裁量による少人数学級が実現する度合いに比べて、予算措置のなされる非常勤講師や退職教員の活用による『少人数授業』が、学校改革の焦点となる可能性のほうが高いことは、容易に予想のつくところである」ということになり、「三〇人学級」など、学級規模そのものを引き下げることにつながるかどうかは疑わしい。

四　今後の教育行政としての課題

学級規模の縮小問題は、常に教育改革の中心的な課題であり続けてきたが、今日それは、「三〇人学級」に求められるような少人数学級を制度的に実現していくのか、それとも非常勤講師等を多用した少人数授業を実施していくことで代替していくのかの大きな転機にさしかかっていると言える。前項でも述べたように、せっかく都道府県や市町村に学級編制の独自施策の可能性を広げたものの、予算措置の伴わない弾力化措置は、結果的に、非常勤講師等を多用した少人数授業の実施へと向かいやすい。そこで、教育行政の課題としての第一は、都道府県や市町村が独自に少人数学級編制をすることができる予算措置を講じることであり、そのためにも、「三〇人学級」などの少人数学級編制を法律に規定していくことを挙げたい。

加えて第二は、杉江も指摘していたように、児童生徒の実態や教師の指導観・指導方法、教科・教材などに応じて、学校が独自に決定できるような学級編制における学校現場の自由裁量を広げていくことである。「すしづめ学級」の解消に最初に声を上げたのは、他ならぬ現場の教師たちであり、その後も、研究者たちと並んで、学級の適正規模に関する実証的な研究や調査が数多く出されている。非常勤講師や退職教員の活用や多様で柔軟な指導方法への工夫が、現場にどのような影響をもたらすのか。まずは、学級規模の縮小を実現して、教師の側に時間と意欲を作りだしてから、これらへの対応を考えて行っても良いのではないだろうか。

そして第三は、子どもをはじめとして、父母、住民の要求を直接的に反映させる形で、少人数学級編制が進められる必要があるということである。周知の通り、教育基本法第一〇条は、教育は国民全体に直接責任をもって行われるものであるとしている。『教育基本法の解説』は、この「直接に」の意味を「国民の意思と教育とが直結してということ」であり、「国民の意思が教育と直結するためには、現実的な一般政治上の意思とは別に国民の教育に関する意思が表明され、それが教育の上に反映するような組織が立てられる必要がある」として、教育委員会制度の重要性を指摘している。(14) まずは、学校、市町村教育委員会へ子ども、父母、住民の意思が直結される形で学級編制が進められていく必要がある。

（内田　純一）

第二節　公立小・中学校における学校選択制度
――東京における公立小・中学校選択制の展開を中心に

はじめに

二〇〇〇年度、東京都品川区の小学校において初めて導入された公立学校選択制は、急速な勢いで都内全域に広まりつつある。二〇〇一年度には、品川区が中学校において、日野市・豊島区においては小・中学校において同時に施行された。二〇〇二年度以降、足立区・江東区・多摩市で小・中学校での導入を決めており、この他にも検討中の自治体が数多く存在する。ここ二～三年のうちに、東京都においては、従来からの指定校制度よりも、学校選択制の方が主流となるかもしれない。

そもそも通学区域は、戦後においては教育の機会均等の理念と結びつき、通学区域を地域に遍く設定することによって、いかなる場所に暮らしていても、必ずや平等に普通教育を受けることができるようにと構想された制度であった。

しかしながらこのことは翻って考えるに、教育努力の如何にかかわらず、通学区域制によって必ず一定の入学者を保障される学校にとっては、自己の教育活動を対象化し改善していく動機づけに欠くこと、保護者にとっては、何もせずとも「与えられる教育」という感覚を育てる温床となり教育への関心を失わせる制度であるとの批判がある。今回の学校選択制導入の動きは、こうした批判の延長上に通学区域制の持つ「歪み」を、保護者の教育権を「学校選択権」を軸に実質化することで、解消しようとするねらいを持つものである。

以下では、この公立学校選択制が持つ意味について、品川区の小学校の事例を中心としながら、制度のねらい通り本当に保護者の教育権を保障するものになるのか、そしてそのことが真に保護者・子どもの願いに沿った望ましい学校をつくる保障となるのかについて検討を加えてみたい[15]。

一　学校選択制導入の論拠

1　市場原理の導入と保護者の教育権の実質化

品川区の選択制導入の目的について、同区の若月秀夫教育長はNHKのインタビューに対し、①規制緩和などで言われている社会の変化等から、保護者が学校を自由に選択できる時代がくるべきであろうという考え方が社会に大きくあること、②現在、学校をめぐって指摘されている様々な問題・課題が学校の色々な努力にもかかわらず解決されておらず展望も見えない、それを突破するきっかけとしたい、と回答している[16]。ここにいう「規制緩和などで言われている社会の変化」とは、具体的には一九九六年一二月に出された行政改革委員会の「規制緩和の推進に関する意見

（第二次）」の提起のことである。同意見書は、現在、政府・文部科学省が推進する「教育改革プログラム」の中に、選択制の導入を取り入れるきっかけとなった提言であり、その導入の意義について、次のように述べている。

「子どもが自己を確立しながら多様な価値を認め合い、それぞれのびのびと学習するためには、特色ある学校づくりを進めていかなければならない。各学校は個性ある教育課程の編成に取り組むことなどに加え、教育を受ける側が何を求め、何を評価するのかを重視する必要がある。指定された学校以外の選択は困難という硬直した状況から、自らの意思で多様な価値の中から選択できる状況になるということは、選ぶ側の意識を柔軟にするとともに責任感を生じさせ、ひいては逃げ場のないために生じている不登校の問題の解決にも寄与していくと考えられる」。

すなわち、選択制導入が「選ぶ」・「選ばれる」という緊張関係を意識的に作り出すことによって、学校は生徒・保護者から「選択されるため」に自らを改善する努力を、保護者は従来の指定校制度の場合にみられるような「なりゆきまかせ」の態度から、否応なく迫られる「選択」という行為を通じて、子どもに対する責任の自覚と教育に対する関心を高めるようになる、というのである。つまり、選択制の制度目的は、市場原理と自己責任の原則を前提に、保護者が学校選択権を行使することで、子どもたちによりよい教育を保障することにある、というのである。

2　行財政改革と学校統廃合

しかしながら、選択制の導入は以上述べたように、保護者の教育権の実質化を軸とした学校教育の改革にのみあるのではない。そもそもが、通学区域の弾力化と学校選択制についての論議が行政改革委員会の「規制緩和」の討議から始まったことからわかるように、少子化によって規模の小さくなった都心の学校を統廃合することによって、地方行財政改革を推し進めようとする意図があることも忘れてはならない。

例えば、日野市においては選択制の導入が、「日野市公立学校適正規模、適正配置等検討委員会」の中で統廃合にからんだ適正配置の論議のなかから唐突に提案され、選択制の意義について十分に論議されないままに学校選択制構想の導入だけが決定され、むしろその意義については後追い的に確認されている[17]。また、足立区でも学校選択制が論議となる場合には、常に学校統廃合計画や地域再開発事業との関係が取りざたされている[18]。本稿では、この側面についてはこれ以上詳しく触れないが、こうした例から考えても、学校選択制の是非についての検討の際に、その導入の背景として、地方行財政改革にからんだ教育外要因からの導入圧力についても十分に注意する必要がある。

二　東京都における制度展開

1　学校選択制の類型

ところで一言に「学校選択制」と言ってもその類型は幾つかに分けられる。一つは、純粋に制度的な導入とは言えないものであるが、通学区域の規制を緩めることによって事実上の学校選択制を実施するものである。この典型的な事例には、九六年から九八年までの三年間、東京都足立区において実施された事例がある[19]。この間、同区では指定校変更基準を緩和することによって、制度的には通学区域・指定校制度を維持しながら、事実上の学校選択制を推し進めた。なお、このタイプは、表立った制度的な改編を伴うのではなく運用の変更によってなし崩し的に行われるため目立たないが、東京都の幾つかの自治体では程度の差こそあれ、すでに現実化している現象である。

二つ目の類型は、制度的導入の例である。これは、前述の事実上の選択とは異なり、一定のルールの下に学校選択の自由化を推し進めるものである。この前提には、学校を「特色」あるものにすることによって学校間の差別化を図り、もって保護者の選択の基準として選択制を推し進めようとする考え方が存在する。

この制度的導入については、さらに二つの類型に分けられる。一つは「小規模特認校制度」導入による学校選択制の例、もう一つはいわゆる典型的な「学校選択制」である。

前者の小規模特認校とは、自然環境に恵まれた小規模の小学校や中学校で、心身の健康増進を図り、豊かな人間性を培いたいという保護者の希望を踏まえ、通学状況や生活指導面など教育的な配慮の上、市内に住んでいる児童生徒が、通学区域に関わりなく、誰でも自由に入学申込をできる小・中学校をいう。[20] 通常は、自然環境の豊かな地方都市に置かれるが、都内でも八王子市にその例が見られる。この類型は、なし崩し的な事実上の選択制とは違って、保護者の学校選択権を正面に掲げてその論拠としているが、これは当該自治体の公立学校全体に適用される原理として採用しているのではなく、あくまで特認校にだけ認められる例外的な扱いである。

そして、制度的導入の後者の類型、すなわち典型的な「学校選択制」が、現在、東京で導入がすすめられている学校選択制モデルである。このモデルが、従来の「通学区域の弾力化」による事実上の学校選択制や、特認校による選択制と最も異なる点は、保護者の教育権の保障を論拠として、原則的にすべての公立学校に対し、例外なく適用されることにある。この制度の導入によって、保護者・子どもは、特別の事情を必要とせず、指定された選択範囲から自由に学校を選ぶことが可能になったのである。

最後にあげたこの類型には、より具体的には、全区域（市域）からの自由な選択が可能な「ア、全域制」（例えば、品川区中学校の場合）、全区域（市域）を特定のブロックに分けその中での選択を可能にする「イ、ブロック制」（例えば、品川区小学校・日野市中学校の場合）、隣接する学校のいずれかを選択する「ウ、隣接区域制」（例えば、日野市小学校・豊島区中学校の場合）などがある。この類型は、このように自治体ごとによって多少の違いはあるものの、いずれの場合にせよ、①学校の特色化を前提としており、②保護者の教育権を実質化するものとして「学校選択権」を論拠として、③原則として全区域（市域）の公立義務教育学校に例外なく適用されるという点に大きな特徴がある。

2　学校選択制の制度構想

さて、ここで実際の制度構想を検討してみたい。上記のようにその性質上、学校選択制は「特色化」と強く結びついているため、品川区の制度においてもその点が強く意識されている。同選択制は、実は単独で計画されたものではなく、品川区の教育改革総合計画である「プラン二一」の一環として計画されている。[21] このプランは、「通学区域のブロック化」とともに、「特色ある学校づくり」を進めることを掲げており、この「特色」を基準として、子ども・保護者は自分自身に、あるいは子どもにとって最もふさわしいと考える学校を選択するという構想になっている。

選択できる範囲は、小学校と中学校では異なる。小学校では、区内四〇の公立小学校を四つのブロックに分け、それぞれのブロックごとに選択をすることができる。ブロックを越えての選択は、この制度を使ってはできないが、従来の指定校変更制度を使って変更することも可能である。中学校の場合は、区内全域から選択することが可能であるが、この制度によって一つの学校への移動は四〇人に制限されており、これを越えて特定の中学校へ集中した場合には抽選となる。

ところで、ここに言う学校の「特色」づくりは、在学生の要望や教職員の意見、あるいは学校のある地域の特性や要望によってつくられるのではなく、区教委の示すモデルを参考に、校長の経営判断の下に形成されるものであることに注意を要する。区教委は、現在のところ、教育課程改革モデルとして、①習熟度別学習推進校、②教科担任制推進校、③国際理解教育推進校、④小中連携教育推進校、⑤公開授業推進校、⑥福祉教育推進校の六つのモデルを示している。校長はこれらを参考に自校の特色を決め、これを学校経営方針として定め、この方針の下、各教員はこれに適合する教育計画を作成し、校長の管理職としての指導・命令と監督を受けながら、実際の教育を進めることになっている。

以上のように、品川区の構想では、具体的な教育内容や方法にまで及ぶ強力な権限を有する学校長の「リーダーシップ」という名の徹底した学校管理体制の下に、学校の「特色」化がおし進められ、これを基準に学校選択制が導入されようとしているのである。もっとも、この校長の「リーダーシップ」も決して校長の主体的な判断にのみ依拠しているわけではない。そもそも区教委が教育課程改革のモデル・手引きを示す「メニュー方式」を採用していることから、学校長の判断それ自体がすでに、厳しく教育委員会の意向に縛られているからである。したがって、学校長の意向はその背後にある区教委の統制の下にあり、実際には学校長を通じた教育委員会の意向の隅々までの徹底が意図されていると言っても過言ではないだろう。このことは東京都の他の「教育改革」（例えば職員会議の諮問機関化、人事考課制など）の動向と軌を一にしており、現在進められている「学校選択制度」は、その建前はどうあれ、学校を全構成員の参加による共同体組織から、「教育委員会―校長」ラインによる管理・統制組織へと変容させる側面があることも見逃してはならない。

三　選択動向をめぐって

1　学校選択制による移動の動向

品川区二〇〇〇年度の区立小学校進学者のうち指定校以外を選択した者は一八・六％、二〇〇一年度二二・四％であった。[22] 二〇〇一年度初めて実施された中学校においては二四％が指定校以外に進学をした。選択制の導入以前に比べると、学校ごとの入学者の集中度に大きく差が見られるようになり、両年度とも、実際の進学者が予定者の半数以下になってしまった学校から、二倍近い人数が集まった学校まで大きな差が出た。小学校二〇〇〇年度・二〇〇一年度の両年を比較すると、その差は開く傾向にある。

入学者の移動については、両年度とも、「落ち着きがある」「進学に有利」などのプラスイメージのある伝統校や、温水プールや冷暖房などの設備の充実した学校、中学校では特に部活動の充実した学校へと入学者が集中し、逆に小規模校・荒れの噂のある学校などが忌避される傾向にある。小規模校が敬遠される理由は、統廃合の対象になるのではないか、また人間関係が固定されるため「いじめ」などが起こりやすいのではないかという不安があるためである。

荒れの噂で忌避された典型的な事例には次のようなものがある。この学校では、二〇〇〇年度には入学予定者の半数以上が隣接の学校に流れた。同校では、前年度に、確かに高学年の一部に、落ち着きのない生徒がいたことは事実であったが、教職員集団と保護者の共同と努力によって、これを克服しつつあった。同校では、選択にあたっての学校説明会で、こうした事実をありのままに報告し、努力と取り組みの成果について公開すべきかどうかで議論があった。しかしながら事実の公表は、地元での「荒れ」の犯人探しにつながり、せっかく落ち着きを取り戻した生徒やそれを支える保護者達を傷つけ、現在ある学校との信頼関係を壊すことにつながるのでは、という意見が大勢を占めたために説明会ではこの事実に触れられなかった。このために、入学予定者の保護者から不信をかい、予定者の大量の流出を招いたと言われている。

本来ならば、どんな子どもに対しても、一人ひとり丁寧に対応し、その成長を通じて問題を克服しつつあったわけであるから、教育活動としては評価されてしかるべきであった。しかし、実際には、「荒れ」の誇張された噂が流れただけで、この学校は忌避されたのである。

2　保護者・子どもの実際の選択の基準

以上のように入学者の移動には、進学や荒れなどの学校イメージが大きな役割を果たしているということがわかる。実際、保護者は選択にあたって、決め手となった情報を「保護者どうしの噂」としたものが七割にものぼり、その一方で噂以外に決め手が無く六割が情報不足を感じているという。[23]

また、選択の際に重視した基準について見てみると、「通学の便」が最も多く、ついで「兄弟姉妹」「友人関係」が多く、同制度が本来の基準とした「学校の特色」を重視した者は少ない。[24] この点に注目するならば、同区の制度は、住民の一定の支持を得ていたとしても、制度理念から考えて必ずしも成功したとは言えない。言い換えるなら、現在までのところ、「上」からの人為的な「特色」づくりによっては、子ども・保護者の本当に望む学校は創られなかったということだろう。

では、子ども・保護者は学校に対して実際には何を求めているのだろうか。このことについては、区教委が昨年に実施した調査結果から伺い知ることができる。[25]

同調査によると、子どもたちは進学したい学校として、第一位が「いじめがない」、第二位が「友だちがたくさんいる」、以下、「勉強をしっかり教えてくれる」、「上級生が優しい」、「先生が優しい」ということを挙げている。保護者も、調査対象の学年によって若干異なるが、第一位・二位に「いじめや荒れの様子」、「子どもの友人関係」、第三位・四位に「教育活動の様子」、「通学の便」ということを挙げている。この結果からも、すなわち、子ども・保護者は、行政のめざすカリキュラム改革よりも、子ども達が安心してのびのびとした生活を送れる環境のある学校を理想としていることがわかる。

四　子どもの発達・学習権の保障と学校参加

1　継続的な学校参加制度の必要性

学校選択制が、品川区のように他の学校に対する優越競争だけを原理とする限り、自校に対する消極的な情報が地域に開示されることは難しい。なぜなら、不利な情報の開示は、入学者の忌避を招くだけだからである。また、入学時の生徒・保護者の「選択」の獲得のみが目標となるような現在の学校選択制度では、継続的なよりよい教育の保障よりも、選択時における好印象の獲得にのみ注意が向く傾向がある。実際、その後の推移を見ても、学校PR用のパンフレットの作成やビデオ、ホームページの作成等には熱心だが、制度がめざした学校教育の運営の在り方そのものについての根本的な改革の動きにつながったという事例はほとんど見あたらない。[26] それどころか、本末転倒にも、学校公開の時の部活動において、茶髪の子を「みっともない」と隠したり、学校公開の時のみ、普段の管理的な態度をゆるめる学校さえ出てきているとの報告もある。[27]

このことを選択する保護者・子ども達の立場から捉え直すとどうなるであろうか。上述のように、きわめて不十分な情報と継続性のない選択時「一度」だけの積極的な権利行使のシステムは、選択後の保護者の参加の意欲と、そして何よりも子ども自身の学校での主体的な参加を保障するものにならない。むしろ、自己責任が強調される中で、就学後の学校への不満は自己責任にあり受忍すべきものとして捉えられるか、あるいは保障された品質管理を行わない学校への外からの攻撃として作用するかのいずれかであると考えられる。現にある学校では、入学早々に「良い学校という評判なのでわざわざ選んで入学させたが、期待ほどではなくて失望している」等の激しい抗議電話があったという。

少々図式的かもしれないが、それはまさに見栄えのいい出来合いの商品の中から、誇大宣伝を信じて製品を購入して後悔する消費者そのものである。是正する手段を留保されず商品・サービスを購入した消費者は、その商品が信じたレベルを保障するものでなくとも受忍する以外に道はない。また、「優良」商品の購入者は、それが「優良」であると信ずるが故に、特にその品質の保持に関心を払わなくなるのが常である。

教育において「学校選択」と言う行為が、必ずしもストレートに「参加」意識につながることはないということは、何もこうした難しい理屈を示さなくても、高校への進学の例を考えるだけで十分である。高校はまさに進学するか否かを含めて、子ども・保護者自身が主体的に決定するにもかかわらず、義務教育諸学校に比べて特段に参加意識が強いとはいえない。

前述のアンケートに示されたような子ども・保護者が本当に望ましいと思う教育を当該学校で本当に実現するためには、子ども・保護者が単にできあがった「学校教育サービス」の消費者として存在するのではなく、日常的に学校そのものをともに創りあげる主体として存在していなければならない。そのためには、当該学校に有利な情報と並んで、克服されるべき課題が、常に子ども・保護者の当事者はもとより、その学校を支える地域にオープンにされている必要がある。そして、こうした消極的な点についての情報が、学校の忌避情報として提供されるのではなく、共に担うべき課題として共有されるためには、学校がコミュニティーの「外」にある消費される対象としての商品ではなく、自分たちが共に築くべき対象＝「私たちの学校」であるという地域の学校に対する共同と信頼の関係が存在することが不可欠である。

2　学校構成員のパートナーシップと地域のオーナーシップの形成

このような共同・信頼関係は、構成員の誰かが一方的に管理・統制を行う中ではけっして生まれない。地味ながら日常から、生徒・保護者を含んだ学校の全構成員による対等・平等なパートナーシップ＝自治的関係が形成され、あるいはその存立基盤である地域に学校情報が適切に公開され、直接に子どもを学校に通わせていなくても、地域が学校のことを「わがこと」としてとらえてくれるような関係、学校に対する地域のオーナーシップこそが形成されている必要がある。こうした関係を欠いたところでは、けっして学校改革の機運は生まれない。

教育の目的が、子どもの健全で人間的な成長・発達をめざすものであるとしたなら、保護者の教育権はこの目的の達成のためにあらゆる手段を講じることができる権利である。同時に、学習の主体である子どもたちが自らに適した教育を選択できることもまた当然のことである。その意味で、学校選択の論理にある子どもにより適した教育を選択し保障する権利は、行政によりも、むしろ本人・保護者に第一義的にあることは疑いのない事実である。しかし、このことをもって、子どもの学習権・保護者の教育権の保障のための他のシステムと切り離して、「学校選択の権利」のみを理念的に論ずることは意味をなさない。

品川区での実際の選択行動を見るとき、よりよい教育を求めて、「いじめ」や「荒れ」を忌避して、あるいは、より「落ち着いた」イメージのある学校へと移動している。しかし、こうした学校の雰囲気は学校の運営の中心となる教職員の移動や当該年度の入学者の雰囲気などによって、きわめて短期間に変わるものである。また、「評判の良い」集中校への入学者の極端な増加は一人ひとりの子どものおかれている状況を適切に把握することを困難にして管理強化と教育条件の劣悪化を招くことになる。入学年度の選択が、次年度以降の学校のあり方を保障するものではないし、そうした不安定な要因による入学者の増減は学校の計画的運営を大きく阻害する要因ともなる。

子どもの発達・学習権を保障し、保護者の教育権の実質を担保するためには、「学校選択」というこれらの権利の一側面のみを保障しても、ゆがんだ形にしかならない。子どもの発達・学習権を保障する公立学校における教育を創り出すためには、子ども自身と保護者・地域の継続的な学校参加によるオーナーシップの醸成と、校長の経営判断がすべてに優先される学校運営ではなく、全構成員による対等な関係の中での学校づくりをすすめる自治を保障するためのパートナーシップの確立をめざした制度構想が必要なのである。

（廣田　健）

第三節　高等学校の通学区制度をめぐる問題

はじめに――問題の所在

二〇〇一年六月二九日、国会において、教育改革関連法案が可決され、その中には、高等学校の通学区制度を規定してきた、地方教育行政の組織及び運営に関する法律（地教行法）第五〇条の削除が含まれていた(28)。この規定の削除により、都道府県教育委員会には、高等学校の通学区域を定める義務がなくなり、わずか一週間後の七月六日には、東京都の都立高等学校学区制度検討委員会が、都立高校の通学区を撤廃することを答申した。同委員会は、現行の通学区規定が、受験機会という点で、自学区と他学区の受験生に不公平感を与えていること、公共交通機関の発達により、現行の通学区と通学可能な地域とが乖離していること、そして、都立高校の個性化・特色化をいっそう進めるためには、学区を越えた学校の選択幅の拡大が必要であると、現行の通学区制度を批判的に総括したあと、中学校での進路指導が適切に行われる結果、また、通学に対する一定の自己規制が働く結果、特定の高校に志願者が集中することはないと分析し、さらに、世論調査などで、通学区制度の撤廃による学校選択の自由を支持する声が高いことから、通学区の撤廃を決めたと説明している。こののち九月一二日、東京都教育委員会は、この答申を受けて、二〇〇三年度より都立高校の通学区制度を廃止することを、正式に決定した。

近年、高等学校における通学区制度は、重要な論点であるにもかかわらず、あまり問題視されてこなかった。今回の地教行法の規定の削除についても、他の事項に比べると、相対的にあまり問題視されなかった感がある。そこには、高等学校の通学区制度以上に〝規制〟の強い、小・中学校の通学区制度が、各方面からその撤廃が指摘されているという流れもあるであろう。けれども、高等学校の通学区制度をどのようにとらえるかは、高等学校でどのような教育が行われるべきかといったこととも深く関係するものであり、高等学校を地域との関連でとらえる場合には、決して無視できない重大な問題だと考える。そこで、以下、高等学校における通学区制度の意義をとらえるためにも、その歴史的な変遷と、今日的な展望を述べてみたい。

一　高等学校における通学区制度の変遷

1　通学区制度とは何か

公立の高等学校における通学区制度は、はじめにもふれたように、二〇〇一年六月までは、次のように定められていた。

地教行法第五〇条

都道府県委員会は、高等学校の教育の普及及びその機会均等を図るため、教育委員会規則で、当該都道府県の区域に応じて就学希望者が就学すべき……高等学校を指定した通学区域を定める。（後略）（一九五六年）

小・中学校のように、それぞれの生徒に対して就学すべき学校を指定するのではなく、「(就学すべき……高等学校を指定した）通学区域を定める」としている点が異なる。すなわち、ある通学区域にはX高校、Y高校、……があり、そこに居住する者はその中の高等学校（のいずれか）に就学すべきであると定めているのである。高等学校への就学をこのように小・中学校とは異なって一つの学校に決定していない（一意的にしていない）のには、一つには高等学校の持つ多様性が挙げられる。義務教育である小・中学校とは異なり、高等学校においては、普通科、工業科、商業科、農業科など、それぞれが独自性を持った学校が存在しているからである。

しかしながら、この条文中の「高等学校の教育の普及及びその機会均等を図るため」という文言には注目する必要があろう。通学区制度は、単に受験競争を緩和するためにあるのではなく、教育の機会均等が第一の目的である。そして、文部省通知においても、全県一区の通学区制度は認められていなかった。(29) このことは、現在の状況を考える上では、見逃せないことである。

ところで、国立や私立の小・中学校および高等学校においては、通学区というようなものは基本的に存在しない。それぞれの学校が独自に規則として定めている例はあるが、市外からであろうが、さらには県外からであろうが、まったく自由なのがふつうである。したがって、通学区制度の問題は、基本的には公立の学校における問題である。けれども、少なくない割合の学校が私立学校である今日、通学区制度のない国立や私立の学校の存在が、公立学校の通学区制度に与える影響は小さくない。以下において検討する通学区制度は、公立の学校、とりわけ公立の高等学校に関するものであるが、後述するように、参加型・地域型の学校を指向するのであれば、私立学校に対してもその考察は参考になるものと考える。なお、以下「小・中学校」および「高等学校（高校）」という表現は、原則的に公立の学校を指すことにする。

2　高校三原則

今日のような六・三・三・四制が採られるようになったのは第二次世界大戦後のことであり、戦前の高等学校とは異なった新制の高等学校が発足したのは、一九四八年の四月のことである。この新制の高等学校は、その目的を「中学校における教育の基礎の上に、心身の発達に応じて、高等普通教育及び専門教育を施すこと」（学校教育法第四一条）と定め、戦前の複線化・多元化した教育制度を否定し、中等教育を単線化・一元化する機能を持っていた。さらにまた、義務制ではないものの、希望する者すべてに開かれた学校をめざしていたことも、以下の文書などから窺える。

文部省「新学校制度実施準備の案内」

「高等学校は、希望する者全部を収容するに足るように将来拡充して行くべきであり、……。希望者全部の入学できることが理想であるから、都道府県及び市町村等は高等学校の設置に対して努力してほしい。」（一九四七年）

文部省「新制高等学校実施の手引」

「将来においては、なるべく多くの新制高等学校ができて、希望者がもれなく進学し得るようになることが望ましい……。」（一九四七年）

このような「希望者全入」を基本的なスタンスとした新制の高等学校においては、「高校三原則」と呼ばれる原則を見いだすことができる。それは、総合制、男女共学制、そして小学区制の三つの原則を指すものである。

総合制とは、一つの高等学校の中に、普通科や商業科などのいくつもの学科を設置する制度のことである。小学区制を敷く以上、一つの高等学校がさまざまな教育を行わなければならないということとも関連がある。

男女共学制とは、単に男女が同じ学校に通うということではなく、男女の教育の機会の均等を保障することである。戦前は女性の地位が男性に比べて低かったことから、憲法の「法の下の平等」（第一四条第一項）の精神や、「教育を受ける権利」（第二六条第一項）を保障するために、教育基本法第三条、第五条に、そのことは明文化されている。

小学区制とは、一つの通学区に一つの高等学校が存在するように通学区を定めることである。当時、通学区制度に関しては、教育委員会法（旧法）第五四条に、次のような規定があった。

「都道府県委員会は、高等学校の教育の普及及びその機会均等を図るため、その所轄の地域を数個の通学区域に分ける。（後略）」（一九四八年）

この通学区域の分け方を小・中学校と同じような形態にまで徹底したものが、いわゆる小学区制である。この小学区制は、アメリカの地方学区（school district）をその見本にしている。地方学区とは行政組織の一種であり、独自の財源として教育税を徴収するほか、学校の設置者として学校の管理・運営、学校予算の配分、教職員の任免・配置、カリキュラム基準の設定、教科書の採択などを行っている。占領軍はこうした学区制度を日本でも行おうとしたが、結果的には通学区としての学区制となったと言われている。[30][31]

確かに小学区制はアメリカの制度を取り入れたものであるが、小学区制が〝理想〟とされたのはそれだけの理由からではない。先にも引用したように、当時の高等学校は、希望する者には誰にでも開かれていたものであった。それゆえに入学者の選抜は「害悪」とまで言われていたのである。[32]このような高等学校の制度的位置づけゆえに、すべての若者に高等学校教育を保障するためには、小学区制がもっとも望ましいと考えられたのである。すなわち、小・中学校における義務教育は通学区制度によってすべての子どもに保障されると考えられるが、それと同様の考え方が高等学校にも適用されようとしたのである。

しかし、新制高等学校の単線化・一元化の理念、そしてそれを実現するための高校三原則も、男女共学制以外は実際にはそれほど徹底されなかった。

小学区制は、後述する総合制の原則の後退と学校選択の自由への要求がその実現を困難にしていった。もともと、新制高等学校は、旧制の中学校、高等女学校、実業学校などを母体にしており、各学校ごとに伝統や評価には大きな違いがあった。それを機械的に平等な新制高等学校としても、そのことを素直に受け入れることは難しかったのである。文部省調査によると、小学区制は、一九五二年には二三県あったが、一九五七年には八県に減少し、一九六四年にはわずか三県になっている[33]。

総合制も、次々に解体された。新制の総合制高校では、職業教育に必要な施設、設備、教員の不備、それに戦前の中等教育観のために、そこでの教育は普通教育に偏ったものとなり、職業教育は軽視されがちであった。また、都市部においては規模の小さい総合制高校がいくつも存在し、この状況は総合制の効率の悪さを表わすこととなった。このような職業教育軽視に対する職業教育関係者からの反対は大きく、すでに一九四九年には教育刷新審議会が「職業教育振興方策について」の建議を出し、その中で、「新制高等学校の画一化を避け、職業教育に重点を置く単独校を多数設置すること」と提言した。さらに、一九五一年には、占領期間中の勅令や政令を再検討するために設置された政令改正諮問委員会が「教育制度の改革に関する答申」を行い、その中で、

「総合高等学校はこれを分解し、普通課程学校又は職業課程学校の何れかに重点をおいてその内容の充実をはかること。学区制は原則として廃止すること。」

と述べている。

このように、小学区制の崩壊と総合制の崩壊は、それぞれがリンクし合いながら進んでいった。総合制が解体されて普通高校と職業高校に分かれることになれば、そこに必然的に学校選択が生じる。それでもそれぞれの普通高校、職業高校が別個に通学区域を指定されれば、いちおう小学区制ということになるが、そのような複雑な形態は採られず、普通高校においては、中学区制ないしは大学区制が導入され、職業高校においては、全県一区の通学区制が導入されていった。[34]

結果として、総合制高校が普通高校と職業高校に分かれ、同時に通学区域が広がっていくことは、中学校と高等学校の間に高校入試という〝垣根〟をつくっていくことになった。そして、今日的な表現で言えば、高等学校の偏差値による序列化が始まっていったのである。

3　高等学校の多様化と通学区域の拡大

高校三原則のうち、小学区制と総合制の崩壊が進む中、高等学校のありようは、次第に高度経済成長の影響を受けるようになってくる。その一つの表われが、工業科を中心とした高等学校の多様化であり、もう一つが、「能力主義」的序列化である。歴史的には、「能力」（才能）とは、血統が支配した身分制社会に対する批判の原理として位置づけられ、一九世紀末の、社会の民主化への動きと国家的統合の必要という二つの契機が、能力の原理を前面に押し出すこととなった。しかし、能力の原理は、その後、能力以外の差別を退けるという意味から、能力による差別の原理へと転化し、財産や社会的尊厳の配分の不平等を、能力差に基づく当然のものとして容認するイデオロギー性を帯びてくるようになってきた。[35]

このような「能力主義」的傾向は、一九六一年から実施された全国一斉学力テストにも見られ、そして、それが、高等学校の序列化へと引き継がれていく。一九六三年には、文部省により、「高等学校の目的に照らして、心身に異常があり修学に堪えないと認められる者その他高等学校の教育課程を履修できる見込みのない者をも入学させることは適当でない」という「適格者主義」の考えが打ち出され、さらに、「普通科の通学区域の定め方については、一つの通学区域内に数校の高等学校が含まれるようにすることが適当である」とされ、小学区制は完全に否定されたのである。

この結果、当然のことながら、全国各地において、高等学校への受験競争が激しくなり、それに対する取り組みの中で、東京都の学校群制度や、総合選抜制度などが、広がりを見せた。(36) しかし、総合選抜制度に対しては、例えば、東京都の学校群制度に対しても、現在でも評価は分かれている。確かに、この制度により都立高校に向けての過度な受験競争は抑えられた。けれども、学力的に高い受験生が学校群となっている都立高校を避けて、通学区制度のない国立や私立の高等学校に進学するようになり、都立高校からの有名大学への進学者が激減するようになったという批判も聞かれる。何をもって高等学校教育を評価するか、その価値観の違いが学校群制度に対する評価を決定しているように思われる。そしてまた、受験競争、広くは高校入試制度を考える上で、公立の高等学校だけに焦点を当てていたのでは問題の解決は難しいことの端的な例でもあった。

今日、われわれが高校入試を考える上で、そしてまた、通学区制度を考える上で、受験競争を抑制するということは、確かに、一つの目的かもしれない。一九五一年の文部省通知に載せられた「入学者選抜の根本問題」と題した次の文章は、この問題の解決のために通学区制度の果たす役割の大きさを認識させてくれる。

入学者選抜の根本問題

「以上のことを考えると、現在の高等学校入学者選抜方法を解決する方法は既に決定されているといわなければならない。すなわち、なるべく多くの志願者を入学させることと、適切な学区制を実施して、志願者を各高等学校に均分させることである。もとより、これの実施は決して容易でなく、種々の障害と困難が伴うものであるが、しかし、この他に根本的に解決の方法がないことは戦前の経緯からみても明らかであると断定してよい。」

けれども、今日、学校群制度や総合選抜制度は、その受験競争を抑制する機能は評価するにしても、全国的には、廃止ないしは縮小の傾向にある。この原因を探るとき、そこには、受験競争の抑制だけが目的とされ、高等学校の地域性の問題と通学区制度とのつながりに関する認識が、不十分であったように思われる。この点については、最後にもう少し検討してみる。

さて、高等学校の「能力主義」的序列化と、それに抵抗する形での全国各地においての取り組みが進む中で、一九七〇年代以降、「新しいタイプの高等学校」と呼ばれる高等学校像が描かれるようになってきた。「新しいタイプの高等学校」とは、一言で言えば、高等学校の個性化・特色化ということであり、従来の工業科を中心とした高等学校の多様化を、工業科などに限らず、あらゆる面で多様化を進めたものと言うことができ、例えば、中・高一貫校（中等教育学校）、普・職一体化を図る学校（総合学科高校）、単位制の高等学校といったもので、一九八〇年代から九〇年代にかけて、現実に設置が進められてきたことは、周知のとおりである。

この「新しいタイプの高等学校」の出現により、高校入試のあり方、そして、通学区制度にも、大きな影響がもたらされた。高校入試については、各高等学校が個性的になるためには、そこに入学してくる生徒も各高等学校ごとに個性的でなければならない―ということが、基本的な前提となり、したがって、高等学校自体が多様化し、個性的になればなるほど、入試制度も多様化しなければならないといった論理が展開され、「選抜方法の多様化、選抜尺度の多元化」（文部省高校教育改革推進会議（一九九三年））に基づいた選抜が基本となってきた。通学区制度については、一九八四年の文部省通知において、

「通学区域の設定に当たっては、生徒の居住地によって高等学校受験の機会が大きく異なることのないように

留意し、特色ある高等学校の学科等については、可能な限り広い範囲から受験できるようにすることが望ましい。」

と、教育の機会均等ではなく、言うなれば、「受験機会の均等」が示され、この結果、総合学科高校や全日制単位制高校などの、多くの新しいタイプの高等学校は、通学区域を全県一区にすることが一般的となっている。

確かに、多様な高等学校の中から生徒が自分の個性に合った高等学校を選び進学していくというのは、一つの姿である。けれども、個々の生徒の個性と個々の高等学校の個性が調和的に対応する保証はどこにもない。しかも、選抜方法の多様化とは言っても、現実には学力中心の選抜があくまでも主体であり、結果的に通学区域の広がりが高等学校の偏差値的序列をいっそう大きくしているのが現実なのである。生徒の個性に合った高等学校教育を保障するならば、ただ単に多くの多様な高等学校を設置し、その中から受験生に選ばせれば済むというものではない。そこには、生徒・親の参加を基本にした、学校づくりといった視点がまったく見られないのである。

そもそも、戦後の新制高等学校発足時の理念に従えば、高等学校はすべての者に開かれたものでなければならないはずである。現在の入試制度がそのような基本的な権利を保障したものであると果たして言えるのかどうかは大きな疑問であり、また、そのような理念を実現するために、通学区制度は存在していると考えられるのである。

二　高等学校における通学区制度の今日的展望

今日、高等学校の個性化・特色化の流れは、いっそう進んでいる。それは、一九八〇年代の臨時教育審議会（臨教審）以降の「教育の自由化」の表われでもあり、そしてまた、一般的な規制緩和の流れとも重なりを見せている。例えば、小・中学校における通学区制度は、以下のように、その撤廃が主張されている。

経団連社会本部人材育成グループ「創造的な人材育成に向けた規制緩和の推進」

「現在の一学区一校制を柔軟化するとともに、選択の機会を拡充することを原則として、就学学区を拡大して、学区にある数校から、学校選択ができるようにする。」（一九九六年）

行政改革委員会「規制緩和の推進に関する意見（第二次）」

「基本的に、保護者等に子供を通わせたいと思う学校を選択する機会は制度的にも実態的にも保障されていない。」（一九九六年）

そこでは、ことさらに「選択の自由」が強調され、小・中学校における通学区制度が、すべての子どもの教育機会を確実に保障し、逆に、子どもや親が学校選択の自由を行使しなくてもよいように、すべての小・中学校の教育条件を均質かつ十分に整備する義務を国や地方自治体に負わせているという視点が欠けている。つまり、裏を返せば、もし通学区制度がなければ、学校ごとの条件整備格差を容認することにつながるということが、見逃されているのである。

一方で、小学区制や総合選抜制度の衰退により、学校選択の自由が現実にある程度保障されている高等学校の通学区制度については、それはすでに〝規制〟とは見なされていないためか、小・中学校の通学区制度ほどには、注目を集めなかったが、しかし、二〇〇〇年に、行政改革推進本部規制改革委員会は、「規制改革についての見解」として、高等学校における通学区制度について、次のように述べている。

「公立高等学校の通学区域の弾力化を進めるため、通学区域を設定することを規定した地方教育行政の組織及び運営に関する法律（……）を見直し、通学区域の設定等を設置者である都道府県等の自主的な判断に委ねるべきである。」

はじめにもふれたが、二〇〇一年六月に、地教行法のこの規定は削除された。この「規制改革についての見解」が与えた影響は、無視できないであろう。

以上のように、通学区制度は、基本的に「選択の自由」を奪う〝規制〟の一つと見なされており、教育の機会均等という意義は、無視されている。と言うより、例えば高等学校においては、すでに九七％の者が高等学校に進むのであるから、機会均等は達せられているという、安易な理解にとどまっている。しかし、果たしてそうなのであろうか。先にも述べた、国や地方自治体に対する条件整備義務の視点がないことも、機会均等の理解が不十分である一つの点であるが、もう一つ、高等学校の場合、九七％の者が進学するということと、すべての者が進学できるということの、決定的な違いが認識されていないように思われる。それはつまり、九七％という数字が、中学生の大衆心理に、高校に進まなくてはならないという強迫観念を与えていること、そして、入学定員の存在が、高校に進めない三％の「不適格者」をあえて生み出しているということである。

戦後の新制高等学校の理念に従えば、高等学校はすべての者に開かれていなければならないものであったが、すべての者に開かれているということと、九七％の者にだけ開かれているということは、決定的に違うのである。基本的に、すべての者に高等学校教育を受ける権利は保障されるべきであり、一方で、中学校卒業時点で高等学校に進学しないという道も、高等学校を義務制にしない以上は、尊重されるべきで、そのためには、少なくとも「希望者全入」の制度的保障が必要と考える。

そしてまた、その制度的な保障として、小・中学校にならい、高等学校における通学区制度が重要な役割を果たすのである。地教行法第五〇条にあった、そしてまた、旧法の教育委員会法第五四条にもあった、「高等学校の教育の普及及びその機会均等を図るため」という文言は、今日においても重要な意味を持つものであり、繰り返しになるが、九七％の者にだけ開かれている今日、いっそう、その役割が期待されなければならないものである。

通学区制度は、受験競争を緩和させるためだけのものではない。残念ながら、通学区制度が、このような狭い意味でしかとらえられてこなかったことが、戦後初期の小学区制の未定着、さらには、学校群制度や総合選抜制度の衰退につながっていると、一つには考えられる。そこには、高等学校の地域性の視点が不十分であった。そしてまた、生徒や親の学校参加の視点が欠けていた。今日でも、学校の「地域への開放」や「地域との連携」というような言葉だけは見聞きするが、しかし、生徒や親の学校参加を制度的に位置づけ、それによって、学校づくりを進め、高等学校の地域性を深めていくことは、やはり十分とは言えない。高等学校以上に地域と密接している小・中学校においても、それはまだ不十分であろう。

より小さな通学区制度が、高等学校の地域性を助長することは明らかである。例えば、地域ごとに、特定の高等学校（総合学科高校が望ましい）への進学を保障することは、高等学校の地域性や生徒・親の学校参加を考慮した場合、前向きに検討されてよいことである。[37] さらにまた、高等学校を、小・中学校と同様に、都道府県のものから市町村のものへと〝分権〟化する展望も開かれよう。通学区制度には、このような可能性や意義が含まれているのであって、それを撤廃することは、高等学校教育の本来の機会均等の道筋を閉ざすことを意味するのである。

今日、教育の市場化が、徐々に進んでいる。もはや、教育は、豊かな経済生活を営み、優れた文化を展開し、人間的に魅力ある社会を持続的・安定的に維持することを可能にするような社会的装置、すなわち「社会的共通資本」[38]とは認識されていない。それは、小・中学校においてすら、そうなのであるから、ましてや、高等学校においては、なおさらの感がある。市場化や規制緩和、そして、「選択の自由」のもと、人々の教育格差は進行する。国や自治体に対する義務規定すら、〝規制〟として撤廃されていく。望むべくは、高等学校における通学区制度の意義が、各自治体によって、再度とらえ直されることである。[39]

（小宮山弘樹）

第四節　教員の人事考課

はじめに――勤務評定から、人事考課への転換に直面して

教員の勤務評定は、一九五六年から全国一斉に広がったのであるが、それから四〇余年を経過して「教員の人事考課」という用語で、一九九〇年代の後半に教員評価の問題が再浮上してきた。その発端になったのは、一九九八年に東京都教育委員会が「教員の人事考課に関する研究会」[40]（以下、研究会と略す）を設置したことであった。研究会は翌年三月に「これからの教員の人事考課と人材育成について～能力開発型教員評価制度への転換」という報告書を取りまとめ、東京都教員委員会はこれをうけて、二〇〇〇年四月から新しい「教員の人事考課」制度を導入し全国の注目を浴びることになった。

同報告書の中身には、この四〇余年の間の経済や教育の世界における激変が色濃く反映されている。いわゆる日本型労務政策が崩れ、民間企業で従来の年功序列型賃金に対し業績主義賃金の導入が進行し、また教育をめぐる問題でも中途退学者の激増や学級崩壊、あるいは子どもの学習嫌いや学力問題が重大化してくるようになり、こうした情勢の激動が背景にあったことが報告書の第一章「教員の人事考課についての現状と課題」に書かれている。

しかしもともと教員の資質や評価の問題は、教育の営みを向上させることと切り離しては考えられない課題である。それを教員の「人事考課」という名前で、人事管理のツールという性格を与えて導入した時、果たして教育の営みの充実や、現在の教育の難問解決に有効な力を発揮していくであろうか。

教育の問題と賃金の問題を合理的に結び付けることの至難さもあって、その功罪について、現在なお大きな論議が交わされているところである。

諸外国の例も多々紹介されているが、例えば個人の業績のメリットペイから始まった米国の諸州の場合も、形成的評価へ向かったり学校奨励方式へ向かったり様々で、一九二〇年代から一九九〇年代に至るまで試行錯誤の連続で、定見が示されたとは言えない状況である。(41) それだけに、二一世紀に入りこれを実施する場合には、その前提として教育の条理を踏まえて十分に検証を尽くしておくことが、重要な課題となろう。

以下、一九五〇年代の教員の勤務評定導入と、一九九〇年代の東京都の教員の人事考課の導入について簡潔に振り返り、今後の検証を深めるべき諸課題の整理を行ってみたい。

一　一九五〇年代末に始まった教員の勤務評定

1　教員と勤務評定

第二次大戦後、国立学校の教員は国家公務員法、公立学校の教員は地方公務員法の適用を受けるようになり、その勤務評定については、国家公務員法の第七十二条、地方公務員法の第四十条に定められた。その内容を地方公務員法で紹介すると「任命権者は、職員の執務について定期的に勤務成績の評定を行い、その結果に応じた措置を講じなければならない」と定められていた。その勤務評定の根本基準については、一九五二年に人事院規則一〇―二で整えられ、第一条で「人事の公正な基礎資料の一つとするために、職員の執務についての勤務を評定し、これを記録する」ことが述べられていた。

これが教員にも全国一斉に実施されるようになったのは、一般職公務員よりも遅れて、一九五六年以降となり、その発端は愛媛県からであった。

2　愛媛県の勤務評定

一九五六年は、六月三〇日に「地方教育行政の組織及び運営に関する法律」(以下地教行法と略す)が公布され、教育委員が公選制から任命制に変わった年である。またちょうど地方財政危機が広がった年でもある。愛媛県では財政再建計画の立案に迫られ、その中で県職員と教職員の給与の昇給財源を三割削減することを明らかにした。[42] 愛媛県教育委員会は、能率給的昇給制度導入の基礎資料作成を理由にして、同年一一月に「小中学校職員の勤務成績評定要綱」を作成した。評価項目は、①勤勉、②積極性、③責任感、④速度、⑤確実性、⑥注意力、⑦理解力、⑧知識と技術、⑨規律、⑩整理整頓、の十項目で、一級から五級までに序列化することになった。その導入の賛否をめぐる勤評闘争が激しく展開され、愛媛県では業務命令、処分、与野党の斡旋、という経過をたどり、終結したのは翌年末の一二月一二日であった。

3　「勤評試案」の内容

その直後、一九五七年一二月二〇日に都道府県教育長協議会が「勤評試案」を決定して公表した。その内容は、

A・勤務成績～職務の状況、特性と能力、勤務状況

B・適性・性格、C・特記事項、D・総評

という内容であった。[43] ここでは、教員の適性・性格の中で教育愛や、寛容・品位などその人の特性まで、勤務評定の対象になっていた。この案の公表の後、教員の勤務評定導入の問題は全国に広がり、愛媛に続いて特に東京、群馬、

和歌山、高知などでは、推進の立場に立つ教育委員会と、反対の立場に立つ教職員ならびに教職員組合が厳しく対立した。[44]この問題はさらに与野党の議員や保護者・地域住民・学者・文化人にまで広がり、一九五九年に入ってようやく大半の都府県で収束した。

4　勤務評定と教育の条理

このように教員の勤務評定の実施が困難を究めた原因は、何であったのだろうか。この中には、いろいろな要因があったと思われるが、一点だけ述べておけば、「何のために教員の評価を行うのか」という目的についての合意がなかったことにある。愛媛県の場合は、財政再建計画により昇給財源の三割減が先に有り、教員の評価が「はじめに人事管理と賃金ありき」で始まってしまい、「はじめに教育の向上ありき」という立場にたった教育条理を踏まえた検証に、今日の時点から見て未熟さがあったといえよう。

二　二〇〇〇年代の人事考課の背景

1　教員の人事考課導入の経過

①　まず都職員への導入から

次に、勤務評定実施から四〇年を経過して、東京都で再浮上してきた教員の人事考課の導入経過を見ておきたい。一九九九年三月に、前述の「教員の人事考課に関する研究会」から出された報告書は、教員の評価に「自己申告書」と「業績評価表」を導入することを柱にしていた。しかし、この二つの手法はすでに教員以外の都職員には一四年前から採用されていた手法であった。[45] これが背景にあったことは、同委員会の報告書が第一章を「国、都及び民間企業における人事管理の動向」から書き始めていることからも明白にされている。では都職員に「自己申告書」と「業績評価表」が導入されたのは、どのような理念でなされたのであろうか。この点については、東京都人事制度研究会から公刊された「地方公共団体における実践的人事考課」[46] の中で明らかにされている。

② 古今東西の評価の検討

それを見ると、同研究会は人事考課制度の設置に役立つものは、古今東西を問わず諸資料に当たっており、例えば、わが国の人事考課の起源は、八世紀前半の「律令制度」の確立にまで遡るとしている。[47] この中で「徳義有聞（とくぎきこえあり）」など四つの評定要素による「善」と、職務に応じた四二種の着眼点による「最」などを紹介している。

さらに同研究会は、現代の人事考課についてさまざまな評価方法を例示し、例えば『成績順位法（成績の序列化）』『分布制限法（五段階評価）』『陸軍評定尺度法（特定人物を基準にした評価）』など一六種類を紹介している。

③ 業績評価表を導入し、適用職員の拡大へ

その上で現代の企業の中で採用されている業績評価による人事考課の良さを強調し、その特質を整理している。すなわち「日常生活の中でもよく『あの人は、よい人だ』という相互評価をしている」が、このような場合は、「個人の経験や人生観、人間観にもとづく恣意的な評価基準によって行われるものが多く、利潤をあげるとか公共の福祉の向上を図るなど一定の目的を実現する組織体にはなじまない」として、「組織体における人事考課は、道徳主体としての人間や倫理的存在としての人間の価値を判断するものではなく、あくまでも組織に対する価値、割り当てられた仕事の担い手としての価値を見るものである」[48] として客観的・合理的な評価を強調している。

実は後で述べるが、このような人間の人格と切り離して評価をする業績評価の概念と、教師の中に骨肉化された真

理が「教師の人格を通して」子どもに伝わって行くという教育の営みについての評価の概念とは、次元が違うものと言えた。この違いを持つ評価を、新しい人事考課では重ねてしまった所に、その後激論が誘発される震源地があったのである。[49]

東京都は一九八六年に「活力ある都政をつくる懇談会（都知事の諮問機関）」の答申を受ける形で、行政職員について「業績評価表」と「自己申告書」による人事考課制度を開始した。そしてこの手法が教育職員の中に導入されたのは、まず校長や教頭などの管理職からであった。それは一九九四年に管理職の勤勉手当が、成績で差が付けられるようになった翌年のことであった。[50]そして一九九八年に「教員の人事考課に関する研究会」の設置へと進んだのであった。

三　東京都の教員の人事考課の実際

1　教員の場合、もう一つの背景

教員の人事考課の背景は、こうした国や都及び民間企業の人事管理だけではなく、もう一つの背景を見ておく必要がある。それは前述の研究会報告書が第二章で「学校教育を取り巻く状況と教育改革への取組み」を取り上げていることからも明らかなように、いじめや学級崩壊、中途退学などの課題山積と、国や都による教育改革への対応という意味があった。これとの関連で、教員の人事考課が必要であるというのが研究会の報告のもう一つの主旨であった。

東京都教育委員会は、研究会の報告を一九九九年三月に受け、「教員等人事考課制度導入に関する検討委員会」[51]での検討を経て、同年一二月一六日に「東京都立学校教職員の人事考課に関する規則」「東京都区市町村立学校教職員の人事考課に関する規則」を制定し、二〇〇〇年四月一日から、教員の新しい人事考課制度を実施した。

2　新設された内容

東京都教育委員会は新制度について、①自己申告書を導入、②従来の絶対評価に加えて相対評価も行い、結果を給与等の処遇に反映させる。③主任の意見も参考にできるようにした、という三点を旧制度との相違点としてあげている（一九九九年一二月一六日の教育委員会）。その概要を教育委員会規則、実施通知、実施要領、一問一答[52]に基づいて整理すると、次の通りである。

〈その一・自己申告書〉

まず自己申告書であるが、これは年に三回書く。四月に計画を書き、一〇月に修正し、三月にその成果について自己評価をする。年度当初に校長が学校経営方針を作成し、その方針に沿って教員はどう取り組むかという目標を書き「いつまでに、どのように、どの程度達成するか」などを具体的に書く。そして校長と教頭が本人と個人面接をして話し合い、指導助言をする。

〈その二・業績評価表〉

業績評価については以下のように、評価基準、評価者、評価方法、結果の活用、などが詳細に定められたが、本人開示や異議申立ての保障は今後の課題とされている。

①　評価の項目と評価基準

〈評価項目と評価要素〉

評価項目は、1　学習指導、2　生活指導・進路指導、3　学校経営、4　特別活動・その他、の四項目。それらに対して「能力」「情意」「実績」という三要素を設けて、合計一二の評価をS～Dで行う。

〈評価基準〉

［S］特に優れている　［A］優れている　［B］普通　［C］やや劣る　［D］劣る（例、［B］普通とは、「期待し要求した水準をほぼ充たし職務を遂行できる水準」とされている）

② 評価方法と評価者

〈絶対評価〉第一次評価者（教頭）　第二次評価者（校長）

〈相対評価〉評価者（教育長）

評価の着眼点を例示。校長は全員の授業観察を学期に一度ずつ行う。

③ 評価の結果の活用

＊絶対評価は、職員の指導育成に活用する。

＊相対評価は、当該教員の給与、昇任その他の人事管理に反映させる。

④ 本人開示や本人の異議申し立て

絶対評価について開示の範囲や時期について、制度の成熟度などを勘案しながら、検討中。

四　今後の諸課題

さて、このようにして開始された新しい教員の人事考課に対する「評価」はどうであろうか。現在東京都教育委員会人事部(53)や、各教職員組合(54)で様々な実態調査を行っているが、調査によって結論が大きく異なり、今後の検証が引き続き重要となっている。考察が必要と思われる課題を挙げておきたい。

1　教員の意欲と資質・能力向上のためのインセンティブは何か

教員の評価制度を転換するにあたって、最も問われているのはこの問題であろう。当然、教員の人事考課の実施者は、教職員のモラールを向上させ、「職員の資質能力の向上及び学校組織の活性化をはかることを目的とする」[55]と述べている。しかし、それに対する異論も出ている。

例えば朝日新聞の社説（一九九九年一〇月一八日付）は新制度について「学級崩壊ひとつとっても多くの原因が重なっており……事態に当面した教師は誰に言われるまでもなく必至に努力するはずだ」「給与に格差をつけて教員を駆り立てれば問題が解決する、というのは実態を正しく把握したものと言えない」と述べている。そして教育の取組みの上で起きている問題の解決は教育の論理で求めていくべきであって、その解決を上司が処遇をからめて教員を評価するという制度の導入に求めるのは「処方箋が違う」という主張を行っている。

また教育研究者からも「人間の基本的な欲求は、経済的欲求、社会的欲求、自己実現の欲求、生理的欲求などがある。物的報酬という経済的報酬は重要な要因だが、学校はこうした要因が支配する社会ではない。それを徹底すればするほど、学校の活気、勢いはなくなってしまう」[56]という指摘もある。

教育の現場からは「教師の働く意欲はどうしたら高められるのかが理解されていない。それは賃金の格差とか人事や処遇ではなく、ひとことで言えば『子どもの笑顔』に出会うこと」[57]であると言い、子どもの笑顔に出会えるような学校を、保護者や生徒も参加し、みんなで創造していける教育の場にすること。その方向で励ますのが教育行政の役割、という指摘もある。「教員の意欲と資質・能力を高めて行くインセンティブは一体何なのか」について、教育行政、教育現場、地域・保護者が垣根を越えてつき合わせ、徹底して合意を求めていくことがいま重要になっていると言えよう。

2　教員の評価は何を目的とすべきか――評価の賃金への連動をめぐって

教員評価の動機と歴史は、①教員のあるべき資質を求め、その資質と能力の向上をはかるため、②教員の人材確保のため、特に途中退職者防止対策（メリットペイ・米国諸州、スーパー教師制度・英国）、③賃金に評価を連動させて、教員の人事管理の効果をあげる（愛媛県の旧勤評）、など様々である。②、③は、数量的な評価あるいは相対評価で行われるが、この手法については「はじめに」でも述べたように諸外国でも試行錯誤が続いている最中であり、日本ではその未熟さもあって勤務評定が形骸化した要因でもあった。これに対して、①は主として、教員養成や現職研修とからんで、教員に求められる資質の研究の中から発達したものであり、必ずしも今回の人事考課のような、賃金に直結する数量的な評価を編み出すことを前提としていなかった。中には教師の力量を、「認知的力量」と「情意的力量」として、両面の概念に整理してとらえようとする研究[58]もあった。これは生徒の教育の場を考えれば当然のことで、教師の具備すべき特性の中には、人事考課にはなじまない教育愛や「ユーモアのセンス、正直さ」なども含まれ、教師には「千個以上の資質特性が要求されている」という研究[59]も出されていた。勿論千個の資質を全教員が同時に持つことは難しく、ここに、個性豊かな多様な教職員集団が個性豊かな子どもの教育には必要、とされる学校の性格がでてくる。この評価と、賃金（貨幣価値）に連動する画一的な基準による人事考課は、価値の概念に異質性を持ち、単純に重ね合わせた場合、関係者の意識に混迷を生み出しかねない。

そこで一つの方法として、ひとまず教員評価は賃金と切り離すこと、教育の仕事の価値を、教育の論理で評価するシステムを教育実践の中から発達させること、賃金との連動の是非については、そうした土台ができた上で関係者が合同で検討する、そうした慎重な方法もあろう。教員の評価については、評価者と被評価者の合意が前提にある場合に、初めて効果が期待されよう。

3　評価者、評価方法、結果の利用など技術的な問題

前述のように、ひとまず評価の目的を豊かな教育の創造と、そのための教員の教育実践の向上に限定し、人事管理や賃金とは切り離して行う場合は、評価者、評価方法、結果の利用のすべてが大きく違ってくることになろう。例えば「勤務評定に非連動を前提とした、生徒の授業評価（私立S高校）」「先生へのお手紙（私立D高校）」「授業の全校アンケートと教師の回答（長野県立T高校）」など様々な実践があり、この場合は教員の評価をあくまでも教育上の営みと位置づけて、評価を上からに限らず、横から（同僚）も相手から（生徒や保護者）も行い、これを交叉させることが可能となろう。評価方法も画一的な数量化や相対評価ではなく、言語による評価も可能になろう。結果の活用については、相互にやりとりをして、フィードバックのある教育現場の創造もできよう。

以上見てきたように、教育の内的事項に従事する教員の評価は、教育の営みに大きな影響を及ぼす。教育行政がこれを実施する場合は、国際的にもＩＬＯ・ユネスコの「教師の地位に関する勧告」の第一二四項があり、慎重さが求められる。[60]少なくとも、同勧告にある関係者の合意と、教育の条理に沿った検証が必要とされよう。

（山　田　　功）

第五節　職員会議の位置と役割

はじめに

組織を維持発展させるためには、組織の構成員が共通の目的を持ってその組織の運営に協力していかなければならない。

学校という教育機関においての共通の目的とは、第一に被教育者の成長・発達を促進させるために教職員がその使命感に基づいた意識を共有することである。第二に学校組織の円滑な運営を図るために人的・物的の条件整備を行うという意識を共有することである。

この共通の目的を達成するために、組織は構成員の意思の合意を図っていくことが求められる。意思の合意や機関決定を図るために組織は「会議」を行うことが重要なこととなる。

学校で「職員会議」を行うことは、その組織の維持発展に欠かせない。もし、校長の独断や教師たちがそれぞれ自分勝手に指導を行い、子どもたちや学校運営に混乱をもたらすようであれば、教育の目的の遂行に支障をきたすであろう。

日本における職員会議論は、後述するようにその運営のあり方をめぐって教職員組合と管理職の間で対立があった。そこで以下、職員会議の性格をめぐる対立を紹介しながら、学校における職員会議の位置と役割について述べることにする。

一　職員会議の位置

1　職員会議の法的性格

学校における職員会議は、大学を除いて二〇〇一年度まで法制化されていなかった。しかし、地方教育行政の組織及び運営に関する法律第三三条に基づき教育委員会が定める学校管理規則の中で職員会議を規定している自治体はあった。また、学校内部規程で職員会議を規定している学校も存在していた。

それが二〇〇〇年に学校教育法施行規則の改正により、同第二三条の二で（中学校は五五条、高校は六五条で準用）校長の主宰による職員会議を置くことができるように法制化されたのである。その趣旨は「設置者の定めるところにより、校長の職務の円滑な執行に資するため」と言うものである。ちなみに大学は学校教育法第五九条で「重要な事項を審議するため、教授会を置かなければならない」と義務規定として法制化されている。

校長の職務の円滑な執行に資するためという規定の根拠は、学校教育法第二八条三項の「校長は、校務をつかさどり、所属職員を監督する。」という規定に求めることができる。

2　内的事項と外的事項の対立

法制化される以前は、職員会議の法的性格はいわば教育における条理及び慣習的側面から解釈されており、しかもその運営方法をめぐって対立があった。

つまり、二〇〇〇年以前は「職員会議については、法令上、なんらの規定もないので、最終的には、会議の構成員たる教職員が学校運営についてどのような地位にあるかによって考えざる」をえなかったのである。[61]

職員会議の法的解釈の対立は、一つは、教職員集団の意思決定機関としての職員会議論。二つは、学校の教育事業を分担する補助機関としての職員会議論である。前者は、「学校運営において教育の内容面をなす内的事項を全校的に決定していくために、『教育をつかさどる』教師の教育権を束ね、『不当な支配に服することなく、国民全体に対し直接に責任を負って行われるべき』」という考え方が主な根拠となっている。[62]

後者は、教師は校長の指示、命令に従って仕事をしているのであるから、教師の意思よりは校長が学校運営に直接的に責任を有するというものである。これは教育の外的事項論につながるのであるが、その根拠は以下に示すとおりである。

文部省地方教育行政研究会編『全訂　教師の権利と義務』によれば「校長は学校全体の仕事を総括する立場にあるが、学校の仕事がスムーズに処理されるためには、校長は合理的な校内の組織（校務分掌組織、各種の委員会）を作り、適材を適所に配置することが必要である。本来、学校の職員は、校長の命を受けて、職務を処理する立場にある。法律上、教諭の職務が規定されていても（学校教育法二八条6項「教諭は、児童の教育をつかさどる」）具体的な職務内容は、校長の命令（学級担任、担当教科など）によって明定するのである。」（一二〇頁）ということである。

そして、「ただ、学校の運営について、校長が自己一人の知識や判断で決定することが最善の方途でない場合がある。事項によっては、職員の意見を徴し、その意見を参考にして、最終の意思決定をした方がよい場合がある。また、学校の教育事業は全職員の協力によって行われなければならないので、学校の方針や決定を全職員に周知徹底させることが必要である。

職員会議は、このような視点から、学校に設けられている内部機関である。すなわち、職員会議は、学校の運営を円滑にやっていくための機関であって、学校の意思を決定する議決機関ではない。」（一二一頁）。

これに対して、職員会議は議決機関であるという解釈は以下のように言う。「学校運営は、子どもの全面発達を保障する教育を目標として営まれるので、教師は授業においてだけでなく、学校運営においても専門的力量や創意の発揮が望まれており、しかも学校教育・運営が集団として営まれている。したがって、学校運営は、学校の教師集団の集団的自律に委ねられているというべきであり、職員会議はこのような教師集団の集団的自律を保障するしくみである。そのため職員会議は、学校の内在的管理事項については意思決定機関の性格を有し、校長は、職員会議の決定事項の執行機関となり、対外的意思表示のときは、学校を代表してこれを行う。」[63]

これは日本教職員組合が編集した『新教育労働者の権利』労働旬報社、一九七六年によるものであるが、この根拠は、校長は「職員会議の有力なメンバーであり、かつ教職のヴェテランおよび全校的とりまとめ役として指導助言権者であるから、職員会議で十分にみずからの意見をのべ、もし多数の意向に従いにくいときはその理由を克明にのべ問題提起をつづけていくというふうにすべきであろう。そしてそのうえでなされた職員会議の教育にかんする議決については、校長はそれに沿ってその学校としての教育責任を果していくという構えでなくてはならない。学校が〝教育自治体〟としての実態をもち、校長先生の見解に十分な教育論その他のうらづけが有るのであれば、かならず校長先生をふくむ職員会議の審議によって教育自治がなされていくはずなのであって、逆に、校長の一存と職務命令によってしか運営できないような学校は、もはや教育機関としての実体をなくしてしまっていると言うほかはない。」という理論に基づくものである。[64]

以上二つの理論は、前者の補助機関説は、学校管理理論からの立論であるし、また後者の議決機関説は学校自治論からの立論である。

さらに現在では、行政改革の理論的根拠となる規制緩和論による学校経営改革から、地方分権と学校の裁量権拡大をめざして校長のリーダーシップ論として学校運営における権限の拡大強化論として立論されてくるのである。

3　職員会議の法制化までの経緯

かねてより校長・教頭のリーダーシップ性の発揮による学校運営の重要性は主張されていたが、一九八四年に発足した臨時教育審議会は、その第二次答申「第四部、第三節、学校の管理・運営の改善」の項（一九八六年四月二三日）において「学校が、活力と規律を維持するためには、この相互信頼の基礎の上に、各学校に責任体制と校長の指導力が確立されることが重要である。ア、校長の在職機関の長期化と若手の管理職登用の促進を図るとともに、校長を中心とする責任体制の確立と校長の教員人事に対する意見具申の一層の活用等を図る。」と述べ、学校における責任体制の確立とともに校長の指導力を強化するよう求めてきた。

一九八七年四月一日の第三次答申はさらに踏み込み「校長は、学校の直接責任者として重大な責務を有している」。校長として最も重要なことは「幅広い人間性、教員として長年にわたる教育活動の蓄積や自己研鑽等を通じて得られる高度の職務遂行能力、そしてそれらを基盤として得られる信頼感である。校長には、今後とも信頼感を高めつつ、その職務に邁進することを期待したい。」と述べるのである。

これらの臨時教育審議会はその後の教育政策に大きな影響を与えるのであるが、その後の一九九八年の文部省の教育改革プログラムでは「現場の自主性を尊重した学校づくりを促進する」として「主体性のある学校運営の実現」として「①校長のリーダーシップの確立、②学校運営システムの改善、③父母や住民の意見を反映する開かれた学校づくり」をめざして具体的な政策と立法化のタイムスケジュールを策定した。

①の校長のリーダーシップの確立については「校長がリーダーシップを発揮して主体性のある学校運営ができるよう、教育委員会の学校に対する関与を縮減するとともに校長の権限を拡充していく」ことにし、②学校運営システムの改善については「学校の経営責任を明確化し、学校の自主性・自律性の確立を図るため、学校の管理運営組織の見

直しを図ること」にし、③父母や住民の意見を反映する開かれた学校づくりでは、「地域の実情に応じて設置者の定めるところにより、学校が父母や住民の意向を的確に把握し、これを学校運営に反映していく仕組み」について中央教育審議会で検討、審議することとした。

そして一九九八年九月の中央教育審議会答申「今後の地方教育行政の在り方について」では、（職員会議の在り方）の項において、

「イ　学校に、設置者の定めるところにより、職員会議を置くことができるとすること。

ウ　職員会議は、校長の職務の円滑な執行に資するため、学校の教育方針、教育目標、教育計画、教育課題への対応方策等に関する教職員間の意思疎通、共通理解の促進、教職員の意見交換などを行うものとすること。

エ　職員会議は、校長が主宰するものとすることとし、教員以外の職員も含め、学校の実情に応じて学校のすべての教職員が参加することができるようその運営の在り方を見直すこと。」

その後に（企画委員会等の活用）と続け、

「オ　各学校の実体に応じて企画委員会や運営委員会等を積極的に活用するなど組織的、機動的な学校運営に努めること。」と言うのである。

これらの経緯を基に、学校教育法施行規則の一部改正を行い、校長の任用資格と選考のあり方についての改正と職員会議の法制化、学校評議員制度の導入を図った。

そして、前述した教育改革プログラムにおける校長の任用資格と選考のあり方の見直しは、学校運営でリーダーシップを発揮し、組織的、機動的な学校運営を行うことができる資質を持つ優れた校長を得ることを目的とし、それまでの教諭の免許状を有する者が校長に任用される規定を緩和し、「特に必要がある場合には、都道府県教育委員会等がこれと同等の資質・経験を有すると認める者についても校長に任用できるものとする」としたのである。つま

り、教職経験者でなくても都道府県教育委員会が認知する者ならば校長になれるということになった。

先にも述べたが、職員会議は通常、各教育委員会が規定するところの学校管理規則で規定されるが、職員会議の規定のない地方公共団体が多い。[65] つまり、慣習法として職員会議は学校に設置されていた。そこで先に述べた教職員と管理職の間にその運営をめぐって対立を生じさせていたともいえる。

では、なぜ本法でこのような規定をせずに省令で行ったのか。

推測すると、本法規定だと改正議論で複雑な様相を示し、すなわち国会において激しく論争が繰り広げられるであろうから、国会で議論することなく制定できる省令で、ゆるやかな規定である「できるものとする」という形で落ちつかせ、実際の運営にあたっては校長の職務権限の法的根拠とするようにできる形にしたのだろう。これは、職員会議の機能は補助機関として存在するということを法制化したことを示すことになった。

しかし、学校自治が確立していくためには、学校はその組織風土にあった活動を行うことが基本的なあり方であるとするならば、学校を取り巻く環境の条件整備については、学校教職員が自ら判断し、決定する仕組みが成立していなければならない。

校長のリーダーシップの発揮により、つまり子どもの成長・発達を促進するために教職員が気持ち良く働け、さらには地域に学校が開放され、情報公開制度も整備されている、苦情処理についても的確になされるならば、大いにリーダーシップを発揮してほしいものだが、職員会議の意向を無視したリーダーシップの発揮では、校長の権限拡大の強化は危ういものになるだろう。

二　職員会議の役割——職員会議は何のために行うか

では、職員会議は何のために行うかという基本的命題について学校教育法施行規則第二三条の二に則って解釈をするならば「校長の職務の円滑な執行に資するため」という、「円滑な執行」とはどのようなことを意味するのか。文部事務次官通知（二〇〇〇年一月二一日）では「校長が、自らの教育理念や教育方針に基づき、各学校において地域の状況等に応じて、特色ある教育課程を編成するなど自主的・自律的な学校運営を行うこと」だとする。

校長が自らの教育理念に基づきというのは、当然に教育基本法第一条の教育目的を体現するための教育理念であるだろう。そうだとすれば、教育目的を達成するため＝子どもの成長・発達のためという教育理念が第一に校長になければならない。

もし、校長のリーダーシップを強調するあまり、組織の一員である教職員の意思を無視した方法で職員会議を主宰したならば、その職員会議の在り方は正しくない。どのような組織であれ、その組織を構成するメンバーの意思の尊重は重要である。そのメンバーがチームワークを考えず、自らの意思のみを優先させ、組織の共通の目的を逸脱するようなことがあっては円滑な組織運営は成立しない。ゆえに教職員自身も教育の目的・理念は日頃から共通化を図っていくことが重要である。そのためのコミュニケーションとしての校務分掌の持ち方は明確であるべきだろう。

そしてさらに、学校運営における意思決定の在り方は、子どもの実態、地域の実情にあった教育計画を立案し、組織で意思疎通をはかり共通の目的を策定し、その運営が機能的に運営されるようにし、さらに評価を経ていく過程で活きていくことになる。つまりプラン→ドゥ→アクション→チェックという過程を経ることが重要である。

三　職員会議の構成

職員会議は学校教育法第二八条の規定による教職員によって構成される。そして校務分掌上の各種委員会が組織され、個別の問題や課題形成を行い、最終的に全校で意思決定していくことが望ましい姿である。そこには常に報告・連絡・相談といった体制が確立されていることが重要であることは言うまでもない。

先の中央教育審議会答申は、構成を教員のみで行うことがないようにという答申を出しているが、給食や学校の施設管理等々から用務を担当する職員の参加も望ましい。

また、学校行事をテーマとした職員会議では、子どもの代表を参加させる、あるいは父母の代表を参加させる位のダイナミックな運営もあっていいのではないか。

四　職員会議の機能

職員会議で取り上げることは、学校の教育方針の決定、教育課程編成、生活指導の在り方、入退学の許可、進級・卒業の判定、懲戒処分、教職員の校務分掌、研究について、行事予定、施設管理、予算配分、対外関係、子どもの教育に直接的に関係すること等々が挙げられる[66]。

これはいずれも校長の補助機関としての職員会議では十分な機能を果たすことはできない。校長一人ですべてを決定することはできない。そこに働く教職員の相互の意思疎通と共通理解が得られて初めて十分な機能を発揮するといえるのである。

そして、その運営において「職員会議には多数決原理は適用しない」という論があるが、すべての協議事項において多数決原理を適用することは学校運営には確かになじまないであろう。教職員の意思が分かれたときの決定の在り方については、すべての教職員が意思を開陳し、納得がいくまで議論することが本来的には望ましい。例えば、生徒の処分をめぐる議題等では、担当教員の意思と本人の弁明をもって行うことを制度化し、最終的には校長の責任においてそのリーダーシップによる意思決定は尊重すべきであろう。

五　職員会議と裁判

職員会議の法的性格についての判例は、生徒の進級審議をめぐって争われた事件で「原級に留置かれることが生徒にとっていかに重大事であるかは多言を要しないところであって、その結果の重大性に鑑みると、原級留置きの決定をなすにあたっては、大多数の教員が出席した職員会議で審議を行うのが教育条理と考えられる」と、職員会議は教育条理として位置付いていると判示した判決がある（新潟地裁昭和四七年四月二七日決定）。この事件は、新潟県の私立高校に通う生徒が原級留置き処分を受けたところ、学校側が職員会議においてその処分を適正な手続きを経ないで行ったことに対して仮処分を申請したのが認められた案件である。

判決は、さらに進級判定を行うのは「職員会議で審議するのが学校の通例」であるとも言うのである。この裁判所の判断は、職員会議を行うのは教育条理と考えられるという、いわば校長の補助機関としての性格から判示していないことが注目される。

さらに、校務分掌を決定できるのは校長の権限か、が争われた事件で、裁判所は「校長は、少なくとも、全校的教育事項については職員会議を開催し、校長を含む教師間における十分な討議を経て決定するのが望ましく、右の手続きを経ない決定はその内容の当否に拘わらず、当然に違法とは言えないにしても、校務を円滑かつ適正に運営するうえで、相当の負担を強いられることになっても止むを得ない。」また全校的教育事項の決定については「個々の教師の教育活動と密接に関連するうえに、教育専門的知識・経験の豊富な専門家によって多面的に検討されることを要する事柄であることからすると、校長に最終的な決定権があるとはいえ、その一存で決定されるのは相当ではないというべきである。」と判示するのである（宮崎地裁昭和六三年四月二八日判決）。

学校における外部・内部を含めて最終的な意思決定は校長によってなされるのが普通だが、その一存で決定するのは相当ではないと、職員会議の役割とその重要性を認める判決として注目される判例といえるだろう。

以上挙げた裁判例では、職員会議は十分に審議をする機関であるということが読みとれるのであるが、学校運営において、特に生徒の身分に関する決定については、教育基本法の教育目的に沿った教育的配慮が当然に求められる。

六　学校運営と東京都の「主幹」職導入の動き

職員会議との関連でいま注視されていることの一つに東京都の「主幹」制度導入の動きがある。注視される理由は、学校職場のさらなる管理強化が憂慮されるからである。

東京教育委員会は、学校運営組織における新たな職『主幹』の設置に向けて検討し、二〇〇二（平成一四）年にその概要を公表した。学校は、現在、校長、教頭、主任、教諭という組織になっておりその役割は学校教育法及び同施行規則で定められている。

学校運営上で校務分掌の円滑化のためには「職階」制度は必要であろう。しかし東京都の主幹職は何を意図とするのであろうか。

東京都教育委員会は、「学校運営組織における新たな職「主幹」の設置に向けて」検討を重ねてきて、次のような概要を公表した。

「主任制度に関する検討委員会―最終報告―」

学校運営組織における新たな職「主幹」の設置に向けて（概要）

Ⅰ　学校運営組織の現状と課題

1　学校運営組織の見直しの必要性

21世紀を担う児童・生徒の健全育成のため、教育や学校の変革への期待が高まってきている。先行き不透明と言われる現在、これからの学校は、どのような課題に対しても、柔軟かつ機動的に対応していかなければならない。このため、下記の点に留意し、新しい学校運営組織の創造に努めていく必要がある。

○　課題に対する迅速・的確な対応

○　保護者や地域ニーズへの積極的な対応

○　教育の地方分権や課題の多様化への対応

2　現在の学校運営組織の問題点

様々な教育課題に対して、学校では、校長・教頭をはじめ多くの教職員が努力を重ねてきた。しかし、急激な社会変化や、それに伴う子どもや保護者などの学校教育への要望に対しては、必ずしも迅速・的確に対応してきたとは言い難い状況も多く見られる。

このため、以下の学校運営上の問題点を、今後の学校運営の改善の視点とすべきである。

○　意思決定のシステムが十分機能していないこと

○　教職員間に、「横並び意識」が存在していること

○　学校組織が、いわゆる「鍋蓋型組織」になっていること

3　現行の主任制度について

学校運営組織の問題点を解決するためには、指導・調整層である主任の役割が重要である。このため、東京都教育委員会は、主任制度を適正に機能させるため、近年になって次のような取組を順次行っている。

○ 授業持時数の軽減　○ 発令方式の改善　○ 企画調整会議の構成員
○ 主任研修の実施　○ 国（文部省）への要望

Ⅱ 新たな職の設置について

1 現行主任制度の限界

現行の主任制度は、権限、選任方法等の点で、以下のような制度上の限界があり、制度を学校に定着させる取組だけでは、望むべき学校運営組織の構築は困難である。

○ 監督権限を持たないこと
○ 主任が「職」として設置されていないこと
○ 主任としての能力の育成が難しいこと
○ 主任の職責に見合った教育職員給料表の級が置かれていないこと

2 指導・監督層に求められる職責

現在の学校運営組織に、経営層である校長・教頭と、実践層である教諭等との調整的役割を行い、自らの経験を生かして教諭等をリードしていく指導・監督層を設置する必要がある。

○ 教頭の補佐機能……学校運営に対する意見の具申や相談などによる学校運営の充実
○ 調整機能…………担当校務の状況把握と学年間や校務分掌間の調整
○ 人材育成機能………教諭等への適切な指導・助言と校内研修の実施
○ 監督機能…………適切な指示による担当校務の進行管理

3 新たな職の基本的な考え方

「学校教育法」及び「地方教育行政の組織及び運営に関する法律」に定める組織編制権に基づき、学校運営組織に、監督権限をもった職（以下「主幹」という。）を新たに設置し、教諭をもって充てる。

○　主幹の職責…………担当する校務に関する事項について、教頭を補佐するとともに、教諭等を指導・監督する。
○　主幹の任用管理……選考合格者を主幹級の職員として各学校に配置するなど、任用管理（異動等）を行う。
○　主幹の処遇…………手当ではなく給料として支給する。給料表に新たな級（特２級）を設け、主幹級職選考合格者等に適用する。

4　新たな職の設置時期

都立学校については平成15年4月より実施する。なお、東京都の公立学校の教育環境を一定水準に確保する必要から、小・中学校においても同時に実施できるよう、都教育委員会は今後とも区市町村教育委員会と連携を図る必要がある。

5　新しい学校運営組織に期待される効果

主幹を置くことによる主な効果としては、学校の組織的な課題対応力が高まり、保護者や都民の要望に迅速かつ的確に対応することができるようになる。また、校長・教頭とともに主幹が、教諭等を指導育成する役割を担うことから、計画的な人材育成が可能となり、学校全体の教育力を高めることができる。

このことによって、学校は児童・生徒に対して、より質の高い教育を提供することが可能となり、地域に信頼される開かれた学校づくりを一層推進することができる。

Ⅲ　学校運営組織への新たな職の配置

主幹を、学校運営組織に設置した場合の各校種別の基本的な考え方及び組織図（略）

Ⅳ　教頭職との関連について

主幹は、担当する校務について、教頭を補佐することを主な職責とする。このことから教頭の管理スパンは適正なものとなり、学校の管理職としての役割を十全に果たすことが可能となる。

Ⅴ　主幹選考について

1　選考の名称

「主幹級職選考」とする。

2　受験資格

「満38歳以上56歳未満、都教職経験10年以上」とする。
3　合格者数の設定
校種ごとに、必要な主幹数を算定し、任用及び異動管理上の計画に基づき合格者数を設定する。
4　選考方法
書類選考、業績評価及び面接とする。
5　選考の実施時期
異動事務作業、教育管理職選考の実施時期等から、7～9月頃とする。ただし、初年度（平成14年度）は、11月下旬から12月上旬の間に選考を実施する。
Ⅵ　主幹職の任用管理について
1　主幹への任用
①　昇任時の任用
現任校または現任校以外の学校等に異動の上、主幹級に任用する。

現任校で昇任する場合は、現任校における勤務年数にかかわらず、3年以内で異動させる。
②　ジョブ・ローテーションの実施
主幹は、原則として同一の主任を3年程度兼務することとする。また、校長は、主幹が同一校に勤務する間に、異なる分掌の主任を計画的に経験させることとする。
2　主幹の定期異動
①　異動方針
原則として、現任校における主幹としての勤務が6年を超える者を異動対象とし、8年になる者は必ず異動させるものとする。
②　異動方法
主幹職

概要は、現行主任制度上の限界を「監督権限を持たないこと、主任が「職」として設置されていないこと、主任としての能力の育成が難しいこと、主任の職責に見合った教育職員給料表の級が置かれていないこと」等々と指摘し、学校運営組織における指導・監督層に求められる職責として「校長・教頭と、実践層である教諭等との調整的役割を行い、自らの経験を生かして教諭等をリードしていく指導・監督層を設置する」必要があるとして、そのために主任ではなく新たに主幹職を設けるとしている。

その主幹の役割は、上記の通りである。主幹職の導入は二〇〇三年度からと予定されているが、学校の課題に対応する組織力の増強という視点からの設置であるならば、管理職を増やすよりも、学校教職員全員が自律しあいながらチームワークを形成し、円滑なコミュニケーションを図っていくことの方が効果的ではないか。組織が活性化するのは管理強化ではなく、職員が働きがいをもてる職場にすることである

おわりに

判例では、職員会議において「十分に審議」をせよという判示がされているが、今回の法制化によって職員会議が補助機関としての法的性格が明確にされたとはいえ、校長や教育委員会などの教育関係者は法的根拠を楯にして強圧的に学校運営をするのではなく、学校においては、校長、教頭、教職員間に意思疎通を図る人間関係が成立することを第一義的に認識し、その上で情報公開に耐える組織体制をつくることが重要になるだろう。なぜならば今後ますます学校教育の情報公開が教育責任の上からも重要になってくるからである。

そして「職員会議に意思疎通や共通理解などを通して審議の機能を持たせていかなければ職員会議を置く意味はない。審議機能を積極的に付与し、それに基づき校長が意思決定し、それを執行するという姿と形が職員会議の存在意

義だと考える」[67]ということを認識する必要があろう。

（入澤　充）

第六節　教育専門職制度と公民館主事制度の確立

一　教育職員の専門性と専門職制度——公民館職員の専門性とは何か

教育は、価値判断を伴う営為である。教育とは、住民・市民・国民がよりよく生きるために行う学習活動を援助する（促し、組織し、援助する）営みであるからである。人類は昔からそのような教育を求め、やがて、そのような教育をすべての人に保障するために教育の公費による整備を始めた。しかし、公費による教育いいかえれば公教育は、その内容が公権力によって支配される危険性を常に持つ。その苦い経験をわれわれは戦前の日本の教育に持っている。

この矛盾を解決する道筋は何か、すなわちすべての人に公教育を保障しつつ、なおかつその教育内容の権力支配からの自由を確保する方策は何か。そのために考え出された制度が教育専門職制度と教育の住民自治の制度なのである。教育基本法第一〇条は、戦前の日本の教育の深刻な反省の上に立って、次のように述べている。「教育は、不当な支配に服することなく、国民全体に対し直接に責任を負って行われるべきものである。」と。教育が「不当な支配に服することなく」行われうるためには教育専門職制度を確立する必要があり、「国民全体に対し直接に責任を負って行われる」ためには、すなわちそこで行われる教育が住民・市民・国民のよりよく生きる方向で役立つものとなることを保障するためには、教育の住民自治の制度（例えば、学校協議会や公民館運営審議会制度など）が必要なのである。

では、公民館職員の専門性とは何か。それは、「公民館職員が教育活動を営む際に『不当な支配に服することなく』自らの責任で価値判断を下すことができる専門的力量とそれを保障する制度の総称である」[68]このような公民館職員の専門性を確立するためには次の二点が同時に満足させられていなければならない。

その第一は公民館職員が、住民・市民・国民の教育要求に、彼らがよりよく生きるのに役立つ方向で、応えることのできる専門的な力量を身につけていることである。

第二は、公民館職員のこのような専門的力量が自由にかつ十分に発揮できるような諸制度が確立していることである。

ところで、ここでは公民館職員という言葉を使っているが、本来ならば公民館主事というべきであろう。それも、例えば教員免許状や、司書や学芸員の資格などと同様に専門職としての公民館主事、すなわち法（さしあたっては社会教育法）によって定められた資格を持つ専門職員としての公民館主事である。この点については三項で改めて触れる予定である。

また、公民館職員には専任、兼任、非常勤の別があり、非常勤の職員には、公民館指導員、社会教育指導員、生涯学習アドバイザーなど多様な名称の職種がある。しかも、最近の地方自治体の行財政改革のあおりを受けて、専任よりも兼任、常勤職員よりも非常勤職員が増える傾向にある。公民館職員の専門性を問題にする場合は原則として専任の公民館職員、そして理論的には前述のような資格を持つ公民館主事を前提に論述することになる。兼任職員や非常勤職員では兼任や非常勤であるがゆえに専門職としての職務を全うすることが困難であることが多いからである。

（奥田　泰弘）

二　公民館職員の専門性——公民館職員に求められる専門的力量とは何か

公民館活動の範囲と内容は、基本的には住民の要求に依拠するものであって、そのめざす目的や内容も多種多様であり、その範囲も広範囲におよんでいる。そうした活動を通じて、住民自身が自己を形成していく営みを援助する役割を担う公民館職員に求められる専門性は、公民館活動を行っていくために必要な単なる知識や技術の問題としてとらえられるべきではない。確かに、主催事業を企画するときには、一定の社会認識や社会問題を見つめる視点が必要であり、学級・講座の開催時には、司会、進行のために必要な知識と技術が必要とされる。さらに事業終了後には、評価のための力量が要求される。また、公民館だよりやチラシ作成などの広報活動を行う時には、編集やレイアウトの力量が必要とされる。そして、サークル活動や団体活動に対する相談や具体的援助を行う時には、サークル活動や団体に関する知識や話し方のテクニックなどが必要とされる。そうした個々の活動に必要な知識や技術は、公民館職員として当然身につけていなければならないことであるが、それは、公民館活動における個別課題に対応するために必要な力量としてとらえられるべきであって、公民館職員の専門性とは、全く別個のものとして理解されなければならない。

次頁の図の⑴の部分に相当する公民館職員の専門性は、図の⑵の部分に相当する個別課題に対応できる力量を、土台の部分で支えている内実のことであり、それは公民館活動のすべてにかかわる基本的な力量として位置づけられるものでなければならない。そして、公民館職員の専門性は、公民館職員に求められる専門的力量としてとらえることができる。公民館職員に求められる専門的力量は、おおよそ、次の五点に集約して考えることができるのではなかろうか。

図１　公民館職員の専門性とは

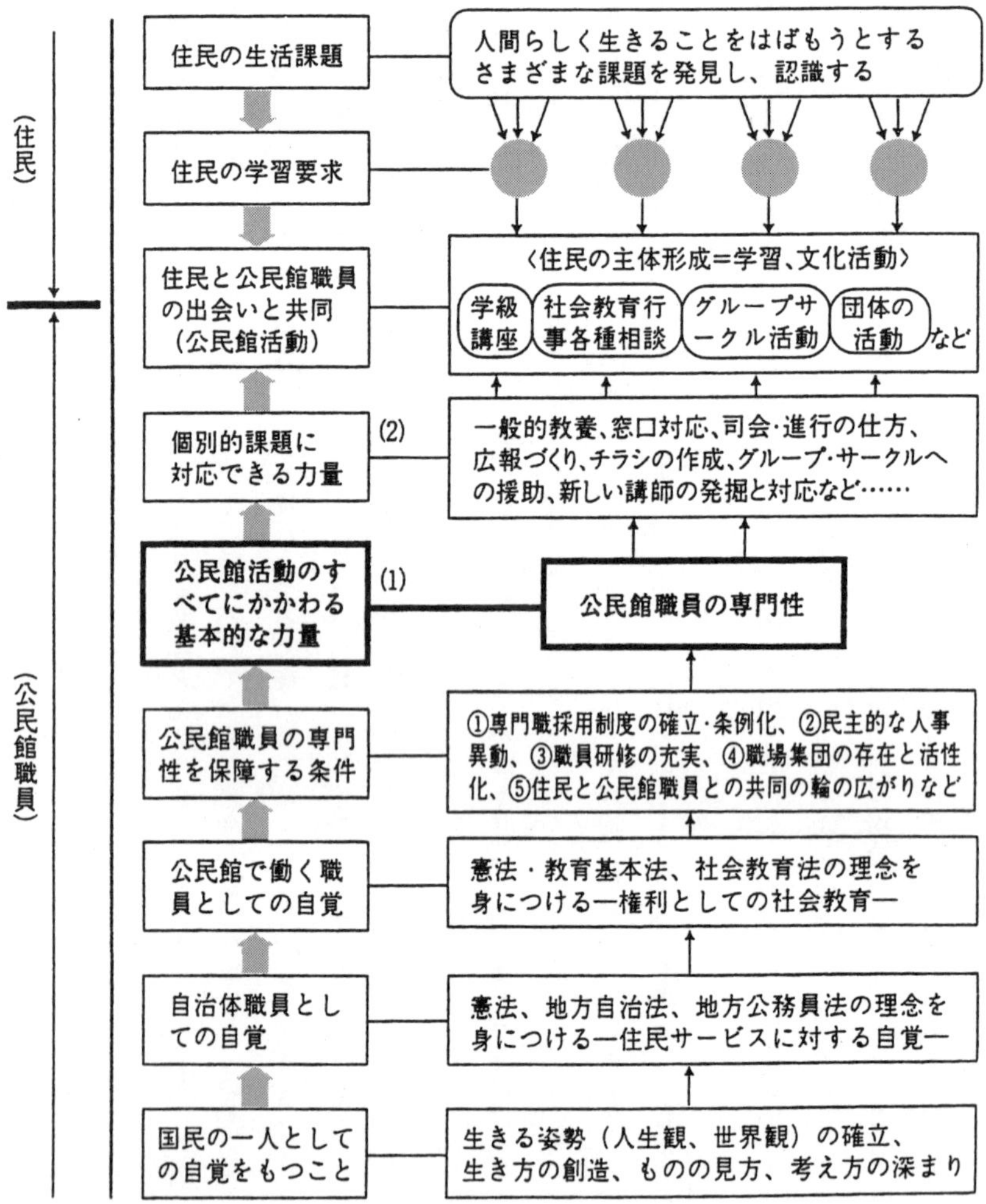
(住民)
(公民館職員)
住民の生活課題
人間らしく生きることをはばもうとするさまざまな課題を発見し、認識する
住民の学習要求
住民と公民館職員の出会いと共同(公民館活動)
〈住民の主体形成＝学習、文化活動〉
学級講座
社会教育行事各種相談
グループサークル活動
団体の活動
など
個別的課題に対応できる力量
(2)
一般的教養、窓口対応、司会·進行の仕方、広報づくり、チラシの作成、グループ·サークルへの援助、新しい講師の発掘と対応など……
公民館活動のすべてにかかわる基本的な力量
(1)
公民館職員の専門性
公民館職員の専門性を保障する条件
①専門職採用制度の確立·条例化、②民主的な人事異動、③職員研修の充実、④職場集団の存在と活性化、⑤住民と公民館職員との共同の輪の広がりなど
公民館で働く職員としての自覚
憲法・教育基本法、社会教育法の理念を身につける—権利としての社会教育—
自治体職員としての自覚
憲法、地方自治法、地方公務員法の理念を身につける—住民サービスに対する自覚—
国民の一人としての自覚をもつこと
生きる姿勢（人生観、世界観）の確立、生き方の創造、ものの見方、考え方の深まり

第一は、社会や地域の動向を分析し、住民の生活課題と学習要求を科学的、客観的に把握することができる力量である。公民館職員として、住民が住んでいる地域の動きや住民の要求を科学的、客観的に把握できていることは、公民館活動と住民の学習活動とのかかわり、および、その発展の方向を考えていくために必要不可欠の条件である。

第二は、住民の生活課題を学習に結びつけ、その学習が発展していくために適切な援助を行うことができる力量である。この力量は、住民自身の学習活動を深め、広げていく援助を行う場合に必ず必要となる力量である。

第三は、地域の未来を構想し「地域づくり」の視点を構築することができる力量である。公民館活動と「地域づくり」を結びつけて考えることができるということは、公民館における学習活動を地域の生活が豊かになることとの関連で考えることを可能にしていくことになるのである。

第四は、公民館活動の発展に必要な知識と技術を積極的に習得しようと努力する力量である。公民館職員として、仕事に役立つための知識や技術を自らの努力で身につけようとする自覚は、自らを公民館職員として認識するということである。そして、そのことは、自らの課題を克服していくことができる力量を持ち合わせたことを意味することになる。

第五は、自治体を住民本位のものにつくり変えていくことと地域の学習活動の発展を統一して考えることができる力量である。それは、住民の立場に立って教育の自由と独自性と中立を守りぬくことができる力量であるということができる。今日まで各地で取り組まれてきた公民館職員の不当配転闘争の教訓は、この力量をしっかりと持つことの大切さを指摘している。

公民館職員は、公民館職員である前に自治体職員である。そして、自治体職員である前に日本の国に生きる一人の国民なのである。公民館職員に求められる専門的力量は、国民としての自己形成や自治体に働く職員としての自覚に支えられて培われていくものである。公民館職員の専門性は、国民としての生きる姿勢や自覚を持ち合わせ、自治体を住民本位のものにつくり変えていく運動（職員組合の運動や住民運動）に主体的に参加することなしには獲得できない力量である。日本の政治、経済、教育、文化等の動向を、豊かな生活を築きあげていくためのものにつくり変えていこうとする運動や自治体を住民本位のものに変えていく運動に参加することができない公民館職員の場合、公民館職員としての専門性を身につけることは、おそらく不可能であろう。なぜなら、公民館職員に求められる専門的力量は、単なる知識の習得によって身につくものではないからである。

公民館職員の専門性とは、住民自身が、自らの生き方を創造する学びを一緒に共有し合うという教育活動のなかに見出されるものである。そこでは、公民館職員の人間としての「生きる姿勢」と「生きるための実践」が、住民の生き方を創造する営みを励ます基本的要素になっていくからである。社会教育は、住民自身が自分の力で自己を形成していく営みである。それは、人間としての自己の課題を発見し、その課題を克服しながら自分の中に新しい人間的価値を創造していく営みである。自分の生き方を創造していくための自己とのたたかいに〝学び〟を位置づけていく営みである。そうした住民自身の自己形成を援助することを基本的役割とする公民館職員は、まず、自らが、住民と同様に自己を形成していく姿勢を持ち合わせていなければならない。その姿勢こそが、国民として、自治体職員としての自覚と生き方の創造につながり、公民館職員として専門性の内実を豊かなものにしていく力量となっていくのである。自治体に働く職員としての自覚は、住民の立場に立って仕事ができる自治体職員となるために自ら鍛えあげていくこと、住民サービスの質の向上を追求する姿勢を持つこと、住民本位の自治体づくりをめざす運動に参加することの三点を基本にして形成されていくものである。

公民館職員の専門性を保障する基本的条件として「専門職採用制度の確立・条例化」、「本人の意志を尊重した民主的な人事異動」、「職員研修の充実」、「職場集団の存在とその活性化」、「住民と公民館職員との共同の輪の広がり」などをあげることができる。なかでも「専門職採用制度の確立・条例化」と「職員研修の充実」は、急務の課題である。

専門的力量が必要とされている公民館に、国や自治体の意図的な政策によって専門職員が採用されない状況が広がっているのはおかしなことである。当面、大学で養成されている社会教育主事の有資格者を専門職採用する制度が、多くの自治体で確立されていかなければならない。

また、現在、自治体で実施されている公民館職員研修は、個別的課題に対応する力量を充実させるためのものが多数を占めているが、これからは、公民館職員が国民としての生きる姿勢を考えることにつながるテーマ設定や自治体職員としてのあり方を再認識する内容の研修が数多く開催されていく必要があるのではないだろうか。

そうした「専門職採用制度の確立・条例化」や「職員研修の充実」も、実は、公民館職員自らが、自治体職員として主体的に取り組む〝自治体づくり〟の運動のなかで実現されていくものなのである。

（片野　親義）

三　公民館職員の専門職制度――その現状と課題

1　公民館職員の専門的力量を生かす制度

公民館職員が前項二で述べたような専門的力量を自由にかつ十分に発揮することを保障する制度は、少なくとも次の三つの自律性を確立していなければならない。

第一は、教育機関としての公民館の決裁の自律性である。学校教育法第二八条三項は「校長は、校務をつかさどり、所属職員を監督する。」とし、社会教育法第二七条二項は「館長は、公民館の行う各種の事業の企画実施その他必要な事務を行い、所属職員を監督する。」としているが、校長や館長の次に「上司の命を受け」という文言は無い。これは法的には決裁の自律性が確保されていることを示している。問題は、現実の公民館長が自律的に決裁権限を行使しているかどうか、またそうすることができる職場環境（条例・規則・慣習）が整っているかどうか、である。

第二は、職員の任用の自律性である。任用には任免と配置転換とがあり、任免には採用と免職とがある。自治体労働者でもある公民館職員は現在では戦前と違って免職処分の恐怖からはほとんど解放されているので、現在最も問題となるのは公民館職員の専門職採用と配置転換の自律性・公正性である。

第三は、公民館職員の研修の自律性である。社会教育法第二八条の二には「第九条の六の規定は、公民館の職員の研修について準用する。」とあり、同第九条の六は「社会教育主事及び社会教育主事補の研修は、任命権者が行うもののほか、文部大臣及び都道府県が行う。」としている。任命権者以外の機関すなわち文部省や都道府県が研修を行いうるとした件については法改正の際にもおおいに問題になったところであるが、ここではそれは置くとして、研修の自律性は、研修の本質である自主研修が研修の基本に位置づいているかどうか、またそれを支援する職場環境・制度が整備されているかどうか、ということにかかっている。

以上三つの自律性について公民館職員の現状を見てみると、全体としてきちんと整備されているとはいえない状況である。公民館長の決裁権限についていえば、館長が常勤であるか非常勤であるか、常勤である場合にも館長の位置づけが課長職か係長職かあるいはそれ以外であるかによって大きく異なってくる。(69) 仮に、多くの自治体の公民館長にとって現状では最高の職位と考えられる課長職の場合であっても、条例や規則上の不備もあって、慣習的に、社会教育課長、社会教育部長、教育次長、教育長などを事実上の上司と感じて一々決裁を仰いでいる場合もあるのである。

公民館職員の任用の自律性については、前項二でもすでに指摘したように特に二つの事柄がこれまで注目を集めてきた。一つは公民館職員の専門職採用であり、もう一つは公民館職員の不当配転問題である。

公民館職員の専門職採用とは、公民館主事の資格が法定されていない現段階にあってはその代替として社会教育主事有資格者を一般職の採用試験とは別に試験または選考して採用する制度である。一九七二年千葉県君津市教育委員会は『君津市における社会教育体制の整備について―職員体制を中心にして―』[70]を決定し、それに基づいて作られた「昭和四七年度君津市教育委員会社会教育担当専門職員募集要項」[71]に従って二名の社会教育主事有資格者を採用した。首都圏に限って見ても、それ以前にも一九六七年には埼玉県浦和市で七名の専門職採用が行われており、一九七〇年代前半には東京・三多摩のいくつかの市でも専門職採用が行われていた。しかし、この制度は法的整備が整っていないこともあって自治体の理事者や労働組合にさえなかなか理解が得られず、数年後には一般職採用の中に吸収されてしまった。ただ、全国的な規模で見るならば筆者の感触ではじょじょにではあるが各地の自治体で専門職採用は増えてきており、少なくともその必要性は強く認識されるようになってきている。

もう一つの不当配転問題については、公民館五〇年の歴史は不当配転とその撤回闘争の歴史であったといってもよいほどに全国で頻発した問題であった。なかでも一九六四年に起きた長野県喬木村の島田修一・小原滋佑不当配転とその撤回闘争、一九六七年の埼玉県浦和市の片野親義および一九七四年の東京都稲城市の霜島義和の不当配転とその撤回闘争は有名であるが（その他、最近の例として一九八八年山形県白鷹町や一九八九年埼玉県鶴ヶ島市の社会教育主事・公民館職員の不当配転撤回闘争など数え上げればきりがないほどである）、それは、法的には不備なままに捨て置かれた公民館職員の専門職制度を実質的に確立しようとする努力であり運動であった。

不当配転撤回闘争には、社会教育主事や公民館職員がその職を追われて他の部局に異動させられるケース（上記喬木村や白鷹町の例など）、公民館職員が公民館での教育活動を理由に、つまり自治体の上層部の意に反する教育活動とみなされて、公民館から他の職場に異動させられるケース（同じく浦和市の例など）、公民館職員の教育機関の職員としての任務の特殊性を考慮せず、本人の希望を無視して公民館職員を社会教育以外の職場に異動させるケース（同じく稲城市や鶴ヶ島市の例など）などがある。これらの不当配転撤回闘争は、いずれも「教育は、不当な支配に服することなく」行われなければならないという教育基本法の精神を実現するための、つまりは教育機関の独立性の確保ならびに公民館職員の専門性の確立のための貴重な闘いであったのである。

第三の自律性すなわち研修の自律性については、公民館研究の中でも最も遅れている問題の一つである。前述のように研修の基本は公民館職員が個人または集団で行う自主研修であるが、「自主」の言葉の中には公民館職員集団自身が研修内容を「自主」的に決定しうる研修をも当然含んでいる。その意味で全国各地あるいは市町村単位で結成されている公民館主事会や社会教育研究会が計画する研修、あるいは各種の社会教育研究集会への参加などが最も基本的な研修といえるであろう。

さらには、それらの自主研修を励まし支える研修の機会として、例えば石川県公民館協議会が石川県教育委員会の協力を得て三〇年近くに亘って実施してきた「石川県公民館職員研修規程」に基づく公民館職員研修[72]や、一九七二年開館以来実施してきている東京都立多摩社会教育会館の職員研修セミナーの実践（ここでの研修内容はその多くのコースが参加する社会教育職員によって自主的に決められている）などは大切な研修の機会として特筆に値するであろう。

2　公民館職員の専門性を保障する前提的制度

ところで、以上述べてきたような公民館職員の専門性と専門職制度を確立する上で忘れてはならないことが二つある。

一つは、公民館職員の専門性を保障するために前提となる制度が確立していなければならないことである。ここでいう前提的制度とはすでに述べたように法による公民館主事資格の確立と、職場における公民館主事職の専門職としての確立である。次頁の表に見るように公民館主事資格だけが未整備であるのであるが、これをきちんと社会教育法

教育職員の資格と養成

	教育の職場	専門職名	資格・免許	資格および免許の取得方法
行政機関	教育委員会事務局	指導主事〈地方教育行政の組織及び運営に関する法律第一九条〉		
		社会教育主事〈社会教育法第九条の二〉	社会教育主事〈社会教育法第九条の四〉	㈠大学〈社会教育法第九条の四〉 ㈡講習〈大学および国立社会教育研修所〉〈社会教育法第九条の五〉〈社会教育主事等講習規程〉
教育機関	学校	教員〈学校教育法第七条〉	教員〈教育職員免許法第三条〉	㈠大学若しくは文部大臣が指定する養護教諭養成機関〈教育職員免許法第五条〉 ㈡検定〈教育職員免許法第六条〉 ㈢認定試験〈教育職員免許法第十六条の二〉
	公民館	主事〈社会教育法第二十七条〉		
	図書館	司書〈図書館法第四条〉	司書〈図書館法第五条〉	㈠大学〈図書館法第五条〉 ㈡講習〈大学〉〈図書館法第六条〉〈図書館法施行規則〉
	博物館	学芸員〈博物館法第四条〉	学芸員〈博物館法第五条〉	㈠大学〈博物館法第五条〉 ㈡講習〈国立社会教育研修所〉〈博物館法第五条〉 ㈢国家試験〈試験認定と無試験認定〉〈博物館法施行規則〉
	体育館			

等で整備すること、それができるまでは公民館を設置するすべての自治体が長野県松本市[73]や東京都狛江市の例のように速やかに条例または規則で、あるいは大阪府貝塚市[74]のように要項によって公民館主事職を専門職として規定することである。

3 公民館職員の専門性を保障する諸力

もう一つのことは、公民館職員の専門性を確立する力は法や制度だけではなくわれわれすべての不断の努力が大切だ、ということである。そのためには、前述のようにまず公民館職員自身が公民館主事会を組織して公民館職員の専門性を高めそれを保障させる努力をまずする必要がある。さらにそれを市町村職員労働組合が全面的にバックアップするよう内部から働きかけることも必要である。市民の側も職員任せにするのではなく市民自らの問題として、公民館運営審議会を通して働きかけることは言うまでもないがそれだけではなく、公民館をよりよくする会や社会教育を考える会等を組織して公民館職員の専門性の確立のために不断の努力をすることが必要である。

公民館の将来は、公民館職員の専門性の確立如何に係っているのである。

（奥田　泰弘）

第七節　生涯学習と社会教育

一　生涯学習は魅力的かつ大切な概念

生涯学習ということば・考え方は、きわめて魅力的かつ大切な概念である。学習とは、ひとが幸せになるために、幸せな社会を創るために、いろいろと考えたり行動したりするための基本的な営みであるからであり、学習することは、すべての人間の権利であり、生涯続くものであり、生涯にわたって保障されなければならないものだからである。

一九八五年にユネスコが採択した学習権宣言（巻末資料17参照）は、「学習権は、人間の生存にとって不可欠な手段である」との認識に立って次のように述べている。

学習権とは、

読み書きの権利であり、

問い続け、深く考える権利であり、

想像し、創造する権利であり、

自分自身の世界を読みとり、歴史をつづる権利であり、

あらゆる教育の手だてを得る権利であり、

個人的・集団的力量を発展させる権利である。

ところで、言うまでもないことであるが、生涯学習は子どもも含めて市民・住民が行うものである。それは言い換えれば、生涯学習は行政が行うものではない、ということでもある。したがって、行政の部局の名称に「生涯学習部」とか「生涯学習課」とかの名前を付けるのは本来おかしなことである。どうしても生涯学習と言う言葉を使いたいのであれば、それは「生涯学習支援部・課」とでもするべきであろう。しかし、それならば従来からの「社会教育部・課」という呼び名のほうがずっと筋が通っている。一九八八年に文部省がこれまでの社会教育局を生涯学習局に変更しようとした際、当時の社会教育審議会においてかなりの異論が出たと言うことであるが、当然であろう。しかし、それにもかかわらず生涯学習局という名称に変更したのはそれなりに別の理由があったと考えられるのである。そのことについては次項で述べるとして、その後一、二年のうちにすべての都道府県が社会教育部を生涯学習部に変更し、多くの市町村がそれに追随したことはよく知られている通りである。

二　生涯学習、「生涯学習の支援」および「生涯学習政策」

生涯学習局とか生涯学習課とかの呼称をあえて使う別の理由とは何か。それを考えるためには、本来の意味での生涯学習と「生涯学習の支援」という意味での生涯学習と「生涯学習政策」を意味する生涯学習とに分けて考える必要がある。生涯学習と言う言葉は注釈なしに使われる場合には、われわれの願いとは別に、しばしば「生涯学習政策」の意味で使われることが多いからである。

本来の意味での生涯学習とは、上に述べたように市民が行うものであり市民の権利である。

そして、その「生涯学習を支援する」のは市町村などの地方自治体の仕事であり、それは、従来社会教育がになってきた責務であり、したがって社会教育というべきである。そしてそれらの市町村の仕事を支援するのが都道府県や国の義務なのである。それは、憲法（第二六条）・教育基本法（第二条・第七条）が規定するところでもある。ところが「生涯学習政策」は、次項で詳しく述べるように、行政改革政策の一環として採用されたものであり、それは本来の意味での生涯学習やそれを支援する社会教育（「生涯学習支援」）とは似ても似つかぬ別物であって、むしろそれはわれわれが戦後五〇年以上にわたって営々として築き上げてきた「権利としての社会教育」を解体するおそれのある政策なのである。

「生涯学習政策」が初めて法の形をとったのは、一九九〇年六月制定（施行は七月一日）の「生涯学習振興整備法」（生涯学習の振興のための施策の推進体制等の整備に関する法律）」であった。ところがこの法律には、当時識者からも指摘されたところであったが、生涯学習の定義がどこにもなされていないと言うきわめて変則的な法律であった。

「生涯学習振興整備法」の目的は「生涯学習の振興のための施策の推進体制及び地域における生涯学習に係る機会の整備を図り、もって生涯学習の振興に寄与する」（第一条）としているが、つまるところこの法律（全一二条）が求めたのは「生涯学習の振興に資するための都道府県の事業」を定めたこと（第三条）、「地域生涯学習振興基本構想」を都道府県が作成すること（第五条〜第九条）を促すこと、および生涯学習審議会を国および都道府県に設置すること（第一〇条・第一一条）の三点であった。直接住民に対して都道府県が生涯学習の事業を行うことを法定したこと、ならびに都道府県の生涯学習審議会は教育委員会に置かれる社会教育委員（の会議）とは別に知事の下に置くということにした点でこれも当時大きく問題とされたのであったが、地域生涯学習振興基本構想のほうは都道府県の主導で市町村の枠を超えて計画を立て、それに市町村は「連携協力体制の整備に努めるものとする」（第一二条）とされたこと、そして基本構想の中身は、社会教育に係る学習（体育に係るものを含む）および文化活動その他の生涯学習に資する諸活動の総合的な提供を「民間事業者の能力を活用しつつ行う」（第五条）ことを基本とする構想であるとされたのであった。

この法律の最大のねらいは、「民間事業者の能力を活用しつつ」生涯学習を振興することにあった。それは言い換えれば生涯学習を振興することによって生涯学習に必要とする設備、備品、器具、用具等の需要を増大させ、新たな市場を創出・拡大させ（当時、二七兆円市場と試算された）、それによって経済を活性化させようとするものであった。「生涯学習振興整備法」によって都道府県が基本構想を立案する場合には文部省（当時）と並んで通商産業省（当時）の承認（法制定当時）が必要であったこと、通商産業省に生涯学習推進室が設置された（一九九〇年七月二日）ことなどはそのことをよく裏付けている。この法形式は同じ時期に制定された総合保養地整備法（いわゆるリゾート法）と酷似しており、そもそも「生涯学習振興整備法」は法制定当時教育法とは言えないのではないかとさえ批判されたのである。

三 「生涯学習政策」の素性

「生涯学習政策」（としての生涯学習）の素性をよりよく理解するために「生涯学習政策」の誕生の契機とその後の経過について簡単に見ておこう。次の表はその経過をまとめたものである。

□ 社会教育・生涯教育から生涯学習へ――「生涯学習」（生涯学習政策）の素性――

＊「権利としての社会教育」の法整備

四六・一一・三　日本国憲法公布

四七・三・三一　教育基本法制定

四九・六・一〇　社会教育法制定

＊「生涯教育」概念の登場

六五・一二　P・ラングラン「生涯教育について」（ワーキングペーパー）発表

＊「生涯学習政策」の登場

八一・三・一六　第2次臨時行政調査会発足（レーガン、サッチャー、中曽根の時代）

八四・八・二一　臨時教育審議会発足

八五・六・二六　臨時教育審議会『第一次答申』

＊「生涯学習体系への移行」政策の登場

八六・四・二三　第二次答申（「生涯学習体系への移行」政策を提唱

八七・四・一　第三次　・八七・八・七　第四次（最終答申）

八八・七・一　文部省機構改革（社会教育局を「生涯学習局」にして筆頭局へ）

八九・一一・二三　第一回生涯学習フェスティバル始まる。

九〇・一・三〇　中央教育審議会「生涯学習の基盤整備について」答申

九〇・六・二九　生涯学習の振興のための施策の推進体制等の整備に関する法律（生涯学習振興整備法）の制定（七・一　施行）

・通産省「生涯学習推進室」を設置

・労働省「生涯学習職業能力の開発」

・厚生省「高齢者の生きがいと健康づくり推進事業」

・自治省「ふるさと創生事業」

・建設省「生涯学習のむら整備推進事業」

九〇・八・二九　文部省、社会教育審議会を廃止し生涯学習審議会を設置
九一〜　　　　　全国の自治体で「生涯学習計画」を策定。
九二・七・二九　生涯学習審議会「今後の社会の動向に対応した生涯学習の振興方策について」を答申
九五・九・二二　文部省通知「社会教育法における民間営利社会教育事業者に関する解釈について」

＊　地方分権政策の登場
九七・七・八　　地方分権推進委員会「第二次勧告」（「必置規制の見直し」等を勧告）
九九・七・八　　地方分権一括法成立（社会教育法「改正」を含む）（〇〇・四・一施行）

この表を一瞥してすぐわかることは、「生涯学習政策」は行政改革の一環として登場していること、「生涯学習政策」の登場以来「教育」という言葉が国の教育政策の表に出てこないと言うこと、「生涯学習政策」の推進が文部省に限られることなくすべての省庁の任務とされていること、などである。これはいったい何を結果するのであろうか。

第一は、行政改革とは、言うまでもなく行政のあらゆる部門での支出を少なくすることである。もともと教育とはお金のかかる事業、いや、かけなければならない事業であるが、「民間事業者の能力を活用しつつ」（「生涯学習振興整備法」第五条）生涯学習を振興することによって教育への行政支出をできる限り抑える。さらに、行政支出を抑えた分受益者負担の名目で生涯学習を行うものが負担することを強要し、それによる新たな市場の開拓という政策目的をも同時に達成しようとするのである。現に社会教育に関連して言えば、国は一九九七年度より社会教育施設の建設補助金を全廃したし、一九九六年九月の文部省通知は、「いわゆる民間営利社会教育事業者による営利目的の事業にその（公民館）施設の使用を認めることは」「（社会教育）法第二三条第一項第一号に規定する『営利事業を援助する

こと』に該当しない限り、差し支えない」(75)と強弁して公民館が「民間事業者の能力を活用」することを是としたのである。

第二は、教育政策に「教育」という言葉を使わないと言うことはとりもなおさず社会教育法や教育基本法ひいては憲法を事実上無視すると言うことにつながるということである。憲法は「すべて国民は、法律の定めるところにより、その能力に応じて、ひとしく教育を受ける権利を有する」（第二六条）と宣言し、それを受けて教育基本法は「教育の目的は、あらゆる機会に、あらゆる場所において実現されなければならない」（第二条）、「国および地方公共団体は、図書館、博物館、公民館等の施設の設置」「によって教育の目的の実現に努めなければならない」（第七条）と規定し、社会教育法は「教育基本法の精神に則り」（第一条）「すべての国民があらゆる機会、あらゆる場所を利用して、自ら実際生活に即する文化的教養を高めうるような環境を醸成するように努めなければならない」（第三条）と定めているのであるが、それを、教育という言葉を使わず生涯学習と言う言葉だけを使用することによって、これらの法律が求めている国や地方公共団体の義務を免責しようとしているのである。これは、いうならば憲法・教育基本法の「改正」の先取りと言ってもよい性格のものである。

例えば、一九九二年七月の生涯学習審議会答申は、同審議会としては初の答申で四部構成四万八千字にもおよぶ大部なものであるが、それにもかかわらず公的社会教育施設の充実に関しては「第三部　四つの課題についての充実・振興方策」の「5　生涯学習関連施設の整備充実」において「公民館、図書館、博物館、婦人会館等の社会教育施設、学校施設、スポーツ施設・文化施設や複合的多機能型生涯学習関連施設の整備充実や運営の改善を進めるとともに、都道府県において生涯学習の振興に資するための事業を一体的に行う生涯学習推進センターの整備が必要である。また、他の行政部局等が所管する関連施設も含めて、生涯学習関連施設が総合的・計画的に整備されることが望ましい。」(76)と述べているにすぎない。審議会委員の意見を入れて「公民館、図書館、博物館、婦人会館等の社会教育施設」

の整備充実という文言を入れるには入れたが、重点は「生涯学習振興整備法」の第三条を受けて都道府県に生涯学習推進センターを設置することに力点が置かれていることは明らかであろう。その後の都道府県における当該施設の急速な設置状況を見てもそのことは明白である。ちなみに、この答申が主張している「四つの課題」とは、「社会人を対象としたリカレント教育の推進」「ボランティア活動の支援・推進」「青少年の学校外活動の充実」「現代的課題に関する学習機会の充実」である。

第三は、「生涯学習政策」を推進する責任は文部省にだけあるのではなく、すべての省庁にあるとしたことによって、都道府県や市町村段階においても「生涯学習政策」は教育委員会だけが担うのではなく全庁的に推進すべきであるという風潮を助長することになり、結果として社会教育の分野においての教育委員会の一般行政からの独立性を危うくすることとなったことである。一九九〇年代の前半は全国の市町村で競って生涯学習推進計画が立てられることになるが、その際多くの市町村では首長からの諮問に応ずる形で首長を生涯学習推進本部長とする生涯学習推進計画が策定されていった。見識ある市町村では生涯学習推進本部の事務局長を教育長とする等の努力が見られるが、前述の生涯学習審議会答申も「第四部　生涯学習の振興に向けて」の末尾部分で「教育委員会の生涯学習振興における中核的な役割が期待されており」(77)と述べているにもかかわらず、推進本部の事務局が教育委員会に置かれる例はそれほど多くはなく、首長部局の企画課に置く市町村が多く見られたのである。

その結果はどうなったか。その後、いくつかの市町村では生涯学習部を教育委員会から首長部局に移すということが行われるようになった。その場合に、教育委員会には社会教育課のみを残し、生涯学習部は首長部局へ移すことによって生涯学習政策と社会教育政策との分裂が起こったり、極端な場合には教育委員会の社会教育課をさえ廃止したりする例が現れてきた。そうでない場合でも、社会教育の名を冠するよりも生涯学習の名を冠する方が予算が取りやすいという苦い経験をした社会教育職員も多かったであろう。そして、ついには鳥取県出雲市のように教育委員会を市長の諮問機関とし教育行政を実質的に市長部局でというよりも市長そのものが担当するというところまで事態は進んできているのである。これが教育行政の一般行政からの独立という戦後教育改革の理念の否定でなくて何であろうか。しかも、さらに深刻なことは出雲市長の提案により二〇〇一年二月一九日、全国市長会は「学校教育と地域社会の連携強化に関する意見―分権型教育の推進と教育委員会の役割の見直し―」という意見書を採択し、政府をはじめ各方面にその実現方を働きかけている。そこでは、「2、学校と家庭・地域が一体となった地域連携型の教育」の項の「(3) 生涯学習等の事務の所管の変更」において「生涯学習など学校教育以外の分野については」「市町村長の所管とすることが適当である」とし、「(4) 市町村長と教育委員会との連携強化」においては「住民の代表である市町村長の意向が適切に反映されるよう、市町村長と教育委員会との間で定期的な協議を行うなど、可能なかぎりの意志疎通を図ることが望ましい」[78]と主張しているのである。社会教育が生涯学習の名で首長の政治目的のために動員される危険性が生じてきていると言わざるを得ないであろう。

以上の問題点の他にさらに付け加えるならば、「生涯学習政策」の登場以来、社会教育が誰か他人によって用意された学習のメニューをただ選択すればいいという風潮が広まってきていることにも注意しなければならない。先の生涯学習審議会答申は言う。「本審議会としては、基本的な考え方として、今後人々が、生涯のいつでも、自由に学習機会を選択して学ぶことができ、その成果が社会において適切に評価されるような生涯学習社会を築いていくことを目指すべきであると考える」[79]（傍点引用者）と。学習者は常に「学習機会の『自由な』選択者」として考えられているのであって、社会教育職員との共同作業を通して自らの生活課題を自らが見つけ、その解決のために自らが学習を創造していくという発想は全く見られないのである。誰かが意図的に味付けをした学習メニューをただ選択するだけの学習で真に生活課題が解決するとは考えられないのである。

四　首長部局が管轄する「生涯学習」の問題点

最後に、教育委員会が管轄する生涯学習と首長部局が管轄する生涯学習との違いについて述べておこう。

たとえば公民館など社会教育で行われる消費者教育と首長部局の経済課で行われる消費者教育とは同じではないか、と言う意見がある。たしかに学習者の行動を外側から見れば一見どちらも同じような学習をしているかに見える。しかし、教育機会を提供する側に立って考えてみればそれは決して同じではあり得ない。なぜなら、それは、公民館など社会教育で行われる教育活動は本来的には（職員の認識や努力の不足が原因でそうなっていない場合がしばしばあって、問題が複雑になるのであるが）学習者の学習意図を尊重し、学習者の納得のいく学習を提供しようと努力する。それに対して、首長部局の提供する教育活動はもともとその部局にはその部局なりの行政目的があってその目的の達成のために学習機会を提供するのであるから、その提供される「教育」は行政目的を達成するための押しつけになる危険性が常にあるのである。「まちづくりのための生涯学習」と言うことになると話はもっとあらわになる。公民館など社会教育で行われるまちづくりのための生涯学習は学習者つまり市民・住民が望むまちづくりとは何かを問うことが常に基本に置かれるが、首長部局が主導する「まちづくりのための生涯学習」はおうおうにして首長が望むまちづくりの線に沿って展開されることになる危険性がある。だからこそ首長にとってはきわめて魅力的なのである。市民・住民が行うまちづくりのための生涯学習が仮に首長の進めようとするまちづくりの方向と異なる場合であってもそれは保障されなければならない（それこそ、教育基本法第一〇条が求める「不当な支配に服することなく」「国民全体に対し直接に責任を負って行われるべき」教育活動である）のであるが、首長部局が行う教育活動の場合はその自由をおそらく認めないか、そういう事態に陥らないように事前に用意周到に準備されることになるであろう。「生涯学習振興整備法」制定以来、多くの市町村では公民館など社会教育・教育委員会が用意する学級・講座に加えて首長部局の行う類似の「学習機会」をも並べて一覧表にして提供することが広く行われるようになったが、それは以上のような理由から望ましいことではないと考えるべきであろう。

冒頭にも述べたように生涯学習と言う言葉が魅力的で大切な概念であるだけに、そして「生涯学習振興整備法」が生涯学習と言う言葉を何ら定義することなく使用しているだけに、われわれは生涯学習と言う言葉が使われるたびに今使われている生涯学習はどういう意味で使われているのかを一つ一つ吟味しながら使う必要があるのである。難しい時代になったと言うべきかも知れない。

（奥田　泰弘）

注

(1) 伊ヶ崎暁生、三輪定宣『教育費と教育財政』総合労働研究所　一九八〇年　一二二頁
(2) その他に、学校教育法施行規則では、小・中学校の学級編制に関する同学年編制の原則を定めており（第一九条及び第五五条）、また、学級規模・定員の原則が、小・中学校の場合は、同法施行規則第二〇条及び五五条で、高等学校の場合は、高等学校設置基準第七条で定められている。
(3) 教職員配置の在り方等に関する調査研究協力者会議「今後の学級編制及び教職員配置について」（報告）二〇〇〇年五月一九日
(4) 文部省「今後の教職員定数の改善に関する基本的な考え方について」二〇〇〇年五月一九日
(5) 「少人数学級　二一世紀も四〇人で持つのか（社説）」『毎日新聞』二〇〇〇年五月二四日
(6) 今宿博樹「三〇人学級実現は父母と教職員の共同で」『労働運動』二〇〇一年六月

(7) 『赤旗』二〇〇一年八月二二日
(8) 伊ヶ崎暁生、三輪定宣　前掲書　一二五頁
(9) 杉江修治「学級規模と教育効果」『中京大学教養論叢』第三七巻第一号　一九九六年
(10) 文部科学省「平成一三年度　学級編制の弾力化を実施する都道府県の状況について」（文部科学省ホームページ）二〇〇一年五月一一日
(11) 『日本教育新聞』二〇〇二年一月一八日
(12) 『日本教育新聞』二〇〇一年九月七日
(13) 田子健「学級・学校の規模と教職員定数」日本教育法学会編『子ども・学校と教育法』（講座現代教育法二）三省堂　二〇〇一年　二一四―二二六頁
(14) 民主教育研究所編『いま、読む「教育基本法の解説」』二〇〇〇年七月　一六六頁
(15) 以下、本稿で学校選択制の実際の展開を見ていく上で、品川区の例を中心に考察を進める。これは同区の制度が他自治体に先駆けて創られたために参考とされることが多いこと、また制度設計も他自治体よりもしっかりとした制度思想を有しており、実際の移動の動向を分析する上でも二年間の蓄積があることによる。
なお、本稿で事例として取り上げるこの品川区は、後に述べるように小学校四〇校、中学校一八校を有する二三区の平均的規模の特別区である。小学校入学年にあたる六歳児童数をみると、少子化の進行にともなって、最近一〇年間で、約三三〇〇人から約二〇〇〇人へとほぼ六〇％に減少しており、これにともなって学校の統廃合が取りざたされている。また、近隣にある私立学校との競合があり、小学校・中学校共に「公立学校離れ」の傾向が続いている。すなわち品川区は規模だけでなく、少子化・進学傾向ともに、東京二三区の平均像をほぼ体現しているといえよう。
(16) NHK総合「クローズアップ現代」二〇〇〇年二月四日放映。
(17) 日野市の制度・審議に係る答申については、民主教育研究所『教育資料・情報No.一三』二〇〇〇年八月（以下、『資料集』という）の「第4部　東京都日野市における『選べる学校制度』」参照。
(18) 足立区の事実上の学校選択制の事例については、民主教育研究所『年報二〇〇〇「学校選択」の検証』二〇〇〇年一月参

照。
(19) 同上。
(20) 文部省『公立小学校・中学校における通学区域制度の運用に関する事例集』一九九七年一〇五頁参照。
(21) 「プラン二一」の資料の詳細については、『資料集』の「第3部　東京都品川区における『通学区域の弾力化』」参照。
(22) 二〇〇〇年度の品川区の学校選択制の動態については廣田・深見匡「『学校選択』の検証②　東京都品川区における学校選択制の展開」『民主教育研究所年報二〇〇一　環境と平和』二〇〇一年一月を参照。
(23) 前記・NHK総合「クローズアップ現代」調査
(24) 民主教育研究所品川区学校選択アンケート　二〇〇〇年一一月実施
(25) 「品川区教委アンケート調査」二〇〇〇年三月『資料集』四五—四八頁
(26) 学校の「特色化」方針とからんで、若干の動きが見られるが、いずれも前述のアンケートにあるような、子ども・保護者の要望をどう実現するかと言う観点から構想されたものではなく、校長の一方的な改革構想の実現であることが多い。
(27) 二〇〇〇年六月に筆者が品川区の教職員を対象に実施した聞きとり調査より。
(28) 他には、教員を一般職員へ転任させることを可能とするもの、問題のある生徒を教室から排除するもの、高校二年生から大学への飛び入学を拡大するもの、学校における奉仕活動を促すものなど、それぞれが重大な問題を抱えるものばかりであり、しかも、これらが、文部科学省の正式な審議会ではなく、首相の私的諮問機関に過ぎない教育改革国民会議の提案を受けて法制化されたということは、大きな問題があると言えるであろう。
(29) 一九五六(昭和三一)、一九六三(昭和三八)年の文部省通知によれば、全県一区は、その学校が県内に一校しかないなど、特別の場合にしか許されないと回答されている。
(30) 「学区」という言葉には、通学区という意味以外に、教育行政の基礎単位、教育行政区域を指す意味もあり、日本の場合、都道府県や市町村がこれに当たる。
(31) 菱村幸彦『教育行政からみた戦後高校教育史』学事出版、一九九五年、二七—二八頁
(32) 文部省「新制中学校・新制高等学校『望ましい運営の指針』」(一九四九(昭和二四)年)

(33) 菱村前掲書、二九頁

(34) 「普通高校」、「職業高校」という用語は、法令上規定されたものではない。高等学校設置基準第五条にある「普通教育を主とする学科」(普通科)のみから成る高校を、ふつう「普通高校」と呼び、同条にある「専門教育を主とする学科」のうちで、工業科、商業科、農業科のように職業生活と深い関わりのある学科のみから成る高校を「職業高校」または「実業高校」と呼ぶことが多い。

(35) 堀尾輝久『現代日本の教育思想―学習権の思想と「能力主義」批判の視座―』青木書店、一九七九年、二五八―二五九頁

(36) 学校群制度とは、東京都において一九六七(昭和四二)年から実施された制度であり、これは、受験者の居住地、志望、成績などによって、各学校の入学者を均等に決定する、いわゆる「総合選抜制度」と呼ばれる制度の一つに分類される。

(37) 同様の考え方として、教職員組合などにより「地域総合高校」という考え方が提唱されている。また、第一五期中央教育審議会(中教審)において、総合学科高校は「通学範囲には必ず用意されているよう整備を進める」と答申された(第一次答申　一九九六年)。

(38) 「社会的共通資本」については、宇沢弘文『社会的共通資本』岩波新書、二〇〇〇年参照。

(39) 現実には、東京都に引き続いて、和歌山、福井、三重県などが、高等学校の通学区制度の廃止を決め、さらに、いくつかの都道府県で、通学区の拡大や、学区外からの受験生の受け入れ枠の拡大などを決め、生徒の選択幅を広げ、学校同士の競争を促している(朝日新聞　二〇〇二年一〇月二〇日)。

(40) 「教員の人事考課に関する研究会」。教育長の私的研究会とされ、蓮見音彦座長(前東京学芸大学長)と高倉翔副座長(筑波大名誉教授)のもとに、九人で構成。

(41) 季刊『教育法』№一二四・六九頁「外国の教員人事考課はどうなっているか―アメリカの例」中田康彦(一橋大学大学院講師)

(42) 教育史編集室編『愛媛県教育史』第三巻　愛媛教育委員会　一八一頁　佐藤全・坂本孝徳編『教員に求められる力量と評価』東洋館出版社　二〇頁　一九九六年

(43) 前掲「教員に求められる力量と評価」二一頁

(44) 全日本教職員組合編『教職員組合運動の歴史』労働旬報社　一三〇頁　第一章第四節「国民的規模でたたかった勤評闘争」一九九七年　日本教職員組合編『日教組二〇年史』労働旬報社　三〇九頁　第四章「勤務評定反対闘争」一九六七年
(45) 自治体人事制度研究会『教員、公務員の業績評価制度を問う』六六頁「業績評価と自己申告書の導入」川上周作（都労連執行委員）
(46) 東京都人事制度研究会編『地方自治体における実践的人事考課〜集団から個尊重の時代へ』　都政新報社　一九九三年
(47) 前掲『地方自治体における実践的人事考課』三九頁
(48) 前掲『地方自治体における実践的人事考課』四四頁
(49) 杉本判決
(50) 「東京都市町村立学校教育管理職員の業績評価に関する規則」平成七年度三月一六日、教育委員会規則第一七号
(51) 「教員等人事考課制度導入に関する検討委員会」は、教育庁次長が委員長とされ、部長、公立学校長、区市町村教育長一七名で構成
(52) 季刊『教育法』№一二四、六九頁に所収。「教育職員の人事考課及び評価者訓練、自己申告書、業績評価などに関して、教育委員会に寄せられた質問とその回答」
(53) 「人事考課制度の実施状況に関する調査の集計結果における、成果と課題」二〇〇一年六月二八日　教育庁人事部
(54) 東京都障害児学校教職員組合新聞　二〇〇一年四月四日号　東京都高等学校教職員組合『人事考課黒書—学校を壊さないで』二〇〇一年八月
(55) 東京都教育委員会規則第一〇九号、第一条（目的）
(56) 『教員の人事考課読本』教育開発研究社　三〇頁　「人事考課と教員の資質能力・モラールの向上」小島弘道（筑波大教授）
(57) 雑誌『教育』教育科学研究会編　国土社　二〇〇一年一一月号五九頁「小中高校の職場で教育実践の力量をどう形成するか」（座談会）
(58) 『教師の認知的力量と情意的力量の評価に関する教育心理学的研究』井上正明著（福岡教育大教授）風間書房　一九九三年

(59) 前掲『教師の認知的力量と情意的力量の評価に関する教育心理学的研究』五頁
(60) ＩＬＯユネスコ「教師の地位に関する勧告」第一二四項「給与決定を目的としたいかなる勤務評定制度も、関係教員団体との事前協議およびその承認なしに採用し、あるいは適用されてはならない」一九六六年
(61) 文部省地方教育行政研究会編『全訂　教師の権利と義務』第一法規　昭和五一年　一一九頁
(62) 兼子仁『教育法（新版）』有斐閣　一九七八年　四五四頁以下
(63) 榊達雄「校長の指導力強化と学校経営」季刊教育法一二三号　二〇〇〇年
(64) 兼子仁『入門教育法』エイデル研究所　一九七六年　九二頁
(65) 前掲、榊達雄、三三頁
(66) 神田修・河野重男・高野桂一編『必携学校経営』エイデル研究所　一九八六年　三一六頁以下
(67) 小島弘道「学校運営における校長権限と学校自治論の理論」日本教育法学会講座教育法『子ども・学校と教育法』三省堂二〇〇一年　一八〇頁
(68) 奥田泰弘「教育機関としての公民館と公民館職員」『季刊教育法』五五号　エイデル研究所　一九八五　一一二―一一三頁
(69) 詳しくは、奥田泰弘「公民館長の決裁権限」『月刊社会教育』三七八号　国土社　一九八八を参照。
(70) 社会教育推進全国協議会編『社会教育ハンドブック』総合労働研究所　一九七九　一六六頁
(71) 同、一六七―一六八頁
(72) 詳しくは、谷口正幸「公民館職員の研修制度と効率」『月刊公民館』四二〇号　全国公民館連合会　一九九二を参照。
(73) 社会教育推進全国協議会編『社会教育・生涯学習ハンドブック』エイデル研究所　一九八九　三二〇頁
(74) 同、三二一頁
(75) 文部省生涯学習局長「社会教育法における民間営利社会教育事業者に関する解釈について」（通知）一九九五年九月二二日、社会教育推進全国協議会『住民の学習と資料』第二七号　一九九六年八月、五五頁
(76) 生涯学習審議会『今後の社会の動向に対応した生涯学習の振興方策について』（答申）一九九二年七月二九日　社会教育

推進全国協議会『住民の学習と資料』第二三号　一九九三年二月　三五頁
(77) 同、四二頁
(78) 全国市長会「学校教育と地域社会の連携強化に関する意見—分権型教育の推進と教育委員会の役割の見直し—」二〇〇一年二月一九日　社会教育推進全国協議会『住民の学習と資料』第三二号　二〇〇一年八月　八頁
(79) 前掲『住民の学習と資料』第二三号　一八頁

特論一　二一世紀の社会教育——二一世紀への飛躍のために——

社会教育とは何か、を考えるとき、私たちは気づかないうちに学校教育との対比で考えていることがよくあります。また、そうしたほうが社会教育を理解しやすいと言うこともあります。戦後初めて『社会教育』という名の編著書を出版された宮原誠一先生も、その本の中で「このいわゆる社会教育の運動が、近代的学校制度に相対するものとしておこったという、その『相対する』関連とはいかなる意味をもつものであったか。これをあきらかにすることが、こんにちのいわゆる社会教育なるものの歴史的素性をあきらかにし、したがってその本質をあきらかにすることにほかならない。『相対する』関連は、次の三つの意味において理解されなければならないと思われる。⑴学校教育の補足として、⑵学校教育の拡張として、⑶学校教育以外の教育的要求として。」（宮原誠一編『社会教育』光文社一九五〇、三一—三二頁）と述べておられることはよく知られているところです。また、その前年一九四九年に作られた社会教育法も、社会教育の定義として社会教育とは「学校の教育課程として行われる教育活動を除き、主として青少年及び成人に対して行われる組織的な教育活動（体育及びレクリエーションの活動を含む）をいう。」としていますが、これも同じ考え方に立ったものといえるでしょう。

しかしながら、この考え方は「近代的学校制度」が一応確立した以後の段階ではその通りですし、わかり易い理解ですが、「近代的学校制度」そのものの〝歴史的素性〟を明らかにしながら改めて社会教育とは何かについて考えてみますと少し違った姿で社会教育が見えてくるように思います。

1 「公的」社会教育にこだわる——「権利としての社会教育」実現の長い長い道のり

いわゆる「近代的学校制度」がまだ影も形も見せなかった頃、ヨーロッパにウニフェルシタスと呼ばれるものがまず登場します。これが後に「近代的学校制度」の中で君臨することになるユニバースティ（大学）の前身です。十字軍の終わりの頃、一二世紀始めの頃のことです。そもそもウニフェルシタスというのは、すでに家庭教師について十分勉強した王侯貴族の子弟たちがさらなる学習を求めてヨーロッパ各地に遍歴の旅に出て、高名な先生の噂を聞くとその先生について勉強をしたというういわゆる遍歴学生たちの組合（別に先生たちの組合もありました）だといわれていますから、今風にいえば学校教育というよりは社会教育のほうの範疇に分類されるものだったと言っていいでしょう。こうしてイギリスでは一一七〇年にオックスフォード大学が、一二二三年にケンブリッジ大学が誕生します。

やがてこの二つの大学（まとめてオックスブリッジと呼ぶことがあります）が有名になり、入学したい学生が増えていきますとそのための予備学校を作ることになります。それが後にパブリックスクール（グラマースクールの一種で、ラテン語やギリシャ語の文法を中心に学びました）と呼ばれるエリート学校です。そしてやがては、そのパブリックスクールへ入るための予備学校、その予備学校へ入るための予備学校というものが作られていきます。プレパラトリースクール、プリ・プレパラトリースクールというのがそれです。これら諸々の予備学校は家庭教師について勉強するよりははるかに安上がりですが、しかし庶民にとっては超高額な授業料のために夢のまた夢のような存在であったことには変わりはありませんでした。〈図1〉

近世に入って商業が発達しますと、貨幣経済の発展にともなって庶民の生活のなかにも簡単な読み・書き・算の必要性が高まってきます。その需要に応えて発生するのが〝おばさん学校〟Dame School（本当は、おばさん塾といっ

〈図１〉イギリスにおける学校体系とその発展過程

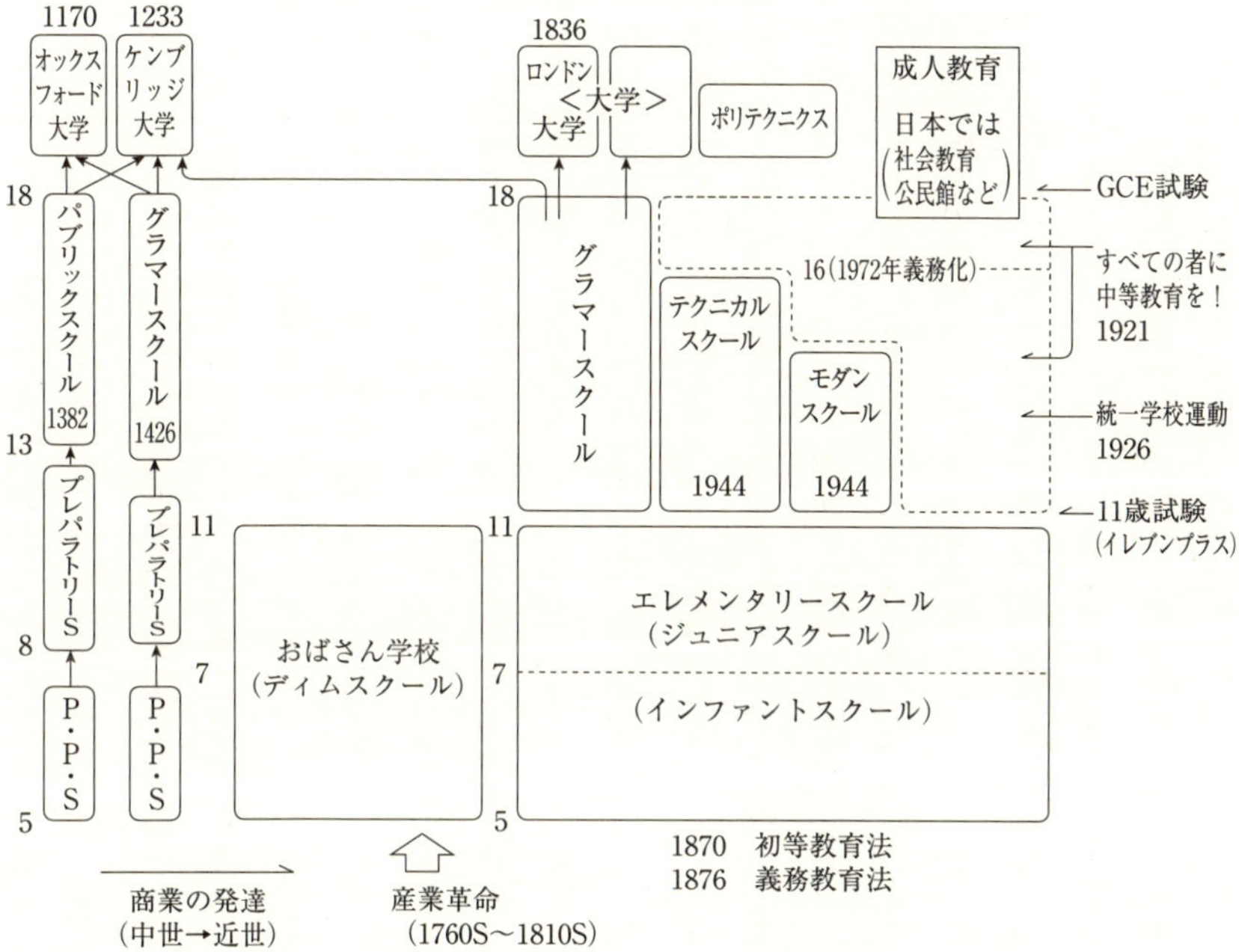

た方が適切かもしれませんが）です。ここで学ぶ子どもたち（おそらく子どもたちばかりではなかったでしょうが）の年齢は前述のプレパラトリースクールやプリ・プレパラトリースクールの子どもたちとほぼ同じだったと考えられますが、学びの内容はまったく異質のものでした。このようにして教育の制度はどこの国でもはじめは二本立てで始まったのです。

やがて、一七六〇年代から一八一〇年代にかけてイギリスに起こった産業革命は庶民の生活と教育に大きな変化をもたらします。そのころの庶民特に子どもたちの悲惨な生活ぶりはＦ・エンゲルスの『イギリスにおける労働者階級の状態』に余すところなく描かれていますが、このような長時間児童労働を救済する意味も込めて今でいういわゆる小学校に当たるものが各地で作られ始めます。しかし、それはベル・ランカスター方式といって、ひとりの先生が成績の良い生徒を助手に使いながら三〇〇人近くもの子どもをいっぺんに教えるという（いま多くの人々が要求している三〇人学級の一〇倍の規模という）凄まじいものでした。この学校がやがて国家の手によって、ということはいろいろな理由（例えば強い兵隊を作るというような）があって政府としては不本意な面もあったのですが公費をつぎ込んで、整備されていきます。イギリスでは一八七〇年に初等学校法、一八七六年には義務教育法が作られます。日本の明治維新は一八六八年、初めての近代学校制度である学制が発布されたのは一八七二年、義務教育を定めたのも同年ですから、日本の教育制度は、欧米に追いつくために、イギリスなどに見られるような長い長い歴史を無視して、一足飛びに初等教育の整備から始めることになるのです。

このあとの教育制度の発展の方向は、イギリスでも日本でも、外面的にはほぼ同じです。政府や地方自治体そしてもちろん庶民自身も大きな努力を払ってすべての子どもに初等教育をまず保障すること、そして希望者にはさらに上の段階の教育の機会を保障することに力を注ぎます。一九二二年、R・H・トーニーによって執筆され、後にはイギリス労働党の綱領にもなった『すべての者に中等教育を』Secondary Education for Allという理念はこの段階で生じてくるのですが、それがどんなに重要な意味を持っているかは自ずから明らかでしょう。この理想の実現は公費（税金）による以外には容易には実現しないのです。これを実現する制度としてイギリスでは一九四四年法によってテクニカルスクールとモダンスクールが作られることになり、グラマースクールと並んでフォーク型の三本立て学校制度が成立することになります。しかし、驚いたことに日本では様子が大きく異なりました。一九四六年の日本国憲法、一九四七年の教育基本法および学校教育法によって作られた戦後日本の新しい学校制度は、九年間の義務教育を含む六・三・三・四制の「単線」型の学校制度だったのです。

そのことの先進性については多くを述べる必要はないと思いますが、もう一つ触れておかなければならないことがあります。それは、ヨーロッパやアメリカで行われた統一学校運動についてです。戦後日本の教育制度に慣れている私たちにはなかなか理解しにくいことですが、イギリスを例にいえば、前述の三本立ての中等学校を一本化し、階級による差別をなくすという一大事業です。これを統一学校運動といいます。この運動は一八二四年にアメリカのマサチューセッツ州で始まったといわれていますが、ドイツでは一八八六年から、フランスでは一九一七年から、イギリスでは一九二六年から、その努力は営々と続けられてきていて、なお未だにヨーロッパではどの国でも成功していません。イギリスでも、この運動はコンプリヘンシブスクール運動と呼ばれて一九六〇年代から進められて来ているのですが、一〇〇％達成したスコットランド地方を除き、イギリスやウエールズなどではまだ完全には達成できていないのです。ところがどうでしょう。日本では、前述のように一九四七年四月一日以来、アメリカの一部の州を除く世界のほとんどの国でまだ実現していなかった「単線型」学校制度を実現したのです。ここでも、日本はヨーロッパなどで経験している長い苦難の歴史を端折って戦後教育改革の名の下に理想の学校制度を一挙に実現したのです。（公民館運営審議会の前身である公民館委員会の設置が文部省によって奨励されたのも実はまさにこの時期一九四六年だったのですが、そのことの意義については別の機会に述べたいと思います。）三〇数年後に実現した高校進学率九五％という実績も、この土台の上にこそ築くことができたものなのです。

ここで、もう一度宮原先生の定義に戻って考えてみましょう。「学校教育の補足」や「学校教育の拡張」としての社会教育も、例えば識字教育などのように、いまもなお必要ですが、「学校教育以外の教育要求」に応える社会教育は日本に限っていえば後期中等教育以後の教育、つまり大学と同等の教育ということになるでしょう。一九七三年三月、東京都教育庁社会教育部発行の『新しい公民館像をめざして』が公民館の役割の一つに「私の大学」をあげたことはこういうことでもあったのです。しかも公民館は、昔のイギリスのようにお金に困らない王侯貴族が学んだ大学ではなくて、高齢者も障害者も、貧乏人も失業者も「ひとしく」（憲法第二六条）学ぶ場でなければならないのです。そのためには豊かな施設・設備を備え有能な職員が常駐する公民館を、すべての住民の身近なところに、公費でもって配置するのは人類が長い長い間努力してきた歴史の当然の方向なのです。そのことを私たちは「権利としての社会教育」の実現と呼んだのです。

2 戦後五〇年の社会教育の公的整備の成果を確認する――「教育は百年の計」、いま、その折り返し点

いまも申しましたように、私たちが戦後五〇年一貫して求め、創り上げてきたものは、「権利としての社会教育」でした。社会教育推進全国協議会（以下、社全協）が主催して開いてきた社会教育研究全国集会は第一一回集会テーマに「権利としての社会教育とはなにか」を掲げています。

日本国憲法は、戦後いち早く、第二六条で「すべて国民は、法律の定めるところにより、その能力に応じて、ひとしく教育を受ける権利を有する。」と宣言し、続いて「日本国憲法の精神に則り」（前文）制定された教育基本法では「教育の目的は、あらゆる機会に、あらゆる場所において実現されなければならない。」（第二条）としました。そして同じく第六条「学校教育」に並べて第七条に「社会教育」の項を設け、「国及び地方公共団体は、図書館、博物館、公民館等の施設の設置、学校の施設の利用その他適当な方法によって教育の目的の実現に努めなければならない。」と定めました。やがて、大阪府の枚方市教育委員会は一九六三年に「社会教育は国民の権利である。」「社会教育の本質は憲法学習である。」（枚方テーゼ）と喝破し、『月刊社会教育』は一九七〇年五月号から小川利夫先生の「社会教育をどうとらえるか――『権利としての社会教育』方法論序説――」を九回にわたって連載します。このように、私たちが意識的に「権利としての社会教育」を追求してきたことは、世界教育史的に見れば世界でも最も先進的な社会教育の運動だったと言っていいでしょう。その証拠に日本の社会教育は今や世界から注目され、例えば公民館も The KOMINKAN とそのまま訳されるようになっているのです。

そのことを、次に数字で見てみることにしましょう。〈表1・2・3〉

〈表1〉は、人口六万前後の、東京にある平凡な市の社会教育職員の整備状況ですが、社会教育に携わる職員の数

〈表１〉 東京都福生市における社会教育職員の整備状況

1962(昭和37)年度		1999（平成11）年度		
教育長	1	教育長		1
		社会教育部長		1
社会教育主事（補）	1	社会教育課	課長	1
社会教育担当	1		社会教育係	3
			文化財係	3
		スポーツ振興課	課長	1
			スポーツ振興係	2
		体育館	館長	（１）※1
			中央体育館	3
			熊川地域体育館	3
			福生地域体育館	3
		市民会館兼公民館	館長	1
			管理係	5
			業務係	5
			公民館松林分館	3
			公民館白梅分館	3
		図書館	館長	1
			管理係	2
			奉仕係	9
			わかぎり図書館	2
			わかたけ図書館	2
			武蔵野台図書館	4
		計		57

※1　スポーツ振興課長が兼任

〈表２〉 社会教育施設の整備状況

	1955(昭30)年度	1996(平８)年度
公民館数 （　）内は本館（地区館を含む）	35,343 (7,977)	※2 17,819 (11,446)
公民館類似施設	—	※2 726
青少年教育施設 ※1	—	1,319
婦人教育施設 ※1	—	225
小計	35,343	20,089
図書館数 ※1	637	※2 2,396
博物館数 ※1	204	※2 956
社会体育施設数	490	48,141
小学校数 ※3	26,659	24,235
中学校数 ※3	13,022	10,537

※1　国立・都道府県立を除く。　※2　分館数を含む。　※3　公立のみ。分校を含む。
〈文部省『文部統計要覧』平成９年版および『社会教育調査報告書』昭和30年・平成８年版より作成〉

〈表３〉 社会教育施設職員の整備状況（兼任・非常勤職員を含む）

	1955(昭30)年度	1996(平８)年度
社会教育主事 （内　社会体育担当）	400 (—)	※2 5,128 (　912)
社会教育主事補 （内　社会体育担当）	— (—)	563 (　109)
小計 （内　社会体育担当）	— (—)	5,691 (1,021)
公民館職員数 （　）内は本務者・専任	74,546 (5,777)	52,324 (13,751)
公民館類似施設職員数	—	2,443
青少年教育施設職員数 ※1	—	7,979
婦人教育施設職員数 ※1	—	1,123
小計		63,869
図書館職員数 ※1	2,948	22,057
博物館職員数	※4 1,934	※1 13,673
社会体育施設職員数	—	19,383
小学校教員数 ※3	337,535	420,754
中学校教員数 ※3	191,030	257,488

※1　国立・都道府県立を除く。　※　2「課長のうち社会教育主事」を含む。
※3　公立のみ。分校を含む。　※4　国立を除く。
〈文部省『文部統計要覧』平成９年版および『社会教育調査報告書』昭和30年・平成８年版より作成〉

は三七年間に二八倍強に増えています。人口が約二・五倍に増えていることを考えても大きな増えようです。同じことは、日本全体を見渡してみても同様にいえます。〈表2〉〈表3〉は社会教育施設の数と職員の整備状況を一九五五年と一九九六年とで比べたものですが、四〇年の間に飛躍的に増加していることがわかります。この努力は大いに評価されるべきでしょう。

3 次の五〇年の夢――西暦二〇四六年、私の夢

かつて私は東京・保谷市の「ほうや公民館だより」(一九八七年一月二〇日号)に次のような文を書いたことがあります。基本的な考え方としてはいまも少しも変わっていませんのでここにそのまま引用させていただくことにします。

もしいま補足することがあるとすれば、〈表2〉にあるような公民館類似施設も青少年教育施設も婦人教育施設も、ここには触れていませんけれども児童館などもすべて将来は公民館と呼ばれるようになるだろうと言うこと、将来は教育という概念は福祉という概念を含むようになり、したがって公民館はこれからは地域福祉センターを兼ねるようになる(地域福祉センターが公民館を兼ねるのではない)だろうという二点です。

ところで、以上1・2・3と述べてきましたことは、奥田の個人的な見解であって、社全協常任委員会で確認し常任委員会を代表して述べたものではないと言うことをお断りしておかねばならないと思います。

4 二一世紀に向かって――社会教育推進全国協議会の任務

いま、社全協常任委員会では「二一世紀の社会教育づくりに向けて社全協のあり方を考える特別委員会」(略称、「二一世紀委員会」)を組織し、二一世紀に向かう社全協の任務は何かについて検討を始めようとしていています。

~私の初夢~

公民館に期待するもの

中央大学教授　奥田泰弘

西暦２０４６年

それは日本国憲法が公布されて100年。公民館が日本に初めて作られてから数えてちょうど100年目に当る。

その時、保谷の公民館はどのように発展しているだろうか。

すべての小学校区に公民館が

保谷市には小学校が11校、中学校が5校ある。公民館も11館、図書館も11館、プールやテニスコート等を付設した市民体育館も11館、それらが小学校とそれぞれセットになっていて広々とした緑豊かな公園の中にゆとりをもって点在している。五つの中学校には、自然、美術、民俗、歴史、動植物などそれぞれ特色を持った地域博物館が付設されている。

それぞれの公民館には館長以下15人の職員がいる。成人担当の2人のほか婦人⑴、青年⑵、少年⑵、高齢者⑵、障害者⑵、保育⑵、官報⑴などをそれぞれ担当する職員たち。1館15人の職員体制は公民館の歴史100年を経ていまや常識となったのである。

しめて公民館職員は165人。小学校の先生が241人、中学校の先生が148人合わせて389人の先生が人生80年時代のわずか9年の教育を担当するためにいるのだから、あとの71年分の学習・文化活動のお手伝いをする公民館職員が165人ぐらいいたとしても、むしろ少ないくらいだ。（もっとも、図書館、体育館、博物館にそれぞれ1館15人ずつ配置すると合計570人になる）人件費は小中学校の先生と同様半額国庫負担による県費負担であるから保谷市は一銭も出す必要がない。

ゆったりしたロビー・注目される市民研究室

すべての公民館には、ロビー、印刷・コピー・団体活動室、保育室、市民研究室などが必ず設けられている。そのほかに、それぞれの公民館が思い思いに芸術・文化小ホール、美術室、工作室、陶芸室、カラオケ、合唱室、ロック練習発表室、人形劇・落語常設ホールなど特色ある施設を二つまたは三つと整え11公民館全体としてほどよい調和を保っている。

ロビーはひろびろとしており、新聞・雑誌コーナーあり、喫茶コーナーあり、囲碁・将棋コーナーありで、かつての縁側や井戸端、応接間などの機能を兼ねている。もちろん、空いていれば予約なしで小さな会議や打ち合わせもできるし、障害者の方々も不自由なく使えるよう配慮されている。

市民研究室は資料室や実験室を付設した本格的な研究室で公民館によって公害研究所にもなれば新聞研究所、健康研究所、農業研究所など特色ある研究を行う。そこでは市民研究員が図書館や体育館、博物館等と連携しながらさまざまな研究に取り組んでいる。

今年はたまたま公民館運営審議会委員の選挙の年に当っていた。各公民館に独立して置かれている公運審委員は各10人。そのうち7人の2号委員はそれぞれの公民館区で市議会議員の選挙と同じ方法で選挙されることになっており、やがて、さまざまなサークルや団体に推薦された候補者によって熱のこもった文化選挙が展開されることになるだろう。

と、ここで目が覚めた。夢はでっかいほど元気が出るものだ。

（保谷市東伏見公民館運営審議会委員）

『ほうや公民館だより』第一三六号（一九八七・一・二〇）

検討する課題は、順不同で、以下の九項目です。

・『月刊社会教育』と社全協運動の関係
・二一世紀に向けての社全協指標づくり
・公民館法・公民館主事資格制度の創設など法律・制度づくりの可能性について
・NPO法人格取得の可能性について
・出版部の創設
・全国集会の性格・組織方法の見直しについて
・常任委員会及び事務局体制の再編・強化
・支部の位置づけや役割について
・情報化への包括的な対応

これらの課題について一つ一つ詳述している余裕はいまありませんが、いずれも社全協の基本的性格について論議をすることになると思います。そして二〇〇一年二月の定期総会には一定の結論を出す予定です。

もちろんそれまでの日常活動はこれまで通り進めていきます。全国集会の開催、複数の地域での地方集会の開催、『社会教育研究』『住民の学習と資料』『社全協通信』の発行、学習会の開催、文部省との定期協議、「市民の学び＝社会教育を発展させる連絡会」活動などいろいろな団体との連携の推進、国際交流の促進などこれまで取り組んできた活動をさらに進めるとともに、社全協学校の再開や事務所開所時間の延長などにも努力していくつもりです。

そして当面の緊急の課題としては、〝私たちの手で条例・規則をつくる運動〟を全国的な規模で推進すること、そのための手始めとして昨年の一一月から三回にわたる連続学習会を行っているところです。

〝手をつなぎ、励まし合って、楽しく〟活動を進めながら、さらに一回り大きな社全協をめざしてがんばりたいと思います。

特論二　一九九八年の教育職員免許法改訂と教員養成

一　開放制教員養成制度の崩壊を憂う――教育職員養成審議会第一次答申を読む

教育職員養成審議会（以下、教養審という）は、一九九七年七月二八日、「新たな時代に向けた教員養成の改善方策について」と題する第一次答申（以下「答申」という）を文部大臣に提出した。ここに盛られている内容がそのまま法制化されるならば、国・公立大学の一般学部や大部分の私立大学の教職課程は壊滅的な打撃を受け、その結果として、戦後教育改革の大切な財産である開放制教員養成制度が崩壊するのではないかとの危惧を強く持つ。

1　提案されている改訂の要点

教養審は、教員養成制度をどのように変えようと提案しているのか。まず、その点から見てみる。

今回の提案は、中学校教諭一種免許状の取得に係る教職課程カリキュムの改訂が中心となっているので、とりあえず中・高等学校教諭一種免許状を取得する場合を中心に整理してみる。改訂点は大きく分けて三点九項目ある。

⑴「教科に関する科目」を現行の四〇単位から二〇単位に減らす（高校も同じ）。

⑵「教職に関する科目」を現行の一九単位から三一単位（高校は二三単位）に増やす。その内訳は、

①「教職への志向と一体感の形成に関する科目」(二単位)を新設する(高校も同じ)。
②「各教科の指導法」(いわゆる教科教育法)を現行の二単位から八単位に増やす(高校は四単位に)。
③「生徒指導、教育相談(カウンセリングに関する基礎的な知識を含む)及び進路指導に関する科目」を現行の二単位から四単位に増やす(高校も同じ)。
④「総合演習」(二単位)を新設する(高校も同じ)。
⑤中学校教諭一種免許状取得のための「教育実習」を現行の二週間から四週間に増やし、事前・事後指導を加えて現行の三単位を五単位とする(高校は二週間、三単位のまま)。
⑥このほかに、科目「外国語コミュニケーション」及び「情報機器の操作」の履修を義務づける(「日本国憲法」「体育」と同じ扱いとする)。
(3)「教科又は教職に関する科目」を新設し、八単位(高校は一六単位)とする。具体的にどのような科目を開設するかについては、各大学の裁量にゆだねる。

2　致命的な打撃を受ける国・公・私立一般大学の教職課程

今回の「答申」の第一の問題点は、「教職に関する科目」の履修単位を大幅に増やしたことである。これらは、ほとんどの私立大学を含む一般大学の教職を志願する学生と教職課程にとって、担い切れない過重な負担を課すことになる。しかもより問題なのは、今回の「答申」はむしろ、そのことを積極的にねらった答申であるという点にある。教養審のカリキュラム等特別委員会の第一三回会合に文部省事務部局から提出され、今回の「答申」の出発点になった「たたき台」(一九九七・四・八)は、次のように述べている。「意欲と努力に欠ける大学は、事実上教員養成からの撤退を余儀なくされることとなろう」(一五頁)と。「答申」の本音は、私立大学を含む一般大学は教員養成から手を引きなさい、ということなのである。

問題点の第二は、中学校教員免許に係る教育実習を四週間にすると提案している点である。最近の教育実習は、教育実習校の年間計画との関連でほとんど六月に集中、定着している。そこで、もしも六月に四週間の教育実習を実施するとなると、教員養成系大学・学部のようにその間の大学の授業をすべて休講にして、教員も学生も教育実習に専念することができる大学では何ら問題はないが、一般大学においては授業は平常どおり行われており、教職課程を履修する学生のみがそれらの授業に出席できないという事態が生じる。特に最近ではセメスター制度が普及してきているので、教職課程を履修する学生は前期の授業の単位をとるのは非常に困難となってしまう。

問題点の第三は、教職課程カリキュラムの内容に関して、教育の原理・原則の理解を軽んじ、「採用当初から学級や教科を担任しつつ、教科指導、生徒指導等の職務を著しい支障が生じることなく実践できる資質能力」（「答申」七頁。以下随所にこの文言を使っている）を身につけさせるという名目で、カウンセリングも情報処理も外国語コミュニケーションもと、本来であれば現職教育においてなされなければならない内容のものまでをも、いろいろと養成段階の教育に押しつけようとしていることである。

問題点の第四は、「得意分野を持つ個性豊かな教員」の育成が必要であると述べつつも、それが、限られた教員養成カリキュラムの中から「重点履修」をすれば可能であると、極めて安易に考えていることである。例えば、「教育相談（カウンセリングに関する基礎的な知識を含む）の理論及び方法」を四単位選択履修することによって、「子どもたちの心の悩みがよく理解できる教員」が「多数誕生することが見込まれる」と「答申」は言う（一五頁）が、教養審は本気でそう考えているのか、信じられない思いである。

本来「得意分野を持つ個性豊かな教員」の養成は、一般大学の学生がそれぞれの専攻分野の学問を四年間かけて七〇～八〇単位近く学習し、さらにそのうえに、教職課程において「教育の本質」をはじめとする人間と教育に関する基本的理解を学んでくるからこそなしうることだったのではないのか。開放制教員養成制度のめざすものはまさにこれだったはずである。

問題点の第五は、「教科に関する科目」の単位を半減したことである。前回一九八八年の改訂の際に国語や英語、数学などこれまで三二単位であった教科をすべて四〇単位に増やしたばかりであるにもかかわらず、いままたなぜ急にそれを減らすのか、その理由は何も述べられていないだけに理解に苦しむ。

3　「答申」の危険なねらい

今回の「答申」のねらいは、大きく二つあるように思われる。一つは、すでに述べたように日本の教員養成を国立教員養成系大学・学部のみに限定すること、二つは、その教員養成カリキュラムの内容を国が管理すること、である。

(1)　まず前者について述べれば、その第一の問題点は、すでに詳しく述べたとおり、国立を主とした教員養成系大学・学部でなければ対応し切れないようなカリキュラムを提案していることである。

これに対して日本私立大学団体連合会は、一九九七年六月二〇日の教養審本会議に対するヒアリング（意見表明）において、「一、教職に関する科目にかかる単位の増加には賛成できない。二、中学校免許にかかる教育実習の延長には賛成できない」と、はっきり反対の意思表示を行った。さすがに文部省もこれを無視することはできず、「答申」では、その前段の文書である「審議経過報告」にはなかった文言、つまり「これら『教科に関する科目』の大部分は、本来大学の卒業要件に算入されるものである」（「答申」一六頁）を新たに書き加えた。

しかし、このことは本当に可能なことであろうか。例えば「教職に関する科目」の中の「教職への志向と一体感の形成に関する科目」「教育の理念並びに教育に関する歴史及び思想」「特別活動の指導法」「生徒指導の理論及び方法」「教育実習」等々の単位が、法学部や経済学部、商学部、国際関係学部等の一般学部の専門科目として卒業単位に含めることができると考える人が、いったいどのくらいいるであろうか。

「教科に関する科目」についても同様であって、本来ならばこれらの科目は、一般大学・学部の卒業要件である専門科目がそのままこれに充てられてしかるべきはずであるにもかかわらず、「答申」は「教員養成教育の中で、教科の専門性（細分化した学問分野の研究成果の教授）が過度に重視され、教科指導をはじめとする教職の専門性がおろそかになっていないか。教員スタッフの専門性に偏した授業が多く、『子どもたちへの教育』につながるという視点が乏しいのではないか」（「答申」一八頁）と言い、教職用の内容を暗に要求する。これでは、一般大学・学部の卒業単位の中へ教職の単位を組み込むことは無理であろう。

第二は、「答申」に見られる以下に例示するような提言は、ほとんどの私立大学を含む一般大学を考慮に入れて提言しているとはとうてい考えられない、という点である。

いわく、「〔A…教職への志向と一体感の形成〕にかかわっては」「大学入学者選抜においても適切な工夫や配慮がなされることが望まれる」（「答申」一一頁）

一般大学の一般学部の入学者選抜において、このようなことができるとはだれも考えないであろう。

いわく、「新たに導入される『教科又は教職に関する科目』については、単位数の総枠のみが制度上規定されることとなり、履修すべき科目や科目ごとの単位数は指定されない。その結果、大学における授業科目開設の自由度が高まり、各大学の特色を発揮しやすくなるとともに、教員を志願する者がすべて同じような科目を修得している現状も改められる」（「答申」一五頁）

教員を志願する者がすべて同じような科目を修得している現状があるとすれば、それは教員養成系大学・学部の学生だけであって、一般大学においてもそうだと考える者はおそらく誰もいないであろう。一般大学における教員志願者は、それぞれの専攻の科目を卒業単位の中心に置いて履修しているからであり、だからこそ「各大学の特色」が発揮されるのであるからである。

いわく、「例えば、一年次の観察的な実習二週間と三・四年次（短期大学においては主として二年次）の本実習二週間とに分けて行うなど、教育実習の回数、時間、実施先、方法等については、各大学の判断により適宜工夫する必要がある」（「答申」二五頁）

このような工夫ができるのは教員養成系大学・学部のみであって、そもそも一般大学においては教職課程の履修そのものを二年次から始めているところが多く、一般大学における二・三年次生は、教職課程を履修しながら自分の将来を真剣に考え教職の道に進むかどうかを考えている段階であるから、三年次で本実習をすることさえ時期が早過ぎるのである。しかも、ここにこそ一般大学における教員養成の最大の特色があるのであって、教員養成系大学・学部の学生が一八歳の段階で早くも教師になろうと考えている者を入学させているのに対し、一般大学では一九歳から二二歳の四年間にじっくりと自分の進路を考え、その結果として教職を選んでいるのである。どちらが教員として適性を持った教師が養成できるかは明らかである。

現在、教員養成系大学・学部の学生の教員就職率は全体で三割台であるが、そのことはむしろ当然なのであって、一八歳の段階では教員に向いていると思っていた者が必ずしもそうではなく、四年間の大学生活の熟慮の結果として、より適正な進路として教職以外を選んだのだとも言えるのである。

(2)　次に、国家統制の恐れがあるということに関連して、「答申」の中で見過ごすことのできない文言を指摘しておこう。

第一、「今後特に教員に求められる具体的資質能力の例」の項で「教員の職務から必然的に求められる資質能力」

として「幼児・児童・生徒や教育の在り方に関する適切な理解　例：幼児・児童・生徒観、教育観（国家における教育の役割についての理解を含む）」（「答申」五頁）を挙げているが、なぜ「国家における教育の役割についての理解を含む」だけが特筆されるのか。

第二、「『教科又は教職に関する科目』として具体的にどのような科目を開設するかについては、基本的に各大学の裁量に委ねることとし、また、『教科又は教職に関する科目』に属する諸科目のうちのどれを履修するかについては、教員を志願する者それぞれが自らの意欲と進路希望に基づき主体的に判断することとする。その際、大学でより適切な履修指導等が行われることを確保する必要がある」（「答申」一四頁）。いったい「大学でより適切な履修指導等が行われることを確保する」とは何をするというのか。

第三、次のような一文をどう読むか。

「各教科、道徳及び特別活動の指導法等に関する各科目等については、学習指導要領に掲げる事項に即して包括的な内容を教授する必要があり、制度的にもその旨を明確化する必要がある」（「答申」二八―二九頁）

小・中・高等学校においては、教科書や教育内容が学習指導要領によって厳しく統制されている現状にかんがみれば、いよいよ「教職に関する科目」の統制を足がかりとして、大学の教育内容に対しても国がくちばしを入れようとしている、と危惧するのもあながち杞憂とばかりは言えないであろう。

4　教員養成教育カリキュラム改善の方向

最後に、私が考える教員養成教育カリキュラム改善の方向について、若干の意見を述べておきたい。

第一は、一九八八～八九年に行った前回の改訂の結果を十分に時間をかけて検討することである。いやしくも国があれだけの大がかりな改革をなしたのであるから、その成果を十分に検討することなく次の改革を提案するなどという軽はずみなことをするべきではない。ましてや、前回の改革による教職課程で養成された教員はまだ四回しか卒業していないのである。

第二は、今回の提案はだれが見ても開放制教員養成制度を実質的に否定する提案である。ならば、まずは開放制教員養成制度を廃止するかどうかの論議を国民的規模で先に行うべきである。国立教員養成系大学・学部の再編を財政的理由で迫られたからといって、それをきっかけになし崩し的に開放制教員養成制度そのものを廃止する方向を、それとはっきり明示しない形で提案するなどという姑息なやり方はフェアとは言えない。

第三は、①「得意分野を持つ個性豊かな教員」を養成する最も確かな道筋であり、②教員養成の過程で戦前のような教育内容の国家統制を許さない最も確かな制度は、これまでも何度も述べてきたとおり開放制教員養成制度なのであるが、それを堅持するために検討しなければならない次の二点については、次のように考えるべきである。

その一つは、教育実習の期間の問題である。もちろん、もし教育実習の期間を二週間よりももっと長くする必要があると考え、大学の独自の判断でそうする大学があっても、それはいっこうにかまわないことである。しかし、筆者は教育実習は二週間で十分だと考えている。なぜなら、教育実習は教育技術を訓練する場でもなければ、ましてや「教職への一体感」を形成する場でもなく、教員への適性を実際に教育の現場に立って自ら確認する場であるからである。また、教育実習の期間を長く経験した教員免許保持者と、二週間の教育実習しか経験してこなかった教員免許保持者とが両方いて、採用側が自由に選ぶ制度こそ多様な個性を持った教員を確保する一つの道であろう。むしろいま一番大切なことは、現行の二週間の教育実習をさらに充実させる方途を考えることである。

もう一つのことは、教師の年齢についてである。教師にとって〝若さ〟は、実は何ものにも替えがたい大切な教員の資質の一つなのである。これは、ほかの専門職には見られない教職の特色と言ってよい。ここでは詳述を避けるが、二〇代の教員のいないまたは極端に少ない学校は、それだけで危機的と言わなければならない。

最後に、いま行政がやらなければならないことは、姑息な方法で教員養成制度をいじることではなくて、教師や学校が抱えている最も深刻な悩みに直接こたえることである。それは、一日も早く三〇人学級を実現すること、教師の一週間の持ち時間を削減すること、勤務評定をやめて学校に自由と民主主義を取り戻すこと、教師の創意工夫の意欲を減退させるような押しつけの研修をやめ、教員の自主的な研修の機会を保障すること等である。

二　参議院・文教・科学委員会（一九九八年四月一四日（火））における奥田泰弘参考人の意見陳述

一九九八年の教育職員免許法改訂の動きは、一九九六年七月二九日に文部大臣が教育職員養成審議会（教養審）に対し「新たな時代に向けた教員養成の改善方策について」諮問したことに始まる。その後、約一年の審議を経て、教養審は一九九七年七月二八日、「第一次答申」を文部大臣に提出するのであるが、その内容が戦後最大とも考えられる改訂内容であること、その影響は特に私立大学と国公立大学の一般学部の教職課程に著しく、そこでの教員養成を壊滅させるおそれがあること、がわかってきて、全国の私立大学は大きな危機感を持つ。

全国の四年制私立大学約三〇〇校で組織する全国私立大学教職課程研究連絡協議会（全私教協）は教養審の審議経過ならびに答申の内容をつぶさに検討した結果、法改正反対運動を組織することとなり、関東地区私立大学教職課程研究連絡協議会（関私教協）など全国八地域に組織する各地区私立大学教職課程研究連絡協議会と協力しながら運動を進めた。

ここに収録する議事録は、当時全私教協の事務局長であった奥田が、参議院の文教科学委員会で参考人としての意見を求められて陳述したものである。

〈前略〉

○委員長（大島慶久君）　次に、奥田参考人にお願いいたします。奥田参考人。

○参考人（奥田泰弘君）　奥田でございます。

全国私立大学教職課程研究連絡協議会の事務局長としてこちらへ参っております。座って失礼いたします。

私は、この法案に反対の立場から意見を申し述べたいと思います。

まず最初に、法改正をするときの原則について二点申し上げたいと思うんです。

その第一は、法改正をするときには当事者を含んだ審議会で審議をすべきだと思っています。教育職員養成審議会が当事者を排除した形で第一次答申を審議、決定されたことは大変遺憾なことだというふうに思っております。すなわち、日本教育学会、日本教師教育学会、国立大学協会、日本私立大学団体連合会、それから私たちの組織でありますす全国私立大学教職課程研究連絡協議会など、当事者が組織をしている組織から一人も推薦委員が出ていないというのは問題だと思います。

第二点目は、教育職員免許法の改正を考える場合には、養成におけるあるべきカリキュラムを考えるということと、法律によってすべての大学を規定する最低基準を決めるということとは分けて考えるべきだというふうに思います。

それから三番目として、今、高倉参考人の方からもおっしゃられたんですが、現在の学校の教育現場がいろいろな問題を考えているから、だから教員養成のカリキュラムを変えなければいけないという考え方の中には大変距離があるんじゃないかというふうに思います。教員養成の中身を変えて、そのカリキュラムに従って育ってくる学生たち、新しい教師は五年後ですし、その五年後から学校の中でそれ相当の力を学校運営の中で発揮するまでにはまたさらに五年ないしは一〇年かかっていくわけです。ですから、教員養成カリキュラムを変えることがすぐ現在の教育現場を変えることになるんだという発想はおかしいというふうに思います。

次に、反対意見の骨子ですが、この法律案はいろんなことが書かれてはおりますけれども、結果的には教員養成から一般大学・学部、これは国立、公立、私立を含みますけれども、一般大学・学部を排除する法律だというふうに読み取っております。その結果、国立の教員養成系大学・学部のみに教員養成を独占させる危険性がある。そのことは結果として開放制教員養成制度の崩壊を招くおそれがあるというふうに強く憂慮しております。

この答申の中には、得意分野を持つ個性豊かな教員を育てたいんだ、だからカリキュラムを豊富にするんだという意味のことが見出しにもありますし、随所に書かれておりますが、得意分野を持つ個性豊かな教員というのはどこから出てくるのかといえば、それは一般大学・学部を卒業した人たちの中から優秀な人が教員になってくれて初めて得られることなんだというふうに思うんです。

次に、ではなぜこの法案が一般大学・学部を教員養成から締め出すことになるのかについて私どもの考え方を三点申し上げたいと思います。

第一点は、教職に関する科目を今度三一単位にふやすと言っております。時間の関係上、中学校教員免許状に限って申し上げさせていただきます。高校の場合は二三単位になっているわけですけれども、この教職に関する科目三一単位は、おおよそ大学で勉強しなければいけない一年分の単位数に相当するわけです。つまり、一二四単位が卒業の最低単位で、それを四年間でやりますとちょうど三一になるんです。大学を卒業することが教員免許状を取ることの最低条件ですから、一二四単位を四年間で取った上で、丸々一年分の三一単位の教職に関する科目を余分に強制することになるわけです。このことは学生にゆとりのない生活を送らせる。

今、ゆとりを持たせるということが日本の教育改革の大事な指標になっているわけですけれども、多感な青年時代の学生たちにゆとりのない生活を強制することになるのではないかというふうに大変憂慮しています。

二番目は、教育実習を現行の二週間から四週間にふやす、これも中学校教員免許一種のことですが、というふうに言っておりますけれども、それは一般大学や学部にとっては大変不可能に近いことだというふうに認識しております。

お手元にお配りしました資料の右側の資料二とあります図表をごらんいただきたいと思うんですけれども、国立の教員養成系大学・学部では教職科目あるいは教科に関する科目はすべて卒業単位一二四単位の中に含まれています。ところが一般学部は、これは何度も申し上げますけれども、国立大学も公立大学も、そしてほとんどの私立大学も教育学部以外は皆これに該当するわけですが、それぞれの専門科目を四年間勉強した上に教職の単位を取るわけです。それは一二四単位の外にはみ出して取るわけです。これが現行では一九単位、一〇年前の法改正で一四単位から一九単位にふえたわけですけれども、それを三一単位にしようということになるわけです。これはやはり学生たちにゆとりのない生活を強制することになると思います。

そこで、もとへ戻りますけれども、教育実習の二週間を四週間に延ばすということについては、次の三点の問題点があるというふうに思っております。

第一は、教育実習は実習校側の要望でほとんどが六月に集中するように経験的になってきております。実習生を中学三年生に当てるということはほとんどどこの中学校でもいたしませんが、秋は大変行事も多いし、三年生が受験を控えていて大変な時期だから前期に、入学式の後すぐにというわけにはいかないから、とにかく中間テストをやるまでは実習生は引き受けない。中間テストが終わった後でというふうに、大体六月の中旬に教育実習を受け入れるというのが一般化してきております。そこで、四週間ということになりますと、これは中学校側も大変ですし、大学生側も大学の普通の授業が行われている上に教育実習に出るわけですから、大学の通常の成績に大きく影響してきます。

二番目は、これは文部省の方も今大いに進めていらっしゃることですけれども、多くの大学がセメスター制をとり始めております。セメスター制と申しますのは、前期で単位を出す、後期でも独立して単位を出す。通年で単位を出すという今までのやり方を前後期に分けるというやり方です。その場合に、前期の六月という一番大事な時期に一カ月近く休まなければいけない教職履修者は、恐らく前期の試験全部がだめになる可能性を含んでいる問題だというふうに思います。

三つ目は、先ほどの高倉参考人もおっしゃいましたけれども、二週間ずつ分割してやればいいではないかという案があるというふうにうかがってはおりますが、その場合には、教員志願がまだしっかり固まっていない学生を実習校に出さなければいけません。これは実習校にとっては大変迷惑な話だというふうに思います。そして、二年後は人数からいえば、二週間が四週間になるわけですから、実習生の数がふえることは間違いないわけです。

三番目に、新設が予定されている総合演習というのがございますが、この総合演習というのを良心的に実施しようとしますと大変な数の授業時間数と教員数が必要になってまいります。私の大学の場合を申し上げますと、私の大学は二年生から教職課程をとれるようにしておりますが、大体少なくて一、〇〇〇人ぐらいがまず教職課程にノミネートをしてきます。多いときには一、二〇〇人ぐらいになるんですが、仮に一、〇〇〇人として、演習ですから、一クラス二〇人のクラスをつくるとしますと五〇こま必要です。五〇人の教員が必要になるわけです。仮に三〇人に水増ししたクラスをつくるとして三三人強必要になってきます。これだけのことをすべての大学に強制するということが問題なのではないかというふうに考えています。

次に、その他に心配される事柄を三つ申し上げたいと思います。

第一は、優秀な若者が教職離れをますます起こすのではないかという心配です。現在、東京の小学校で申しますと一年間に一〇〇人ぐらいしか就職できません。東京じゅうの小学校です。一番多いときは、今五〇歳ぐらいの先生方が一番多いんですが、一年で一、五〇〇人就職されたんです。一、五〇〇人就職されたものが今一〇〇人ぐらいずつしか就職できていないんです。しかし、これはまた数年たちますとふえてくるんです。それだけでも教職離れを起こしておりますのに、このようにゆとりのない大学生活を強制されるのならということで教職離れがますます進むのではないかと心配します。

二番目は、先ほども申しましたように、あと数年たちますと教員を必要とする時期が来ます。毎年たくさんとった教員があと数年してきますと退職していきますので、数年後、一〇年後までは、また先ほどの東京都の小学校の例でいいますと最低八〇〇人から一、二〇〇人ぐらいを毎年とらなければいけなくなります。それに対応できるのかなという心配を持ちます。

三番目は、この法案で生き残りが策されていると私どもは考えておりますが、国立教員養成系大学・学部自体にも大きな心配があります。それは、教科に関する科目を現行の四〇単位を二〇単位に減らすわけですが、先ほど高倉参考人もおっしゃいましたけれども、専門学科を勉強しているから大丈夫だとおっしゃるんですが、それは私ども国立、公立、私立の一般大学・学部はそこが減ろうがふえようが卒業単位として七〇単位ぐらい取りますから変わらないんです。ところが、国立教員養成系大学・学部の場合には、それが学科の力を支える単位になっているわけです。それが卒業単位の中に含まれているわけですから、それを四〇から二〇に減らして、それ以外にその減らした分を教職に充てるというのは教科に対する力を落とすのではないかとむしろ心配しているわけです。

最後に、ぜひお願いしたいことは、慎重な審議をしてくださいましてこの法案を一度廃案にした後、先ほど申しましたように、日本教育学会等、私ども当事者を含めてもう一度検討し直していただきたいというふうに強く要望しておきます。ただ、どうしてもそれがかなわない場合には、せめて以下の修正をお願いしたいというふうにも考えているわけです。

それは、中学校教諭一種免許状の教職に関する科目三一単位となっておりますが、それを二五単位ぐらいに減らしていただきたい。そして、減らしていただいた六単位分については、先ほども申しました教育実習の増加分二単位、総合演習新設分二単位、それから教育課程及び指導法に関する科目のうちどれか二単位、それは大学の判断でいいと思うんですが、合計六単位を選択科目としていただきたい。それをやるということが大事だと考えられる大学がそれをなされればいい。それをやろうという大学はやるということになります。しかし、それをすべての大学に強制する必要はない、そういうふうに考えております。

以上でございます。

三　「夢　か」――教員採用の平準化

昨今は、教師になるのが大変難しい。いうまでもなく子どもの数が減って教員採用の数も減少しているからであるが、原因はそれだけではなく、年代別の教師の数が極端にアンバランスだからでもある。例えば、東京都の小学校でいうと一九九七年には四八歳、四九歳、五〇歳の先生達はそれぞれ一、五〇〇人強ずつおられるが、一九九八年の採用者数はわずか一〇〇人に過ぎない。一九九九年にはそれがどん底の九二人になる。ところが、二〇〇〇年からはまた採用数は増えていき、二〇〇五年から数年は毎年一、二〇〇人から一、五〇〇人ずつ、ピークの二〇〇九年には一、五三〇人の教師を採用しなければならないのである。（参考表参照）

こんな状況は、聞けばなんとかならないものか、と誰しも思うだろう。妙案がないわけではない。一九九六年度から二〇〇九年度までの新規採用予定者数を合計して一四で割るとその間に採用しなければならない教員数の平均値七五七人が出る。この七五七人をこれから毎年採用していけば右のようなアンバランスはきれいに解消できる。

この案の難点は、「七五七人－新規採用予定数」が＋（プラス）になる年は予算がそれだけ多く必要になるという点である。しかし、−（マイナス）になる年はその分だけ予算が少なくてすむから、全体を通して考えれば予算総額は変わらない。これによって一五年毎に採用数の波が大きく上下するという不合理が解消できるのである。これを教員採用の平準化（または、前倒し）策という。

東京都教育委員会はこの案を二年続けて提案したが、東京都はそれを認めなかった。やはり、これは夢か。

このことに関連してこんな話を聞いた。小学生にとって二〇代の教師はちょっかいを出せばかまってくれるかも知れない、と子どもたちは期待する。しかし、三〇代の教師だったらお説教されるのがおちだ。三〇代は子どもたちにとっては親の年代なのだから。四〇代の教師にいたっては子ども達にとっては額縁に入った偉人に見える。そういう二〇代の教師が、いま、学校に一人もいないか、いても一人か二人という学校が増えている、と。一五年後にはまたこの状況をくりかえすだろう。だからこそ、どこかで思い切って「教員採用の平準化」が必要なのである。

〈参考表〉　今後の小学校教員定数等の予測〈東京都教育委員会〉　96・12・7

	平成8年 '96	平成9年 '97	平成10年 '98	平成11年 '99	平成12年 '00	平成13年 '01	平成14年 '02	平成15年 '03	平成16年 '04	平成17年 '05
定数増減	△716	568	△402	△419	△340	△269	△240	△93	△6	77
退職者数	778	662	625	511	613	654	720	785	988	1,152
欠員数	60	94	223	92	273	385	480	692	994	1,229
定数改善数	112	100	100							
新規採用数	172	194	323	92	273	385	480	692	994	1229

	平成18年 '06	平成19年 '07	平成20年 '08	平成21年 '09	8～21計	年平均
定数増減	0	0	0	0	△2,964	△211
退職者数	1,248	1,499	1,493	1,530	13,258	946
欠員数	1,248	1,499	1,493		10,292	735
定数改善数					312	22
新規採用数	1,248	1,499	1,493	1,530	10,604	757

（注）1　定数増減は教育人口推計を基に試算した。
2　退職者数は定年退職者数に普通退職者数を推計し、合計した。
3　定数改善数は国の第6次定数改善計画に基づく都の改善見込みを試算した。

特論三　イギリスにおける一九八八年教育改革法下の教育改革の動向

目　次

一 イギリスにおける教育改革の動向──日英教育行政比較研究の試み

はじめに

なぜ、イギリスの教育を研究するのか。いうまでもなく、それは、日本の教育の進歩・発展に寄与したいからである。イギリスの教育行政の研究もまた同じことである。(1)

しかしながら、その方法は簡単ではない。たとえば、日本の教育の文脈で物事を考えて興味をそそられるイギリスのある教育事象を、日本の教育の文脈で紹介するというやり方では本当に日本の教育の改善に資するということはできないのではないか、と考えるからである。

また、ある教育事象を、それ一つだけ切り離して研究し、それを日本の教育の中へ取り入れようとしたり、あるいは日本の教育を批判する規準に使ったりするようなやり方もあるが、それもどうかと思われる。

そのような方法は極力避けて、ある教育事象がイギリスの教育全体の歴史と構造の中でどういう意味を持っていたかあるいは持っているかをまず明らかにするという方法が、遠回りのようではあるが結局のところ日本の教育の進歩・発展に正しく寄与すると考えるのである。

たとえば、イギリスに来てみてそれまでとはかなり違った評価をしなければならないと考えるようになったもの(それは数多くあるが)で、今回のテーマに最も関係の深いものの一つにコンプリヘンシブ・スクール(comprehensive school)があるが、「すべての者に完全な中等教育を!」という理想を、古い伝統を誇るイギリスで革命などの激しい手段によらずしてほぼ実現した(図1参照)ことは大変大きな意味をもつ運動であったといってよいが、同時にそれは以下のことを認識したうえでのことでなければ、その評価を正しく行うことはできないように思われる。すなわち、コンプリヘンシブ・スクール化したのはじつは一六歳までの教育についてのみであって、一六〜一八歳の二年間の教育——それは日本の高等学校の二・三年生に当り、ふつう日本では後期中等教育と呼ばれるものである——は、全く手つかずのまま（全く古い形のまま）残されている、という事実である。[2] 現在イギリスは、教育の大改革の真只中にあるが、いまなぜ・どのように教育改革を行おうとしているのかを正しく理解するためにも、このことを正しく把握していなければならないと思うのである。

1　大学拡張政策の進行

イギリスはいま（一九九〇年代初頭、以下同じ）、大学拡張政策を教育改革の基本にすえているように思われる。日本が「生涯学習体系への移行」を今次教育改革の基本においていることと、これは大きな違いである。それは第三次[3]大学拡張運動と呼んでもいいほどの勢いである。ただ第一・第二次のそれと決定的に違う点は今回のそれは政府主導のやや強権的な、いわば上からの運動であるという点であろう。

(1)　ポリテクニクスの大学への「昇格」

なかでも、大学拡張政策の象徴的な事柄はいわゆるポリテクニクス（Polytechnics）の大学への昇格であろう。イギリスのポリテクニクスの多くは一九九二年の九月から一斉に大学に「昇格」した。一九九二年の中等後教育および[4]高等教育に関する一九九二年法（Further and Higher Education Act 1992）第七七条に拠って Polytechnic は大学を名乗ってよいことになった。同法第七七条は、いかなる高等教育機関も枢密院の同意をえて「大学」という文字を使うことができる、と決めたのである。（2 六一頁）

これによって大学は四六校から一挙に三〇増えて七六校となり（1 二頁）、一八歳人口の中で大学生が占める比

〈図１〉 United Kingdom の教育制度（1989—1990）

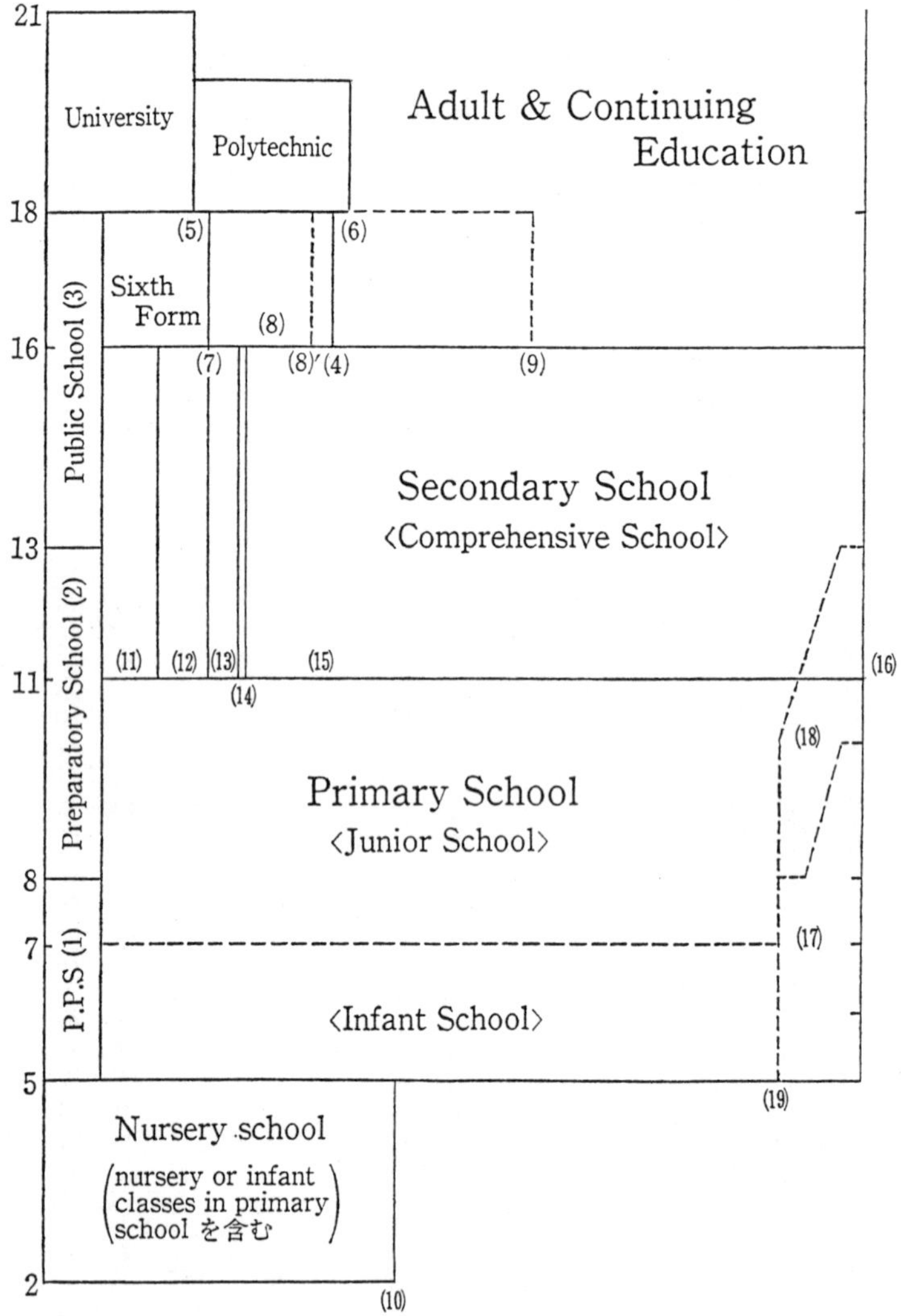
21
18
16
13
11
8
7
5
2
University
Polytechnic
Adult & Continuing Education
Public School (3)
Sixth Form
(5)
(6)
(8)
(7)
(8)′(4)
(9)
Secondary School
〈Comprehensive School〉
Preparatory School (2)
(11)
(12)
(13)
(15)
(14)
(16)
(18)
Primary School
〈Junior School〉
P.P.S (1)
(17)
〈Infant School〉
(19)
Nursery school
(nursery or infant classes in primary school を含む)
(10)

(1)　Pre–Preparatory School.

(1) (2) (3)　Non–Maintained School.〈1 p. iv〉

(4)　Qualification rate for HE Study　1988〈1 p. xx〉

英：GCE A Level, BTEC National　の取得者（35%）

日：Upper Secondary Graduation（高校卒業者88%）

(5)　New Entrants to Higher Education, Level 6 Only（1988）
〈1 p. xxi〉

(6)　New Entrants to Higher Education, All HE（1988）〈1 p. xvii〉

(7)　Schools（Parcentage of young adult home population participating in education, 1989—90）

(8)　Full–time and sandwich in Further Education（同上）

(9)　All students（Part–time　を含む）（同上）〈1 p. vii〉

(10)　Full–time and part–time pupils in school（1989—90）〈1 p. 13〉
(Excludes "play–groups")

(11)〜(16)　下の表の内　England の数値のみを図示した。

*　Pupils in public sector secondary education by school type and country（1989—90）
〈1 p. 20〉

		England	Wales	Scotland	Northern Ireland
(11)	Middle deemed secondary	6.5			
(12)	Modern	3.8			
(13)	Grammer	3.4			37.7
(14)	Technical	0.1			
(15)	Comprehensive	85.9	99.2	100.0	62.3
(16)	Other	0.3	0.8		
	Total pupils（%）	100.0	100.0	100.0	100.0

(17)　First School
(18)　Middle School
}この区分は減少の一途をたどっている。

(19)　統計が手元にないので，必ずしも正確な比率を示していない。

※資料1により作成。図の幅はそれぞれの数値のパーセンテージをほぼ正確に図示している。

率は一八％から三七％へと増加した。[5]

なぜイギリスはいま大学の拡張に躍起になっているのか。それは、現在の深刻な経済発展の遅れは先進諸外国に比して高等教育人口の少なさに起因すると考えているからである。レスター大学の成人教育部の責任者でボーン・カレッジ（Vaughan College）[6]の所長でもあるグリーンノール（Greenall）教授は、一九九二年七月、日本から来英した生涯学習視察団に対する講演の中で、質問に応えて「経済の停滞を打開するためには、高等教育人口をもっと増やさなければならない」[7]と明確に答えている。事実、イギリス政府刊行物センター（Her Majesty's Stationery Office. 以下、HMSO）が毎年発行している『教育統計』一九九一年版（Education Statistics for the United Kingdom 1991 Edition）においても「国際比較」（International Comparisons）の項目と「進展する高等教育・その国際比較」（Progression through Higher Education：An International Comparison）の項目とを特に設け（この書の中で内容のある項目はこの二つのみで、あとは資料出所や凡例の説明のみである）、イギリスにおける高等教育の進展ぶりを熱心にアピールしているのである。[8]

その上注目すべきことは、大学以外の教育機関ならびに教育機会を広く高等教育ととらえ、その「進展」ぶりを紹介している点である。詳しくは次項で述べるが、その説明のトーン自体が、イギリス政府がいかに高等教育の拡張に努力しているかを示しているように思われる。それは、かなり無理をしているとの印象をそれを読む者に与えさえするほどである。

(2) 中等後教育カレッジの独立

1 逆転現象

いずれの国においても大学拡張政策は後期中等教育[9]の拡充を前提としている。いいかえれば、後期中等教育の拡充の結果、大学への進学期待が高まり、それに対応した大学の拡充が促されるのである。少くとも日本の場合はそうであった。ところがイギリスにおいては現在この関係が逆転しており、大学の拡張のほうが政策的に先行し、それを後追いするような形で後期中等教育の拡充がはかられているように思われる。

図1で説明しよう。いま問題になっているところは一六～一八歳段階の教育であるが、イギリスではこの段階で教育資格（G. C. E.）Aレベルを法的には二科目以上、実際には三～四科目以上取得した者が大学へ入れることになっている。そしてこの大学入学資格が取得できる学校は三種類である。すなわちパブリック・スクール（Public School）、シックスス・フォーム（Sixth Form）およびシックスス・フォームを併設するセカンダリー・スクールの三種類なのである。ところが奇妙なことに、ポリテクニクスを大学と数えることとした場合、大学入学者の数のほうが、この三種類の学校の卒業生（厳密にはGCE Aレベル取得者）の合計数よりも若干ながら多いのである。つまり、中等教育の終了者が増加してその圧力で大学入学者の枠を拡げることになったというのではなく、政策的に先に大学の枠を広げたために中等教育の終了者の数に不足を来たしているという、いわば逆転現象が生じているのである。

2　中等後教育の拡充の必要性

その結果、イギリスでは、大学拡張政策の当然の帰結として日本でいう後期中等教育の拡充を迫られることになる。

後期中等教育の拡充とはイギリスではシックスス・フォームの改善・拡充が正統的な対応策であるべきであろう。しかし、シックスス・フォームを全国に配置していくのには莫大な費用がかかる。そこで、イギリスでは、シックスス・フォームの拡充というよりは、中等後教育カレッジの拡充の道のほうを選んでいるように思われるのである。

もう一度図1に戻って説明しよう。シックスス・フォームの右側の欄が何をあらわしているのかがここでは問題の焦点である。（8）はフル・タイムで中等後教育を受けている学生の数（厳密には大学入学資格を取得した者の数）を示している。そしてその右すなわち（9）の線はすべての中等後教育の受講生数を示しており、従って（8）の線から（9）の線まではパートタイムで中等後教育を受講している学生の数を示す[10]ということになる。これらの中等後教育を受講している学生の中からいかに多くの大学入学資格取得者を生み出すか、それが現在の大学拡張政策を成功させることができるかどうかの鍵になっているのである。

3　中等後教育カレッジの独立

では、これらの学生はどこで学んでいるのであろうか。結論からいえばその多くはカレッジにおいてであり、そのカレッジは今後中等後教育カレッジ（College of Further Education）の名で統一的に把握され、来年（一九九三年）四月からは地方教育当局の管轄を離れ、政府から直接補助金を得て運営される独立の機関になるのである。その根拠となる「中等後教育ならびに高等教育に関する一九九二年法」（Further and Higher Education Act　一九九二）は次のように述べている。

①中等後教育補助金委員会（the Further Education Funding Councils 以下、FEFC）を創設する。（法一条）（2一頁）

②高等教育補助金委員会（the Higher Education Funding Councils 以下、HEFC）を創設し、これまでの大学補助金委員会（the Universities Funding Council）および、ポリテクニクスおよびカレッジ補助金委員会（the Polytechnics and Colleges Funding Council）は解散する（法六十二・六十三条）。（2四六頁、四七頁）

前述のようにポリテクニクスを大学に「昇格」させ、②によって創設されたHEFCが大学とポリテクニクスの両方に対して政府の補助金を分配する。そして①によって新たに創設されたFEFCが中等後教育カレッジに対してやはり同じように政府の補助金を支出するようになるのである。このFEFCから政府の補助金を受けるカレッジは中等後教育カレッジ（College of Further Education）と呼ばれ、学校段階としては、前述のように[11]中等教育でもなく高等教育でもない、中途はんぱな位置づけになる。しかも、この中等後教育カレッジは、詳しくは次に述べるように、来年の四月一日から独立して——つまり地方教育当局（Local Education Authority 以下、LEA）の管轄を離れて——大学やポリテクニクスと同様の独立運営体になるのである。

以上のことをレスター県[12]（Leicestershire）に例をとって説明すると次のようになる。

レスター県には一九九〇年九月の段階ですでに中等後教育カレッジ（Collegeof Further Education）が一〇校[13]ある。これらの学校は全て来年（九三年）四月から独立して、LEA の手から離れる。そのことの是非は別にしてこれは話がわかり易い。

ところがレスター県には同じ一九九〇年九月段階で八四校の中等教育校（Secondary school）がある。学校によって対象とする生徒の年齢が異なるので、それを LEA は次の六種類に分類している。（　）内は対象とする生徒の年齢である。

① Upper Schools（一四—一八）一七校
② Sixth Form Colleges（一六—一八）四校
③ Secondary Schools（一一—一八）七校
④ Rutland Community Colleges（一一—一六）三校
⑤ High Schools（一一—一四）三八校
⑥ Secondary Schools（一一—一六）一五校[14]

このうち④⑤⑥はいずれも義務教育段階の学校であるからいまの話題からは対象外である。問題は①②③である。まず②は対象生徒の年齢が義務教育後の生徒ばかりであり、現に College を名乗っているので、これらも来年四月から独立することになる。①と③は一六—一八歳の段階の教育を行ってはいるが、①は一四歳から、③は一一歳からの生徒も含んでおり、その（義務教育段階の生徒の）数のほうが一六—一八歳の生徒の数よりずっと多いから、学校全体を中等後教育カレッジと呼んで独立させるのは余りにも不自然である。

なお、②のシックスス・フォームが来年四月から独立するということは非公式ながら確認できたが、[15] ①と③の学校が独立するのかしないのか、独立するとすると全部の学校が足並みをそろえて一斉に独立するのか、それともその判断は個々の学校の判断にゆだねられるのか、もしそうであればそれは個々の学校の誰が判断するのか（校長か学校理事会 Governing Body か）などについては、現時点では確認できてない。（おそらく未定と思われる）

2　教育行政の中央集権化と教育の住民自治の制度の重視——LEA の弱体化と学校理事会の改組

大学拡張政策とそれに伴う中等後教育カレッジの振興を基本政策とするイギリスの教育改革は、教育行政の中央集権化（LEA の弱体化）と教育の住民自治の制度の重視という、一見矛盾するように見える政策が同時進行することによって、ますます複雑な様相を呈してきている。

(1)　教育行政の中央集権化の動き

1　LEA の再編——LEA の広域化と一部 LEA の廃止

イギリスの教育は、これまで大学を除けばそのほとんどが LEA によって管理・運営されてきた。ただ、LEA は日本やアメリカの教育委員会と違って日本でいう地方議会そのものであるから、保守・労働の二大政党のうちどちらがその議会の多数を占めるかによって、LEA の政策が大きく変わることがよくあった。かつてのイギリス中等教育におけるコンプリヘンシブ・スクール化の動きが、労働党政権の地方議会をもつ県から先行したことはよく知られているところである。その LEA を改編する政策が教育改革の一環として進められてきている。

LEA の改編をめぐるこれまでの動きは大きく二つある。ひとつは LEA の統合でありもう一つは一部 LEA の廃止である。

歴史的にみるとLEAは一貫して統合、つまり広域化されてきており、現在は一一六[16]である。教育行政の広域化は原則として好ましくないというのが筆者の基本的見解であるが、交通手段の進歩や日本と違って国土が全般的に平坦である（山や谷によって人々の交流が著しく妨げられることが少ないと思われる）イギリスの実情を考えるとLEAの広域化をただちに好ましくないと判断するのはむずかしい場合もあろう。

問題はむしろ一部LEAの廃止のほうであって、一九八六年三月三一日の大ロンドン・カウンシル（Greater London Council）の廃止や大都市圏カウンティ・カウンシル（Metropolitan County Council）の廃止など[17]は、現在の教育改革を推進する（推進主体は前サッチャー政権に代表される保守党政権である）ために障害になると思われる伝統的に労働党の強いLEAを廃止するという、極めて政治色の強い政策であったのである。

2　オプティング・アウト方式の導入と中等後教育カレッジの独立――実質的なLEA弱体化政策

教育行政の中央集権化の第二の動きはオプティング・アウト（Opting-out）方式の導入と中等後教育カレッジの独立の政策である。

後者については、既に前章で詳しく述べた通りであるが、もし一一～一八歳あるいは一四～一八歳の生徒を対象とする中等・中等後教育をもLEAから独立させるということになれば、先述のレスター県の場合約三分の一の中等教育校がLEAの手を離れる、ということになるのである。

オプティング・アウト方式の導入のほうはこれとはいささか趣を異にするが、LEAにとってはなんとも無気味な政策である。オプティング・アウトとは、ある学校の学校理事会（Governing Body）が発議し、父母の過半数が賛成すればLEAの管轄を離れて政府の補助金を直接受けて学校を運営する独立体になることができる（3第五二条、四七～四八頁）という制度である。この独立体のことを補助金立学校Grant-Maintained School（以下、GM学校）と呼ぶ。これは、対象がすべての小・中学校に広がっているので及ぼす影響の面では前述の中等後教育カレッジの独立よりもLEAにとっては深刻な問題ともいえようが、学校理事会の発議および父母の過半数の賛成が必要であるという条件がついている点が、カレッジの独立の場合と大きく違っており、これが今後どのように進展するかはいまのところ判断しがたい。

政府にとっても、このオプティング・アウト政策は、次項で述べる父母の学校選択権の拡大政策と並んで現在の教育改革の要をなすものであるから、当然力を入れることになる。その意味で今年（一九九二年）六月に出された教育白書『選択と多様性――学校の新しい枠組み――』は注目に値する。白書は次のように述べている。

①新たに学校補助金庁（the Funding Agency for Schools）を設置する。本庁はGM学校に対する補助金の支出に関して、教育省（DFE）より権限の委譲を受ける。

②学校補助金庁は、GM学校に通学する生徒の数が当該LEA管轄下の全生徒数の一〇%を越えた時点で、当該地域の初等・中等教育校の管理に関し、LEAと共同の責任を共有するものとする。さらに、上記の比率が七五%を超えた場合には、学校補助金庁は単独で当該地域の初等・中等教育校のそれぞれまたは両方の管理の責任を負うものとする。なお、LEAは上の比率が七五%に達する以前においても上記の管理責任を免れることを申し出ることができる。（[4]一九頁）

わずか一〇%のシェアでLEAと対等の権限を保有したいとするこの提起にはある種の驚きを禁じ得ないが、見方をかえれば一〇%を達成するということはそれだけ大変なことという認識の現れといえるかもしれない。ともあれ、政府は、オプティング・アウトが拡大することを強く願っており、将来的にはLEAの廃止もありうることをここで明らかにしたものということができるであろう。

3　選択と評価――中央集権化の新しい方式

オプティング・アウト方式も学校単位によるGM学校の選択という一種の選択であるが、もう一つ重要な選択の問題がある。それは、個々の父母による義務教育段階での学校の選択である。

まず、現状がどうなっているか、レスター県の場合を見てみよう。LEAが全ての父母に無料で配布する『父母のための教育情報――教育サービスのガイド――』によれば次のようになっている。

①LEAは、県内の全ての県立[18]および私立学校（county and voluntary controlled schools）の入学者の決定について責任をもちます。

②入学者の決定は次の順序で行います。

i　原則として、生徒は、生徒および両親が居住する地域の「学区校 "catchment" school」に通学します。

ii　両親は、それとは別の学校を一校だけ希望することができます。その学校に受け入れる余裕があればその希望はかなえられます。

iii　LEAは、両親が希望する学校に受け入れのための充分な余裕がないと判断した場合には、その理由を付して、父母の要望を拒否することができます。

③LEAが判断する場合の基準は以下の通りであり、第一項目から順に優先されます。

i　学区校

ii　希望する学校に兄または姉が在学する場合（但し、初等学校においてはいずれかの学年に兄または姉がいれば認められますが、中等教育校においては二年生または三年生に在学していることが必要です）。

iii　社会的ないし家庭的に特別な理由がある場合

iv　医学的な理由がある場合

v　中等教育校において四年生以上に兄または姉が在籍する場合

vi　住所がその学校に近い場合

④学区校以外への入学を希望する両親は事前に当該校の校長と話し合っておかれることをおすすめします。（[8]三頁）

県当局が学校選択を認めることに積極的であるかどうかによっては右の表現は当然違ってくるであろう。レスター県が他県に比して学校選択に積極的であるかどうかについてはまだ確認できていないが、上の文面から判断すると余り積極的ではないと思われる。

しかし、ここで必要なことは、とにかく初等・中等を問わず義務教育段階学校で父母の学校選択の自由（権利）を基本的に認めている（レスター県もその点では例外ではない）という点である。先ほど紹介した今年（一九九二年）の教育白書『選択と多様性』は次のように述べているのである。「政府は、学校自治と親の学校選択——それはナショナル・カリキュラムと連結してなされるものであるが——こそが全ての学校の教育水準を引き上げる鍵である、と信ずる」（[4]一五頁）

では父母は、何を手がかりに学校を選ぶのであろうか。先述の教育白書は「第一〇章学校の特殊化と多様性」（Specialisation and diversity in schools）の章を設けてその第一項目で「政府は、学校のより一層の多様化、特殊化、とりわけテクノロジーにおける特殊化を希望する。と同時に政府は、全ての生徒に対して充分なナショナル・カリキュラムが提供されるようにも希望している」（[4]四三頁）と述べているが、当面の施策は全ての学校に対する即効性が期待できるという点で後者に重点を置いているように思われるのである。

そのことに関連して注目されるのがこのほど行われた『学校試験結果』（School Examination Results）の公表（一九九二年一一月一九日）である。

これは、「初めて政府が、両親憲章（the parent's charter）に約束されたとおり、イングランドにおける全ての公立中等教育校の公式試験（public examination）の結果を公表した統計表」[19]である。イギリスはいま国家財政の極めて困難な時期にあるにもかかわらず約一・四百万ポンドの巨費を投じて印刷したもので、全国をLEA毎の分冊にして出版し、全ての親に無料で配られるものである。[20] これを参考にして親に学校を選ばせようというのである。

今回の発表は中等教育校のみに関してであったが、やがては初等教育校でも同様のことが行われるのであろう。初等教育校においてもナショナル・カリキュラムの導入と七歳および一一歳公式試験の実施が予定されているからである。

4　ナショナル・カリキュラムの導入とナショナル・テストの実施

一九八八年教育改革法は、ナショナル・カリキュラムの導入を決めたことでも大きく注目された。政府発行の『あなたの子どもとナショナル・カリキュラム』と題する父母むけのパンフレット（これも希望するすべての親に無料で配られる）は、その書き出しの部分で次のように述べている。「ナショナル・カリキュラムは、すべての生徒が本当に知る必要のあることを教えられることを保障し、すべての教育段階でそれがなされているかどうかをチェックします。」「一定の年齢に達した時に行われるいく段階かのテストによって、あなたのお子さんがどのように学んで来たかが明らかにされます。」（［5］二頁）

さきほども述べたように、義務教育段階のナショナル・カリキュラム化は全科目にわたって急ピッチですすめられている。（ロンドンにあるHMSOの直売店はもとより、HMSOの地方取扱い店を兼ねるレスター大学のブックショップの教育のコーナーにも色とりどりに印刷された各科目各学年のナショナル・カリキュラムがあふれている。）

一方ナショナル・テストは初等教育段階では七歳と一一歳、中等教育段階では一四歳と一六歳で行われることになっている。（［5］三頁）そして先ほどの『あなたの子どもとナショナル・カリキュラム』は次のようにもいう。

「ナショナル・カリキュラムが示す明確な目標とこのナショナル・テストとのコンビネーションによって、次のことを確実にすることができます。

○教師は、生徒たちの期待に応えるために必要な最高の資質を身につけることができます。
○全国の学校の教育水準を引き上げることができます。
○生徒たちは、学習を中断することなくひとつの学校から他の学校へ移ることができます。
○あなたは、親として、あなたの子どもが通っている学校に、あなたの子どもの学習の進み具合と学校全体の教育水準とについて説明を求めることができます。」（5三頁）

これがどのように実施されるかは、そのほとんどがこれからの事柄であるが、前述した『学校試験結果』の公表はその第一弾といってよいであろう。

(2) 学校理事会の改組

教育行政の中央集権化政策と並んで政府がとりわけ力を入れている政策に学校理事会の普及・強化の政策がある。

1 学校理事会の改組

イギリスでは、学校理事会を設けることができるとする規定はすでに一九四四年法にある。[21] しかしそれは一九八六年教育法（No.2）によって大きく手直しされた。父母の代表を理事に加えることが、これによって義務づけられたのである。一九八六年教育法は学校理事会法といってもよい法律であって、その後部分的に手直しされてはいる[22]ものの、基本的には現在の学校理事会はこの法律の規定に基づいて運営されている。

なぜこの時期に学校理事会が改組されたかについては今後詳細な検討が必要である。それは、一九八八年教育改革法に象徴される今次の大規模な教育改革の本質を明らかにする作業のひとつでもあるからである。ただ、ここでは、第一に、一般的にいって教育における民主主義――とくに教育における住民自治――の進展、第二に、学校理事会に父母の代表を選出しようとする世界的な潮流とくにドイツのそれに刺激されたこと、そして第三に何よりも大きな理由はイギリスの教育に対する大きな不安と不満がイギリスの国内に渦巻いていたこと、それは、今次の教育改革の口火を切ったのは現在教育改革を大々的に推進している保守党によってではなく、他ならぬいまの教育改革に何かと注文をつけている労働党によってであった[23]、ということにも示されているが、いわば、教育改革の必要性は広くイギリス国民に認められていたのである、ということを述べるに止めたいと思う。

2　学校理事会の任務と構成

〈学校理事会の任務〉それでは、学校理事会はどんな任務を負って活動しているのか。政府発行のパンフレット[24]『学校は学校理事を必要としている』は、学校理事の任務について次のように述べている。

「学校理事は学校長と協力しながら次の任務を遂行します。

①学校の教育目標およびカリキュラム作成の基本方針を作成します。

②国民の要請（national requirements）や個々の子ども達の要求に応えられるよう、学校予算を作成します。

③教職員を面接し採用します。

④学校が学校時間外にどのように利用されるべきか、その基本方針を決定します。

⑤親と地域社会の好ましい関係を作り上げるよう努力します。」（7二頁）

さらに、学校理事は「定例会議に出席し、学校を常時訪れて学校が今どのような状況にあるかをよく理解し、両親に適切な情報を提供します。」また「学校理事会は年次総会を開催して、学校理事会や学校長やLEAが学校に対する責任をどのように果せばいいのかについて討論する場を設けなければなりません。」（7二頁）このような学校理事会を、一九八六年教育法（№2）はすべての公立（county）学校、私立（voluntary）学校、補助金立の特殊学校（maintained special school）に設けることを義務づけている（6第十六条二〇頁）のである。この公立学校には初等・中等教育校はもちろん中等後教育カレッジも含まれている。

〈学校理事会の構成〉学校理事会の構成は次のようになっている。前述のパンフレットはいう。

文部省
→ HEFC → 大　学（高等教育）
→ FEFC → カレッジ（中等後教育）
→ FAS →
→（LEA）→ 初等・中等学校（義務教育）

「理事はすべてボランティアです。彼らは、
○父母理事——選挙の時点で子どもが学校に通っている両親によって構成される団体から選挙されます。
○教員理事——その学校に勤務する教師の中から、教師集団によって選出されます。
○LEA 理事——LEA によって指名されます。彼らは、政党のメンバーであることもその他地域団体の代表であることもあります。
○理事会選出理事（co-opted governors）——上記三種類の理事の合議によって選出される理事です。彼らは、たとえば商工会議所のような特別な団体から選ばれたり、特別の技能（particular skill）をもっているとか、あるいは広く理事会に人材を得るというような理由でもって選ばれます。」（7 九頁）

「私立学校やその他特別の認可を受けた学校などでは、創立者理事が加わることがあります。

また、他のケースとしてはディストリクト・カウンシル（the district council）、バラ・カウンシル（the borough council）、保健当局（the health authority）あるいは民間団体等から理事を任命することもあります。

学校長（Headteachers）が理事になるかならないかは、学校長自身の判断によります。[25]

学校理事会は可能な限りその地域のさまざまな構成団体の意見が反映されるよう工夫することが大切です。」（7 一〇頁）

以上の説明は、一九八六年教育法（No.2）の学校理事（Governors）の項[26]を父母向けに

わかり易く解説したものであるということができる。

ここで注目すべき点は、学校理事会は基本的には父母・教師・LEAの三つの代表によって構成されること、父母・教師理事はそれぞれ選挙によって選出されることになっているが、その他に理事会推薦理事の枠を認めたことであろう。[27] ただ、理事会推薦理事の枠を設けたことは、選び方によっては理事会構成員の片寄りを更に拡大する可能性（危険性といってもよい）を持っているともいえるのである。

(3)　文部省と直結する学校理事会

1　奇妙な結合

この章ではイギリスにおける今次教育改革の特徴を、教育行政組織上の二つの側面、すなわち教育行政の中央集権化の動きと学校理事会の重視の政策とから検討してきた。この一見矛盾するように見える二つの政策が奇妙にも直結するところに今次イギリス教育改革のもう一つの大きな特徴があるように思われる。

それはこういうことである。これまでに述べてきたことを整理してみると、イギリスの教育——ここには社会教育が含まれていないことに注意しなければならない——を三つの領域に分けて次のような行政組織を構想することができる。

そして、もしあるLEA管内の初等・中等教育校の七五％以上がオプティング・アウトすることになると、その地域ではLEAは初等・中等教育校に関与する権限を失うわけであるから、その管内のすべての初等・中等教育校はFASを通して文部省と直結するということになる。つまり、LEAはその時点で学校教育の分野からは完全に姿を消してしまうことになるのである。

2　教育行政の地方分権とは何か——イギリスは本当に地方分権の国か

前項ですべての学校理事会が文部省と「直結」すると述べたが、たしかに文部省と学校理事会の間には学校補助金庁等のような中間項が存在することは存在する。しかし、これらの委員会の委員は文部省によって任命されるのであるし、学校補助金庁に至っては文部省の機構のひとつといってもよいものであるから[28]、今次教育改革が最終的に構想している教育行政機構は新しい形の中央集権制であるといってよいのである。

一体どうしてこのような事が起きるのか。筆者がイギリスの教育に関心を抱くようになった理由のひとつは、イギリスの教育行政は地方分権のひとつの典型を示すもの、という認識があったからであるが、そういう者の目からみれば、今次教育改革の動向は看過しえないのである。そこには、教育行政の地方分権とは何か、という日本でも最も今日的な、そして最も重要な（と筆者は考える）課題について検討しなければならない数々の興味ある材料が存在しているように思われるのである。

しかしそれは今後の大きな検討課題であって今すぐ結論の出せる問題ではない。そこで、ここでは以下、検討すべき課題を列挙するにとどめたいと思う。

論点は大きく分けて五つあるように思われる。その第一は、教育行政組織の地方分権の制度的保障のあり方についてである。それはひるがえってそもそもイギリスは地方分権の国なのかという大問題に直面することにもつながる。まず①イギリスには、日本国憲法の第八章地方自治に当る規定がない。成分憲法自体がないのだから当然といえば当然である。次に②LEA の問題であるが、ⓐLEA は地方議会そのものであって、一般行政と教育行政は日本のように分化していない。さらにⓑLEA は地方教育行政区としては日本と比して大きすぎるのではないかと考えられる。土地も人口も日本の半分程度の規模で LEA が一一六あるということは日本の四七都道府県と比較すればかなり細分化されているように見えるが、日本と決定的に異なる点は日本の地方行政（その中には教育行政も当然含まれる）の基本的単位は区市町村（以下、市町村）であって県ではない。そしてその数は三、三〇〇近くもあるのである。このことは無視できない。たとえばレスター市の教育の現状を調べようとして市役所（City Council）にいっても用は足せずレスター県庁（County Council）まで行かなければならないのである。この段階ですでに教育行政は住民から遠いところにあるといわねばならない。さらに③中央政府と地方当局との権限の配分関係が問題となる。日本の地方公共団体は地方自治法の第二条第二項で「その公共事務及び……その区域内におけるその他の行政事務で国の事務に属しないものを処理する」[29]（傍点、奥田）とされているが、イギリスの地方当局にはこの規定がない。イギリスの地方当局は法律で決められたことしかできないのである。このことのもつ意味は大きい。つまり日本では地方公共団体の事務が本流であって国の事務は例外である（実態がどうであるかはいまは問わない。しかし法規上はそうなっているのである）のに対し、イギリスはその逆なのである。

　第二に検討しなければならない問題は補助金政策の本質についてである。たとえばイギリスの大学（ポリテクニクスを除く）はこれまでその財政規模の八〇～八五％を政府の補助金でまかなってきた。したがってイギリスの大学は一見すべて国立大学のように見える。が実体はそうではなく、日本の範疇でいえばすべて私立大学なのである。大学の教員はしたがって国家公務員ではなく、その雇用関係は大学の理事会との間で交わされた個人契約関係である。イギリスに来てあちこちの大学で聞かされる話は、大学に対する政府補助金がサッチャー政権以降大幅に削減されてどの大学も経営は火の車、勢い各大学は学生の定員増（これは大学拡張政策にとっては望ましいことにもなる）、授業料の値上げ、教職員の削減等を迫られているということである。もし政府が、テクノロジー関係の学科増・学生増を計りたいと考えればその分野にだけ補助金を増額すれば、各大学は「自主的」にテクノロジー関連の学科をふやす努力をする。反対に補助金を減らされた学科は、その分の教員の削減を「自主的」に決定することも考えられるのである。それも「自治」の名においてである。そして今次のイギリス教育改革が進めているポリテクニクスの大学の昇格も、中等後教育カレッジの独立も、初等・中等教育校のオプティング・アウトも、じつはすべて、上にのべた政府——補助金——大学の関係と同じ枠組みに組み替えられることを意味するのである。そのことを充分理解したうえで、なおかつオプティング・アウトを選択するのかどうか、学校理事会の力量が問われるところである。

第三は、その学校理事会の本質の検討である。これまで述べてきたところからも明らかなように、今次教育改革の焦点のひとつは学校理事会の改組である。そして、もしあるLEAでオプティング・アウトを選択した学校が七五％を越え、LEAが初等・中等教育の行政に関与しなくなるということにでもなれば、当該学校の運営の責任はすべて学校理事会の肩にかかってくることになる。

ところで「理事はすべてボランティアである」（[7]九頁）。また、いうまでもなく理事の大半が教育の素人である。つまり、一〇数人かせいぜい二〇数人（しかも、数が多ければいいというものでもない）の素人集団が片手間に二か月に一回程度[30]の会議をもつ程度で教育行政の専門家集団の本山ともいうべき文部省と直接対峙することになる。教育行政の中央集権化は目に見えている、というべきであろう。

第四は学校教師集団の問題、第五はナショナル・カリキュラムとナショナル・テストとりわけナショナル・テスト問題が検討されなければならないであろう。しかしここまでくるともはや私の力量を越えているといわなければならない。以下、印象的発言だけで許していただこうと思う。

イギリスの学校は校長が他の教員に比して絶大な権限を持っているように見える。学校長が学校理事会の理事になるか否かは、前述のように、学校長の判断にゆだねられているが、理事になるにせよならないにせよ理事会への問題提起は学校長を通してなされることが多い。そのばあい学校長個人の見解が理事会に直接提案されるのか、あるいは学校長の提案は教育専門職員集団としての教師集団の総意が集約された形で出てくるのかでは大きな違いがある。その実態はどうなっているのか、またイギリスの教員組合はその点をどのように考えているのか、知りたいところである。

ナショナル・カリキュラムとナショナル・テストについてはすでに詳しく述べたが、もしも、ナショナル・カリキュラムが生徒達にどれくらい消化されたかを七歳・一一歳・一四歳・一六歳の各年齢段階でナショナル・テストによって調べる、そしてそれをこれも前述したように「学校試験結果」(School Examination Results) として各学校毎の成績を一覧表にして公表する、父母はその結果を参考にして学校を選択する、ということにでもなるとしたら、一体どういうことになるのであろうか。果して、政府が期待するように「選択こそが教育の水準を高める」(④一五頁) と楽観していていいのだろうか。ここで思い出されるのが一九六〇年代の初期に日本で経験した全国一斉学力テストのことである。イギリスの人たちは日本のこの経験にもっと学ぶ必要があるのではないだろうか、と強く思うのである。

3　成人教育の学校教育化とコミュニティ・エデュケーション

これだけ大きな教育改革が社会教育の分野に影響を与えないはずがない、これが私のイギリスにおける在外研究開始時のもうひとつの関心事であった。そして今私は、今次イギリスの教育改革は伝統あるイギリス成人教育のおかげで、もう少し遠慮なくいえば、その犠牲の上に、はじめて可能であり可能であったという認識に到達している。イギリス成人教育の一部を学校教育化することによって、大学入学資格取得者の数をふやそうとしているのである。

(1)　成人教育の学校教育化

ある国の成人教育の特質は、その国の学校教育の特質によって大きく規定される。好むと好まざるとにかかわらず、それは必然である。たとえば、学校教育がほとんど普及していないような国あるいは時代の成人教育は識字教育を中心とせざるを得ない、ということがそのことをよく物語っている。

第一章に掲げた図1はもとはといえばイギリスの成人教育の特質を明らかにするひとつの手掛りとして作ったものであるが、そこでも述べたようにイギリスと日本の学校教育を比較して決定的に異なる点はいわゆる後期中等教育―

—イギリスでいえば一六～一八歳を対象とするシックスス・フォーム教育、日本でいえば一五～一八歳を対象とする高等学校教育——の量と質の違いであるから、それにつながるイギリスの成人教育も当然日本のそれと異なってくると考えられる。

ここでは、イギリスの成人教育をとりあえず次のように理解しておきたいと思う。

イギリスの社会教育[31]は次の諸教育を含んでいる。

1　成人教育（Adult Education）〈広義〉

(1)　中等後教育（Further Education）

(2)　成人教育〈狭義〉

a　職業訓練（Vocational Training）

b　リベラル成人教育（Liberal Adult Education）

c　基礎教育（Basic Education）

d　外国人のための英語教育（ESOL）

2　コミュニティ・エデュケーション（Community Education）

ところで、レスター県を例にとってイギリスにおける教育機関を一覧表にすると表1のようになり、同様にレスター県においてコミュニティ・エデュケーションが行われている教育機関を列挙すると表2のようになる。

そして、レスター県において広義の成人教育が行われている教育機関は一九九一／九二年段階では次の六種類である。

○ボーン・カレッジ（Vaughan College）

○レスター・ポリテクニクス（Leicester Polytechnics）

○中等後教育カレッジ（College of Further Education）
○コミュニティ・カレッジ（Community College）
○コミュニティ・センター（Community Center）
○レスター・アダルトエデュケーション・カレッジ（Leicester Adult Education College）

そして、第一・二章で述べたように、ポリテクニクスはすでに大学を名乗って独立しており、さらに来年（一九九三年）四月からは中等後教育カレッジがLEAから独立するのであるから、ポリテクニクスは大学として、中等後教育カレッジは中等後教育（Further Education）の専門校として、つまりどちらも学校教育としてその内容を充実させることに専念し、勢いこれまで同時に担ってきた社会教育機関としての役割は大きく減退していくことが予想されるのである。

(2)　コミュニティ・カレッジの学校教育化

レスター県では社会教育の中心的施設としてコミュニティ・カレッジ（以下、C・カレッジ）とコミュニティ・センター（以下、C・センター）を設置している。しかも、C・カレッジは中等教育校に、C・センターは初等教育校にその大部分は併設されている。

レスター県で一番大きいといわれる[32]ジャジメドー・コミュニティ・カレッジ（Judgemeadow Community College）を例にとって中等教育校とC・カレッジの併設の概略を説明すると次のようになっている。

このジャジメドー・C・カレッジは二種類の「学校案内」を持っている。一つは、一一歳から一六歳までの生徒一二一四人を男女共学で受けいれているコンプリヘンシブ・スクールとしての「学校案内」[33]である。A四版六頁、各頁の半分近くはカラー写真という美しいパンフレットで、その内の一頁分にC・カレッジのことがこれまたカラー写真混じりで説明されているが、よほど注意深い人でなければ、この学校は地域の人も使えるようになっている学校なの

〈表１〉レスター県（Leicestershire）における教育機関（公立）一覧（1991/92）

＊Leicester Country Council 発行の“Information for Parents”
1991/92より作成（但し，1.6. は除く）

1．高等教育校（University & Polytechnics）（３校）
○ University of Leicester（付属施設 Vaughan College）
○ University of Loughborough
○ Leicester Polytechnics［現　De Montefolte University］

2．中等後教育カレッジ（College of Further Education）（10校）
○ Coalville Technical College
○ Hinckley College of F. E.
○ Charles Keene College of F. E.（付属施設 Wybern Centre）
○ Melton Mowbray College of F. E.
○ Brooksby Agricultural College
○ South Fields College of F. E.
○ Loughborough Technical College
○ Loughborough College of Art and Design
○ Wigston College of F. E.
○ Broadview F. E. Centre

3．中等教育校（Secondary School）（84校）
○ Community College と SecondarySchool の併設（44校）
○ Community Centre と SecondarySchool の併設（２校）
○ Secondary School のみ（38校）

4．初等教育校（Primary School）（336校）
○ Community Centre と Primary School の併設（36校）
○Primary School のみ（300校）

5．ナースリー・スクール（Nursery School）（１校）
6．レスター・アダルト・エデュケーション・カレッジ（Leicester Adult Education College）（１校）

〈表２〉レスター県におけるコミュニティ・エデュケーション施設の種類と数（1991/92）

施　設　名	施設数*
A．中等後教育カレッジ（College of Further Education）	10
B．コミュニティ・カレッジ（Community College）	39
C．コミュニティ・センター（Community Centre）	59
○ Youth and Community Centre（２）	
○ Evening Centre（９）	
○ Community Education Project（２）	
○ Community Wing（１）	
○ Centre（１）	
○ Sports Hall（１）	
D．アダルト・エデュケーション・カレッジ（College of Adult Education）	1
E．WEA（Workers Educational Association）	3
計	112

（Leicestershire Country Council；
"Community Education Courses 1991/92"より作成　p. iv~p. x）

注１　表１と数（*）がくい違うのは，独立施設（学校と併設でない施設）が含まれているからである。

注２　（　）内は，内数。

注３　Dはレスター・アダルト・エデュケーション・カレッジ（Leicester Adult Education College）を指す。

る。

だなと感心する程度で見過ごしてしまいそうな、これは堂々たる（日本でいえば私立高校ばりの）「学校案内」である。

もう一つのほうは「コミュニティ・カレッジ案内」[34]である。大きさは同じA四版であるが、こちらは一色刷で写真は一枚もなくところどころにカットが入れられている程度の一見質素な感じのものである。しかし頁数は一六頁と多く、内容はこれ以上小さな活字はないというほどの小さな字でぎっしりと多種多様な「講座案内」が並べられている。[35]おどろくことにはこちらのパンフレットには併設されている中等教育校のことは一行も書かれていない。したがって、この学校案内をみる限りこのカレッジが一一～一六歳の子ども達が通ってくるコンプリヘンシブ・スクールと併設であるとは誰も気がつかないのである。校長はPrincipalと呼ばれ一人で中等教育校とC・カレッジとの両方の長を兼任し、C・カレッジ部分の実質的な責任者は副校長（Assistant Principal）が勤める。他に用務員（Site Managers）が二人、ユース・チューター（Youth Tutor）が一人、事務補助員（Clerical Assistants）（非常勤）が二人配置されており、職員は合計七名である。講座の種類と数は（注35）の通りであるが、受講料はすべて有料で、年間約六、〇〇〇人の成人（Students）が学んでいる。「資格を取りたい、技能を身につけたい、あるいは言葉を学びたいと希望する人々にとって、カレッジはそのどんな要望にも応えてくれるでしょう。過去毎年のように私たちのカレッジの卒業生は高等教育や中等後教育に進学し、あるいは新しい仕事（new jobs）を獲得することに成功しています。」[36]という一文は、短い文章だけれどもこのC・カレッジの性格をよく表現している。

ところで、このジャジメドー・C・カレッジは来年（一九九三年）四月から独立するということはないようである。しかし、副校長のセイラ・ウィンタートン（Sheila Winterton）はC・カレッジの将来について次のように述べている。

「この数年政府の成人教育に支出する補助金が大幅に減らされ、そのため今年（一九九二―九三年）は昨年に比べて約一〇〇近い講座が減っています。私たちのカレッジは中等後教育カレッジのように来春独立するということはありませんが、私たちのカレッジにもある種の講座に対してはFEFCから直接補助金がくることになっているらしく、そのための予算要求書を提出することになり、いまその準備をしています。」[37]

ここでいう予算要求書はA四版二枚足らずのまだ手書きの段階のもので、私への説明の時も、カレッジ総会（一一月一三日開催）や一九九二年度第一回学校理事会（一一月二四日開催）の時もすべて口頭での説明であったために[38]正確な数字は把握できていない。しかし概略は次の通りである。すなわちFEFCから直接補助金が支払われる項目は①GCEのAまたはASレベルを取得できるコース（アクセス・コースと呼んでいる）、および②その準備課程またはそれに準ずるもの、の二種類である、ということであった。第一・二章で詳しく述べた政府の基本政策すなわち大学拡張政策とそのための中等後教育（カレッジまたはアクセス・コース）の拡大・充実という政策が見事に貫徹されている、といえる。それはC・カレッジの中の学校教育的部分のみを強化し、あとは切って捨てる政策であるといってもよいであろう。

今後LEA管轄下の成人教育に対する政府補助金が零になるという話はまだ聞かされてはいない[39]。そしてジャジメドーをはじめとするC・カレッジはLEAの管轄下に（少くともしばらくは、あるいはずっと）とどまるのであるから、LEAの判断次第ではC・カレッジが財政的に全く立ちいかなくなるという事態はすぐには起こらないであろう。しかし、来年もまた、ジャジメドー・C・カレッジはアクセス・コース以外のコースを大幅に（この幅はいまは判らない）削減しなければならないであろう。イギリスの伝統ある成人教育はいま大きな曲り角に来ているのである。

(3)　イギリス成人教育の特質

そこで次には、なぜかくも容易に成人教育の学校教育化を許すことになったのか、を検討する必要があるであろう。政府の力がそれだけ強かったのは事実であろう。それは(1)(2)で詳しく述べた通りである。しかし理由はそれだけではなく、イギリスの成人教育自体の特質の中に、成人教育の学校教育化を許す要因があったのではないだろうか。その点を検討するのがこの節の目的であるが、詳しくは今後の課題であって、ここでは論点を整理するにとどめる。

イギリス成人教育の学校教育化を許した第一の要因は、昔からイギリスの成人教育自体が講座を主体とする学校教育型の成人教育であった、という点に求められるであろう。これを「講座主義」の成人教育と呼んでおこう。

もちろん、ジャジメドー・C・カレッジの提供する「講座」(注35)をみても明らかなようにイギリス成人教育が提供している数々の「講座」には学ぶべき点も多い。学ぶべき第一はその多様性である。そこにはおよそ人が考えうるあらゆる種類の講座があるといってもよいほどである。ジャジメドー・C・カレッジを見学した際、家具修理技術講座というのがあって、一〇人ほどの学級生が、ある人は一五〇年も前の椅子を家から持ち出して来てスプリングのとりかえからレザーの張り替えまでするという、思い思いの家具の修理に取り組んでいたが[40]、これなどは最もイギリス的な講座といえるかもしれない。第二に学ぶべきは講座内容に高等教育的なものが多いということである。最近では基礎教育(Basic Education)[41]や外国からの移住者に対する英語教育など基礎的・初歩的な教育内容の講座も増えてきているが、しかし主流はいまもなお高等教育程度の内容をめざす教養講座である。それはイギリス成人教育の、一八七〇年代に始まった第一次大学拡張運動以来の伝統といってよいであろう。

しかしながら(いや、それだからこそというべきであろう)C・カレッジで行われている(C・カレッジに限らずほとんどの、イギリス)成人教育は一年以上も前からきちんとカリキュラム化されたものばかりなのである。ジャジメドー・C・カレッジの講座案内もレスター大学附属のボーン・カレッジのそれも、レスター・アダルト・エデュケーション・カレッジのそれも、すべて、七・八月の夏休み中に翌年度の講座が計画(講座名および内容・日時・講師等)され、きれいなパンフレットに印刷されて、新学期の九月には一斉にお目見えするのである。

イギリス成人教育の学校教育化を促した第二の要因は「選択主義」である。「メニュー方式」といってもよい。それは上に述べた「講座主義」と表裏の関係にあるものである。そこでは、学級生は文字通り「受」講生であり「消費者」であって、自分たちの生活になくてはならない学習を（メニューの中に見つけられないのであれば）自分達の手で作り上げていくという発想が基本的に弱いのである。このやり方では、日本の公民館でよく行われている市民と職員、あるいは市民と職員と講師の三者による学習内容の創造という実践へはなかなか発展していかないであろう。

第三の要因は、イギリス成人教育の「資格主義」に求められるであろう。イギリスの成人教育はなんらかの資格につながる講座がたいへん多い。そしてその資格は必ず何らかの職業選択と（そうでなければ、高等教育への入学資格と）つながっている。次の表3は、イギリスの一六歳の少年少女が選択できる「進路」と「資格」の一覧表である。これはレスター県のLEAが彼・彼女らに毎年配る『君の、次の選択』[42]（Your Next Move！）というパンフレットから拾ったものであるが、これらの資格を成人教育のためのカレッジで取得することを若者たちに呼びかけているのである。さらにいえばイギリスの伝統あるリベラル成人教育は一見「資格」とは関係がないかのようにみえるが、実はかつてのリベラル成人教育のトップに位置するものはオックスフォード大学やケンブリッジ大学の編・入学資格につながることをその誇りとしていた[43]ということはよく知られるところである。これらのことを考えれば、イギリス成人教育の「資格主義」は歴史的な特質といってもよいのである。

⑷　コミュニティ・センターとコミュニティ・エデュケーションへの期待

最後にC・センターとコミュニティ・エデュケーション（以下、C・エデュケーション）にふれておきたい。

前節でも述べたように、C・センターは、レスター県ではその大部分が初等学校に併設されている。C・センターが併設されている初等学校には、必ずコミュニティ・ウィング（以下、C・ウィング）と呼ばれる施設がある[44]。これはいわば学校に併設された社会教育専用施設ともいうべき施設で、ふつう体育館をかねたホールとパブまたはそれに類した喫茶室を中心にして、厨房、シャワー室、トイレ、図書室、小会議室等を設けている。このウィ

〈表3〉「16歳の選択」

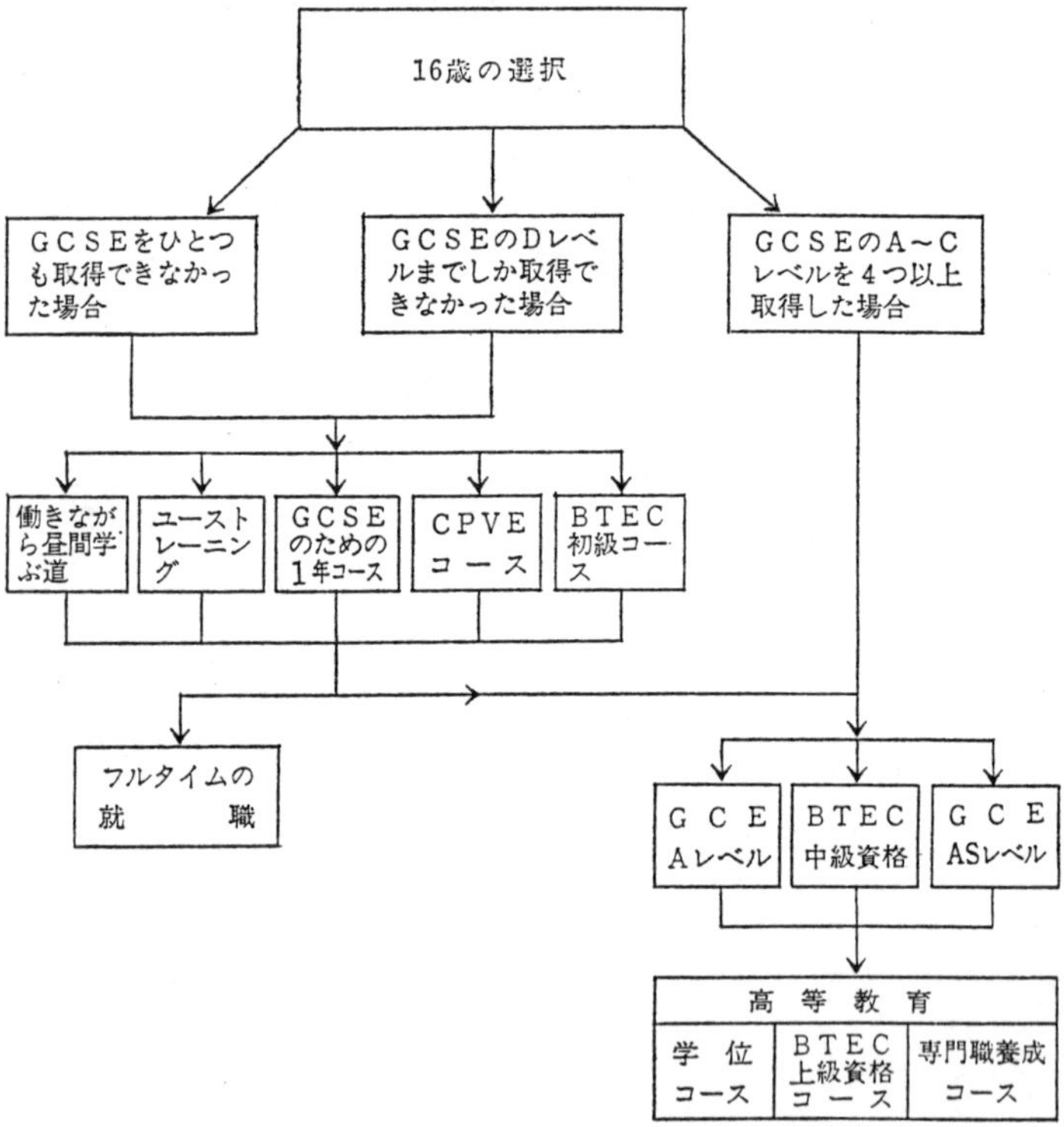

〔注〕

- GCSE—General Certificate of Secondary Education (中等教育資格)
- GCE—General Certificate of Education (教育資格)
- BTEC—the Business & Technical Education Council が認定する資格
- CPVE (Certificate of Pre-Vocational Education) コース (次の諸資格をとる準備をするコース)
  - City and Guilds Certificate (C & G が認定する資格)
  - RSA (the Royal Society of Arts が認定する資格)
  - London Chamber of Commence and Industry が認定する資格
  - Pitmans Examinations Institute が認定する資格
  - Engineering Industry Training Board が認定する資格
  - Road Transport Industry Training Board が認定する資格
  - Central Council for Physical Recreation が認定する資格

ングは、学校が授業をやっている昼間の時間帯でも住民が利用することが可能である。そして夜は学校の施設全体を社会教育施設としても使用することができ、反対に、C・ウィングのホール等が空いている時は子どもたちが学校教育の一環として使うこともできる、という仕組みになっているのである。前述したようにこのようなC・センターがレスター県内の三六の初等学校に併設されているのである。

かつてのバールトン村（いまでもこの地域の人たちはヴィレッジ〈村〉と呼んでいるそうである）の中心に位置するバールトン初等学校（Barleston Church of England Primary School and Community Centre）には、前述の施設のほかに印刷室（Centre Office 兼用）、スタッフ・ルーム、および校庭の一角にプレハブづくりの専用学習・講座室があった。他のC・センターよりもこれらの分だけ施設が整っているように思われるが、それは二三年間この学校で校長を勤めているハートホーン氏（Ted Hartshorn）の才量によるものと思われる。また、このC・ウィングを建設するために村民がこぞって一ポンドずつ基金をした[45]ということで、その事も影響しているのかもしれない。印刷室は三種類のコピー機のほかさまざまな備品が備わっており、住民の誰もが使用することができる。ここでは『村のポンプ』（The Village Pump）という名の雑誌（A Magazine for the Community）が作られ、校長がその編集の中心になっているとのことであった。

ここバールトン・C・センターでは、なんらかの講座が行われるというよりも[46]、さまざまなグループ活動や村の行事が子どもも含めて企画・実施されているようで、筆者が訪れた日は翌日から一週間の秋休みに入るということもあって「子どもディスコ大会」が催されることになっていて、一〇数人の大人（男女）が子どもたちと一緒に準備に大童であった。また専用の学習・講座棟の掲示板にはさまざまなグループの活動日程と参加呼びかけが掲げられている他に、来年（一九九三年）五月に開かれる「コミュニティ・フェスティバル」（Community Festival）の実行委員の募集と第一回会合の日程が掲示されていた。

このように、C・カレッジとC・センターとは、同じ社会教育施設といっても、行われている活動、果たしている役割はずいぶん異なる。C・カレッジの活動の主要部分の特徴が「講座主義」「選択主義」「資格主義」であるとするなら、らんぼうな言い方ながらC・センターのそれの特徴は「地域活動主義」「参加主義」「日常生活主義」という言葉を対置することができるように思われる。コミュニティ・エデュケーションにはこの部分が必須の要素として含まれているのである。もっともこの対置が正しいかどうかの検証はこれからの作業であるが。

あえて、日本の社会教育との対比を試みるとすれば、前者は公立のカルチュアー・センター、後者は公民館ということになるのであろうか。そのどちらがより大切かということよりは両者のコンビネーションが大切という考え方もあろうが、後者こそ社会教育の基本であるべきであるというのが筆者の考えである。もちろんイギリスのC・センターと日本の公民館とを対比して考えることができるのかどうかさえ、まだ研究途上のことである。

ただ、C・センターの職員体制はどのセンターとも専任職員は配置されておらず、バールトン・C・センターの場合は校長が夜も兼任、[47]あとはパートタイムの女性一人が補助をするという体制で、これはミドー・C・センター(Meadow C. Centre)の場合[48]も同様であった。

おわりに

小論は、筆者の在外研究の中間報告として執筆したものである。いわば、在外研究の後半に臨んでこれまでの見聞を基に問題意識の整理をしたもの、といってよい。[49]イギリス全体の教育改革の動向に注目すると同時に、レスター県においてそれがどのように具体化しているのか、あるいはしていくのかをこれからも見て行きたいと思う。

(一九九二年十一月三〇日)

注

繁雑さを避けるため、頻繁に使用する資料は次の[1]〜[8]の略号で表示する。[1]一五頁とは、[1]の資料の一五頁を示す。

[1] HMSO ; Education Statistics for the United Kingdom 1991 Edition, 1992.
[2] HMSO ; Further and Higher Education Act 1992, 4. 5.
[3] HMSO ; Education Reform Act 1988, 1989.
[4] DFE ; Choice and diversity—A new framework for schools—, 1992. 6.
[5] DES ; Your Child and the National Curriculum, 1991.
[6] HMSO ; Education (No.2) Act 1986, 1986.
[7] DES ; Schools need governors, 1992.
[8] Leicestershise County Council Education Committee ; Information for Parents—A guide to the education service—1991/92, 1991.

（1）イギリスの国名はいうまでもなくUnited Kingdomである。しかし、本文では原則としてイギリスという。なお[1]によれば、Great BritainはNorthern Irelandを除いたEngland, Wales, Scotlandを指す。（[1] p.xxi）

（2）日英の比較研究を志すのであれば次のことも考慮に入れる必要がある。すなわち、日本では、第二次世界大戦後の大規模な教育改革（それは、敗戦と占領という外的な条件を無視しては語れないが）によって、一時的、一地域的（たとえば筆者の郷里の京都府などはその典型である）にせよ、むしろイギリスよりも完全な形で（それは高校三原則—総合性・男女共学制・小学区制—と呼ばれた）コンプリヘンシブ化がなされたことがあるという事実である。

（3）第一次は一八七〇年代のケンブリッジ大学に始まる大学拡張運動、第二次は一八九八年のロンドン大学創立をその典型とする各地の新大学設立の動きをさす。

（4）Further Educationをどのように訳すかは大変むずかしい問題である。[2]によれば、FEとは「一九歳未満の青年で義務教育年齢を越えた者の教育」をいい、「これは中等教育（secondary education）ではない」。しかし、FEは「高等教育

(higher education)を含まない」(第一四条)(②一三頁)と定義されている。日本の教育制度に照らして考えればこの段階の教育はあきらかに「後期中等教育」であり、これは教育学のこれまでの常識的な三段階表示―初等教育、中等教育、高等教育―に照らして考えてもそうである。しかしイギリスの今次教育改革は新たに四段階表示を目指したといえなくもない。それは、はじめにでも述べたように、コンプリヘンシブ・スクール運動が一六～一八歳段階の教育の改革に失敗した(逆にいえば成功した)ことのツケ(結果)が、この段階の教育を高等教育とも中等教育とも定義することができず、結局きわめてあいまいな Further という言葉―それは周知のように既に一九九四年法で用いられており、日本語では継続教育と訳されることが多かったのであるが―でそれを表現しようとしたのではないだろうか。そう考えれば FE と図1(三〇〇頁)の Continuing education との違いもはっきりしてくるであろう。そこで、この論文では FE を「中等後教育」と訳すことにした。「中等後」とは「Secondary School のあとの」という意味である。

(5) ① p.xxi (Table 2) によると、一九八八年の段階で、レベル6(学部相当)の高等教育校入学者は一八%、全高等教育校入学者は三七%となっている。もし、すべてのポリテクニクスが大学に「昇格」するとなると、その差すなわち一九%がポリテクニクス等の大学昇格による増加分と考えることができる。

(6) ボーン・カレッジ(Vaughan College)は、レスター大学成人教育部がもつ成人教育施設。

(7) 一九九二年七月二四日のグリーンノール教授の講演のメモによる。これは、筆者の質問に対する教授の答えである。

(8) ① p.xiii～p.xxv. この『教育統計』は「説明」と「統計表」との二部構成になっている。そして、「統計表」(Tables)においても義務教育後教育(Post Compulsory Education)六頁7表、評価と進路(Qualifications and Destinations)(ここでいう評価とは GCE のAレベルと学位取得状況のことである)一〇頁10表と、高等教育関係の統計が全体(四五頁40表)の半分以上を占めているのである。

(9) 「後期中等教育」という概念がイギリスにも存在するかどうか、存在するとすればそれはどのような内容をもつ概念であるか、については改めて検討する必要があるように思われる。

(10) したがって、パートタイムで勉強して GCE・Aレベルが取得できた学生の数はわずかに(8)と(4)の線ではさまれた部分ということになる。

（11）注（4）参照。

（12）-shire はこれまで普通州と訳されてきたようであるが、ここでは県と訳したい。それは州ほどの強い権限は持っていないし、その面積も日本の県と比べても平均的に狭いからである。なお、財団法人自治体国際化協会も最近の刊行物『英国地方財政読本』（一九九一年）で County を県と訳している。

（13）[8] 九三頁によれば次の一〇校である。
Coalville Technical College, Hinckley College of F. E., Charles Keene College of F. E., Melton Mowbray College of F. E., Brooksby Agricultural College, South Fields College of F. E., Loughcorough Technical College, Loughborough College of Art and Design, Wigston College of F. E., Broadview F. E. Centre。但し、Loughborough College of Art and Design は一九八九年四月から既に独立している。

（14）[8] の二五—三七頁にある中等教育校の一覧表から小見出しを拾ったものである。

（15）一九九二年一〇月二四日のジャッジメドー・コミュニティ・カレッジ（Judgemeadow Community College）の年次総会（Annual Meeting of the Community College Association）の席上にて。

（16）The Chartered Institute of Public Finance and Accountancy ; Councillors' Guide to Local Government Finance 1990 Fully Revised Edition, 1990, p.2.

（17）イギリス地方自治研究グループ「サッチャー『行革』の試練に見舞われるイギリス地方自治」自治体研究社『住民と自治』一九八六年八月号　三六頁

（18）イギリスの公立初等学校および中等学校はすべて県立である。

（19）文部省が広告用に作った"School Examination Results"と題するちらしの一節である。

（20）希望すれば他地域の分冊も、また全てをセットにしたもの（a complete national set）も入手することができる。

（21）Education Act, 1994, 第一七条〜二一条

（22）一九八六年教育法は学校理事会の規定に関し次の二つの Regulation によって若干手直しされている。
○ The Education（School Government）Regulations 1989

○ The Education（School Government）（Amendment）Regulations 1991

（23）一九七六年に行われたキャラハン首相（当時）のラスキン・カレッジでの演説が、今次イギリスの教育改革の発端になった、といわれる。大田直子「現代イギリスの教育改革」1992, 8.（原稿）

（24）このパンフレットも希望者には無料で配られる。

（25）レスター県の Barlestone C of E Primary School の校長 Ted Hartshorn 氏の話によれば、⑴校長（Ted Hartshorn のこと）は学校理事会のメンバーにはなっていないが、⑵年四回の学校理事会と、年三回ずつ開かれる四つの小委員会のすべてに出席し、⑶各委員会に議題を提案し、⑷年一回開催される両親総会（Annual Parents Meeting）に「年次報告」（Annual Report）を提出する。ということであった。（一九九二年一一月一六日の聞き取り調査のメモによる。）

（26）[6] 第五・第六・第七条

（27）学校理事会の構成についていくつかの例をあげると次の通りである。（いずれもレスター県立学校）

①The Meadow County Primary School and Community Centre（生徒数四四〇人）

L. E. A. Appointments（四人）

Minor Authority Appointment（一人）

Elected Teacher Governors（二人）

Elected Parent Governors（四人）

（The Meadow County Primary School “Prospectus” 1992–1993, p. 2）

②Barlestone C of E Primary School and Community Centre（生徒数二一〇人）

Church Governors（三人）

Parents Governors（三人）

LEA Governors（二人）

（内訳、Conservative 一人、Labour 一人）

Co-opted Governors（一人）

Minor Authority Member（一人）

（一九九二年一〇月一六日に当該学校を訪問した際の校長 Ted Hartshorn 氏の話の記録。）

③Judgemeadow Community College

Chairperson（一人）

Vice-Chairperson（一人）

Honorary Secretary（一人）

Honorary Treasurer（一人）

adult students（七人）

representatives from Affiliated Groups/Organisations（三人）

representatives of the part—time youth workers（一人）

（一九九二年一一月一三日開催の Annual General Meeting of Community College Association の AGENDA による）

(28) 文部大臣と学校補助金庁との関係について[4]は、「文部大臣は、補助金立学校に関して、学校補助金庁に対して一般的な指導権ならびに追加的な機能を授与する権限を将来にわたって保持する」と述べている。（[4]二二頁）

(29) 地方自治法第二条第二項

(30) 私が訪問した学校では、ほとんどの学校理事会は一学期に二回、したがって年に六回の会合を持っているに過ぎなかった。ただ、すべての学校理事会は三ないしそれ以上の小委員会を持っており、それぞれの小委員会は年に六回ないし一〇回程度の会合を持っている。

(31) 日本の「社会教育」は、最近では子どもの社会教育を含むと考えるのが一般的である。それに対して、イギリスの成人教育は当然のことながら子どもを含まない。が、コミュニティ・エデュケーションは子どもを含んだ活動も含まれている。

(32) ジャッジメドー・コミュニティ・カレッジの副校長（C・カレッジ担当）セイラ・ウィンタートン（Sheila Winterton）の話。（一九九二年一〇月五日インタビュー）

(33) "Judgemeadow Community College"（表紙および裏表紙にはこれ以外の説明は何もついていない。あとは、いきなり本文に入るだけである。）

（34）"Judgemeadow Community College—Centre of Excellence for Learning Opportunities 1992–1993" Marydene Drive, Evington, Leicester LES 6 HP.

（35）Judgemeadow Community College—Centre of Excellence for Learning Opportunities 1992–1993–の『講座案内』の内容。

How to join a course
Community Staff—Who's who
How much will it coat
General Information
New life
Book a room
Judgemeadow is a no smoking college
Facilities for the disabled
Judgemeadow creche

Children's Courses（一一コース）
Children's Saturday Workshops（二コース）
Craft Workshops（四コース）
Opportunities for Young People
Duke of Edinburgh's Award
Judgemeadow Youth Orchestra
Evington Youth Action
G. C. S. E. Examinations（三コース）

G. C. S. E. /Charles Keene（二コース）
Study Skills（二コース）
Help yourself to study（八コース）
Commerce（一〇コース）
Words—Written, Spoken and Thought（六コース）
Languages（二二コース）
Craft and Design（一七コース）
Art（一八コース）
Fashion and Fabrics（一四コース）
Food and Wines（二〇コース）
Fitness（一六コース）
　Exhibition Space
Music and Dance（一〇コース）
General Interests（一五コース）
Book a room
Health and Personal Development
　Weekly courses（一八コース）
　Weekend courses（一七コース）
Arab–Egyptian Dance
　Self–Development（六コース）
　Neuro–Linguistic Programming（四コース）
Cookery Weekends（五コース）

Vegetarian Cookery（七コース）
Cake Decorating（四コース）
Fabric Weekends（八コース）
Design Weekends（一二コース）
Improve Your Skills（七コース）
Affiliated Groups
Judgemeadow Arts Page
　Art Lovers
　Theatregoers
　Concertgoers
　Special Offer
　How to book a place on any of the above events
What's on—At a glance
How to find us:
　Enrolment from

合計　二七二コース

＊この「学校案内」には目次がついていないので、内容から小見出しを拾ったものである。（ ）の数字は講座数。

(36) "Judgemeadow Community College—Centre of Excellence for Learning Oppourtunities 1992–1993", p. 2.

(37) 一九九二年一一月五日のインタビューのメモによる。

(38) 筆者はどちらの会合にも出席した。

(39) イギリスの成人教育にとって忘れることのできない伝統ある「責任団体」(Responsible Bodies) への政府補助金は、来年（一九九三年）の三月いっぱいで全廃されることになっている。全国成人継続教育協会（NIACE）の事務局長フィッシャー氏の話。（一九九二年八月二三日インタビュー）

(40) 一九九二年一一月一三日訪問。
(41) 外国からの移住者だけでなくイギリス人またはイギリスに永く住んでいるかつての移住者（およびその子どもたち）に対して英語のよみ・かきを教えるコースが、いまではどこの中等後教育カレッジにも必ずある（例、Leicester Adult Education College Prospectus 1992–1993, p. 15–16）、といわれている。教育改革を必要とする理由のひとつである、といわれるゆえんである。
(42) Leicestershire County Council; Your Next Move!! 1991–92.
(43) だからこそ、やがてそれらはラスキン・カレッジやゴールド・スミス・カレッジのように大学の一構成部分に組み込まれていったのである。
(44) C・カレッジは併設されている中等教育校と二分するほどの堂々たる専用施設を持つのが普通であるが、C・センターの専用施設はそれよりずっと小さく、ふつうコミュニティ・ウィングと呼ばれている。なお、Crown's Hill Community College (Leicestershire) には、カレッジ専用施設の他にコミュニティ・ウィングも持っていた。（一九九二年一〇月一四日訪問）
(45) 一九九二年一〇月一六日のハートホーン氏に対するインタビューのメモによる。
(46) バールトン・C・センター主催の年間講座計画表は存在しなかった。
(47) 注（45）に同じ。なお、校長の兼任手当は年間二、〇九七ポンド（約五二四、〇〇〇円）ということである。
(48) 一九九二年六月二九日訪問。
(49) なお、邦文の資料はその大部分を日本に置いてきたままなので、直接引用すべき箇所も何箇所かあったが、それは失礼させていただいた。

二　イギリスにおける教育改革の動向（その二）——社会教育を中心に考える

はじめに

前回の報告[50]では、現在進行中のイギリスにおける教育改革の動向について主として学校教育を中心に概観したが、そのなかでイギリスの〝社会教育〟に関してはおおよそ次のように述べた。イギリスでは、今時教育改革の最重点施策の一つとして大学拡張政策を採用し、従来のポリテクニクス Polytechnics のほとんどと高等教育カレッジ Colleges of Higher Education の多くを大学に昇格させた。そのことにより大学入学資格取得者の数が大学の入学定員に満たないことも予想される状況となり、大学入学資格取得者の数を増やす必要に迫られる結果となった。そこで、それを中等後教育 Further Education の充実によって実現することとし、中等後教育カレッジ Colleges of Further Education を LEA から独立させてそこへ政府予算を重点配分するとともに、コミュニティ・カレッジの中で行われているいわゆるアクセスコースも併せて拡充する政策を取るにいたった。しかし、そのことはイギリスの社会教育の面から見ると、一九八八年以来の LEA に対する政府の補助金の削減政策とも連動してイギリスの伝統的な（リベラルな）成人教育やコミュニティ・エデュケーションが大きく縮小される危険性があると考えられるにいたった、と。

そこで今回の報告では、社会教育を中心にイギリスにおける教育改革の動向を見てみることとしたい。その場合特に、Further Education とコミュニティ・エデュケーション Community Education を中心に考察しながら、中等後教育カレッジの「独立」が従来のイギリスにおける成人教育やコミュニティ・エデュケーションにどのような影響を与える可能性があるのかを考えてみたい。

なお、今回の報告では、Further Education は当面は原語のまま使用することとし、Colleges of Further Education のみを中等後教育カレッジと訳すこととした。それは、今回の報告が Further Education の本質を明らかにすることを主たる目的の一つともしているからである。

1　イギリスの社会教育の現状

(1)　イギリスの〝社会教育〟とは

よく知られるようにイギリスには日本の社会教育に当たる言葉はない。イギリスにおいて日本の社会教育に最も近い言葉を探すとすればそれは成人・継続教育 Adult and Continuing Education であろうが、日本の社会教育は現在では子どもの社会教育をも含む言葉になっているので成人・継続教育だけでは日本の社会教育を表わすことはできない。しかしながら、上の成人・継続教育とコミュニティ・エデュケーション Community Education とを合わせて考えると日本の社会教育とほとんど同じ領域を包含するのではないかと思われる。コミュニティ・エデュケーションの中には子どもを対象とする教育も含まれていると考えられるからである。[51] それをまとめると次のようになるであろう。

＊イギリスの社会教育
- 成人・継続教育 Adult and Continuing Education
  - 中等後教育 Further Education
  - 成人教育（狭義）
    - リベラルな成人教育 Liberal Adult Education
    - 職業技術教育 Vocational Education and Training

- 基礎教育 Basic Education
- 外国人のための英語教育 Teaching English for Speakers of Other Languages
- 障害者のための教育　Education for the Special Needs
- コミュニティ・エデュケーション Community Education

イギリスの社会教育を考える上で成人・継続教育は何歳から始まるかという問題は重要なポイントになると思われるが、ここでは、一六歳から、すなわち義務教育終了後の人々を対象としていると考えておきたい。しかもそれは、日本流に考えた中等教育校卒業生（いわゆる「中卒」または「高卒」）を意味しないところがもう一つの重要な点である。そもそもイギリスには大学を除いて「卒業」という概念がないからである。そのことは義務教育終了者には、上は一般中等教育資格 GCSE の合格者から下はほとんど文盲に近い者まで、その学力には大きな差があることを意味する。このことがイギリスでは Continuing Education と Further Education という日本語ではほとんど訳し分けのできないような二つの言葉をもっている理由でもあるのである。そのことについてはまた後に触れることとして、ここで一六歳を成人・継続教育の開始年とするのは次の理由による。イギリスでは一六歳になって、すなわち義務教育を終了して社会に出て、なお職業につけない場合は生活保護が受けられる、つまり一人前の大人として失業者扱いされるという慣習になっているからである。[52] つまり、成人とはイギリスでは一六歳以上を指すという考え方も成り立つのである。もっとも選挙権が認められるのは一八歳以上であるが。

以下イギリスの社会教育という表現を用いるが、それは、上述のように成人・継続教育 Adult and Continuing Education とコミュニティ・エデュケーション Community Education とを合わせ含んだ用語として用いている。

（2）イギリスの社会教育を企画・実施する機関

イギリスの社会教育は、伝統的に次の二つの種類の機関によって実施されてきた。一つは責任団体 Responsible Bodies であり、もう一つは地方教育当局 LEA である。

責任団体には、大学拡張部 Extra–Mural Department と労働者教育協会 Woker's Educational Association とが含まれる。大学拡張部は文字通り大学教育を大学外へも拡張しようとするもので、一八七三年にケンブリッジ大学に始まった大学拡張運動に端を発している。[53] それらは大学によって成人教育部 Department of Adult Education と呼ばれたり成人教育センター Adult Education Centre と呼ばれたりしている。[54] 労働者教育協会は一九〇三年の創立で、以来各種の労働組合や大学拡張部などと協力しながらイギリス成人教育の大切な部分を歴史的に担ってきたのである。これら責任団体はその経費を政府からの補助金に大きく依存してきたこともイギリスの社会教育を考える上で見逃せないところである。[55] 責任団体が民間の教育団体であるのに対し、もう一つの責任団体である地方教育当局はいわゆる公教育としての社会教育を担う公的機関である。一九四四年教育法以来、地方教育当局は初等教育、中等教育、Futher Education を提供することを義務づけられてきた（一九四四年教育法第七条）。もちろん、実際の教育は以下に述べる教育施設で行われている。

（3）イギリスの社会教育が行われている施設——レスター県の場合

では、イギリスでは社会教育はどこで行われているのであろうか。いま、レスター県に限ってそれを示すと次のようになる。

■社会教育が行われている施設（レスター県の場合）〈数字は施設数〉

・二　大学 Universities

・一　ポリテクニクス Polytechnics（県立→92・9・1より独立経営体 De Montefolte University と改称）

*

・一〇中等後教育カレッジ Colleges of Further Education（県立→93・4・1より独立経営体へ）
・四四コミュニティ・カレッジ Community Colleges（県立）
（八四 Secondary Schools のうち四四校に併設）
・五九コミュニティ・センター Community Centres（県立）
（三三六 Primary Schoolsのうち三六校に併設、八四 Secondary Schoolsのうち二校に併設、あとは独立施設）
・一 Leicester Adult Education College（県立）
・二 Adult Education Centres（県立）
・一九 Neighbourhood Centres（市町村立）[56]

＊

レスター県にはレスター大学 University of Leicester とラフバラ大学 Loughborough University の二つの大学があり、前者は成人教育部 Department of Adult Education と専用の社会教育施設であるボーンカレッジ Vaughan College を市中にもっている。成人教育部のスタッフはボーンカレッジのスタッフを兼ね、成人教育部長（教授）はボーンカレッジの学長を兼任している。[57] ボーンカレッジの教育活動は以下の通りである。〈表1〉〈表2〉

レスター・ポリテクニクスは、一九九一年度までは主として大学以外の高等教育を行う施設として、部分的には Further Education ならびにコミュニティ・エデュケーションも行ってきたが、一九九二年九月大学に昇格して独立経営体となって地方教育当局の管轄を離れたので、ここで行われていたいわゆる社会教育は大きく様変わりするものと思われる。が、その方向はまだ判っていない。

レスター県における社会教育の大部分はコミュニティ・カレッジとコミュニティ・センターで行われているがそれについては次節の〈表3〉の通りである。

レスター・アダルトエデュケーション・センターは県立の社会教育専用施設である。レスター・アダルトエデュケーション・カレッジは市内繁華街にあり、日本の大型公民館を思わせる堂々たる施設である。その教育内容は〈表3〉に含まれている。

ネイバーフッドセンター Neighbourhood Centres はいわゆる教育施設ではない。日本でいう地域会館に類似した施設で管轄はレスター市であるが、いくつかのコミュニティ・エデュケーションがここでも行われている。

ところで、イギリスの社会教育を考える場合注意しなければならないのは、例えば Further Education なら Further Education だけが行われる専用施設があるわけではないということである。中等後教育カレッジ Colleges of Further Education にしても Further Education だけを行っているわけではなく、〈表3〉のようにさまざまな種類の社会教育を行っているのである。（なお、私立の社会教育施設があるのかどうかについては今のところ確認できていない。現在のところそれは、ないものと筆者は理解している。）

（4）Further Education とコミュニティ・エデュケーション

イギリスの社会教育のなかで最も理解しにくいものは Further Education とコミュニティ・エデュケーションであろう。前者は定義しにくく、後者は実態が摑みにくい。まず、Further Education から考えてみよう。

1　Further Education

Further Education がわれわれにとって理解しにくいのは、Further Education という概念が日本にはないからである。Further Education がイギリスの法律に現れるのは一九四四年法からであると考えられるが、関連する条項を同法に当たってみると次のようになっている。

七条　公教育は初等教育 Primary Education、中等教育 Secondary Education,Further Education の三段階に分けて組織され、すべての地方教育当局はその地域の公教育を準備する義務を負っている。

四十一条　すべての地方教育当局は次に示すような Further Education のための充分な施設を用意する義務を負う。すなわち、

(a)　義務教育終了者のためのフルタイムならびにパートタイムの教育

(b)　義務教育終了者のための余暇活動

四十三条　すべての地方教育当局は、County Collges を創設し維持すること。それは、他のいかなる学校や教育施設にもフルタイムで通っていない若者に、体育活動ならびに職業訓練を含む Further Education を提供するセンターとして機能すること。

四十四条　地方教育当局は、将来、若者に対し、以下の条件で Further Education に出席することを強制すること。

(a)　一年間に四四週、週当たり一日ないしは半日を二日

(b)　一年間に八週間を一回、ないしは四週間を二回というように集中させてもかまわないこと

四十六条　違反者には罰則を科すこと(58)

ここで述べられている Further Education の特色は次の通りである。第一は、教育の段階をこの（一九四四年の）時点で既に四段階と考えているということである。すなわち初等、中等、Further Education、高等教育の四段階である(59)。このことは、従来あまり問題にされてこなかったところであるが、Further Education の本質ひいてはイギリスの教育を考える上でたいへん重要な点ではないかと思われる。第二は、Further Education を義務教育終了者のための教育と位置づけ、義務教育とともにそれらの提供を LEA に義務づけている点である。第三は、将来は LEA に対して County Collges（レスター県ではこれを後にコミュニティ・カレッジという名で建設している）の設置を義務づけ、そこへの出席を限られた時間ではあるが若者に義務づけようとしている点である。そこでは、義務違反者に対して罰則すら考えているのである。

〈表１〉ボーンカレッジ開講講座〈１講座当り回数と講座数〉

秋　学　期	春　学　期	夏　学　期	計
60—４（4.0）	30—１（3.1）	18—１（4.8）	60—４（2.6）
30—９（9.0）	24—１（3.1）	14—１（4.8）	30—10（6.5）
24—１（1.0）	21—１（3.1）	9—10（47.6）	24—２（1.3）
22—１（1.0）	12—４（12.5）	8—１（4.8）	22—１（0.7）
21—１（1.0）	11—３（9.4）	6—２（9.5）	21—２（1.3）
20—５（5.0）	10—11（34.4）	5—１（4.8）	20—５（3.3）
12—15（15.0）	6—２（6.3）	3—５（23.8）	18—１（0.7）
11—３（3.0）	3—９（28.1）		14—１（0.7）
10—19（19.0）			12—19（12.4）
9—１（1.0）			11—６（3.9）
6—５（5.0）			10—30（19.6）
5—１（1.0）			9—11（7.2）
4—８（8.0）			8—１（0.7）
3—24（24.0）			6—９（5.9）
2—１（1.0）			5—２（1.3）
1—２（2.0）			4—８（5.2）
			3—38（24.8）
			2—１（0.7）
			1—２（1.3）
100（100.0）	32（100.0）	21（100.0）	153（100.0）

※「60—４（4.0）」とは，「60回ものの講座が４種類あり，それらは秋学期に行われる講座全体の４％に当る」という意味である。

（注）１）出典　Leicester University, 'Vaughan College, 1991/1992 Courses' 1991.

２）学期はすべて土曜学校 Saturday School を含む。土曜学校はすべて１日（３コマ）コースである。

３）この他にレスター大学成人教育学部は「大学公開講座」（42講座）「スタジオ講座」（９講座）を開講している。前者は県内の県立コミュニティ・カレッジで，後者は大学構内の特設美術室で行われている。

４）回数60回の中には２年もの講座，同30の中には１年もの講座を含む。それぞれ，その学期からスタートする。

一覧〈秋学期のみ，春夏学期は省略〉

▶ Certificate in Modern Social History	1年
Jazz—A Short History	12回
The Poetry of Tony Harrison	10回
The Aesthetics of Liberation: Introduction to Third World Cinema ▲	10回
Phychodynamic Casawork Through Fiction ■	12回
1992：The Single European Market and Five Hundred Years of Colonialism. Coincidence?	12回
Explaining the Past	12回
Normal Language Development ■	10回
木：▶ Certificate in Archaeology	2年間
New Horizons—Discussion Group for the Over 50s（WEA）	10回
Medieval Europe ★	12回
Developmental Psychology ■★	30回
Return to Study ■★	9回
The Living World—A Forum for Naturalists	20回
Music in the Theatre—From Marrige of Figaro to Phantom of the Opera（WEA）	10回
Sexuality and Counselling ■	12回
Inrtoduction to Psychology	12回
Where to Watch Birds	20回
Abnomal and Clinical Psychology ■	30回[8]
Scriptwriting for Film and Television ▲	10回
Lesbians and Gay Men ■	12回
Adjusting to Loss & Bereavement ■	6回
Titian and Venetian Painting	24回
Literature and Entertainment in the Middle Ages	12回
Adjusting to Loss & Bereavement ■	6回
金： An Introduction to Art Therapy: Part One	12回
Pre-Retirement Course for People Thinking of Retirement（WEA）	3コース各4回
1991 Inaugural Lecture（WEA）	
The Peak District National Park: Controversies and Contrasts	1回
Friday Literature Series 1991—92	4回
Poetry Leicester: A Poetry Workshop	4回
Celebrity Lecture: Unusual Journeys, Unusual Places ▲	5回
Children in the Witness Box: Sex, Lies and Videotape	1回
The Making of England	2回

（注） 1）（WEA）——WEAの主催講座

2）3）4）5） ▲——WEAと共催の講座 ■——資格コースの一部となる講座 ▶——大学の正規の単位となる講座 ★——保育付き講座

6） 1年コース（3学期コース）——毎週・○曜日，30週，1回6：00—9：30 p.m.（休憩30分を含む）

7） 1日コース——始9：45 a.m. —終3：00 p.m.

8） 15ダブル・ミーティング——1晩に6：00—7：30，8：00—9：30 p.m.の2回行う形式

〈表２〉ボーンカレッジ開講講座

月：	Pre–Retirement Course（WEA）[1]	３コース各４回
	Misteries of History ▲[2]	10回
	The Development of English Village ▲	10回
	Literature at Lunchtime	10回
	Assert Yourself: A Course for Women	10回
	Four Composers: Purcell, Mozart, Brahms, Stravinsky	22回
	Towards Art Nouveau: English Architects & Designers of the 1890 s	11回
	PPA Tutor Fieldwork Course（WEA）	30回
	Elementary Mathematics and Chemistry ■[3]	10回
	▶[4] Certificate Course in Counselling Studies	１年[6]
	▶ Advanced Certificate in Modern Biology	２年
火：	Creative Writing ▲★[5]	10回
	Twentieth Century Writing From Abroad（WEA）★	10回
	Being Assertive Workshop ■★	10回
	Return to Study（３コース）■	各３日間コース[7]
	▶ Certificate in Psychology	２年
	The Dawn of Western Civilisation: Minoans and Greeks ▲	20回
	Freud ■	12回
	Self–Assertion Workshop	12回
	Creative Writing ▲	10回
	▶ Certificate in Local History	30回
	The Novel Today	20回
	Biological Bases of Behaviour ■	30回
	Davelopmental psychology ■	30回
	▶ Certificate in Social Studies	２年
	Railways in the 20 th Century	12回
	Leicester Chamber Choir	１年
	Return to Study（３コース）■	各３日間
	An Introduction to Statistics ■	10回
水：	A Giede to the Benefits System（WEA）★	６回
	The Changing Experience of Women（WEA）★	11回
	German Painters: from 1400 to this Century ★	12回
	Psychology for People ★	20回
	Looking at the Past： 1. Before the Dawn of History ★	21回
	The Modernist Women ▲	６回
	Sibelius, Brahms & Vaughan Williams	12回
	Leicestershire Gardens（WEA）	６回
	Outline of Philosophy	10回
	Cinema Now: An Introduction to Contemporary Film Studeies ▲	10回
	Medieval Europe： 476 - 1200 AD ▲	10回
	Buildings in Perspective	11回

ついで、一九八八年教育改革法を見てみると、第百二十条では、①Further Education のための充分な施設の提供は引き続き LEA の責任とする。②この法律で Further Education とは、義務教育終了後の人々のためのフルタイムないしパートタイムの教育（職業的、社会的、身体的、レクリエーション的活動を含む）ならびに余暇活動をいう。③Further Education は高等教育を含まない。④LEA は継続教育 Continuing Education を提供する義務を負う。継続教育とは、既に職業についている人々のための教育をいう、⑤LEA は大学やポリテクニクスが提供する Further Education にも関与するものとする、[60]とある。

ここでは、Further Education の性格が明確に述べられている。Further Education は、義務教育後の教育を指し、かつ高等教育を含まない。さらに継続教育 Continuing Education とも区別される。そしてこのような Further Education を提供するのは LEA の義務なのである。（これまで Further Education は継続教育と訳されることが多かった。しかしその場合 Continuing Education も継続教育と訳すとするとその区別をどうするか困るところであった。しかしながら Further Education と Continuing Education とは一九八八年教育改革法によっても明確に区別されているのであるから訳語も区別する必要がある。そこで前回の報告では Further Education を中等後教育と訳したのであった。）一九九二年中等後および高等教育法（Further and Higher Education Act 1992）は義務教育終了後から一八歳までの教育をすべて、例えば Sixth Form も含めて Further Education と定義していることは前回の報告でも述べた通りである。

2　コミュニティ・エデュケーション

イギリスの社会教育を構成するもう一つの、しかも、これもなかなか理解しにくいものにコミュニティ・エデュケーション Community Education がある。コミュニティ・エデュケーションの定義や歴史については次の機会に譲ることとし、ここではレスター県におけるコミュニティ・エデュケーションの実態について見てみることにしょう。

レスター県が毎年発行している『コミュニティ・エデュケーション　コーセス一九九一／九二』Community Education Cources 1991/92という冊子にはその年の県内のすべてのコミュニティ・エデュケーションが一覧表に網羅されている。その総数は一九種類（大分類）一六九コース（小分類）四〇三九講座にも及ぶ。その概要は〈表3〉の通りである。実にさまざまな、ありとあらゆる種類の講座がコミュニティ・エデュケーションの名において行われているといってよいであろう。（ただ、ここで注意しておかなければならないことは、これらの講座はすべて前年度の七―八月に一年分が計画され、きれいなパンフレットとして九月に公表されるということである。それ以外の臨時の講座はもちろん、前回の報告でも紹介したようにコミュニティ・センターなどで行われる子どもディスコ大会や村の雑誌づくりあるいはコミュニティまつりおよびその実行委員会等々の活動などはここにはいっさい含まれていない。これらの活動がコミュニティ・エデュケーションの重要な部分であることを忘れる訳にはいかない。）

もう一つ注意を要することは、右の表の中には、明らかにFurther Education も含まれているということである。これをどう解釈すればよいかを判断する材料を今のところ持ち合わせていない。コミュニティ・エデュケーションはFurther Education をも包含する概念である（ないしは、あった）と考えるか（LEA が提供する社会教育はすべてコミュニティ・エデュケーションであるとする考え方も成り立つ）、あるいは講座名は同じでも期間の長い講座はFurther Education、短い講座はコミュニティ・エデュケーションと考えることもできる。職業教育としての　Further Education は一〇回程度の短い講座ではものの役に立たないからである。いずれにしてもこの表からだけではFurther Education とコミュニティ・エデュケーションとを区別することは困難である。

ティ・エデュケーション一覧（1991/92）

C. College[2]		C. Centre		Leicester A. E. College[4]		A. E. Centre		WEA[6]	
小計	回数一講座数	小計	回数一講座数	小計	回数一講座数	小計	回数一講座数	小計	回数一講座数
43	70— 1	1	10— 1					4	10— 1
(64.2)	40— 5	(1.5)						(6.0)	9— 2
	30—14								7— 1
	20— 4								
	12— 2								
	10— 5								
	6— 2								
	5— 1								
	2— 1								
(1.6)	?— 8	(0.3)						(2.2)	
185	40— 1	24	38— 1	63	21—39	11	30— 1	8	24— 1
(57.8)	32— 1	(7.5)	24— 2	(19.7)	20— 1	(3.4)	20— 2	(2.5)	20— 1
	30— 4		20— 6		15— 1		18— 2		12— 1
	26— 6		12— 5		10— 3		12— 2		11— 2
	24— 1		10— 7		1—19		10— 2		9— 1
	23— 1		6— 1				1— 1		2— 1
	20—52		2— 1						1— 1
	18— 1		1— 1						
	16— 1								
	15— 1								
	12— 8								
	10—82								
	9— 2								
	8— 1								
	6— 6								
	5— 3								
	3— 2								
	2— 1								
(6.9)	1—11	(7.8)		(20.8)		(10.4)		(4.4)	
59	35— 3	7	14— 1			2	36— 1	1	1—10
(76.6)	30— 4	(9.1)	10— 6			(2.6)	20— 1	(1.3)	
	28— 1								

〈表3〉レスター県におけるコミュニ

	講座名（コース数）／講座数／社会教育施設		College of F. E.[1)]	
			小計	回数一講座数
1	アクセスコース（5） Access and Return to Learn ·Access to Higher Education ·Other ·Portfolio Preparation ·Study Skills	67 (100.0) (1.7)	19 (28.4) (4.3)	72— 1 33— 7 30— 1 ?—10
2	美術とデザイン（8） Art and Design ·Art Appreciation ·Calligraphy ·Design and Illustration ·Drawing ·Festive and Cultural Arts ·Other ·Painting ·Photography （　）内数字の読み方 a—「美術とデザイン」という名の講座が6種類の社会教育施設の内「College of F. E.」で開設されている比率（%）を示す。 b—「美術とデザイン」という名の講座がレスター県で開設される全講座数の中に占める比率（%）を示す。 c—「美術とデザイン」という名の講座がCollege of F. E.で開設される全講座数の中に占める比率（%）を示す。	320 (100.0) (7.9)[b]	29 (9.1)[a] (6.5)[c]	72— 3 36— 8 28— 1 20— 5 14— 7 12— 2 8— 3
3	コンピューター（4） Computing ·Computer Programming	77 (100.0)	8 (10.4)	36— 3 20— 4 11— 1

C. College[2]		C. Centre		Leicester A. E. College[4]		A. E. Centre		WEA[6]	
小計	回数一講座数	小計	回数一講座数	小計	回数一講座数	小計	回数一講座数	小計	回数一講座数
	25—1								
	20—14								
	18—1								
	14—1								
	12—5								
	10—23								
	6—2								
	5—3								
(2.2)	1—1	(2.3)				(1.9)		(0.5)	
227	40—1	24	20—4	18	21—10	6	20—2	2	12—1
(71.4)	32—3	(7.5)	12—1	(5.7)	20—5	(1.9)	10—1	(0.6)	8—1
	28—2		10—10		1—3		?—2		
	26—3		8—3						
	24—1		6—2						
	20—46		5—1						
	16—4		1—3						
	12—12								
	10—81								
	8—9								
	7—1								
	6—19								
	5—15								
	4—7								
	3—2								
	2—1								
(8.4)	1—20	(7.8)		(5.9)		(5.7)		(1.1)	
147	40—4	16	30—1	8	21—5	4	20—1	16	25—1
(63.9)	35—1	(7.0)	10—14	(3.5)	20—2	(1.7)	10—1	(7.0)	22—1
	32—1		6—1		10—1		?—2		12—4
	30—5								11—1
	26—1								10—5
	25—2								9—2

	講座名（コース数） ＼ 講座数 ＼ 社会教育施設		College of F. E.[1) 小計]	回数一講座数
	·Computer Studies ·Computing (General) ·Other	(1.9)	(1.8)	
4	工芸・技術（8） Craft & Technology ·Basketry and Macrame ·Electronics and Engineering ·Festive and Cultural Crafts ·Flower Arranging ·Jewellery and Silver Smithing ·Other ·Pottery and Ceramics ·Woodwork	318 (100.0) (7.9)	41 (12.9) (9.2)	72— 1 36—18 20— 6 14—14 10— 1 8— 1
5	ダンス・演劇・音楽および楽器（20） Dance, Drama, Music and Media ·Dance: Ballet　International and Ballroom　Cultural Jazz Contemporary　Other Country　Tap	230 (100.0)	33 (14.3)	36—18 30— 2 20— 3 14— 2 10— 6 ? — 2

C. College[2]		C. Centre		Leicester A. E. College[4]		A. E. Centre		WEA[6]	
小計	回数一講座数	小計	回数一講座数	小計	回数一講座数	小計	回数一講座数	小計	回数一講座数
	24— 1								1— 2
	20—43								
	15— 1								
	12— 8								
	13— 6								
	10—59								
	9— 1								
	8— 4								
	6— 2								
	5— 1								
	1— 4								
(5.5)	? — 2	(5.2)		(2.6)		(3.8)		(8.8)	
45	32— 1	5	10— 2	10	11— 1	1	20— 1	1	8— 1
(49.5)	26— 1	(5.5)	6— 2	(11.0)	10— 3	(1.1)		(1.1)	
	24— 1		1— 1		8— 2				
	20— 4				1— 4				
	15— 1								
	12— 1								
	10—21								
	8— 1								
	6— 1								
	5— 1								
	4— 2								
	3— 1								
	2— 2								
(1.7)	1— 7	(1.6)		(3.3)		(0.9)		(0.5)	
133	38— 2	12	38— 2	11	21— 1	3	30— 1	10	12— 3
(75.6)	36— 10	(6.8)	36— 4	(6.3)	20— 9	(1.7)	20— 1	(5.7)	10— 2
	35— 4		20— 1		1— 1		10— 1		9— 1
	34— 1		18— 2						8— 2
	33— 4		5— 1						2— 1
	32— 2		? — 2						1— 1

	講座名（コース数）＼講座数＼社会教育施設		College of F. E.[1)] 小計	回数—講座数
	·Drama : Theatre Study and Visits ·Media : Cinema, Media Studies, Other, Radio ·Music : Appreciation, Guitar, Harmonium, Keyboard, Other, Singing ·Other	(5. 7)	(7. 4)	
6	お気に召すまま（10） Do–It–Yourself ·Antiques and Restoration ·Brick and Building ·Electrical ·Furniture and Joinery ·Gardening ·Metalwork and Engineering ·Other ·Painting and Decorating ·Plumbing and Heating ·Radio and Television	91 (100. 0) (2. 3)	29 (31. 9) (6. 5)	30— 2 20— 8 14— 5 12— 1 11— 1 10— 3 8— 3 7— 3 ?— 3
7	英語とコミュニケーション技術（6） English and Communication Skills ·Communication ·Creative Writting ·English (reading, writing, spelling) ABE ·English for Speakers of Other Langs. ESOL	176 (100. 0)	7 (4. 0)	36— 3 14— 1 ?— 3

C. College[2]		C. Centre		Leicester A. E. College[4]		A. E. Centre		WEA[6]	
小計	回数一講座数	小計	回数一講座数	小計	回数一講座数	小計	回数一講座数	小計	回数一講座数
	30—16								
	29— 1								
	28— 4								
	26—13								
	25— 5								
	22— 2								
	20—18								
	13— 1								
	12— 5								
	10—28								
	8— 1								
	6— 5								
	5— 4								
	1— 3								
(4.9)	? — 4	(3.9)		(3.6)		(2.8)		(5.5)	
200	32— 1	38	36— 2	21	21— 5	4	20— 4	1	8— 1
(67.1)	26— 3	(12.8)	30— 1	(7.0)	20— 7	(1.3)		(0.3)	
	24— 4		20— 8		10— 5				
	20—74		16— 3		1— 4				
	15— 1		12— 3						
	12—15		10—20						
	10—70		1— 1						
	6— 5								
	5— 1								
	4— 1								
	2— 1								
	1—23								
(7.4)	? — 1	(12.3)		(6.9)		(3.8)		(0.5)	
171	40— 2	16	36— 1			3	20— 3		
(81.8)	30— 1	(7.7)	20— 1			(1.4)			
	24— 1		10— 8						
	20— 9		6— 1						

	講座名（コース数） \ 講座数 \ 社会教育施設		College of F. E.[1)] 小計	回数一講座数
	·English Language ·Other	(4.4)	(1.6)	
8	織物とファッション(11) Fabrics and Fashion ·Crochet and Macrame ·Cultural ·Dressmaking and Pattern Cutting ·Embroidery and Tapestry ·Fabric Printing ·Knitting and Machine Knitting ·Lacemaking ·Other ·Patchwork, Applique and Quilting ·Spinning, Dyeing and Weaving ·Upholstery, Soft Furnishing, Leatherwork	298 (100.0) (7.4)	34 (11.4) (7.7)	72— 2 36— 7 24— 1 20— 9 14— 8 12— 5 10— 2
9	食べ物・飲み物(8) Food& Drink ·Baking ·Cake Decorating	209 (100.0)	19 (9.1)	36— 7 30— 1 20— 1 14— 1

C. College[2]		C. Centre		Leicester A. E. College[4]		A. E. Centre		WEA[6]	
小計	回数一講座数	小計	回数一講座数	小計	回数一講座数	小計	回数一講座数	小計	回数一講座数
(6.4)	16— 1 15— 1 14— 1 12— 5 10—59 9— 1 8— 6 6— 8 5—31 4— 9 3— 2 2— 3 1—29 ?— 2	(5.2)	5— 1 4— 2 1— 2			(2.8)			
6 (54.5) (0.2)	36— 3 ?— 3								
164 (58.4) (6.1)	40— 1 30— 1 26— 2 24— 1 20—46 14— 1 12— 7 10—61 9— 2 8— 3 6—11 5— 6 4— 1 3— 2 1—17 ?— 2	35 (12.5) (11.3)	36— 1 30— 1 29— 1 20— 8 16— 2 12— 4 10—15 6— 1 2— 1 1— 1	40 (14.2) (13.2)	21—17 18— 1 10— 6 1—16	10 (3.6) (9.4)	30— 1 20— 1 12— 1 10— 4 6— 2 1— 1	26 (9.3) (14.3)	12— 3 10— 2 9— 2 8— 4 6— 3 2— 2 1—10

	講座名（コース数）／講座数／社会教育施設		College of F. E.[1] 小計	回数一講座数
	·Gateaux and Sweets			10— 2
	·Health and Vegatarian Cookery			9— 1
	·International and Festive Cookery			8— 1
	·Microwave Cookery			5— 2
	·Other			4— 1
	·Wine and Beer Making			1— 1
				? — 1
		(5.2)	(4.3)	
10	ガイダンス(1)	11	5	48— 5
	Guidance	(100.0)	(45.5)	
	·Guidance	(0.3)	(1.1)	
11	健康と発達(5)	281	6	20— 2
	Health and Personal Development	(100.0)	(2.1)	12— 2
	·Assertiveness			8— 1
	·Health			6— 1
	·Massage			
	·Other			
	·Yoga			
		(7.0)	(1.4)	

C. College[2]		C. Centre		Leicester A. E. College[4]		A. E. Centre		WEA[6]	
小計	回数—講座数	小計	回数—講座数	小計	回数—講座数	小計	回数—講座数	小計	回数—講座数
56	32— 3	4	20— 1	27	21— 3	16	30— 3	42	30— 3
(36.1)	30— 7	(2.6)	10— 1	(17.4)	20— 5	(10.3)	18— 6	(27.1)	21— 1
	28— 1		9— 2		11— 1		12— 4		20— 1
	26— 4				10— 3		10— 1		18— 1
	21— 1				8— 1		8— 1		12— 7
	20— 2				6— 4		6— 1		11— 1
	16— 1				4— 2				10—12
	12— 2				1— 8				9— 2
	10—13								8— 1
	9— 9								7— 1
	6— 4								6— 3
	5— 4								4— 1
	3— 1								2— 1
	1— 2								1— 7
(2.1)	?— 2	(1.3)		(8.9)		(15.1)		(23.1)	
239	32— 9	27	20—13	66	21—63	11	20—11		
(61.0)	30—10	(6.9)	12— 1	(16.8)	20— 3	(2.8)			
	28— 4		10—12						
	26—24		8— 1						
	21— 1								
	20—94								
	15— 2								
	12—16								
	10—70								
	8— 1								
	6— 3								
(8.9)	?— 5	(8.7)		(21.8)		(10.4)			
216	32— 8	8	36— 1	8	5— 8	6	30— 3		
(74.7)	31— 2	(2.8)	20— 3	(2.8)		(2.1)	20— 3		
	30—30		15— 2						
	28— 4		10— 1						
	26—15		6— 1						

	講座名（コース数）＼講座数＼社会教育施設		College of F. E.[1]	
			小計	回数一講座数
12	人文科学(文学を含む)(9) Humanitics(including Literature) ･Cultural Studies ･English Literature ･History ･International Literature ･Law ･Other ･Philosophy ･Religious Studies ･Women's Studies	155 (100.0) (3.8)	10 (6.5) (2.3)	36— 4 30— 2 14— 1 ?— 3
13	外国語（11） Languages(Other than English) ･French　･Russian ･German　･Spanish ･Greek ･Gujarati ･Italian ･Latin ･Other ･Portugese ･Punjabi	392 (100.0) (9.7)	49 (12.5) (11.0)	36—17 32— 1 30— 1 20—21 12— 2 10— 2 ?— 5
14	マネジメントとビジネス（8） Management, Business & Office ･Accounting, Book–Keeping and Finance ･Business ･Management	289 (100.0)	51 (17.6)	20— 6 10— 9 11— 1 ?—35

C. College[2]		C. Centre		Leicester A. E. College[4]		A. E. Centre		WEA[6]	
小計	回数—講座数	小計	回数—講座数	小計	回数—講座数	小計	回数—講座数	小計	回数—講座数
	25—1								
	24—1								
	21—1								
	20—47								
	15—7								
	12—18								
	10—63								
	8—3								
	6—3								
	5—3								
	3—1								
	1—5								
(8.0)	?—4	(2.6)		(2.6)		(5.7)			
100	60—1	3	36—1	4	10—2	11	30—5	15	30—4
(67.1)	33—1	(2.0)	20—1	(2.7)	6—2	(7.4)	16—1	(10.1)	20—1
	32—3		10—1				12—2		18—1
	30—21						10—2		15—1
	29—1						1—1		12—3
	28—9								10—2
	26—19								9—2
	25—7								1—1
	20—3								
	12—6								
	10—16								
	9—1								
	8—1								
	6—1								
	5—2								
	3—1								
(3.7)	?—7	(1.0)		(1.3)		(10.4)		(8.2)	
98	30—3	8	20—4	13	21—6	6	20—2	6	29—1
(66.2)	24—2	(5.4)	10—2	(8.8)	20—1	(4.1)	12—1	(4.1)	20—1
	20—14		6—1		11—1		10—2		12—1

	社会教育施設 / 講座数 / 講座名（コース数）		College of F. E.[1)] 小計	回数一講座数
	·Other ·Shorthand ·Small Business ·Typing / Keyboard Skills ·Wordprocessing	(7.2)	(11.5)	
15	数学と科学（7） Maths and Science ·Biological Sciences ·Earth Sciences ·Environment and Conservation ·Mathematics including numeracy ·Other ·Physics ·Phychology	149 (100.0) (3.7)	16 (10.7) (3.6)	36— 4 ? —12
16	趣味いろいろ（9） Miscellaneous ·Bridge	148 (100.0)	17 (11.5)	20— 7 14— 1 10— 3

C. College[2]		C. Centre		Leicester A. E. College[4]		A. E. Centre		WEA[6]	
小計	回数一講座数	小計	回数一講座数	小計	回数一講座数	小計	回数一講座数	小計	回数一講座数
	12—6				10—3		1—1		5—1
	10—39				9—1				1—2
	8—3				1—1				
	6—8								
	5—4								
	4—4								
	3—2								
	2—1								
	1—10								
(3.6)	?—2	(2.6)		(4.3)		(5.7)		(3.3)	
34	32—2					4	30—3	2	12—1
(64.2)	30—8					(7.5)	10—1	(3.8)	2—1
	28—2								
	26—12								
	25—1								
	12—2								
	10—1								
(1.3)	?—6					(3.8)		(1.1)	
518	40—7	71	48—1	14	21—7	5	30—2		
(79.0)	35—1	(10.8)	36—1	(2.1)	20—5	(0.8)	10—1		
	34—5		31—1		18—1		?—2		
	32—2		30—1		10—1				
	30—26		20—16						
	26—15		15—2						
	25—6		14—3						
	24—4		12—10						
	20-152		10—26						
	18—2		8—2						
	16—1		6—3						
	15—2		5—1						
	14—1		1—2						
	12—39		?—2						

	講座名（コース数）＼講座数＼社会教育施設		College of F. E.[1] 小計	回数一講座数
	・Chess			5— 1
	・Crosswords			?— 5
	・Driving			
	・Hobbies and Interests			
	・Holidays and Travel			
	・Ornithology			
	・Other			
	・Pet and Animal Care			
		(3.7)	(3.8)	
17	社会科学（4）	53	13	36— 2
	Social Science	(100.0)	(24.5)	?—11
	・Economics			
	・Goverment and Politics			
	・Law			
	・Sociology			
		(1.3)	(2.9)	
18	スポーツとフィトネス（26）	656	48	30—13
	Sport and Fitness	(100.0)	(7.3)	26— 1
	・Archery, Fencing, Shooting			20—12
	・Athletics			14— 4
	・Badminton			12— 1
	・Ball Sports： Basketball, Bowls, Cricket, Football, Golf, Netball, Other, Squash, Table, Tennis, Tennis Volleyball			10— 5 8— 2 7— 2
	・Boatcraft, Canoeing and Navigation			6— 5
	・Fishing			5— 2
	・Gymnastics and Trampolining			?— 1
	・Keep fit and Exercise			
	・Other			
	・Outdoor Pursuits, Crimbing, Walking			
	・Self Defence and Martial Arts			

C. College[2]		C. Centre		Leicester A. E. College[4]		A. E. Centre		WEA[6]	
小計	回数—講座数	小計	回数—講座数	小計	回数—講座数	小計	回数—講座数	小計	回数—講座数
	10—182								
	9— 4								
	8— 8								
	7— 1								
	6—16								
	5—16								
	4— 5								
	2— 3								
	1— 5								
(19.3)	?—15	(23.0)		(4.6)		(4.7)			
48	40—10	10	36— 3			3	20— 1	48	30— 1
(40.3)	35— 1	(8.4)	10— 7			(2.5)	10— 2	(40.3)	12— 7
	33— 1								10— 7
	30— 3								9— 6
	26— 1								8— 2
	20— 2								7— 1
	10—24								6— 5
	8— 1								4— 1
	6— 1								2— 6
	1— 3								1—12
(1.8)	?— 1	(3.2)				(2.8)		(26.4)	
2,689		309		303		106		182	
(66.6)		(7.7)		(7.5)		(2.6)		(4.5)	
(100.0)		(100.0)		(100.0)		(100.0)		(100.0)	

4）Leicester A. E. College—Leicester Adult Education College

5）A. E. Centre—Adult Education Centre

6）WEA—Workers' Education Association

（注 3） 「講座数」および「小計」欄の数字は講座数。（ ）内はパーセント。［上段は各講座合計を100，下段は各施設合計を100とした時のもの］

	講座名（コース数）　講座数　社会教育施設		College of F. E.[1]	
			小計	回数一講座数
	·Swimming, Life Saving and Sub Aqua ·Weight and Circuit Training ·Sports and Fitness—pay as play ·Other	(16.2)	(10.8)	
19	ボランティア活動（7） Working with People ·Children ·Counselling ·Elderly ·Other ·People with Special Needs ·Teaching ·Welfare Rights	119 (100.0) (2.9)	10 (8.4) 2.3)	36— 3 30— 3 10— 1 ?— 3
	計(169)	4,039 (100.0) (100.0)	444 (11.0) (100.0)	

（注 1）　出典　Leicestershire County Council; Community Education Courses 1991/92, 1991.

（注 2）　1）College of F. E. —College of Further Education
　2）C. College—Community College
　3）C. Centre—Community Centre

2 中等後教育カレッジのLEAからの独立はイギリスの社会教育にどのような影響を及ぼすか

（1）高等教育の再編成と中等後教育の拡充――中等後教育カレッジのLEAからの独立の経緯

今年（一九九三年）四月、すべての中等後教育カレッジColleges of Further EducationはLEAから独立して、大学と同様独立経営体となった（同時にSixth Form CollegesもLEAから独立した。このことは、Further Educationの本質を考える上で重要である）。その経過の概略を年表風に示すと次のようになる。

八八・八・二九　一九八八年教育改革法公布
九一・五　白書『高等教育―その新しい枠組み』公表
　　白書『二一世紀の教育と訓練』№1、№2公表
九二・三・六　一九九二年中等後および高等教育法公布
　五・六　中等後教育補助金委員会FEFCおよび高等教育補助金委員会HEFC設置
　九・一　ポリテクニクスおよび高等教育カレッジの大学への昇格
九三・四・一　中等後教育カレッジ、シックスフォームカレッジおよび高等教育カレッジのLEAからの独立
　　FEFCおよびHEFC機能開始
　　中等後教育カレッジ質評価委員会FEFC Qaulity Assessment Committees機能開始（HEFCも同様）
　　責任団体Responsible Bodiesへの補助金全廃

この表を見ても判るように、中等後教育カレッジの独立は高等教育再編政策の一環として行われたことが判る。

（2）中等後教育カレッジの独立の意味するもの――社会教育への影響を中心に

中等後教育カレッジがLEAの管轄を離れて独立するということはイギリス教育史を画する大きな出来事といわな

ければならない。その及ぼす影響は次のように考えられる。

第一は、いうまでもなくFurther Education の拡充である。これまで政府はLEAに補助金を支出し、LEAはそれに自己財源を加えてFurther Education や義務教育を経営してきた。しかし今後政府はLEAに対する補助金を大幅に削減し（一九八八年教育改革法以来LEAに対する補助金は毎年削減されてきたのであるが）、さらにイギリスの伝統あるリベラルな成人教育を支えてきた責任団体に対する補助金を全廃してまでFurther Education に対する財政支出を強化しようというのである。なぜこうまでして政府はFurther Education にテコ入れをするのかについては既に前回の報告で詳しく述べたとおりである。それは、大学入学試験資格取得者を増やしたいがためである。

第二は、これまでまったく質のことなる教育をめざしてきたと考えられるシックスフォームカレッジの教育とFurther Education とを同一のカテゴリーでくくろうとしているということである。いま、一九九二年中等後および高等教育法を見てみるとFurther Education の定義に関して次のように述べている。

付則2　本法第三条第一項にいうFurther Education の課程とは、以下のものを指す。

(a)　文部大臣によって認定された職業資格を修得するための課程
(b)　一般中等教育資格ならびに一般教育資格Aレベルまたは AＳレベルを修得するための課程
(c)　高等教育入学準備課程
(d)　上記(a)から(c)までのいずれかの課程に入学するための準備課程
(e)　識字教育の課程
(f)　英語を母国語としない人々に対する英語教育の課程
(g)　数学の基礎を教える課程
(h)　ウエールズにおいてはウエールズ語識字教育の課程

(i) 学習困難者に対する、上記(d)から(h)までの課程に入学するための生活技術教育ならびに識字教育の課程[61]

これを見ると(b)と(c)はシックスフォームカレッジの教育と重なることが判る。前述のように歴史的に見ればシックスフォームカレッジと中等後教育カレッジとはまったく質の違う教育をめざしかつ行ってきたのであるが、これからはその区別を少なくとも表面的にはしないという政策と思われる。それは、大学とポリテクニクスとを同じ「大学」の語でくくろうとしていることと対応しているのであろう。財政面ではシックスフォームカレッジも中等後教育カレッジも何れもFEFCを通して政府の補助金を支給されることとなったことはそのことを証明するものであろう。

第三は、今後LEAの権限が大幅に縮小されるであろうということである。これまで一八歳段階までの教育すべてをLEAが責任を負っていたのであるが、今後は一六〜一八歳段階の教育についての権限を失うわけである。オプティング・アウトが進行すればさらにLEAの権限は縮小して行くであろう。このことについては前回の報告で詳しく述べたのでここではこれ以上触れない。

第四は、社会教育におけるスクラップアンドビルドが進行するであろう、ということである。Further Educationがビルド（拡充）されることはすでに述べた。その分縮小のおそれの最も強い部分はリベラルな成人教育とコミュニティ・エデュケーションであろう。

これまでのLEAへの政府補助金の削減によって、レスター県最大のコミュニティ・カレッジであるジャジメドウ・コミュニティ・カレッジでは九一―九二年度において九〇―九一年度よりも一〇〇コース以上も縮小しなければならなかった。[62] その上、大学拡張部とWEAとを典型とする責任団体への政府補助金を全廃したことは、リベラルな成人教育にとっては致命傷ともいうべき打撃であろう。さらにLEAに対する政府補助金が減額されるとすれば（その可能性はたいへん高いのであるが）コミュニティ・エデュケーションも今後いっそう縮小の虞があるのである。

イギリスの社会教育もまた、学校教育同様大きな歴史的転換点に立っているのである。

注

(50) 奥田泰弘「イギリスにおける教育改革の動向—日英教育行政比較研究の試み—」中央大学教育学研究会『教育学論集』第三五集　一九九三年七月
(51) 奥田泰弘、前掲論文　四〇—四二頁
(52) Benefits Agency, 'Social Security—A guide to Social Security and NHS benefits,' FB 2 from April 1992, p. 12.
(53) Thomas Kelly, 'A History of Adult Education in Great Britain' Liverpool University Press, 1962, p.219.
(54) 上杉孝實「大学成人教育の変動—英国の事例を中心に—」京都大学『教育学部紀要』XXXIX, 1993、七〇—七一頁
(55) 奥田泰弘、前掲論文　三六頁
(56) Leicestershire County Council, 'Community Education Courses 1991/92, および Leicestershire County Council,' Information for Parents—A guide to the education service—1991/92, による。
(57) Leicester University, 'Department of Adult Education, Annual Report 1990–91' 1991, p.1.
(58) Education Act 1944, H. M. S. O., 1944, p.4, 33–35, 39.
(59) 『一九九一年版教育統計』('Education Statistics for the United Kingdom 1991 Edition' H. M. S. O. 1992, p.xxxiii) においても教育の段階を次のように区分している。すなわち、Nursery School, Primary School, Secondary School, Further Education, Highr Education の五段階である。
(60) Education Reform Act 1988, H. M. S. O., 1989, p.123–125.
(61) Further and Higher Education Act 1992, H. M. S. O., 1992, p.74.
(62) 奥田泰弘、前掲論文　三五—三六頁

三　イギリスにおける教育改革の動向（その三）――高等教育の改編を中心に考える

はじめに

これまでに筆者は、「イギリスにおける教育改革の動向」を二回に分けて報告してきた。[63] 今回は、〝その三〟として「高等教育の改編」を中心にその現状と方向を報告し、併せてイギリスにおける教育改革の動向について総括しておきたい。

なお、〝その一〟の報告では、「高等教育の改編」といわずに「大学拡張政策の進行」という表現を用いたが、それは、論文執筆当時最も顕著に現れていた現象がポリテクニクスの大学への「昇格」ということであったことに特に注目したからであった。その後の経過をみると、それは高等教育の「拡大・多様化」を目指す「改編」と捉えるべきであろう。[64] 以下「改編」という場合それは「拡大・多様化」を意味するものとする。

1　イギリスにおける高等教育改編の流れ

はじめに、今回の高等教育改編の経過から見ておこう。まず、主な動きを略年表風に示すと次の通りである。

八八・七　一九八八年教育改革法　Education Reform Act 一九八八年発効

九一・五　教育省 Department for Education、『高等教育――その新しい枠組み』（教育白書）Higher Education : A New Framework　を発表

教育省、『二一世紀をめざす教育と訓練』（教育白書）第一部・第二部　Education and Training for the

21 st Century, Vol. 1 & Vol. 2　を発表

九二・三　一九九二年中等後および高等教育法 Further and Higher Education Act 1992 （以下、一九九二年教育法という）発効[65]

五　中等後教育補助金委員会 FEFC および高等教育補助金委員会 HEFC が設置される[66]

九　ポリテクニクス Polytechnics および一部のカレッジ一斉に大学へ「昇格」〈資料1〉

九三・四　中等後教育カレッジ Further Education Collges および高等教育カレッジ　Higher Education Collges、が LEA から独立する

FEFC および　HEFC 機能開始

中等後教育質評価委員会 FEFC Quality Assessment Committees 機能開始（HEFC も同様[67]）

九四・九　統一入学手続きによる学生が初めて高等教育諸学校へ入学[68]

現在進行中の教育改革全体が一九八八年教育改革法を契機に始まっているように高等教育改編の動きもこの時から大きく動き出している[69]。それを受けて政府は、一九九一年五月に三つの教育白書を出し、その後の政策の方向を明らかにする。詳しくは次章で述べるが、それはまさしく「高等教育の新しい枠組み」を示している。

その具体策を立法化したのが一九九二年教育法である。その後の動きは当然のことながら一九九二年教育法で示された通り進行しているように思われる。

2　高等教育はどのように改編されようとしているのか――『高等教育―その新しい枠組み』に見る

それでは、しばらく教育白書『高等教育―その新しい枠組み』に沿って、イギリスにおける高等教育改編の動向を整理してみよう。

（1）「高等教育――その新しい枠組み」がめざすもの

まず、現在進行している高等教育の改編はなにを目指すのだろうか。『高等教育――その新しい枠組み』の序文で、J・メジャー首相は次のように述べている。

「一九七九年に高等教育に進んだ若者の数はわずかに八人に一人に過ぎなかった。今日ではそれが五人に一人になっている。より多くの高等教育機関が以前より多くの高等教育進学の機会を提供してきたのである。この白書でわれわれは高等教育の新しい枠組みを示し、もっと多くの若者が高等教育に進むことができるよう企図している。われわれは西暦二〇〇〇年までに三人に一人の若者が高等教育に進むことを願っているが、それは順調に達成されつつある。」（[2]二頁）

そのためにはどうすればよいのか。メジャーは続けて言う。

「そのための一つの鍵は、一方に大学 Universities、他方にポリテクニクス Polytechnics やカレッジ Colleges という、ますます不自然になってきた区別を撤去することである。このことは、学術 Academic と職業教育 Vocational という垣根を取り払うことによって一六歳から一九歳の青年の教育と訓練の区別を取り払うというわれわれの計画を必然的に必要とするであろう。

この計画は多くの人々に歓迎されるものと確信している。この計画は、高等教育をもっと多くの英国 Britain's[70] の

若者達の手の届くところにおきたいとするわれわれの目標を達成させてくれるであろう。」（[2] 二頁）

この方針に基づき一九九二年の九月一日から、すべてのポリテクニクスといくつかのカレッジが大学に「昇格」したのであるが、[71] それはポリテクニクスやカレッジが大学としての内実を備えてきたからそうした（もちろんそれもあったであろうが）というよりは、大学を高等教育の典型とする従来の考え方を変え、現代的にいえば高等教育の多様化政策[72]に踏み切ったということの現れなのである。そのことは、『イギリス教育統計一九九一』では大学とポリテクニクスおよびカレッジを分けて統計を取っていた（[8] 四頁）のに対して、『イギリス教育統計一九九四』では大学という名称を表に出さず一括して高等教育 Higher Education の名称でくくって統計を取っている[73]ことにも現れているのである。高等教育の多様化政策は日本もイギリスも含めて世界的な潮流というべきなのであろう。

（2）高等教育機関の種類とその経営

そこで次に、教育白書『高等教育——その新しい枠組み』が出された一九九一年当時イギリスの高等教育はどのような状態にあったのかを、主として中央政府の財政援助のシステムとの関係から見ておこう。高等教育の制度に関してもイギリス国内四つの国ではそれぞれに異なっているが、特に大学以外の高等教育機関においてその違いは大きかったといってよい。概要はおおよそ次の通りであった。

1　大学 Universities は、イングランド、ウエールズ、スコットランドともに、その研究と教育の両方に対して、一九八八年教育改革法に基づいて創設された大学補助金委員会 Universities Funding Council（以下、UFC という）から中央政府の補助金をうけている。政府部内の責任者は教育科学大臣である。（[2] 三九頁）

2　大学以外の高等教育機関 non-university higher education における教育（活動）に対する財政援助に関しては、四つの国ごとに次の通り異なっている。（[2] 三九頁）

〈資料1〉高等教育補助金委員会が補助金を提供する高等教育機関（イングランド）
（出典） DEF, Higher Education : A New Framework（1992年8月）

Where an institution has changed its name, the former name is given in brackets.

Anglia Polytechnic University（Anglia Polytechnic）
The Institute of Advanced Nursing Education
Aston University
※
The University of Bath
Bath College of Higher Education
The University of Birmingham
Bishop Grosseteste College, Lincoln
Bolton Institute of Higher Education
Bournemouth University（Bournemouth Polytechnic）
The University of Bradford
Bretton Hall College of Higher Education
University of Brighton（Brighton Polytechnic）
The University of Bristol
Brunel University
Buckinghamshire College of Higher Education
※
The University of Cambridge
Camborne School of Mines
University of Central England in Birmingham（Birmingham Polytechnic）
University of Central Lancashire（Lancashire Polytecnic）
Central School of Speech and Drama, London
Cheltenham and Gloucester College of Higher Education
Chester College of Higher Education
Christ Church College of Higher Education, Canterbury
City of London Polytecnic
City University
College of Ripon and York St John, North Yorkihire
The College of St Mark and St John Foundation, Plymouth
Coventry University（Coventry Polytechnic）
Cranfield Institute of Technology
Crewe and Alsager College of Higher Education
※
Dartington College of Arts, Devon

Derbyshire College of Higher Education
The University of Durham
※
The University of East Anglia
University of East London（Polytechnic of East London）
Edge Hill College of Higher Education
The University of Essex
The University of Exeter
Falmouth School of Art and Design
※
University of Greenwich（Thames Polytechnic）
※
Harper Adams Agricultural College, Newport, Shropshire
University of Hertfordshire（Hatfield Polytechnic）
Homerton College, Cambridge
University of Huddersfield（The Polytechnic of Huddersfield）
The University of Hull
The University of Humberside（Humberside Polytechnic）
※
The University of Keele
The University of Kent at Canterbury
Kent Institute of Art and Design
King Alfred's College, Winchester
Kingston University（Kingston Polytechnic）
※
La Sainte Union College of Higher Education, Southampton
The University of Lancaster
Leeds Polytechnic
The University of Leeds
The University of Leicester
Liverpool Institute of Higher Education
The University of Liverpool
Liverpool John Moores University（Livepool Polytechnic）
The University of London
The London Institute
Loughborough College of Art and Design
Loughborough University of Technology
Luton College of Higher Education

※

Manchester Polytechnic
The University of Manchester
Middlesex University (Middlesex Polytechnic)
De Montfort University (Leicester Polytechnic)

※

Nene College
The University of Newcastle-upon-Tyne
Newman College, Birmingham
University of Northumbria at Newcastle (Newcastle Polytechnic)
University of North London (The Polytechnic of North London)
North Riding College
The University of Nottingham
Nottingham Polytechnic
The Open University
The University of Oxford
Oxford Polytechnic
University of Plymouth (Polytechnic South West)
University of Portsmouth (Portsmouth Polytechnic)

※

Ravensbourne College of Design and Communication
The University of Reading
Roehampton Institute of Higher Education
Rose Bruford College of Speech and Drama, Bexley
Royal Acadmy of Music
Royal College of Art
Royal College of Music
Royal Northern College of Music

※

The University of Salford
Salford College of Technology
University of Sheffield
Sheffield City Polytechnic
South Bank University (South Bank Polytechnic)
The University of Southampton
Southampton Institute of Higher Education
St Martin's College, Lancaster
St Mary's College, Strawberry Hill, Twinckenham

Staffordshire University（Staffordshire Polytechnic）
University of Sunderland（Sunderland Polytechnic）
The University of Surrey
The University of Sussex
※
University of Teesside（Teesside Polytechnic）
Thames Valley University（Polytechnic of West London）
Trinity and All Saints College, Leeds
Trinity College of Music, London
※
The University of Warwick
University of the West of England, Bristol（Bristol Polytechnic）
Westhill College, Birmingham
University of Westminster（The Polytechnic of Central London）
West London Institute of Higher Education
Westminster College, Oxford
West Surrey College of Art and Design
West Sussex Institute of Higher Education
Winchester School of Art
University of Wolverhampton（Wolverhampton Polytechnic）
Worcester College of Higher Education
※
The University of York

（注）本資料は，立正大学教授浪本勝年氏より提供を受けたものである。

①イングランドにおけるポリテクニクスおよび有力な高等教育カレッジは、すでに一九八八年教育改革法により、地方教育当局 Local Education Authority（以下、LEA という）の管理下から離れ独立経営体となっている。

これらのポリテクニクスおよび有力な高等教育カレッジは、一九八八年教育改革法によって大学補助金委員会と同時に設立されたポリテクニクスおよびカレッジ補助金委員会 Polytechnics and Colleges Funding Council（以下、PCFC という）から、その教育（活動）にたいして補助金を受けている。政府内の責任者は、同様に教育科学大臣である。

PCFC は、LEA カレッジで行われている高等教育の大部分に対しても補助金を支出している。

②ウエールズのポリテクニクスおよびいくつかのカレッジは、一九九二年三月までは、いまだに LEA によって維持されており（一つのカレッジだけは、ウエールズ大臣によって直接維持されていたが）、LEA への補助金の配分については、「地方当局の管轄下にある高等教育のためのウエールズ助言委員会」Wales Advisory Body for Local Authority Higher Education（以下、WABLAHE）の助言に基づいてウエールズ大臣によってなされている。しかし、これらの LEA 管轄の高等教育機関も、一九九二年四月からは LEA から離れて独立経営体になる予定になっている。

③スコットランドでは、イングランドのポリテクニクスにあたる中央教育カレッジ The Central Institutions and Colleges of Education が、スコットランド大臣から直接補助金を受けている。さらに、いくつかの高等教育が LEA 管轄下の中等後教育カレッジ local authority further education colleges 内でも行われている。

④北アイルランドでは、すでに、すべての高等教育は単一の制度 a unitary system になっている。北アイルランド大臣は北アイルランドのすべての大学に対して、UFC の助言に基づいて、イギリスの他の地域の大学と同等の経営を確保できるように、財政援助を行っている。（2 三九頁）

3　特別な研究プロジェクトに対しては、全イギリスを通じて、研究助成委員会 The Risearch Councils によって公的な財政援助がなされている。（[2]四〇頁）　その一九八九—九〇年度における実績は表1の通りであった。（[2]一六頁）

4　以上の補助金のほかに高等教育機関は、奨学金を受け取る学生に代わって、授業料に対する補助という形で、公的な財政援助受けている。傾向としては、政府は、高等教育のより効果的な拡大を図るために、経常経費に対する補助から授業料に対する補助へと力点を移しているところである。その結果、授業料に対して公的な財政援助が占める割合は、一九八九—九〇年度には一五%であったものが、一九九一—九二年度には五〇%に増加している。（[2]四〇頁）

5　一九八九—九〇年度高等教育に在籍する学生数の内訳は表2の通りであった。（[2]四〇頁）

（3）高等教育改編の方向

では政府は、イギリスの高等教育を具体的にどのように改編しようとしているのであろうか。（[2]三七—三八頁）

1　その第一は、大学、ポリテクニクス、主な高等教育カレッジを単一の構造 a single structure for higher education とすることである。すなわち、ポリテクニクスや、適当な基準に基づいて判定される主要なカレッジにたいして大学 University の称号を認めることである。高等教育の発展は、複線型を廃止することによって前進する、すなわち大学、ポリテクニクス及びカレッジが、お互いに競争することによってさらに充分な量的拡大がもたらされる、という考え方である。

政府は、西暦二〇〇〇年までに一八—一九歳人口の若者のおおよそ三人に一が高等教育の門をくぐるよう期待するとして（[2]一〇頁）、次のような推計を立てている。〈グラフ1〉〈表3〉

2　第二は、高等教育機関における教育と研究（特殊研究を除く）の両方に公的補助金を支出するために、イン

〈表1〉高等教育における研究助成金一覧（1989／90）（[2]—P. 16.）

FUNDING FOR RESEARCH IN HIGHER EDUCATION	
UNIVERSETIES（UK–1989/90, provisional）	£m
UFC	860
Research Councils	260
Other research grants and contracts	500
	1,620
POLYTECHNICS AND COLLEGES（England–1988/89）	
Central funding	20
Research Councils	10
Other external income	40
	70

グランド、スコットランド及びウエールズに高等教育補助金委員会HEFCを創設することである。[74] それは、北アイルランドにおける現行の単一的な制度と緊密な連携をとることになる。

3　第三は、ポリテクニクス polytechnics やその他のいくつかの高等教育機関 some other institutions に対する学位授与権限の拡大を図ることである。したがって、学位授与機構 CNAA は廃止することになる。

4　第四は、イギリスにおける大学、ポリテクニクスおよびカレッジの教育および学問の水準はすでに国内外の高い評価を受けており（[2]一三頁）、その研究水準も世界的な評価を充分に受けている（[2]一五頁）が、さらに高等教育の質の維持・向上を図るために、次の施策を講ずることである。

①高等教育機関自身の手による全イギリスに共通した質監査機構 a quality audit unit の創設を求めること。

②補助金を受ける機関に対する質の査察ならびに助言をするための同様の監査機構を各HEFC内にも設ける。

以上のことをまとめて白書は表4を提示している。（[2]三一頁）

〈表２〉高等教育に在席する学生数一覧（1989／90）< 2 —P. 40>

DISTRIBUTION OF HOME HIGHER EDUCATION STUDENTS BETWEEN SECTORS

1989/90 academic year（000 s）	Fulltime	Parttime	FTE	FTE UK%
GB universities（UFC funding sector）	283	48	300	40
PCFC sector institutions（English polytechnics and colleges）and PCFC funded courses in LEA intitutions	259	136	306	40
Other publicly funded higher education in English LEA and DES direct grant institutions	7	88	38	5
Scottish Centrally funded and local authority institutions	38	25	47	6
Welsh centrally funded and local authority inititutions	13	9	16	2
Northern Ireland Universities	14	6	17	3
Other Northern Ireland higher education	2	3	3	
Open University	—	89	31	4
Totals	616	404	758	100

Notes：　1. Totals are based on unrounded figures and may not always equal the sum of the components.

2. A factor of 0. 35 has been used to convert part–time students to their full–time equivalent.

グラフ 1

Projection of home students in Higher Education (GB)

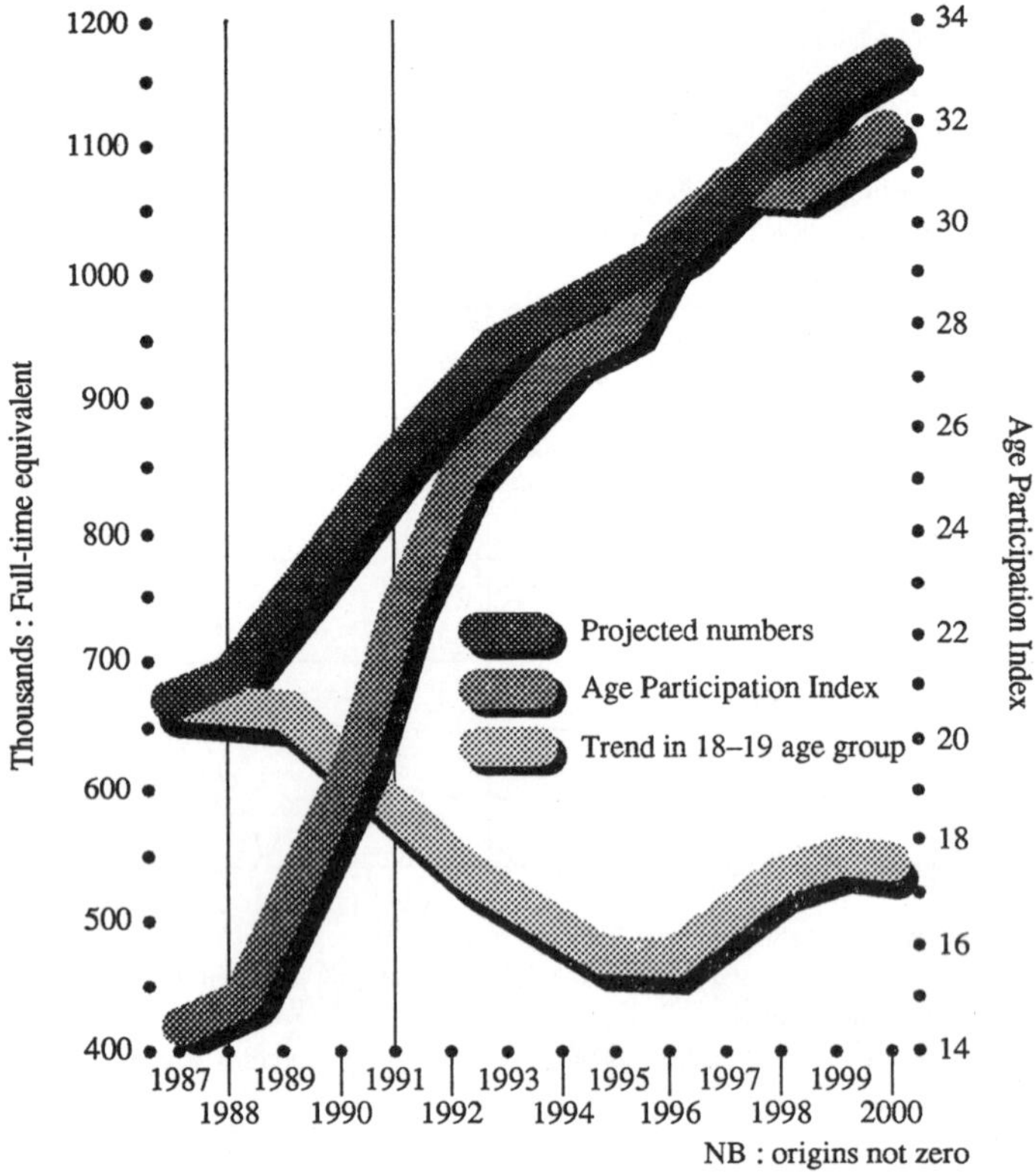

Notes :

a. The Age Participation Index (API)—plotted to the right hand scale—is the number of young home initial entrants to full-time higher education expressed as a proportion of the averaged 18–19 year old population.

b. The line marked "trend in 18–19 age group"—plotted to the left hand scale—is the movement in the 18–19 year old population multiplied by 1987 home full-time equivalent student numbers. This gives some indication of what would have happened to numbers in higher education if participation had remained at 1987 levels. As it is, the fall in the age group to the mid-1990s is more than offset by increases in the API.

c. The numbers of students in higher education—plotted to the left hand scale—and the API are projections from 1990 onwards. Before then, they are actual figures.

〈表 3 〉高等教育における学習拡充計画（英国）〈 2 —P. 41.〉

PROJECTION OF HOME STUDENT NUMBERS IN HIGHER EDUCATION IN GREAT BRITAIN（000 s）

Academic year biginnig :	ACTUAL			PROJECTION										
	1987	1988	1989	1990	1991	1992	1993	1994	1995	1996	1997	1998	1999	2000
Full - time and sandwich initial entrants	170	178	197	217	237	250	254	257	261	276	295	306	310	313
Age Participation index*	14. 6	15. 1	17. 1	19. 3	22. 5	25. 2	26. 6	27. 5	28. 1	29. 7	30. 7	30. 7	31. 3	32. 1
Full - time and sandwich first and sub - degree students	503	517	551	598	658	710	749	770	782	804	841	886	921	940
Full - time Post-graduate students	46	47	49	50	51	52	52	53	54	54	55	55	56	56
Part - time students	359	379	396	419	432	443	453	462	468	474	479	485	490	495
Full-time equivalent students⁺	677	697	739	795	860	918	960	984	999	1024	1064	1110	1148	1170

* The number of young home initial entrants to full-time higher education expressed as a proportion of the averaged 18—19 year old population.

⁺ A factor of 0. 35 has been used to convert part-time students to their fulltime equivalent.

〈表４〉高等教育における質向上のための諸機関〈[2]—P. 41.〉

QUALITY ASSURANCE IN HIGHER EDUCATION			
CURRENT ARRANGEMENTS			PROPOSED ARRANGEMENTS
	Universities	Polytechnics and Colleges	Universities, Polytechnics & Colleges
Quality control	Institutions	Institutions	Institutions
Quality audit	Academic Audit Unit (CVCP)	CNAA	Single Quality audit unit independent of the new HE Funding Councils (Institutional representatives and independent members)
Validation	Self-validation	Effective self-validation for accredited institutions Unisersities or CNAA for others	Degree awarding institutions
Quality assessmennt For HE Funding Councils	Subject advisers	HMI	Quality assessment units for each new Council
For Secretaries of State	UFC	HMI	New HE Funding Councils based on the advice from their assessment units and other sources

3　高等教育の拡大・再編がイギリスの教育にもたらす影響

（1）概　観

すでに筆者は、一九九二年の現地イギリスからの報告として、「現在イギリスは、教育の大改革の真只中にある」が、その改革は「大学拡張政策を教育改革の基本にすえているように思われる」と書いた（9三頁）が、そのことは大筋において間違っていなかったといまも考えている。もしもそれをより適切に言い換えるとするならば、今時のイギリスの教育改革は「高等教育の拡大・再編をめざして」行われようとしているということができるであろう。形の上では、ポリテクニクスやカレッジを大学に「昇格」させるという意味で「大学拡張政策」なのであるが、その実態は、ポリテクニクスやカレッジを大学化させるのではなくて、大学も含めて一八歳以降の教育を高等教育という大枠でくくって、その中はいろいろあるけれども「高等教育」を全体として拡大しかつ再編しようというのである。これは、考えてみればいま日本で行われている大学の多様化政策と軌を一にするものといってよいであろう。

この章はそのような「高等教育の拡大・再編」がイギリスのこれからの教育に対してどのような影響を及ぼすのかをまとめるのが任務であるが、大要は一九九二年の報告とそれほど変わるものではない。その時の目次を再録すれば次の通りであった。

＊

イギリスにおける教育改革の動向――日英教育行政比較研究の試み

はじめに

1　大学拡張政策の進行

（1）ポリテクニクスの大学への「昇格」

（3）イギリス成人教育の特質

（4）コミュニティ・センターとコミュニティ・エデュケーションへの期待

おわりに

＊

1―（1）では、高等教育の拡大政策がポリテクニクス等の大学「昇格」という形で始まったことを述べた。そのことは、そこでも述べたように、中等後教育の拡大と質の向上とを必須の条件として要求する。そしてそれは、中等後教育カレッジ Further Education Colleges の LEA からの独立と充実という形で実現されようとしている。1―（2）はそのことを述べている。

2―（1）～（3）では、イギリスにおける教育行政の中央集権化の動きと学校理事会の改組について述べた。上述のような高等教育の拡充および中等後教育のレベルアップの要請は、当然のこととして初等・中等教育のレベルアップを求めることとなる。それがイギリスではナショナル・カリキュラムやナショナル・テストの導入への大きな要因となったこと、さらには、それらの政策を政府の思い通りにスムースに実現するためには補助金政策の強化とLEAの弱体化政策を同時に進行させることとが必要であった、という経緯を述べた。

ところで、補助金を中等後教育カレッジ（ないしはアクセス・コース）に集中的に配分するとなれば、政府補助金の総額が同額か減少ぎみにある現状では、そのあおりはどこかに来ざるをえない。3―（1）～（4）では、それが従来の伝統的なリベラル成人教育にしわ寄せがいくことになったことを、実態を報告しながら述べたのであった。

（2）高等教育の拡大・再編すすむ

前回の報告以来二年を経過した現在、イギリスの教育はどのように変化しているであろうか。

図1は、前回の報告に掲載した図1（9 四―五頁、本文三〇〇頁）と同じ手続きで作成したものである。

教育制度の比較

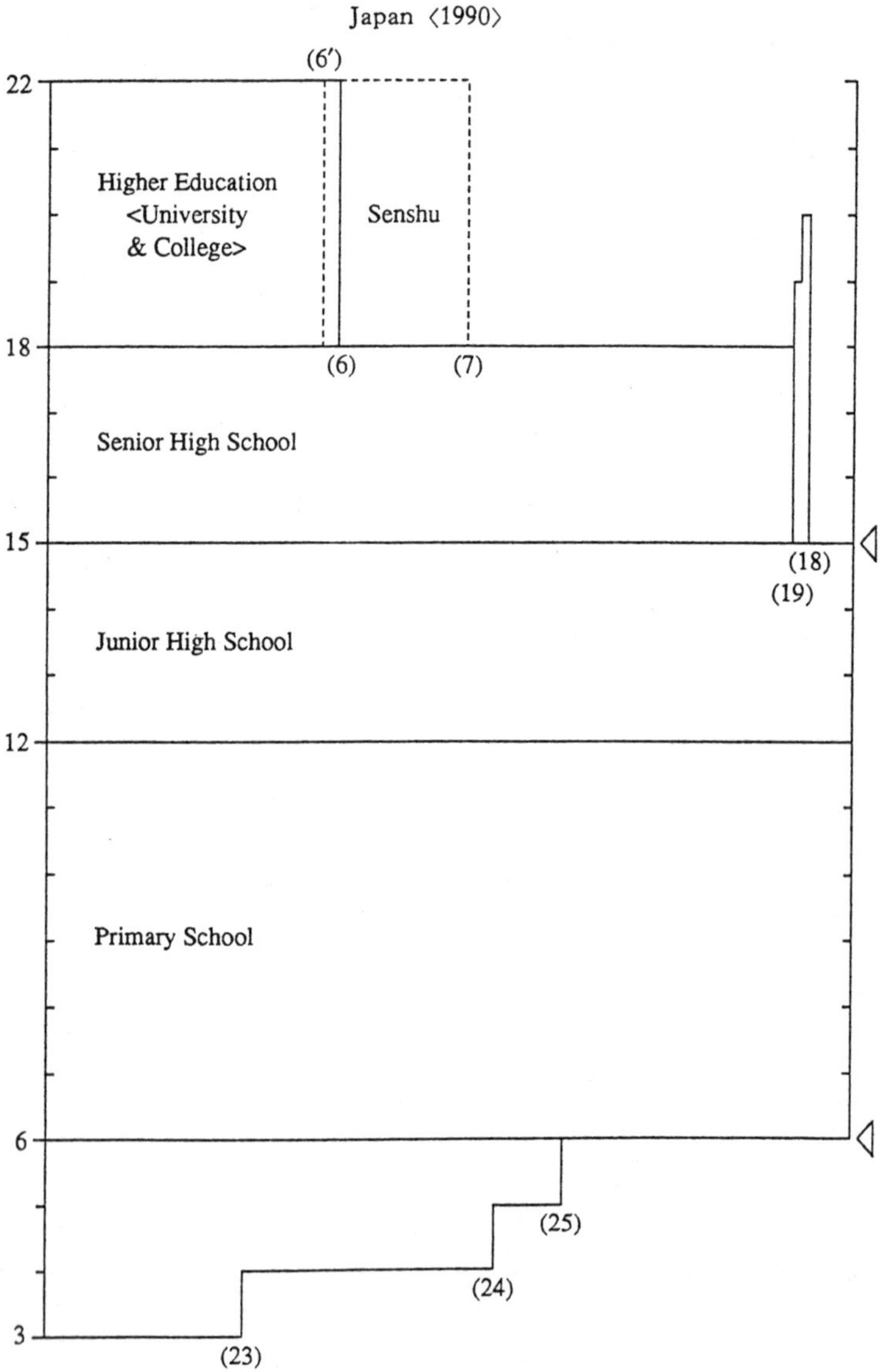

出典：主として HMSO,Education Statistics for the United Kingdom　1993　Edition により奥田が作成した。

〈図１〉イギリスと日本の

United Kingdom 〈1991-92〉

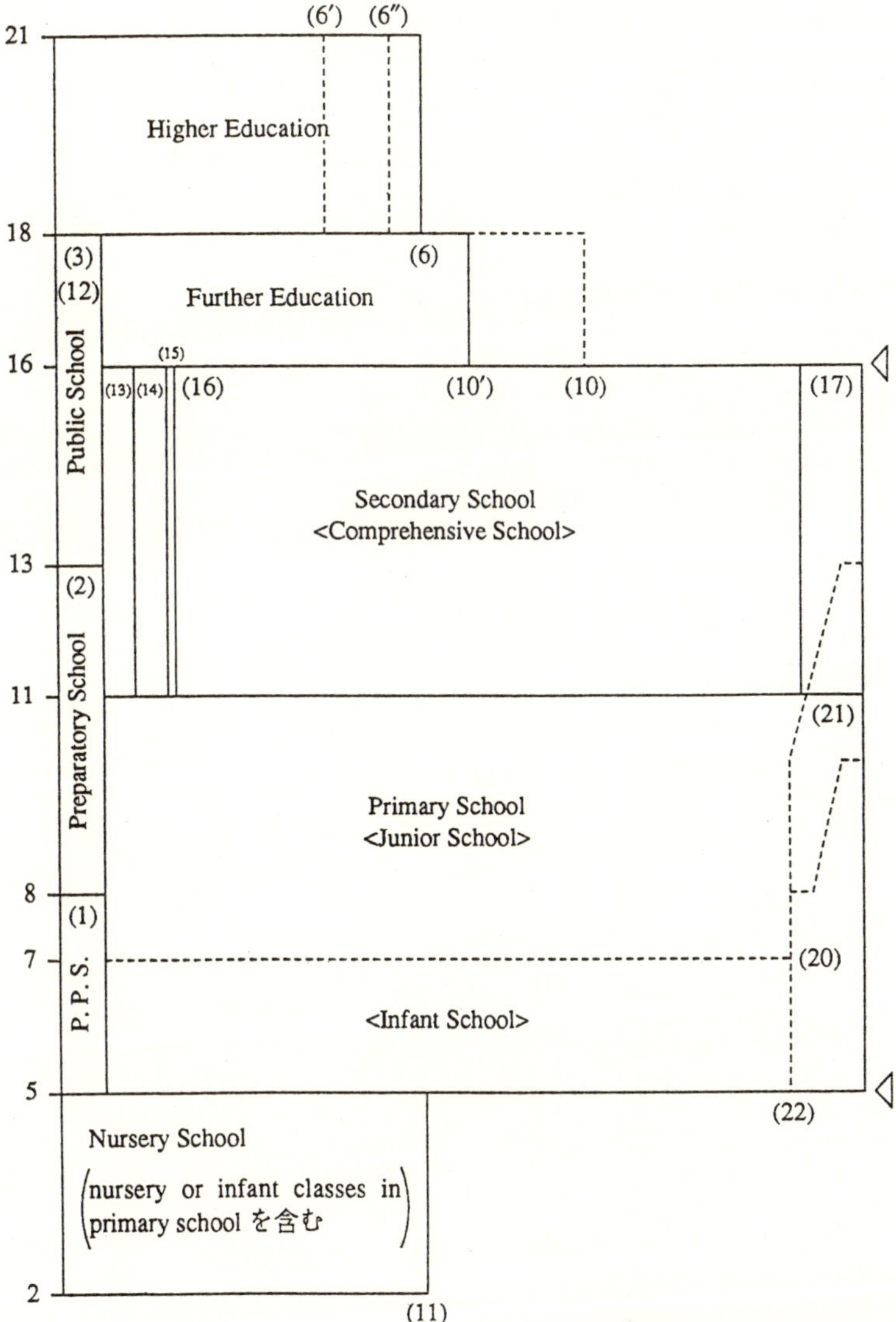

<1st Sept. '94. by Y. Okuda>

〈凡　例〉

（1） Pre-preparatory school

（1）（2）（3） Non-maintained schools（p. 4, Table A）［'89, 6.62%（'91年版により算出）→'91, 6.59%］

（4） 統計なし〈Qualification rate for H. E. Study〉

（5） 統計なし〈New Entrants to Higher Education, Level 6 Only.〉

（6） New Entrant Rate, All Higher Education（p. 18, Table CC）［'89—37%（'92年版）, '90—41%, '91—45%（'93年版）］

（6'） Qualification Rates, Levels 5 & 6（p. 18, Table CC）［'88—27%, '89—28%（'92年版）, '90*—29%, '91—33%（'93年版）］

（6"） Qualification Rates, All Levels（p. 18, Table CC）［'88—32%, '89—34%（'92年版）, '90—35%, '91—41%（'93年版）］

（7） New Entrant Rate，専修学校を含む，1990（p. 18, Table CC）

（8） 統計なし〈Schools (Percentages of the young adult home population participating in education, 1989—90)〉

（9） 統計なし〈Full-time and sandwich in Further Educaion〉

（10） All students, Females*（Percentages of the youg adult home population participating in education）（p. 6, Table D）

（10'） Full-time student, Females*（同上）（p. 6, Table D）

* 男女合計が数値として示されていないので百分率の高い Females の数値のほうを採用した。

（11） Full-time and part-time pupils in school（p. 4, Table 12）

（12）～（17） Pupils in public sector secondary education（England のみを図示した：%）（p. 48, Table 18）

〈参考〉（1991—92）

		England	Wales	Scotland	Northern Ireland
（12）	Middle deemed secondary	6.4	—	—	—
（13）	Modern	3.6	—	—	—
（14）	Grammar	3.8	—	—	38.9
（15）	Technical	0.1	—	—	—
（16）	Comprehensive	85.4	99.1	100.0	61.1*
（17）	Other	0.8	0.9	—	—
	Total Pupils	100.0	100.0	100.0	100.0

*Secondary intermediate

（18）（19） Participation in education and training of 16 to 18 year olds, 1990（p. 17, Table BB）

（20） First School
（21） Middle School ｝この呼称（区分）は減少の一途をたどっている。

（22） 統計がないので，必ずしも正確な比率を示していない。

（23）（24）（25） 文部省『文部統計要覧』平成6年版36頁および44頁より算出。▽印は，義務教育の開始年および終了年を示す。

「統計なし」とは，1991年版で使用されていた項目（〈 〉内に表示）で，1993年版では使用されていないものを指す。

図1を見てまず気がつくことは、University や Polytechnics という語が消えてすべてが Higher Education という語で一括して示されていることである。中等後教育の段階でも同様で、Sixth Form の語がなくなって Further Education で示されている（相変わらず Public Schools は別格であるが）。図1は、もともと日英の教育制度を、できる限り正確な学生・生徒の実数を基に比較してみたいという意図で作ったものである。それも、日本側の数値によってではなく、『イギリス教育統計』が毎年かなりのページ数を費やして提示している国際比較の数値によって作成したものである。そうすればイギリスは日本の教育、例えば一例であるが専修学校など、をどのように評価しているかも併せてうかがい知ることができると期待したのである。したがってこの統計は、イギリスが、イギリスと外国特に日本との比較をするのが目的の統計、いわば外向けの統計といってもよいものである。この図に対応する日本の教育制度図も同じ手法で作ってみると、日本の大学、短期大学ならびに専修学校を Higher Education と捉えてイギリスの高等教育と比較し、イギリスのそれは日本と較べても少しも遜色はないということを示そうとしていることが強く伝わってくるのである。日本では、大学（短期大学を含む）のほうが専修学校よりもずっと多いが、イギリスでは一九九一年当時の大学はそれ以外の高等教育（ポリテクニクスを含む）よりずっと少ないにもかかわらず、高等教育という枠で比較すれば両国にほとんど差はないという訳である。

もちろん国内向けの統計は別にある。表5がそれである。そこでは University や Polytechnics 等はきちんと分けて統計がとられている。これを見るとこの一〇年間に学生数は大学で三九％増、ポリテクニクスおよびカレッジで七五％増、高等教育全体では五七％も増えていることが分かる。一九九〇／九一年度からの一年間だけでも、大学で八・二％（フルタイムの学生だけを見ると八・六％）、ポリテクニクスおよびカレッジで一二・四％（同一七・五％）、高等教育全体では一〇・六％も増加しているのである。大学の増加率も相当のものであるが、ポリテクニクスおよびカレッジの増加率は大学のそれの倍以上になっており、高等教育の拡大がポリテクニクスおよびカレッジを中心に図ら

席学生数[1]推移一覧〈8—P. 8.〉

		1991/92			Percentage change 1980/81 to 1991/92		
1985/86	1990/91	Persons	Males	Females	Persons	Males	Females
310	370	402	224	178	+31	+17	+53
120	154	166	87	78	+64	+43	+96
430	524	567	311	256	+39	+24	+64
289	377[4,5]	443[5]	219	222	+94	+72	+120
216[4]	274[4,5]	290[5]	166	124	+52	+13	+175
507	652[4,5]	733[5]	384	346	+75	+41	+137
937	1,175[4,5]	1,300[5]	695	602	+57	+33	+99

in 1992／93 as a result of the 1992 Further and Higher Education Act.

4. Revised figure.
5. Includes sex unknown figures for Scotland.

れていることがうかがえるのである。ただ一九九〇／九一年度といえばポリテクニクス等の大学への「昇格」がまだ行われていない年の統計である。[75]次年度の統計からは当然のことながらポリテクニクスの統計項目はないことになる。その時この統計はどのように引き継がれるのかたいへん興味のあるところである。

次にもう一つ、中等後教育Further Educationについて見ておこう。表6は中等後教育に在籍する学生の数の推移を示している。ここではすでに、図1でも示したようにSixth FormはFurther Educationの中に完全に吸収されてしまっており、[76]Sixth Formの数を知ることはできない。これは、大学と表示しないで高等教育と表示するのと軌を一にするもので、学術と職業教育とを区別しないという冒頭のメジャー首相の言葉を統計上忠実に表現したものであろう。中等後教育に在籍する一六～一八歳の学生の一九九〇年から一年間の増加率はフル・タイムで男性五・六%、女性五・七%（パート・タイムはむし

〈表５〉高等教育在

Thousands

	1965/66	1970/71	1975/76	1980/81
Universities[2]				
Full–time	173	235	269	307
Part–time[2]	13	43	82	101
Total	186	278	351	408
Polytechnics and colleges[3]				
Full–time	133	221[4]	246	228
Part–time	110	121	137	191[4]
Total	243	343	383	419[4]
All HE establishments[2] Total	429	621	734	827

1. Includes students from abroad. Excludes students enrolled on nursing and paramedical courses at Department of Health establishments, 85,000 (provisional) in 1991／92. Excludes students attending private sector colleges.
2. Includes Open University.
3. All polytechnics and 3 HE institutions (Derby, Luton and Cranfield) became universities

ろ減少している）となっており、その増え方は高等教育と較べるとたいへん少ない。高等教育の拡大は中等後教育の拡大をまってはじめて可能である（[9] 八―九頁）ことを考えれば、イギリス高等教育拡大の前途は多難といわざるを得ないであろう。

最後に、今後のイギリスの教育改革の将来を暗示するような興味ある資料を紹介しておこう。〈資料2〉

これは、イギリスを代表する新聞の一つである The Times の一九九二年一二月七日付け朝刊に載った「典型的な日本人の労働日」と題する記事である。

この記事はいわゆる全面広告の記事で、ページを開くとまず三枚の、赤色鮮やかな日章旗がぱっと目に入ってくる。すぐその下に「典型的な日本人の労働日」という見出しがついていて、次のように言う。

「日出づる国日本では、平均的な労働者は毎労働日九時間と二分、一生懸命に働いています。それ

移一覧（年齢別・性別）〈8—P. 6.〉

United Kingdom（Percentages）

1989/90		1990/91		1991/92	
Males	Females	Males	Females	Males	Females
36.5	41.1	39.7	45.4	45.3	51.1
22.2	16.8	20.6	15.1	18.7	14.5
58.7	58.0	60.3	60.5	64.1	65.6
16.2	15.4	17.7	17.3	20.6	20.3
14.5	14.4	14.1	14.3	14.1	14.3
30.6	29.8	31.8	31.5	34.8	34.6
5.5	4.7	6.0	5.2	7.1	6.1
11.4	18.1	11.3	18.6	11.5	18.5
16.9	22.8	17.3	23.8	18.6	24.6

and youth clubs and centres.

2. Estimated.

3. Schools date for Scotland relate to 1984／85.

4. Includes the Open University.

は、一年間に換算すると私たちが働くよう期待されている時間よりも二〇〇時間も多いのです。

しかも彼らは、世界に冠たる教育と訓練によって武装されています。

如何にしてわれわれは彼らと競争し得るのでしょうか？

そこでまずわれわれがしなければならないことは、われわれ自身が持つ長所、すなわち独創力や学んだり改造したりする能力を最大限に利用することからはじめる、ということでしょう。なぜなら、われわれが競争に勝つ最良の方法は、柔軟性があって、意欲的で、高度の技術を身につけた労働者を作ることであるからです。

驚く人もいるかもしれませんが、われわれはそのような努力を既に一九八三年から積み重ねてきているのです。」

そして、一九八三年とは、職業・技術教育協会 Business and Technology Education Council（BTEC）が創設された年であること、それ以来 BTEC は何十万

〈表６〉若年成人在学生数[1]推

Age Group (at 31 August)	Mode	1980/81[2]		1985/86[3]	
		Males	Females	Males	Females
16–18	Full–time	26.7	31.2	30.5	34.9
	Part–time[4]	26.8	16.7	21.9	18.8
	All	53.5	47.9	52.4	53.7
19–20	Full–time	13.8	11.0	14.6	13.1
	Part–time[4]	17.8	12.1	14.5	13.4
	All	31.6	23.1	29.1	26.5
21–24	Full–time	5.2	3.4	5.0	3.9
	Part–time[4]	11.3	15.9	11.1	16.7
	All	16.5	19.3	16.1	20.6

1. Includes YT in public sector colleges and adult education centres. Excludes students enrolled on nursing and paramedical coureses at Department of Health establishments, 85,000 (provisional) in 1991／92, estimated as 9,400 aged 18, 32,400 aged 19 and 20 and 29,000 aged 21-24 ; also excludes private sector further education, in–company training

という学生に、四〇以上の分野にわたる職業・技術教育を提供してきたこと、このたび、政府のみならず財界や労働界からもバックアップを受けて、全国職業資格協会 the National Council for Vocational Qualifications (NCVQ) の後援の下に全く新しい型の職業資格の提供を始めたことを述べ、次のように続けている。

「その第一は、BTECに全国一般職業資格BTEC General National Vocational Qualifications (BTEC GNVQs) の新設です。そして、ここでとれる一級職業資格は GCESs や GCE のAレベルと同じ効力を持つ資格として全国に通用するようになります。もちろんこの資格は、実践応用に強く傾斜した内容、すなわち特定の職業に向けた技術や訓練を提供することになっています。学生はただ単に機械がいかに作動するかの理論を学ぶだけではなく、実際に現場に立ってそれを働かせることをも学ばねばならないのです。」

「これらのコースは、また、高等教育やその他の高度な職業資格を取得するための理想的な跳躍台になるでしょう。」

〈資料２〉「典型的な日本人の労働日」('92　12.7.付　The Times 紙の全面広告記事

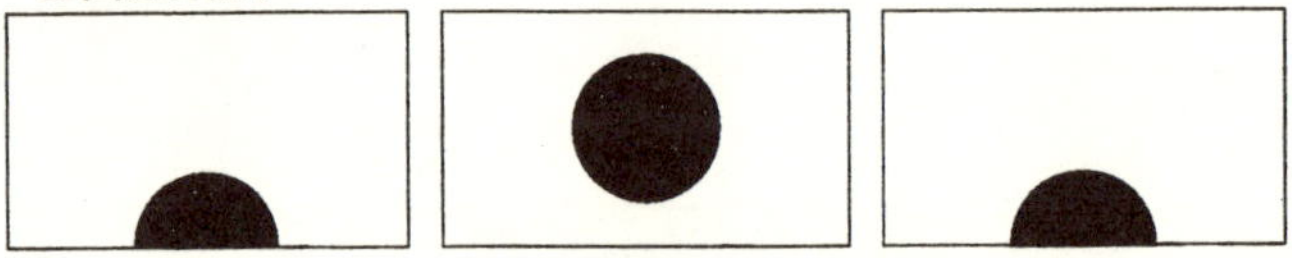

A TYPICAL JAPANESE WORKING DAY.

In the Land of the Rising Sun, the average worker spends 9 hours 2 minutes toiling every working day. (That's 200 hours a year more than we over here are expected to work.)

They are armed with an education and training that is renowned throughout the world.

How can we compete?

Well, we can start by making the most of our own strengths. Our ingenuity. Our ability to learn and adapt. Because the best way for us to compete is to create a workforce that is flexible, highly motivated and technology led.

The surprising thing (for some people) is that we've been doing this since 1983.

That was the year BTEC, the Business and Technology Education Council was introduced. Since then it has provided vocational education and training for hundreds of thousands of students. (In over 40 different fields.)

Nor have people been slow in recognising its success. Now with the backing of the Government, the CBI and the Trade Unions an entirely new framework of vocational qualifications is being launched under the auspices of the National Council for Vocational Qualifications.

Some of the first of these awards will be BTEC General National Vocational Qualifications (GNVQs). The first vocational qualifications recognised throughout the country that carry the same respect as GCSEs and A levels.

The courses will have a strong practical bias too; offering skills and training relevant to particular jobs. (Students won't just learn the theory behind how an engine works, they'll also have to roll their sleeves up and make it work.)

GNVQ courses have been designed to evolve. They'll change as new information and more modern techniques become available. (So no time is wasted on the irrelevant or outmoded.) The courses will also provide an ideal springboard for higher education and other full professional qualifications.

Successful nations in the future won't be the ones that put in the most hours at the office or factory. They'll be the ones with the best trained, most sophisticated workforces. And that's just what BTEC General National Vocational Qualifications are designed to provide us with.

Get ready to run up the flag. The Union Jack of course.

From September 1993, students can study BTEC GNVQs at two levels: Level 2 equates to a BTEC First or 4 GCSEs; Level 3 to a BTEC National or A levels · Subjects: Art & Design, Business, Health & Social Care, Leisure & Tourism, and Manufacturing. (More to follow) · Courses may be studied at Colleges of Further Education and in some sixth forms in England, Wales & Northern Ireland. FOR MORE INFORMATION CALL 071-413 8445.

BTEC GNVQ

GENERAL NATIONAL VOCATIONAL QUALIFICATIONS

「さあみなさん、旗の下にあつまりましょう!。もちろんユニオンジャックの旗の下に」(77)

ここには、学術と職業との壁を砕いて高等教育の拡大を図るとしながら、拡大の中心は職業教育の拡充にあること、それはいわゆる Further Education の拡大と旧ポリテクニクス系の高等教育の拡大を中心課題とする、とする今時教育改革の狙いがはっきりと示されているのである。(78)

おわりに

一九九二年度の一年間を在外研究のためにイギリスに滞在できたことは筆者にとってたいへん幸運な事であった。それは、一九九二年九月一日を期してイギリスのポリテクニクスならびにいくつかのカレッジが大学に昇格するという事柄が象徴しているように、イギリスの教育改革の真っ直中に身を置くことができたからである。

その機会を与えてくれた中央大学ならびに同文学部教育学科の同僚の先生方、そして一年間至れり尽せりの受け入れをしてくださったレスター大学ならびに同教育学部のみなさん、なかんずく Dr Angela M Thody および Mrs Morag Hunter Carsch に心から御礼を申し上げたい。

注

文中の引用は、煩雑さを避けるために左の記号で示した。たとえば [2] 一二頁は、[2] の資料の一二頁を示している。左記以外の引用文献はその都度本文中に示した。

[1] HMSO; Education Reform Act 1988, London 1989

[2] HMSO; Higher Education: A New Framework, London 1991

[3] HMSO; Education and Training for the 21 st Century, VOLUME ONE London 1991

[4] HMSO; Education and Training for the 21 st Century, VOLUME TWO London 1991
[5] HMSO; Further and Higher Education Act 1992, London 1992
[6] HMSO; Education Statistics for the United Kingdom 1991 Edition, 1991
[7] HMSO; Education Statistics for the United Kingdom 1992 Edition, 1992
[8] HMSO; Education Statistics for the United Kingdom 1993 Edition, 1993
[9] 奥田泰弘「イギリスにおける教育改革の動向—日英教育行政比較研究の試み—」中央大学教育学研究会『教育学論集』第三五集　一九九三
[10] 奥田泰弘「イギリスにおける教育改革の動向（その2）—社会教育を中心に考える—」中央大学教育学研究会『教育学論集』第三六集　一九九四

(63) 奥田泰弘「イギリスにおける教育改革の動向—日英教育行政比較研究の試み—」中央大学教育学研究会『教育学論集』第三五集一九九三年七月、および同「イギリスにおける教育改革の動向（その2）—社会教育を中心に考える—」中央大学教育学研究会『教育学論集』第三六集一九九四年三月。

(64) このことは、イギリス政府の発行する『イギリス教育統計』の統計の仕方にも微妙に現われているように思われる。すなわち、教育の国際比較の項を見ると、一九九一年版では Universities または Level 6 を比較の対象としていたのに対し、一九九三年版では Higher Education または Level 5　and Level 6 を比較するというように変化しているのである。[8] [9] および [10] 参照。

(65) Further Education の訳語については、[9] 六頁（注4）および [10] 一一六頁を参照されたい。ここでは、再び、中等後教育の訳語をもってあてることとする。

(66) FEFC は Further Education Funding Council の略、HEFC は Higher Education Funding Council の略である。

(67) HEFC にも高等教育質評価委員会 HEFC Quality Assessment Committees が設置されており、この月から機能を開始した。

(68) 一九九四年度の九月から、大学入学管理中央協会 The Universities Central Council for Admission とポリテクニクス入学管理中央機構 The Polytechnics Central Admission System とが協同して、統一の入学事務を行った。

(69) 一九八八年教育改革法は全体が四部構成（Part I—IV）になっているが、その第二部を「高等教育および中等後教育」にあて、四章を使って高等教育および中等後教育と LEA との関係、高等教育とその財政体系の再編、地方団体管轄下の高等教育および中等後教育の財政ならびに管理、その他について、一二〇条から一六一条にわたって詳しく規定している。

（[1] 一一三—一六四頁）

(70) この論文では、United Kingdom はイギリスと表記し、Britain は英国と表記している（[9] 二頁）。したがって、全英は Britain の意であるが、日英比較の「英」のみは便宜上イギリス United Kingdom を意味している。

(71) 一九九二年九月一日現在の高等教育機関一覧を〈資料1〉で示した。

(72) 「高等教育の一元化」という表現もある。大崎仁「イギリスの高等教育改革――その流れと背景――」民主教育協会『IDE 現代の高等教育』No.350 一九九三年十一月号　一七頁

(73) [8] 一八頁（本文三九三頁）および本文三〇〇頁の図1参照。

(74) 同時に、中等後教育補助金委員会 FEFC も創設されている。

(75) 使用した資料は [8]（『イギリス教育統計一九九三年度版』）であるが、数値は一九九〇—一九九一年度のものまでしか出ていない。

(76) 一九九一年版の統計6を見ても、なぜか Sixth Form だけは統計項目がない。[9] 四頁の図1（本文三〇〇頁）で示した Sixth Form の数値は、フルタイムの中等後教育在籍者数から消去法で算出した推計数値である。（これまでもなぜ Sixth Form の数値を独立した項目としなかったかについては、いまのところ筆者にはわかっていない。）

(77) 『The Times』一九九二年十二月八日付、八頁

(78) この全面広告の記事の最下段に小さな字で、かなり大切なことが次のように書かれている。BTEC GNVQs は二つのレベルに分かれている。すなわち、Level 2とLevel 3とで、Level 2は BTEC 初級ないしは GCSE の四科目に相当し、Level 3は BTEC 上級ないしは GCE の A Levels に相当すること、科目は Art & Design, Business, Health & Social Care, Leisure

& Tourism, Manufacturing etc. 等があること、コースはイングランド、ウエールズおよび北アイルランドの Further Education College か Sixth Forms で開かれていること、等である。

巻末資料

目次

1　日本国憲法〔抄〕

●一九四六（昭和二一）年一一月三日公布、一九四七年五月三日施行

前文

日本国民は、正当に選挙された国会における代表者を通じて行動し、われらとわれらの子孫のために、諸国民との協和による成果と、わが国全土にわたつて自由のもたらす恵沢を確保し、政府の行為によつて再び戦争の惨禍が起ることのないやうにすることを決意し、ここに主権が国民に存することを宣言し、この憲法を確定する。そもそも国政は、国民の厳粛な信託によるものであつて、その権威は国民に由来し、その権力は国民の代表者がこれを行使し、その福利は国民がこれを享受する。これは人類普遍の原理であり、この憲法は、かかる原理に基くものである。われらは、これに反する一切の憲法、法令及び詔勅を排除する。

日本国民は、恒久の平和を念願し、人間相互の関係を支配する崇高な理想を深く自覚するのであつて、平和を愛する諸国民の公正と信義に信頼して、われらの安全と生存を保持しようと決意した。われらは、平和を維持し、専制と隷従、圧迫と偏狭を地上から永遠に除去しようと努めてゐる国際社会において、名誉ある地位を占めたいと思ふ。われらは、全世界の国民が、ひとしく恐怖と欠乏から免かれ、平和のうちに生存する権利を有することを確認する。

われらは、いづれの国家も、自国のことのみに専念して他国を無視してはならないのであつて、政治道徳の法則は、普遍的なものであり、この法則に従ふことは、自国の主権を維持し、他国と対等関係に立たうとする各国の責務であると信ずる。

日本国民は、国家の名誉にかけ、全力をあげてこの崇高な理想と目的を達成することを誓ふ。

第一章　天　　皇

第一条〔天皇の象徴的地位、国民主権〕　天皇は、日本国の象徴であり日本国民統合の象徴であつて、この地位は、主権の存する日本国民の総意に基く。

第二章　戦争の放棄

第九条〔戦争の放棄、戦力の不保持、交戦権の否認〕　日本国民は、正義と秩序を基調とする国際平和を誠実に希求し、国権の発動たる戦争と、武力による威嚇又は武力の行使は、国際紛争を解決する手段としては、永久にこれを放棄する。

②　前項の目的を達するため、陸海空軍その他の戦力は、これを保持しない。国の交戦権は、これを認めない。

第三章　国民の権利及び義務

第一三条〔個人の尊重、幸福追求権、公共の福祉〕　すべて国民は、個人として尊重される。生命、自由及び幸福追求に対する国民の権利については、公共の福祉に反しない限り、立法その他の国政の上で、最大の尊重を必要とする。

第二五条〔生存権、国の社会保障義務〕　すべて国民は、健康で文化的な最低限度の生活を営む権利を有する。

②　国は、すべての生活部面について、社会福祉、社会保障及び公衆衛生の向上及び増進に努めなければならない。

第二六条〔教育を受ける権利、教育の義務〕　すべて国民は、法律の定めるところにより、その能力に応じて、ひとしく教育を受ける権利を有する。

②　すべて国民は、法律の定めるところにより、その保護する子女に普通教育を受けさせる義務を負ふ。義務教育は、これを無償とする。

第二七条〔勤労の権利・義務、勤労条件の基準、児童の酷使の禁止〕　すべて国民は、勤労の権利を有し、義務を負ふ。

② 賃金、就業時間、休息その他の勤労条件に関する基準は、法律でこれを定める。

③ 児童は、これを酷使してはならない。

第八章　地方自治

第九二条〔地方自治の原則〕　地方公共団体の組織及び運営に関する事項は、地方自治の本旨に基いて、法律でこれを定める。

2　教育基本法

（昭和二二年三月三一日　法律第二五号）

われらは、さきに、日本国憲法を確定し、民主的で文化的な国家を建設して、世界の平和と人類の福祉に貢献しようとする決意を示した。この理想の実現は、根本において教育の力にまつべきものである。

われらは、個人の尊厳を重んじ、真理と平和を希求する人間の育成を期するとともに、普遍的にしてしかも個性ゆたかな文化の創造をめざす教育を普及徹底しなければならない。

ここに、日本国憲法の精神に則り、教育の目的を明示して、新しい日本の教育の基本を確立するため、この法律を制定する。

第一条（教育の目的）　教育は、人格の完成をめざし、平和的な国家及び社会の形成者として、真理と正義を愛し、個人の価値をたつとび、勤労と責任を重んじ、自主的精神に充ちた心身ともに健康な国民の育成を期して行われなければならない。

第二条（教育の方針）　教育の目的は、あらゆる機会に、あらゆる場所において実現されなければならない。この目的を達成するためには、学問の自由を尊重し、実際生活に即し、自発的精神を養い、自他の敬愛と協力によつて、文化の創造と発展に貢献するように努めなければならない。

第三条（教育の機会均等）　すべて国民は、ひとしく、その能力に応ずる教育を受ける機会を与えられなければならないものであつて、人種、信条、性別、社会的身分、経済的地位又は門地によつて、教育上差別されない。

② 国及び地方公共団体は、能力があるにもかかわらず、経済的理由によつて修学困難な者に対して、奨学の方法を講じなければならない。

第四条（義務教育）　国民は、その保護する子女に、九年の普通教育を受けさせる義務を負う。

② 国又は地方公共団体の設置する学校における義務教育については、授業料は、これを徴収しない。

第五条（男女共学）　男女は、互いに敬重し、協力し合わなければならないものであつて、教育上男女の共学は、認められなければならない。

第六条（学校教育）　法律に定める学校は、公の性質をもつものであつて、国又は地方公共団体の外、法律に定める法人のみが、これを設置することができる。

② 法律に定める学校の教員は、全体の奉仕者であつて、自己の使命を自覚し、その職責の遂行に努めなければならない。このためには、教員の身分は、尊重され、その待遇の適正が、期せられなければならない。

第七条（社会教育）　家庭教育及び勤労の場所その他社会において行われる教育は、国及び地方公共団体によつて奨励されなければならない。

② 国及び地方公共団体は、図書館、博物館、公民館等の施設の設置、学校の施設の利用その他適当な方法によつて

教育の目的の実現に努めなければならない。

第八条（政治教育）　良識ある公民たるに必要な政治的教養は、教育上これを尊重しなければならない。

②　法律に定める学校は、特定の政党を支持し、又はこれに反対するための政治教育その他政治的活動をしてはならない。

第九条（宗教教育）　宗教に関する寛容の態度及び宗教の社会生活における地位は、教育上これを尊重しなければならない。

②　国及び地方公共団体が設置する学校は、特定の宗教のための宗教教育その他宗教的活動をしてはならない。

第一〇条（教育行政）　教育は、不当な支配に服することなく、国民全体に対し直接に責任を負つて行われるべきものである。

②　教育行政は、この自覚のもとに、教育の目的を遂行するに必要な諸条件の整備確立を目標として行われなければならない。

第一一条（補則）　この法律に掲げる諸条項を実施するために必要がある場合には、適当な法令が制定されなければならない。

附則　この法律は、公布の日から、これを施行する。

3　地方自治法〔抄〕

（昭和二二年四月一七日　法律第六七号）

改正、〔平一〇まで省略〕平一一―法一五・法二〇・法六五（法八七）・法七六・法八六・法八七（法一二二）・法一〇二・法一〇五・法一〇七・法一二二・法一五一・法一六〇・法二二二

第一編　総則

〔この法律の目的〕

第一条　この法律は、地方自治の本旨に基いて、地方公共団体の区分並びに地方公共団体の組織及び運営に関する事項の大綱を定め、併せて国と地方公共団体との間の基本的関係を確立することにより、地方公共団体における民主的にして能率的な行政の確保を図るとともに、地方公共団体の健全な発達を保障することを目的とする。

〔地方公共団体の役割と国の配慮〕

第一条の二　地方公共団体は、住民の福祉の増進を図ることを基本として、地域における行政を自主的かつ総合的に実施する役割を広く担うものとする。

② 国は、前項の規定の趣旨を達成するため、国においては国際社会における国家としての存立にかかわる事務、全国的に統一して定めることが望ましい国民の諸活動若しくは地方自治に関する基本的な準則に関する事務又は全国的な規模で若しくは全国的な視点に立って行わなければならない施策及び事業の実施その他の国が本来果たすべき役割を重点的に担い、住民に身近な行政はできる限り地方公共団体にゆだねることを基本として、地方公共団体との間で適切に役割を分担するとともに、地方公共団体に関する制度の策定及び施策の実施に当たって、地方公共団体の自主性及び自立性が十分に発揮されるようにしなければならない。

〔地方公共団体の種類〕

第一条の三　地方公共団体は、普通地方公共団体及び特別地方公共団体とする。

② 普通地方公共団体は、都道府県及び市町村とする。

③ 特別地方公共団体は、特別区、地方公共団体の組合、財産区及び地方開発事業団とする。

〔地方公共団体の事務〕

第二条　地方公共団体は、法人とする。

② 普通地方公共団体は、地域における事務及びその他の事務で法律又はこれに基づく政令により処理することとされるものを処理する。

③ 市町村は、基礎的な地方公共団体として、第五項において都道府県が処理するものとされているものを除き、一般的に、前項の事務を処理するものとする。ただし、第五項に規定する事務のうち、その規模又は性質において一般の市町村が処理することが適当でないと認められるものについては、当該市町村の規模及び能力に応じて、これを処理することができる。

④ 市町村は、その事務を処理するに当たっては、議会の議決を経てその地域における総合的かつ計画的な行政の運営を図るための基本構想を定め、これに即して行うようにしなければならない。

⑤ 都道府県は、市町村を包括する広域の地方公共団体として、第二項の事務で、広域にわたるもの、市町村に関する連絡調整に関するもの及びその規模又は性質において一般の市町村が処理することが適当でないと認められるものを処理するものとする。

⑥ 都道府県及び市町村は、その事務を処理するに当っては、相互に競合しないようにしなければならない。

⑦ 特別地方公共団体は、この法律の定めるところにより、その事務を処理する。

⑧　この法律において「自治事務」とは、地方公共団体が処理する事務のうち、法定受託事務以外のものをいう。
⑨　この法律において「法定受託事務」とは、次に掲げる事務をいう。
一　法律又はこれに基づく政令により都道府県、市町村又は特別区が処理することとされる事務のうち、国が本来果たすべき役割に係るものであって、国においてその適正な処理を特に確保する必要があるものとして法律又はこれに基づく政令に特に定めるもの（以下「第一号法定受託事務」という。）
二　法律又はこれに基づく政令により市町村又は特別区が処理することとされる事務のうち、都道府県が本来果たすべき役割に係るものであって、都道府県においてその適正な処理を特に確保する必要があるものとして法律又はこれに基づく政令に特に定めるもの（以下「第二号法定受託事務」という。）
⑩　この法律又はこれに基づく政令に規定するもののほか、法律に定める法定受託事務は第一号法定受託事務にあっては別表第一の上欄に掲げる法律についてそれぞれ同表の下欄に、第二号法定受託事務にあっては別表第二の上欄に掲げる法律についてそれぞれ同表の下欄に掲げるとおりであり、政令に定める法定受託事務はこの法律に基づく政令に示すとおりである。
⑪　地方公共団体に関する法令の規定は、地方自治の本旨に基づき、かつ、国と地方公共団体との適切な役割分担を踏まえたものでなければならない。
⑫　地方公共団体に関する法令の規定は、地方自治の本旨に基づいて、かつ、国と地方公共団体との適切な役割分担を踏まえて、これを解釈し、及び運用するようにしなければならない。この場合において、特別地方公共団体に関する法令の規定は、この法律に定める特別地方公共団体の特性にも照応するように、これを解釈し、及び運用しなければならない。
⑬　法律又はこれに基づく政令により地方公共団体が処理することとされる事務が自治事務である場合においては、

国は、地方公共団体が地域の特性に応じて当該事務を処理することができるよう特に配慮しなければならない。
⑭　地方公共団体は、その事務を処理するに当っては、住民の福祉の増進に努めるとともに、最少の経費で最大の効果を挙げるようにしなければならない。
⑮　地方公共団体は、常にその組織及び運営の合理化に努めるとともに、他の地方公共団体に協力を求めてその規模の適正化を図らなければならない。
⑯　地方公共団体は、法令に違反してその事務を処理してはならない。なお、市町村及び特別区は、当該都道府県の条例に違反してその事務を処理してはならない。
⑰　前項の規定に違反して行った地方公共団体の行為は、これを無効とする。

4　地方自治法〈一九九九年改正前〉〔抄〕

昭和二二年四月一七日　法律第六七号
改正、〔昭六一まで省略〕昭六三―法九四、平一―法七三、平二―法五八

第一編　総則

〔この法律の目的〕
第一条　この法律は、地方自治の本旨に基いて、地方公共団体の区分並びに地方公共団体の組織及び運営に関する事項の大綱を定め、併せて国と地方公共団体との間の基本的関係を確立することにより、地方公共団体における民主的にして能率的な行政の確保を図るとともに、地方公共団体の健全な発達を保障することを目的とする。

〔地方公共団体の種類〕

第一条の二　地方公共団体は、普通地方公共団体及び特別地方公共団体とする。
② 普通地方公共団体は、都道府県及び市町村とする。
③ 特別地方公共団体は、特別区、地方公共団体の組合、財産区及び地方開発事業団とする。

〔地方公共団体の事務〕

第二条　地方公共団体は、法人とする。
② 普通地方公共団体は、その公共事務及び法律又はこれに基く政令により普通地方公共団体に属するものの外、その区域内におけるその他の行政事務で国の事務に属しないものを処理する。
③ 前項の事務を例示すると、概ね次の通りである。但し、法律又はこれに基く政令に特別の定があるときは、この限りでない。
一　地方公共の秩序を維持し、住民及び滞在者の安全、健康及び福祉を保持すること。
二　公園、運動場、広場、緑地、道路、橋梁、河川、運河、溜池、用排水路、堤防等を設置し若しくは管理し、又はこれらを使用する権利を規制すること。
三　上水道その他の給水事業、下水道事業、電気事業、ガス事業、軌道事業、自動車運送事業、船舶その他の運送事業その他企業を経営すること。
四　ドック、防波堤、波止場、倉庫、上屋その他の海上又は陸上運送に必要な施設を設置し若しくは管理し、又はこれらを使用する権利を規制すること。
五　学校、研究所、試験場、図書館、公民館、博物館、体育館、美術館、物品陳列所、公会堂、劇場、音楽堂その他の教育、学術、文化、勧業に関する施設を設置し若しくは管理し、又はこれらを使用する権利を規制し、その他教育、学術、文化、勧業に関する事務を行うこと。

六　病院、隔離病舎、療養所、消毒所、産院、住宅、宿泊所、食堂、浴場、共同便所、公益質屋、授産施設、救護施設等の保護施設、保育所、養護施設、教護院等の児童福祉施設、老人ホーム等の老人福祉施設、身体障害者更正援護施設、留置場、屠場、じんかい処理場、汚物処理場、火葬場、墓地その他の保健衛生、社会福祉等に関する施設を設置し若しくは管理し、又はこれらを使用する権利を規制すること。

七　清掃、消毒、美化、公害の防止、風俗又は清潔を汚す行為の制限その他の環境の整備保全、保健衛生及び風俗のじゅん化に関する事項を処理すること。

八　防犯、防災、罹災者の救護、交通安全の保持等を行うこと。

九　未成年者、生活困窮者、病人、老衰者、寡婦、身体障害者、浮浪者、精神異常者、めいてい者等を救助し、援護し若しくは看護し、又は更正させること。

十　労働組合、労働争議の調整、労働教育その他労働関係に関する事務を行うこと。

十一　森林、牧野、土地、市場、漁場、共同作業場の経営その他公共の福祉を増進するために適当と認められる収益事業を行うこと。

十二　治山治水事業、農地開発事業、耕地整理事業、公有水面埋立事業、都市計画事業、土地区画整理事業その他の土地改良事業を施行すること。

十三　発明改良又は特産物等の保護奨励その他産業の振興に関する事務を行うこと。

十四　建造物、絵画、芸能、史跡、名勝その他の文化財を保護し、又は管理すること。

十五　普通地方公共団体の事務の処理に必要な調査を行い、統計を作成すること。

十六　住民、滞在者その他必要と認める者に関する戸籍、身分証明及び登録等に関する事務を行うこと。

十七　消費者の保護及び貯蓄の奨励並びに計量器、各種生産物、家畜等の検査に関する事務を行うこと。

十八　法律の定めるところにより、建築物の構造、設備、敷地及び周密度、空地地区、住居、商業、工業その他住民の業態に基く地域等に関し制限を設けること。

十九　法律の定めるところにより、地方公共の目的のために動産及び不動産を使用又は収用すること。

二十　当該普通地方公共団体の区域内の公共的団体等の活動の綜合調整をすること。

二十一　法律の定めるところにより、地方税を賦課徴収し、又は分担金、使用料、加入金若しくは手数料を徴収すること。

二十二　基金を設置し、又は管理すること。

④　市町村は、基礎的な地方公共団体として、第六項において都道府県が処理するものとされているものを除き、一般的に、前項に例示されているような第二項の事務を処理するものとする。但し、第六項第四号に掲げる事務については、その規模及び能力に応じて、これを処理することができる。

⑤　市町村は、その事務を処理するに当たっては、議会の議決を経てその地域における総合的かつ計画的な行政の運営を図るための基本構想を定め、これに即して行なうようにしなければならない。

⑥　都道府県は、市町村を包括する広域の地方公共団体として、第三項に例示されているような第二項の事務で、概ね次のような広域にわたるもの、統一的な処理を必要とするもの、市町村に関する連絡調整に関するもの及び一般の市町村が処理することが不適当であると認められる程度の規模のものを処理するものとする。

一　地方の総合開発計画の策定、治山治水事業、電源開発、上水道その他の利水事業、林産資源、水産資源その他の天然資源の保全及び開発、産業立地条件の整備、道路、河川、運河、下水道その他の公共施設の建設、改良及び維持管理、産業廃棄物の処理、開拓、干拓その他大規模な土地改良事業の施行等で広域にわたる事務に関すること。

二　義務教育その他の教育の水準の維持、文化財の保護及び管理の基準の維持、警察の管理及び運営、社会福祉事務及び社会保険事業の基準の維持、医事及び薬事の規制、伝染病の予防その他公衆衛生の水準の維持、労働争議の調整その他労働組合及び労働関係に関する事務、職業安定に関する事務、土地の収用に関する事務、各種営業の許可その他の規制、計量器の検査、各種生産物の検査その他の取締、各種の試験及び免許に関する事務、工業、人口動態等主要な統計調査、国民健康保険組合その他の公共的団体の監督等で統一的な処理を必要とする事務に関すること。

三　国と市町村との間の連絡、市町村の組織及び運営の合理化に関する助言、勧告及び指導、市町村相互間における事務処理の緊密な関係を保持させるためのあっせん、調停及び裁定、市町村の事務の処理に関する一般的基準の設定、審査請求その他の不服申立てに対する裁決、裁定又は審決等市町村に関する連絡調整の事務に関すること。

四　高等学校、盲学校、ろう学校、養護学校、研究所、試験場、図書館、博物館、体育館、美術館、物品陳列所、病院及び療養所その他の保健医療施設、授産施設、老人ホームその他の社会福祉施設、労働会館その他の労働福祉施設、運動場等の施設の設置及び管理、文化財の保護及び管理、生活困窮者及び身体障害者の保護、罹災者の救護、土地区画整理事業の実施、農林水産業及び中小企業その他の産業の指導及び振興、特産物の保護奨励に関する事務等で一般の市町村が処理することが不適当であると認められる程度の規模の事務に関すること。

⑦　都道府県及び市町村は、その事務を処理するに当っては、相互に競合しないようにしなければならない。

⑧　第二項の事務の中で法律又はこれに基く政令の定めるところにより都道府県が処理しなければならないものは、この法律又はこれに基く政令に規定のあるものの外、別表第二の通りである。

⑩　普通地方公共団体は、次に掲げるような国の事務を処理することができない。

一　司法に関する事務
二　刑罰及び国の懲戒に関する事務
三　国の運輸、通信に関する事務
四　郵便に関する事務
五　国立の教育及び研究施設に関する事務
六　国立の病院及び療養施設に関する事務
七　国の航行、気象及び水路施設に関する事務
八　国立の博物館及び図書館に関する事務

⑪　特別地方公共団体は、この法律の定めるところにより、その事務を処理する。

⑫　地方公共団体に関する法令の規定は、地方自治の本旨に基いて、これを解釈し、及び運用するようにしなければならない。なお、特別地方公共団体に関する法令の規定は、この法律に定める特別地方公共団体の特性にも照応するように、これを解釈し、及び運用しなければならない。

⑬　地方公共団体は、その事務を処理するに当っては、住民の福祉の増進に努めるとともに、最少の経費で最大の効果を挙げるようにしなければならない。

⑭　地方公共団体は、常にその組織及び運営の合理化に努めるとともに、他の地方公共団体に協力を求めてその規模の適正化を図らなければならない。

⑮　地方公共団体は、法令に違反してその事務を処理してはならない。なお、市町村及び特別区は、当該都道府県の条例に違反してその事務を処理してはならない。

⑯　前項の規定に違反して行った地方公共団体の行為は、これを無効とする。

5　地方教育行政の組織及び運営に関する法律

昭三一年六月三〇日　法律第一六二号

改正、〔平成一〇まで省略〕平成一一・七・一六法八九、七・二二法一〇七、一二・八法一五一、一二・二二法一六〇

第一章　総則

（この法律の趣旨）

第一条　この法律は、教育委員会の設置、学校その他の教育機関の職員の身分取扱その他地方公共団体における教育行政の組織及び運営の基本を定めることを目的とする。

第二章　教育委員会の設置及び組織

第一節　教育委員会の設置、委員及び会議

（設置）

第二条　都道府県、市（特別区を含む。以下同じ。）町村及び第二十三条に規定する事務の全部又は一部を処理する地方公共団体の組合に教育委員会を置く。

（組織）

第三条　教育委員会は、五人の委員をもって組織する。ただし、条例で定めるところにより、都道府県若しくは地方自治法（昭和二十二年法律第六十七号）第二百五十二条の十九第一項の指定都市（以下「指定都市」という。）又は地方公共団体の組合のうち都道府県若しくは指定都市が加入するものの教育委員会にあっては六人の委員、町村又は地方公共団体の組合のうち町村のみが加入するもの（次条第三項及び第七条第二項から第四項までにおいて単

に「町村」という。）の教育委員会にあっては三人の委員をもって組織することができる。

（任命）

第四条　委員は、当該地方公共団体の長の被選挙権を有する者で、人格が高潔で、教育、学術及び文化（以下単に「教育」という。）に関し識見を有するもののうちから、地方公共団体の長が、議会の同意を得て、任命する。

２　次の各号のいずれかに該当する者は、委員となることができない。

一　破産者で復権を得ない者

二　禁錮以上の刑に処せられた者

３　委員の任命については、そのうち三人以上（前条ただし書の規定により委員の数を三人とする町村にあっては、二人以上）が同一の政党に所属することとなってはならない。

（任期）

第五条　委員の任期は、四年とする。ただし、補欠の委員の任期は、前任者の残任期間とする。

２　委員は、再任されることができる。

（兼職禁止）

第六条　委員は、地方公共団体の議会の議員若しくは長、地方公共団体に執行機関として置かれる委員会の委員若しくは委員又は地方公共団体の常勤の職員若しくは地方公務員法（昭和二十五年法律第二百六十一号）第二十八条の五第一項に規定する短時間勤務の職を占める職員と兼ねることができない。

（罷免）

第七条　地方公共団体の長は、委員が心身の故障のため職務の遂行に堪えないと認める場合又は職務上の義務違反その他委員たるに適しない非行があると認める場合においては、当該地方公共団体の議会の同意を得て、これを罷免することができる。

2　地方公共団体の長は、委員のうち何人も所属していなかった同一の政党に新たに三人以上（第三条ただし書の規定により委員の数を三人とする町村にあっては、二人以上）の委員が所属するに至った場合においては、これらの者のうち二人（第三条ただし書の規定により委員の数を三人とする町村にあっては、一人）をこえる員数の委員を当該地方公共団体の議会の同意を得て罷免する。

3　地方公共団体（第三条ただし書の規定により委員の数を三人とする町村を除く。）の長は、委員のうち一人がすでに所属している政党に新たに二人以上の委員が所属するに至った場合においては、これらの者のうち一人をこえる員数の委員を当該地方公共団体の議会の同意を得て罷免する。

4　地方公共団体の長は、委員のうち二人（第三条ただし書の規定により委員の数を三人とする町村にあっては、一人）がすでに所属している政党に新たに所属するに至った委員を直ちに罷免する。

5　委員は、前四項の場合を除き、その意に反して罷免されることがない。

（解職請求）

第八条　地方公共団体の長の選挙権を有する者は、政令で定めるところにより、その総数の三分の一以上の者の連署をもって、その代表者から、当該地方公共団体の長に対し、委員の解職を請求することができる。

2　地方自治法第八十六条第二項から第四項まで、第八十七条及び第八十八条第二項の規定は、前項の規定による委員の解職の請求について準用する。この場合において、同法第八十七条第一項中「前条第一項に掲げる職に在る者」とあるのは「教育委員会の委員」と、同法第八十八条第二項中「第八十六条第一項の規定による選挙管理委員若しくは監査委員又は公安委員会の委員の解職の請求」とあるのは「地方教育行政の組織及び運営に関する法律（昭和三十一年法律第百六十二号）第八条第一項の規定による教育委員会の委員の解職の請求」と読み替えるものとする。

（失職）

第九条　委員は、前条第二項において準用する地方自治法第八十七条の規定によりその職を失う場合のほか、次の各号の一に該当する場合においては、その職を失う。

一　第四条第二項各号の一に該当するに至った場合

二　前号に掲げる場合のほか、当該地方公共団体の長の被選挙権を有する者でなくなった場合

2　地方自治法第百四十三条第一項後段及び第二項の規定は、前項第二号に掲げる場合における地方公共団体の長の被選挙権の有無の決定及びその決定に関する争訟について準用する。

（辞職）

第一〇条　委員は、当該地方公共団体の長及び教育委員会の同意を得て、辞職することができる。

（服務）

第一一条　委員は、職務上知ることができた秘密を漏らしてはならない。その職を退いた後も、また、同様とする。

2　委員又は委員であった者が法令による証人、鑑定人等となり、職務上の秘密に属する事項を発表する場合においては、教育委員会の許可を受けなければならない。

3　前項の許可は、法律に特別の定がある場合を除き、これを拒むことができない。

4　委員は、非常勤とする。

5　委員は、政党その他の政治的団体の役員となり、又は積極的に政治運動をしてはならない。

（委員長）

第一二条　教育委員会は、委員（第十六条第二項の規定により教育長に任命された委員を除く。）のうちから、委員

長を選挙しなければならない。

2　委員長の任期は、一年とする。ただし、再選されることができる。

3　委員長は、教育委員会の会議を主宰し、教育委員会を代表する。

4　委員長に事故があるとき、又は委員長が欠けたときは、あらかじめ教育委員会の指定する委員がその職務を行う。

（会議）

第一三条　教育委員会の会議は、委員長が招集する。

2　教育委員会は、委員長及び在任委員の過半数が出席しなければ、会議を開き、議決をすることができない。ただし、第五項の規定による除斥のため過半数に達しないとき、又は同一の事件につき再度招集しても、なお過半数に達しないときは、この限りでない。

3　教育委員会の会議の議事は、出席委員の過半数で決し、可否同数のときは、委員長の決するところによる。

4　前二項の規定による会議又は議事の定足数については、委員長は、委員として計算するものとする。

5　教育委員会の委員は、自己、配偶者若しくは三親等以内の親族の一身上に関する事件又は自己若しくはこれらの者の従事する業務に直接の利害関係のある事件については、その議事に参与することができない。ただし、教育委員会の同意があるときは、会議に出席し、発言することができる。

（教育委員会規則の制定等）

第一四条　教育委員会は、法令又は条例に違反しない限りにおいて、その権限に属する事務に関し、教育委員会規則を制定することができる。

2　教育委員会規則その他教育委員会の定める規程で公表を要するものの公布に関し必要な事項は、教育委員会規則で定める。

（教育委員会の議事運営）

第一五条　この法律に定めるもののほか、教育委員会の会議その他教育委員会の議事の運営に関し必要な事項は、教育委員会規則で定める。

第二節　教育長及び事務局

（教育長）

第一六条　教育委員会に、教育長を置く。

2　教育長は、第六条の規定にかかわらず、当該教育委員会の委員（委員長を除く。）である者のうちから、教育委員会が任命する。

3　教育長は、委員としての任期中在任するものとする。ただし、地方公務員法第二十七条、第二十八条及び第二十九条の規定の適用を妨げない。

4　教育長は、委員の職を辞し、失い、又は罷免された場合においては、当然に、その職を失うものとする。

（教育長の職務）

第一七条　教育長は、教育委員会の指揮監督の下に、教育委員会の権限に属するすべての事務をつかさどる。

2　教育長は、教育委員会のすべての会議に出席し、議事について助言する。

3　教育長は、自己、配偶者若しくは三親等以内の親族の一身上に関する事件又は自己若しくはこれらの者の従事する業務に直接の利害関係のある事件についての議事が行われる場合においては、前項の規定にかかわらず、教育委員会の会議に出席することができない。ただし、委員として第十三条第五項ただし書の規定の適用があるものとする。

（事務局）

第一八条　教育委員会の権限に属する事務を処理させるため、教育委員会に事務局を置く。

2　教育委員会の事務局の内部組織は、教育委員会規則で定める。

（指導主事その他の職員）

第一九条　都道府県に置かれる教育委員会（以下「都道府県委員会」という。）の事務局に、指導主事、事務職員、技術職員その他の所要の職員を置く。

2　市町村に置かれる教育委員会（以下「市町村委員会」という。）の事務局に、前項の規定に準じて所要の職員を置く。

3　指導主事は、上司の命を受け、学校（学校教育法（昭和二十二年法律第二十六号）第一条に規定する学校をいう。以下同じ。）における教育課程、学習指導その他学校教育に関する専門的事項の指導に関する事務に従事する。

4　指導主事は、教育に関し識見を有し、かつ、学校における教育課程、学習指導その他学校教育に関する専門的事項について教養と経験がある者でなければならない。指導主事は、大学以外の公立学校（地方公共団体が設置する学校をいう。以下同じ。）の教員（教育公務員特例法（昭和二十四年法律第一号）第二条第二項に規定する教員をいう。以下同じ。）をもって充てることができる。

5　事務職員は、上司の命を受け、事務に従事する。

6　技術職員は、上司の命を受け、技術に従事する。

7　第一項及び第二項の職員は、教育長の推薦により、教育委員会が任命する。

8　前各項に定めるもののほか、教育委員会の事務局に置かれる職員に関し必要な事項は、政令で定める。

（教育長の事務局の統括等）

第二〇条　教育長は、第十七条に規定するもののほか、事務局の事務を統括し、所属の職員を指揮監督する。
2　教育長に事故があるとき、又は教育長が欠けたときは、あらかじめ教育委員会の指定する事務局の職員がその職務を行う。

（事務局職員の定数）
第二一条　第十九条第一項及び第二項に規定する事務局の職員の定数は、当該地方公共団体の条例で定める。ただし、臨時又は非常勤の職員については、この限りでない。

（教育長及び事務局職員の身分取扱）
第二二条　教育長及び第十九条第一項及び第二項に規定する事務局の職員の任免、給与、懲戒、服務その他の身分取扱に関する事項は、この法律及び教育公務員特例法に特別の定があるものを除き、地方公務員法の定めるところによる。

第三章　教育委員会及び地方公共団体の長の職務権限

（教育委員会の職務権限）
第二三条　教育委員会は、当該地方公共団体が処理する教育に関する事務で、次に掲げるものを管理し、及び執行する。
一　教育委員会の所管に属する第三十条に規定する学校その他の教育機関（以下「学校その他の教育機関」という。）の設置、管理及び廃止に関すること。
二　学校その他の教育機関の用に供する財産（以下「教育財産」という。）の管理に関すること。
三　教育委員会及び学校その他の教育機関の職員の任免その他の人事に関すること。
四　学齢生徒及び学齢児童の就学並びに生徒、児童及び幼児の入学、転学及び退学に関すること。

五　学校の組織編制、教育課程、学習指導、生徒指導及び職業指導に関すること。
六　教科書その他の教材の取扱に関すること。
七　校舎その他の施設及び教具その他の設備の整備に関すること。
八　校長、教員その他の教育関係職員の研修に関すること。
九　校長、教員その他の教育関係職員並びに生徒、児童及び幼児の保健、安全、厚生及び福利に関すること。
十　学校その他の教育機関の環境衛生に関すること。
十一　学校給食に関すること。
十二　青少年教育、女性教育及び公民館の事業その他社会教育に関すること。
十三　スポーツに関すること。
十四　文化財の保護に関すること。
十五　ユネスコ活動に関すること。
十六　教育に関する法人に関すること。
十七　教育に係る調査及び指定統計その他の統計に関すること。
十八　所掌事務に係る広報に関すること。
十九　前各号に掲げるもののほか、当該地方公共団体の区域内における教育に関する事務に関すること。

（長の職務権限）

第二四条　地方公共団体の長は、次の各号に掲げる教育に関する事務を管理し、及び執行する。
一　大学に関すること。
二　私立学校に関すること。

三　教育財産を取得し、及び処分すること。
四　教育委員会の所掌に係る事項に関する契約を結ぶこと。
五　前号に掲げるもののほか、教育委員会の所掌に係る事項に関する予算を執行すること。

（事務処理の法令準拠）

第二五条　教育委員会及び地方公共団体の長は、それぞれ前二条の事務を管理し、及び執行するに当っては、法令、条例、地方公共団体の規則並びに地方公共団体の機関の定める規則及び規程に基かなければならない。

（事務の委任等）

第二六条　教育委員会は、教育委員会規則で定めるところにより、その権限に属する事務の一部を教育長に委任し、又は教育長をして臨時に代理させることができる。

2　教育長は、前項の規定により委任された事務その他その権限に属する事務の一部を事務局の職員若しくは教育委員会の所管に属する学校その他の教育機関の職員に委任し、又はこれらの職員をして臨時に代理させることができる。

第二七条　削除〔平一一法八七〕

（教育財産の管理等）

第二八条　教育財産は、地方公共団体の長の総括の下に、教育委員会が管理するものとする。

2　地方公共団体の長は、教育委員会の申出をまって、教育財産の取得を行うものとする。

3　地方公共団体の長は、教育財産を取得したときは、すみやかに教育委員会に引き継がなければならない。

（教育委員会の意見聴取）

第二九条　地方公共団体の長は、歳入歳出予算のうち教育に関する事務に係る部分その他特に教育に関する事務について定める議会の議決を経るべき事件の議案を作成する場合においては、教育委員会の意見をきかなければならない。

第四章　教育機関

第一節　通則

（教育機関の設置）

第三〇条　地方公共団体は、法律で定めるところにより、学校、図書館、博物館、公民館その他の教育機関を設置するほか、条例で、教育に関する専門的、技術的事項の研究又は教育関係職員の研修、保健若しくは福利厚生に関する施設その他の必要な教育機関を設置することができる。

（教育機関の職員）

第三一条　前条に規定する学校に、法律で定めるところにより、学長、校長、園長、教員、事務職員、技術職員その他の所要の職員を置く。

2　前条に規定する学校以外の教育機関に、法律又は条例で定めるところにより、事務職員、技術職員その他の所要の職員を置く。

3　前二項に規定する職員の定数は、この法律に特別の定がある場合を除き、当該地方公共団体の条例で定めなければならない。ただし、臨時又は非常勤の職員については、この限りでない。

（教育機関の所管）

第三二条　学校その他の教育機関のうち、大学は地方公共団体の長が、その他のものは教育委員会が所管する。

（学校等の管理）

第三三条　教育委員会は、法令又は条例に違反しない限度において、その所管に属する学校その他の教育機関の施設、設備、組織編制、教育課程、教材の取扱その他学校その他の教育機関の管理運営の基本的事項について、必要な教育委員会規則を定めるものとする。この場合において、当該教育委員会規則で定めようとする事項のうち、その実施のためには新たに予算を伴うこととなるものについては、教育委員会は、あらかじめ当該地方公共団体の長に協議しなければならない。

2　前項の場合において、教育委員会は、学校における教科書以外の教材の使用について、あらかじめ、教育委員会に届け出させ、又は教育委員会の承認を受けさせることとする定を設けるものとする。

（教育機関の職員の任命）

第三四条　教育委員会の所管に属する学校その他の教育機関の校長、園長、教員、事務職員、技術職員その他の職員は、この法律に特別の定がある場合を除き、教育長の推薦により、教育委員会が任命する。

（職員の身分取扱）

第三五条　第三十一条第一項又は第二項に規定する職員の任免、給与、懲戒、服務その他の身分取扱に関する事項は、この法律及び他の法律に特別の定がある場合を除き、地方公務員法の定めるところによる。

（所属職員の進退に関する意見の申出）

第三六条　学校その他の教育機関の長は、この法律及び教育公務員特例法に特別の定がある場合を除き、その所属の職員の任免その他の進退に関する意見を任命権者に対して申し出ることができる。この場合において、大学附置の学校の校長にあっては、学長を経由するものとする。

第二節　市町村立学校の教職員

（任命権者）

第三七条　市町村立学校職員給与負担法（昭和二十三年法律第百三十五号）第一条及び第二条に規定する職員（以下

「県費負担教職員」という。）の任命権は、都道府県委員会に属する。

2　前項の規定による都道府県委員会の権限の一部の委任については、地方公務員法第六条第二項の規定にかかわらず、この法律第二十六条の規定によるものとする。

（市町村委員会の内申）

第三八条　都道府県委員会は、市町村委員会の内申をまって、県費負担教職員の任免その他の進退を行うものとする。

2　市町村委員会は、教育長の助言により、前項の内申を行うものとする。

（校長の所属教職員の進退に関する意見の申出）

第三九条　市町村立学校職員給与負担法第一条及び第二条に規定する学校の校長は、所属の県費負担教職員の任免その他の進退に関する意見を市町村委員会に申し出ることができる。

（県費負担教職員の任用等）

第四〇条　第三十七条の場合において、都道府県委員会は、地方公務員法第二十七条第二項及び第二十八条第一項の規定にかかわらず、一の市町村の県費負担教職員を免職し、引き続いて当該都道府県内の他の市町村の県費負担教職員に採用することができるものとする。この場合において、当該県費負担教職員が当該免職された市町村において地方公務員法第二十二条第一項（教育公務員特例法第一三条の二第二項の規定において読み替えて適用する場合を含む。）の規定により正式任用になっていた者であるときは、当該県費負担教職員の当該他の市町村における採用については、地方公務員法第二十二条第一項の規定は、適用しない。

（県費負担教職員の定数）

第四一条　県費負担教職員の定数は、都道府県の条例で定める。ただし、臨時又は非常勤の職員については、この限りでない。

2　県費負担教職員の市町村別の学校の種類ごとの定数は、前項の規定により定められた定数の範囲内で、都道府県委員会が市町村委員会の意見をきいて定める。

（県費負担教職員の給与、勤務時間その他の勤務条件）

第四二条　県費負担教職員の給与、勤務時間その他の勤務条件については、地方公務員法第二十四条第六項の規定により条例で定めるものとされている事項は、都道府県の条例で定める。

（服務の監督）

第四三条　市町村委員会は、県費負担教職員の服務を監督する。

2　県費負担教職員は、その職務を遂行するに当って、法令、当該市町村の条例及び規則並びに当該市町村委員会の定める教育委員会規則及び規程（前条又は次項の規定によって都道府県が制定する条例を含む。）に従い、かつ、市町村委員会その他職務上の上司の職務上の命令に忠実に従わなければならない。

3　県費負担教職員の任免、分限又は懲戒に関して、地方公務員法の規定により条例で定めるものとされている事項は、都道府県の条例で定める。

4　都道府県委員会は、県費負担教職員の任免その他の進退を適切に行うため、市町村委員会の行う県費負担教職員の服務の監督又は前条若しくは前項の規定により都道府県が制定する条例の実施について、技術的な基準を設けることができる。

（職階制）

第四四条　県費負担教職員の職階制は、地方公務員法第二十三条第一項の規定にかかわらず、都道府県内の県費負担教職員を通じて都道府県が採用するものとし、職階制に関する計画は、都道府県の条例で定める。

第四五条　県費負担教職員の研修は、地方公務員法第三十九条第二項の規定にかかわらず、市町村委員会も行うことができる。

2　市町村委員会は、都道府県委員会が行う県費負担教職員の研修に協力しなければならない。

（勤務成績の評定）

第四六条　県費負担教職員の勤務成績の評定は、地方公務員法第四十条第一項の規定にかかわらず、都道府県委員会の計画の下に、市町村委員会が行うものとする。

（地方公務員法の適用の特例）

第四七条　この法律に特別の定めがあるもののほか、県費負担教職員に対して地方公務員法を適用する場合において

規定	読み替えられる字句	読み替える字句
第十六条各号列記以外の部分	職員	職員（第三号の場合にあつては、都道府県教育委員会又はその権限の委任を受けた者の任命に係る職員及び懲戒免職の処分を受けた当時属していた地方公共団体の職員）
第十六条第三号	当該地方公共団体において	都道府県教育委員会（都道府県教育委員会から権限の委任を受けた者を含む。）により
第二十八条の四第一項	当該地方公共団体	市町村
	常時勤務を要する職	当該市町村を包括する都道府県の区域内の市町村の常時勤務を要する職
第二十八条の五第一項	当該地方公共団体	市町村
	短時間勤務の職	当該市町村を包括する都道府県の区域内の市町村の短時間勤務の職
第二十九条第一項第一号	この法律若しくは第五十七条に規定する特例を定めた法律	この法律、第五十七条に規定する特例を定めた法律若しくは地方教育行政の組織及び運営に関する法律（昭和三十一年法律第百六十二号）
第三十四条第二項	任命権者	市町村教育委員会
第三十七条	地方公共団体	都道府県及び市町村
第三十八条	任命権者	市町村教育委員会

は、同法中次の表の上欄に掲げる規定の中欄に掲げる字句は、それぞれ同表の下欄に掲げる字句に読み替えるものとする。

2　前項に定めるもののほか、県費負担教職員に対して地方公務員法の規定を適用する場合における技術的読替は、政令で定める。

（初任者研修に係る非常勤講師の派遣）

第四七条の二　市（指定都市を除く。以下この条において同じ。）町村の教育委員会は、都道府県委員会が教育公務員特例法第二十条の二第一項の初任者研修を実施する場合において、市町村の設置する小学校、中学校、高等学校、中等教育学校（後期課程に定時制の課程（学校教育法第四条第一項に規定する定時制の課程をいう。以下同じ。）のみを置くものに限る。）、盲学校、聾学校又は養護学校に非常勤の講師（高等学校にあっては、定時制の課程の授業を担任する非常勤の講師に限る。）を勤務させる必要があると認めるときは、都道府県委員会に対し、当該都道府県委員会の事務局の非常勤の職員の派遣を求めることができる。

2　前項の規定による求めに応じて派遣される職員（第四項において「派遣職員」という。）は、派遣を受けた市町村の職員の身分を併せ有することとなるものとし、その報酬及び職務を行うために要する費用の弁償は、当該職員の派遣をした都道府県の負担とする。

3　市町村の教育委員会は、第一項の規定に基づき派遣された非常勤の講師の服務を監督する。

4　前項に規定するもののほか、派遣職員の身分取扱いに関しては、当該職員の派遣をした都道府県の非常勤の講師に関する定めの適用があるものとする。

第五章　文部科学大臣及び教育委員会相互間の関係等

（文部科学大臣又は都道府県委員会の指導、助言及び援助）

第四八条　地方自治法第二百四十五条の四第一項の規定によるほか、文部科学大臣は都道府県又は市町村に対し、都道府県委員会は市町村に対し、都道府県又は市町村の教育に関する事務の適正な処理を図るため、必要な指導、助言又は援助を行うことができる。

2　前項の指導、助言又は援助を例示すると、おおむね次のとおりである。

一　学校その他の教育機関の設置及び管理並びに整備に関し、指導及び助言を与えること。

二　学校の組織編制、教育課程、学習指導、生徒指導、職業指導、教科書その他の教材の取扱いその他学校運営に関し、指導及び助言を与えること。

三　学校における保健及び安全並びに学校給食に関し、指導及び助言を与えること。

四　校長、教員その他の教育関係職員の研究集会、講習会その他研修に関し、指導及び助言を与え、又はこれらを主催すること。

五　生徒及び児童の就学に関する事務に関し、指導及び助言を与えること。

六　青少年教育、女性教育及び公民館の事業その他社会教育の振興並びに芸術の普及及び向上に関し、指導及び助言を与えること。

七　スポーツの振興に関し、指導及び助言を与えること。

八　指導主事、社会教育主事その他の職員を派遣すること。

九　教育及び教育行政に関する資料、手引書等を作成し、利用に供すること。

十　教育に係る調査及び統計並びに広報に関し、指導及び助言を与えること。

十一　教育委員会の組織及び運営に関し、指導及び助言を与えること。

3　文部科学大臣は、都道府県委員会に対し、第一項の規定による市町村に対する指導、助言又は援助に関し、必要な指示をすることができる。
4　地方自治法第二百四十五条の四第三項の規定によるほか、都道府県知事又は都道府県委員会は文部科学大臣に対し、市町村長又は市町村委員会は文部科学大臣又は都道府県委員会に対し、教育に関する事務の処理について必要な指導、助言又は援助を求めることができる。
第四九条　削除〔平一一法八七〕
（高等学校の通学区域の指定）
第五〇条　教育委員会は、高等学校の教育の普及及びその機会均等を図るため、教育委員会規則で、就学希望者が就学すべきその所管に属する高等学校を指定した通学区域を定める。ただし、一の通学区域内にあるその所管に属する高等学校に就学希望者が集中する等特別の事情がある場合においては、通学区域について必要な調整を行うことができる。
2　市町村委員会は、前項に規定する通学区域を定め、又はこれを変更しようとするときは、あらかじめ、都道府県委員会に協議しなければならない。
（文部科学大臣及び教育委員会相互間の関係）
第五一条　文部科学大臣は都道府県委員会又は市町村委員会相互の間の、都道府県委員会は市町村委員会相互の間の連絡調整を図り、並びに教育委員会は、相互の間の連絡を密にし、及び文部科学大臣又は他の教育委員会と協力し、教職員の適正な配置と円滑な交流及び教職員の勤務能率の増進を図り、もつてそれぞれその所掌する教育に関する事務の適正な執行と管理に努めなければならない。
第五二条　削除〔平一一法八七〕
（調査）

第五三条　文部科学大臣又は都道府県委員会は、第四十八条第一項及び第五十一条の規定による権限を行うため必要があるときは、地方公共団体の長又は教育委員会が管理し、及び執行する教育に関する事務について、必要な調査を行うことができる。

2　文部科学大臣は、前項の調査に関し、都道府県委員会に対し、市町村長又は市町村委員会が管理し、及び執行する教育に関する事務について、その特に指定する事項の調査を行うよう指示をすることができる。

（資料及び報告）

第五四条　教育行政機関は、的確な調査、統計その他の資料に基いて、その所掌する事務の適切かつ合理的な処理に努めなければならない。

2　文部科学大臣は地方公共団体の長又は教育委員会に対し、都道府県委員会は市町村長又は市町村委員会に対し、それぞれ都道府県又は市町村の区域内の教育に関する事務に関し、必要な調査、統計その他の資料又は報告の提出を求めることができる。

（条例による事務処理の特例）

第五五条　都道府県は、都道府県委員会の権限に属する事務の一部を、条例の定めるところにより、市町村が処理することとすることができる。この場合においては、当該市町村が処理することとされた事務は、当該市町村の教育委員会が管理し及び執行するものとする。

2　前項の条例を制定し又は改廃する場合においては、都道府県知事は、あらかじめ、当該都道府県委員会の権限に属する事務の一部を処理し又は処理することとなる市町村の長に協議しなければならない。

3　市町村は、前項規定による協議を受けたときは、当該市町村委員会に通知するとともに、その意見を踏まえて当該協議に応じなければならない。

4　都道府県の議会は、第一項の条例の制定又は改廃の議決をする前に、当該都道府県委員会の意見を聴かなければならない。

5　第一項の規定により都道府県委員会の権限に属する事務（都道府県の教育委員会規則に基づくものに限る。）の一部を市町村が処理し又は処理することとする場合であって、同項の条例の定めるところにより教育委員会規則に委任して当該事務の範囲を定める場合には、都道府県委員会は、当該教育委員会規則を制定し又は改廃しようとするときは、あらかじめ、当該事務を処理し又は処理することとなる市町村委員会に協議しなければならない。

6　地方自治法第二百五十二条の十七の三並びに第二百五十二条の十七の四第一項及び第三項の規定は、第一項の条例の定めるところにより、都道府県委員会の権限に属する事務の一部を市町村が処理する場合について準用する。この場合において、これらの規定中「規則」とあるのは「教育委員会規則」と、「都道府県知事」とあるのは「都道府県教育委員会」と、「市町村長」とあるのは「市町村教育委員会」と読み替えるものとする。

第六章　雑則

第五六条　削除〔平一一法八七〕

（保健所との関係）

第五七条　教育委員会は、健康診断その他学校における保健に関し、政令で定めるところにより、保健所を設置する地方公共団体の長に対し、保健所の協力を求めるものとする。

2　保健所は、学校の環境衛生の維持、保健衛生に関する資料の提供その他学校における保健に関し、政令で定めるところにより、教育委員会に助言と援助を与えるものとする。

（指定都市に関する特例）

第五八条　指定都市の県費負担教職員の任免、給与の決定、休職及び懲戒に関する事務は、第三十七条第一項の規定にかかわらず、当該指定都市の教育委員会が行う。

2　指定都市の県費負担教職員の研修は、第四十五条、教育公務員特例法第十九条第二項並びに第二十条の二第一項及び第二項の規定にかかわらず、当該指定都市の教育委員会が行う。

（中核市に関する特例）

第五九条　地方自治法第二百五十二条の二十二第一項の中核市（以下「中核市」という。）の県費負担教職員の研修は、第四十五条、教育公務員特例法第十九条第二項並びに第二十条の二第一項及び第二項の規定にかかわらず、当該中核市の教育委員会が行う。

（組合に関する特例）

第六〇条　地方公共団体が第二十三条に規定する事務の全部を処理する組合を設ける場合においては、当該組合を組織する地方公共団体には教育委員会を置かず、当該組合に教育委員会を置くものとする。

2　地方公共団体が第二十三条に規定する事務の一部を処理する組合を設けようとする場合において、当該地方公共団体に教育委員会が置かれているときは、当該地方公共団体の議会は、地方自治法第二百九十条、第二百九十一条の十一、第二百九十一条の十四第五項又は第二百九十一条の十五第三項の議決をする前に、当該教育委員会の意見を聴かなければならない。

3　総務大臣又は都道府県知事は、第二十三条に規定する事務の全部又は一部を処理する地方公共団体の組合の設置について、地方自治法第二百八十四条第二項の許可の処分又は同条第二項、第三項、第五項若しくは第六項の許可の処分をする前に、総務大臣にあっては文部科学大臣、都道府県知事にあっては当該都道府県委員会の意見を聴かなければならない。

4　第二十三条に規定する事務の一部を処理する地方公共団体の組合に置かれる教育委員会の委員は、第六条の規定にかかわらず、その組合を組織する地方公共団体の教育委員会の委員と兼ねることができる。
5　地方自治法第二百九十一条の二第二項の規定により、都道府県が、都道府県委員会の権限に属する事務のうち都道府県の加入しない広域連合の事務に関連するものを当該広域連合において処理することとする場合については、同条第三項の規定にかかわらず、第五十五条第二項から第六項までの規定を準用する。
6　前各項に定めるもののほか、第二十三条に規定する事務の全部又は一部を処理する地方公共団体の組合の設置、解散その他の事項については、地方自治法第三編第三章の規定によるほか、政令で特別の定めをすることができる。

（中等教育学校を設置する市町村に関する特例）
第六十一条　市（指定都市を除く。以下この項において同じ。）町村の設置する中等教育学校（後期課程に定時制の課程のみを置くものを除く。次項において同じ。）の県費負担教職員の任免、給与の決定、休職及び懲戒に関する事務は、第三十七条第一項の規定にかかわらず、当該市町村の教育委員会が行う。
2　市（指定都市及び中核市を除く。以下この項において同じ。）町村が設置する中等教育学校の県費負担教職員の研修は、第四十五条、教育公務員特例法第十九条第二項並びに第二十条の二第一項及び第二項の規定にかかわらず、当該市町村の教育委員会が行う。

（政令への委任）
第六十二条　この法律に定めるもののほか、市町村の廃置分合があった場合及び指定都市の指定があった場合におけるこの法律の規定の適用の特例その他この法律の施行に関し必要な事項は、政令で定める。

（事務の区分）
第六十三条　都道府県が第四十八条第一項の規定により処理することとされている事務（市町村が処理する事務が地方

自治法第二条第八項に規定する自治事務又は同条第九項第一号に規定する第一号法定受託事務である場合においては、第四十八条第三項に規定する文部科学大臣の指示を受けて行うものに限る。）、第五十三条第二項の規定により処理することとされている事務、第六十条第三項の規定により処理することとされている事務、第六十条第三項の規定により処理することとされている事務（都道府県委員会の意見を聴くことに係るものに限る。）並びに第五十五条第六項（第六十条第五項において準用する場合を含む。）において準用する同法第二百五十二条の十七の三第二項及び第三項並びに第二百五十二条の十七の三第二項及び第三項並びに第二百五十二条の十七の四第一項の規定により処理することとされている事務は、同法第二条第九項第一号に規定する第一号法定受託事務とする。

附　則（抄）

（施行期日）

第一条　この法律は、昭和三十一年十月一日から施行する。ただし、第二章、第五十八条第三項、第六十条第一項及び第四項並びに附則第二条から第十三条まで及び第二十五条の規定（以下「教育委員会の設置関係規定」という。）は、公布の日から施行する。

（旧法の廃止）

第二条　教育委員会法（昭和二十三年法律第百七十号。以下「旧法」という。）は、昭和三十一年九月三十日限り、廃止する。ただし、同法中教育委員会の設置関係規定に抵触することとなる部分は、同日前においても、その効力を失うものとする。

附　則（平成一一・七・一六法八七）（抄）

（施行期日）

第一条　この法律は、平成十二年四月一日から施行する。〔ただし書略〕

附　則（平成一一・七・二二法一〇七）（抄）

（施行期日）

第一条　この法律は、平成十三年四月一日から施行する。〔ただし書略〕

附　則（平成一一・一二・八法一五一）（抄）

（施行期日）

第一条　この法律は、平成十二年四月一日から施行する。〔ただし書略〕

附　則（平成一一・一二・二二法一六〇）（抄）

（施行期日）

第一条　この法律（中略）は、平成十三年一月六日から施行する。〔ただし書略〕

6　教育委員会法（旧法）〔抄〕

（昭和二三年七月一五日　法律第一七〇号）

第一章　総則

（この法律の目的）

第一条　この法律は、教育が不当な支配に服することなく、国民全体に対し直接に責任を負って行われるべきであるという自覚のもとに公正な民意により、地方の実情に即した教育行政を行うために、教育委員会を設け、教育本来の目的を達成することを目的とする。

第二条　教育委員会の組織、権限及び職務は、この法律の定めるところによる。

（設置）

第三条　教育委員会は、都道府県及び市（特別区を含む。以下同じ。）町村にこれを設置する。但し、町村は、必要がある場合には、一部事務組合を設けて、その組合に教育委員会を設置することができる。

2　前項の一部事務組合の教育委員会に関し必要な事項は、政令でこれを定めることができる。

3　この法律で「都道府県委員会」とは、都道府県に設置する教育委員会を、「地方委員会」とは、市町村に設置する教育委員会をいう。

（権限）

第四条　教育委員会は、従来都道府県若しくは都道府県知事又は市町村若しくは市町村長（特別区の区長を含む。以下同じ。）の権限に属する教育、学術及び文化（教育という。以下同じ。）に関する事務、並びに将来法律又は政令により当該地方公共団体及び教育委員会の権限に属すべき教育事務を管理し、及び執行する。

2　大学及び私立学校は、法律に別段の定がある場合を除いては、教育委員会の所管に属しない。

（経費の負担）

第五条　教育委員会に要する経費は、当該地方公共団体の負担とする。

（経費の補助）

第六条　教育委員会に要する経費及びその所掌に係る経費は、国庫からこれを補助することができる。

第二章　教育委員会の組織

第一節　教育委員会の委員

（委員）

第七条　都道府県委員会は七人の委員で、地方委員会は五人の委員で、これを組織する。
2　第三項に規定する委員を除く委員は、日本国民たる都道府県又は市町村の住民が、これを選挙する。
3　委員のうち一人は、当該地方公共団体の議会の議員のうちから、議会において、これを選挙する。

（任期）

第八条　選挙による委員の任期は四年とし、二年ごとにその半数を改選する。但し、補欠委員は、前任者の残任期間在任する。
2　前項の任期は、通常選挙の日から、これを起算する。
3　議会において選挙する委員の任期は、議員の任期中とする。

（選挙）

第九条　都道府県又は市町村の議会の議員の選挙権又は被選挙権を有する者は、都道府県委員会又は地方委員会の委員の選挙権又は被選挙権を有する。

第一〇条　国会の議員、地方公共団体の議会の議員（第七条第三項の委員たる議員を除く。）、国家公務員及び地方公共団体の有給の職員は、教育委員会の委員を兼ねることができない。
2　都道府県委員会の委員と、地方委員会の委員とは、これを兼ねることができない。

第一一条　通常選挙は、二年ごとに、選挙による委員の定数の半数についてこれを行う。

第一二条　委員の選挙においては、選挙区を設けない。

第一三条　委員の選挙に関する事務は、当該地方公共団体の選挙管理委員会が、これを管理する。

第一四条　都道府県委員会の委員の選挙と、地方委員会の委員の選挙とは、これを同時に行うことができる。

第一五条　委員の選挙は、市町村の議会の議員の選挙に関する選挙人名簿により、これを行う。

第一六条　委員の候補者は、選挙人の推薦によるものでなければならない。
2　前項の推薦は、選挙人が本人の承諾を得て、六十人以上の連署をもって、その代表者から選挙長に届け出なければならない。
第一七条　委員の被選挙権を有する者は、同時に二つの教育委員会の委員の候補者となることができない。
第一八条　委員の候補者の届出には、供託金を要しない。
第一九条　教育委員会の委員の選挙においては、有効票の最多数を得た者をもって当選人とする。
2　当選人を定めるに当り得票数が同じであるときは、選挙会において、選挙長が、くじでこれを定める。
第二〇条　在任期間を異にする委員の選挙を合併して行った場合においては、得票数の多い者から、在任期間の長い当選人を選ばなければならない。
2　得票数が同じである者のうち、任期の長短を定める必要がある場合には、選挙会において、選挙長がくじでこれを定めなければならない。
第二一条から第二七条まで〔省略〕
第二八条　委員の選挙については、この法律又はこれに基く政令に別段の定がある場合を除いては、地方自治法に定める普通地方公共団体の議会の議員の選挙に関する規定を準用する。
（委員の解職の請求）
第二九条　委員の選挙権を有する者は、委員の解職の請求をすることができる。
2　前項の解職の請求に関しては、地方自治法に定める普通地方公共団体の議会の議員の解職の請求の例による。
（委員の辞職及び資格の決定）
第三〇条　委員の辞職及び資格の決定については、地方自治法第六章第八節の規定（第百二十六条但書の規定を除く。）を準用する。但し、「普通地方公共団体の議会」とあるのは、「教育委員会」と、「議員」とあるのは「委員」と読み替えるものとする。

（委員の報酬及び費用弁償）

第三一条　地方公共団体は、当該教育委員会の委員に対し報酬を支給しなければならない。但し、給料は支給しない。

2　委員は、職務を行うために要する費用の弁償を受けることができる。

3　報酬及び費用弁償の額並びにその支給方法は、当該地方公共団体の条例でこれを定めなければならない。

（委員の服務等）

第三二条　委員の宣誓、法令等に従う義務及び服務に関しては、別に地方公共団体の職員に関して規定する法律で、これを定める。

第二節　教育委員会の会議

（委員長及び副委員長）

第三三条　教育委員会は、委員のうちから委員長及び副委員長各一人を選挙しなければならない。

2　委員長及び副委員長の任期は、一年とする。但し、再選されることができる。

3　委員長は、教育委員会の会議を主宰する。

4　副委員長は、委員長を助け、委員長に事故があるとき又は委員長が欠けたときは、その職務を行う。

（会議の招集）

第三四条　教育委員会の会議は、委員長が、これを招集する。

2　委員二人以上の者から、書面で会議に付議すべき事件を示して、臨時会の招集の請求があるときは、委員長は、これを招集しなければならない。

3　会議開催の場所及び日時は、会議に付議すべき事件とともに、委員長が、あらかじめこれを告示しなければならない。

4　招集は、開会の日前、都道府県委員会にあっては七日、地方委員会にあっては三日までに、これを告示しなければならない。但し、急施を要する場合は、この限りでない。

（定例会及び臨時会）

第三五条　教育委員会の会議は、定例会及び臨時会とする。

2　定例会は、毎月一回これを招集しなければならない。

3　臨時会は、必要がある場合において、その事件に限り、これを招集する。

4　会議招集の告示後に急施を要する事件があるときは、前条第三項及び前項の規定にかかわらず、直ちに、これを会議に付議することができる。

（会議の定足数）

第三六条　教育委員会の会議は、在任委員の半数以上が出席しなければ、これを開くことができない。但し、同一の事件につき再度招集しても、なお半数に達しないときは、この限りでない。

（会議の公開）

第三七条　教育委員会の会議は、これを公開する。但し、委員の発議により、出席委員の三分の二以上の多数で議決したときは、秘密会を開くことができる。

2　前項の委員の発議は、討論を行わないで、その可否を決しなければならない。

（議決の方法）

第三八条　教育委員会の議事は、出席委員の過半数で、これを決する。

第三九条　教育委員会の委員は自己又は、配偶者若しくは三親等以内の親族の一身上に関する事件については、その議事に参与することができない。但し、会議に出席し、発言することができる。

（会議規則）

第四〇条　教育委員会は、会議規則及び傍聴人規則を設けなければならない。

2　この法律に別段の定がある場合を除いては、教育委員会の会議に関する事項は、会議規則でこれを定めることができる。

第三節　教育長及び事務局

（教育長）

第四一条　教育委員会に、教育長を置く。

2　教育長は、別に教育職員の免許に関して規定する法律の定める教育職員の免許状を有する者のうちから、教育委員会が、これを任命する。

3　教育長の任期は、四年とする。但し、再任することができる。

第四二条　教育長は、教育委員会の指揮監督を受け、教育委員会の処理するすべての教育事務をつかさどる。

（事務局）

第四三条　教育委員会の職務権限に属する事項に関する事務を処理させるため、教育委員会に事務局を置く。

（事務局の部課）

第四四条　都道府県委員会の事務局には、教育委員会規則の定めるところにより、必要な部課（会計及び土木建築に関する部課を除く。）を置く。但し、教育の調査及び統計に関する部課並びに教育指導に関する部課は、これを置かなければならない。

2 地方委員会の事務局には、教育委員会規則の定めるところにより、必要な部課を置くことができる。

（事務局の職員）

第四五条 都道府県委員会の事務局に、指導主事、教科用図書の検定又は採択、教科内容及びその取扱、建築その他必要な事項に関する専門職員並びにその他必要な事務職員を置く。

2 地方委員会の事務局には、都道府県委員会の事務局に準じて必要な職員を置く。

3 前二項に規定する職員の定数は、当該地方公共団体の条例でこれを定めなければならない。

4 第一項及び第二項の職員並びに学校の事務職員は、教育長の推薦により、教育委員会が、これを任命する。

第四六条 指導主事は、教員に助言と指導を与える。但し、命令及び監督をしてはならない。

第四七条 教科用図書の検定又は採択、教科内容及びその取扱、その他特殊な事項に関する専門職員には、教員をもって、これに充てることができる。但し、その期間中は、教員の職務を行わないことができる。

第三章 教育委員会の職務権限

（教育委員会の所管）

第四八条 都道府県委員会は、都道府県の設置する学校その他の教育機関を、地方委員会は、当該地方公共団体の設置する学校その他の教育機関をそれぞれ所管する。

2 当該教育委員会は、その協議により都道府県の設置する高等学校を市町村に、又は市町村の設置する高等学校を都道府県に移管することができる。

（教育委員会の事務）

第四九条 教育委員会は左の事務を行う。但し、この場合において教育長に対し、助言と推薦を求めることができる。

一　学校その他の教育機関の設置及び廃止に関すること。
二　学校その他の教育機関の運営及び管理に関すること。
三　教科内容及びその取扱に関すること。
四　教科用図書の採択に関すること。
五　別に教育公務員の任免等に関して規定する法律の規定に基き、校長及び教員の任免その他の人事に関すること。
六　教育委員会及び学校その他の教育機関の職員の任免その他の人事に関すること。
七　教員その他教育関係職員の組織する労働組合に関すること。
八　学校その他の教育機関の敷地の設定及び変更並びに校舎その他建物の営繕、保全の計画及びその実施の指導に関すること。
九　教具その他の設備の整備計画に関すること。
十　教育委員会規則の制定又は改廃に関すること。
十一　教育委員会の所掌に係る歳入歳出予算に関すること。
十二　教育目的のための基本財産及び積立金の管理に関すること。
十三　教育事務のための契約に関すること。
十四　社会教育に関すること。
十五　校長、教員その他教育職員の研修に関すること。
十六　証書及び公文書類を保管すること。

十七　教育の調査及び統計に関すること。
十八　その他法律に別段の定のない、その所轄地域の教育事務に関すること。
第五〇条　都道府県委員会は、前条各号に掲げる事務を行う外、左の事務を行う。但し、この場合において、教育長に対し、助言と推薦を求めることができる。
一　別に教育職員の免許に関して規定する法律の定めるところに従い、教育職員の免許状を発行すること。
二　文部大臣の定める基準に従い、都道府県内のすべての学校の教科用図書の検定を行うこと。
三　地方委員会に対し、技術的、専門的な助言と指導を与えること。
四　高等学校の通学区域の設定又は変更に関すること。
五　その他法令により、その職務権限に属する事項。
第五一条　校長及び教員の任免、給与等の人事その他共通する必要な事項を決定するために、都道府県内の地方委員会と都道府県委員会が連合して協議会を設けることができる。
2　前項の協議会の決議は、全員一致によらなければならない。
3　協議会に関して必要な事項は、当該教育委員会の協議によって、これを定めなければならない。
第五二条　特別区の教育委員会については、第四十九条第一項第三号及び第四号の規定は、これを適用せず、都の教育委員会が、これを行う。
（教育委員会規則）
第五三条　教育委員会は、法令に違反しない限りにおいて、その権限に属する事務に関し教育委員会規則を制定することができる。
2　教育委員会規則は、一定の公告式により、これを告示しなければならない。

（通学区域の設定）

第五四条　都道府県委員会は、高等学校の教育の普及及びその機会均等を図るため、その所轄の地域を数箇の通学区域に分ける。但し、必要がある場合には、生徒の就学につきこれを調整することができる。

（報告書の提出）

第五五条　都道府県委員会は、地方委員会に対し、文部大臣は、都道府県委員会及び地方委員会に対し、各所轄区域の教育に関する年報その他必要な報告書を提出させることができる。

2　法律に別段の定がある場合の外、文部大臣は、都道府県委員会及び地方委員会に対し、都道府県委員会は、地方委員会に対して行政上及び運営上指揮監督をしてはならない。

（予算の編成）

第五六条　教育委員会は、毎会計年度、その所掌に係る歳入歳出の見積に関する書類を作成し、これを地方公共団体における予算の統合調整に供するため、地方公共団体の長に送付しなければならない。

第五七条　地方公共団体の長は、毎会計年度、歳入歳出予算を作成するに当って、教育委員会の送付に係る歳出見積を減額しようとするときは、あらかじめ教育委員会の意見を求めなければならない。

第五八条　地方公共団体の長は、教育委員会の歳出見積を減額した場合においては、教育委員会の送付に係る歳出見積について、その詳細を歳入歳出予算に附記するとともに、地方公共団体の議会が教育委員会の送付に係る歳出額を修正する場合における必要な財源についても明記しなければならない。

（予算の執行）

第五九条　地方公共団体の議会において予算を議決したときは、地方公共団体の長は、教育委員会の所掌に係る予算を、当該教育委員会に配当しなければならない。

第六〇条　教育委員会は、その所掌に係る予算について、その配当の範囲内で、支出を出納長又は収入役に命令する。

（議会の議決を経るべき事件）

第六一条　教育委員会は、法令により地方公共団体の議決を経るべき事件のうち、左のものに関する議案の原案を地方公共団体の長に送付する。

一　教育目的のための基本財産及び積立金の設置、管理及び処分に関すること。

二　教育事業のための地方債に関すること。

三　授業料その他教育に関する使用料及び手数料に関すること。

四　第三十一条第三項、第四十五条第三項及び第六十六条第二項に規定する条例の制定又は改廃に関すること。

第六二条　地方公共団体の長は、前条各号の事件につきその議案を地方公共団体の議会の議決に付するに当って、教育委員会の送付に係る原案を修正しようとするときは、あらかじめ教育委員会の意見を求めなければならない。

第六三条　地方公共団体の長は、教育委員会の送付に係る原案を修正した場合においては、その議案に教育委員会の送付に係る原案及び教育委員会の意見を附記しなければならない。

第六四条および第六五条〔省略〕

第四章　雑則

（学校その他教育機関の職員）

第六六条　都道府県及び市町村に校長、教員及び学校の事務職員を置く。

2　校長、教員及び学校の事務職員の定数は、法律又は政令に別段の定がある場合の外、当該地方公共団体の条例で、これを定めなければならない。

3　校長及び教員の身分に関しては、この法律に別段の定があるものを除く外、別に教育公務員の任免等に関して規定する法律の定めるところによる。

4　教育委員会の所管に属する学校以外の教育機関に、必要な職員を置く。

第六七条および第六八条〔省略〕

附　則〔抄〕

第七〇条　大阪市、京都市、名古屋市、神戸市及び横浜市（五大市という。以下同じ。）を除く市町村の教育委員会の設置は、昭和二十五年十一月一日までに、これを行わなければならない。但しその設置に関し必要な事項は、政令でこれを定めることができる。

第七一条　この法律施行後、都道府県又は五大市の教育委員会が成立するまでの間、この法律により教育委員会が行うべき事務は、なお従前の例により、各相当機関がこれを行う。

第七二条　この法律により初めて行う都道府県又は五大市の教育委員会の委員の選挙は、昭和二十三年十月五日に、任期四年の委員の選挙と、任期二年の委員の選挙とをそれぞれ一つの選挙で合併して、これを行う。

第七三条　前条第一項の選挙が行われたときは、都道府県知事又は五大市の市長は、二十日以内に、教育委員会の会議を招集しなければならない。

2　都道府県及び五大市の教育委員会は、昭和二十三年十一月一日に成立するものとする。

第八六条　教科用図書は、第四十九条第四号及び第五十条第二号の規定にかかわらず、用紙割当制が廃止されるまで、文部大臣の検定を経た教科用図書又は文部大臣において著作権を有する教科用図書のうちから、都道府県委員会が、これを採択する。

〔注〕　本法は、地方教育行政の組織及び運営に関する法律（昭和三十一年法律第百六十二号）附則第一条、第二条

により昭和三十一年九月三十日に失効。

7　教育委員会法のしおり（一九四八・九）

文部省

教育委員会とは

一　教育は、だれのものか

かりに、人口一万の町を想像してみましょう。この町には、小学校、中学校へ通う子供は、だいたい人口の二割とみて二千人います。一世帯五人家族と推定して二千世帯、つまり一家族に少なくともひとりは学校へ通う子供がいることになります。この子供は、家庭にあっては、両親、家族の人たちのかわいい子供ですが、町全体として考えても、次の時代の町をになう大事な子供です。そこで町の人たちは、みんなで税金や寄附金を出しあって学校を建て、子供たちは、この学校で先生がたを中心として正しく教育されているのです。子供たちが正しく教育されなければ、それは父母の悲しみだけでなく、やがては、次の時代の町の人たちがりっぱになることもできず、町の幸福も望めません。だから、町の人たちは、そのために必要な税金を出し、学校がよくなるように、子供たちがりっぱに教育されるようにと、将来のこともあわせて心配し、また考えているのです。

子供の教育は、親だけの仕事、先生だけの仕事、学校だけの仕事であり、学校の仕事は、先生だけの仕事、町の役人だけの仕事だと考えることが、果たしてできるでしょうか。

今の子供たちは、次の時代のおとなとして、美しく正しく、そして力強く育て上げられなければなりませんが、それには父母の強い愛育だけでなく、町全体、社会全体の力によって教育されなければならないのです。教育は、町全体のもの、社会全体のものです。

こんど、教育委員会法という法律ができて、全国に教育委員会が設けられることになりました。これは、教育が、町全体のもの、社会全体、国民すべてのものであるという立場から、学校や社会の教育を行ってゆくために設けられたものです。

二　なぜ教育委員会制度を設けたか

新しい憲法ができてから、日本の政治、行政の根本的な考え方が変わり、これに伴なって社会や文化のあり方も変化しました。

新憲法は、国の主権は国民に存することを宣言して、民主主義を根本原理としています。新憲法にのっとって昨年の三月制定された教育基本法は、教育が力ずくの意見や道理にあわない理くつによって行われるものではなく、国民全体が直接に責任を負うべきものであることを規定しています。また内閣総理大臣の諮問機関である教育刷新委員会は、教育行政の刷新についていろいろ研究した結果を、内閣総理大臣に建議いたしましたが、その建議の中で、特に教育についての公正な国民の意見や考え方を尊重し、教育の自主性を確保し、教育行政の地方分権を行うべきことを強調しています。憲法を中心とするこれらの思想や建議の趣旨を具体的に教育行政に表わすことと、過去の反省とから、だいたい次の三つの基本的な考え方で、教育委員会制度ができたのです。

1　これまでの地方の教育行政は、一般地方行政の一部門として行われていました。また、その責任もひとりの行政官に属していたのです。過去の姿をふりかえってみると、この制度のもとで地方の教育はかなりゆがめられ、おさえられていましたし、特に過去十年ほどの間は、いわゆる官僚的または集権的といわれる傾向が強くて、ついには少数の人の考え一つで、一般の人の気持は考慮されずに教育を左右することになり、のびのびした真理をめざす人間の教育、社会全体のための教育という目的をとげることができなかったのです。これに反して、教育委員会は、一般の住民から選挙された数人の委員で組織されるのですから、委員会の意思は、住民全部の意思と考えることができます。また、委員会制度は、ひとりの行政官ではなく、数人の集まりですから、個人のおちいりやすい、かたよった考えをさけることができます。教育委員会の制度には、何よりも、この憲法や教育基本法の思想である民主主義を生かすことが、第一の考え方として取り上げられています。

2　これまで、教育は、すべて上から与えられていました。どんなことを教えるか、どんな教科書を使うかは、国で定めていました。そのために、気候の違いも、地方の実情もあまり考慮されずに、同じような教育が、形の上から同時に全国的に行われていたわけです。これでは、ひとりひとりの自由な考えや、その地方の特色が生かされません。それで今までのやり方を改めて、地方にできる民主的な教育委員会で、これらのことを取り扱うことにしました。つまり、どんなことを、一年の間のどの時期に、その地方の実情にあった方法で教えるか、そのためにどんな教科書が必要か等をきめるのです。もちろん、国民として一定の教育程度をもつことが必要で、そのための基準だけは、今後も国で定めてゆきます。

そのほか、その地方の事情とか特殊な性格を考えて、その地方に最もふさわしい方法で教育や文化を盛んにする任務が、教育委員会にはあるのです。

細かいことまで国できめて監督していた強い中央集権をゆるめて、教育行政の地方分権を行うという考え方が、第二に根本的に取られています。

3　これまでの地方の教育行政は、前にも述べたように、一般行政の中で一般行政官である知事とか市町村長の手で行われていました。学校を建てる場合には、議会の議決によっていました。また、教育上の細かいことまでも国の定めや文部省のさしずによっていたわけです。ところで知事や市町村長または議会の活動は、いわゆる政治的な活動であり、特に民主主義の原理によると、政治は政党政治ということになってきます。教育も政治も長い目でみれば、その理想とするところは一致していますが、実際には、政治は、現実的な問題にとらわれすぎたり、また、ある一つの力の強い組織に左右されたりしがちです。これに反して教育は、常に社会の将来の建設をめざすものであり、未来に備えるものであるともいえるのです。そして教育は、真理をめざして人間を育成する営みです。ここに教育の特殊な使命があるのです。それで、もし教育に、国や地方における現実的な政治活動の影響が常に及ぶとすると、いわゆる不当な支配が教育に加わる場合も生じて、教育の特殊な使命を完全に果たすことができなくなります。もちろん不当な支配は政治からだけ加わるものではなく、いろいろな方面からもきますが、すべて、教育の使命を果たす上からみて正しくない、適当でないと考えられる支配から教育を守ることは、どうしても必要なことです。そのために、教育委員会は、国民と国民の代表者に対して責任を負い、法令の規定に従って仕事をするので、ほかからの干渉を受けることはありません。これが、教育の自主性を確保しようとする考えで、教育委員会制度の一つの重要な精神です。

だいたい以上に述べたような三つの基本的な考え方、つまり、教育行政の民主化と地方分権化、それと教育の自主性を確保することが、教育委員会法の精神ですが、これは、同時に、今後教育委員会を運営してゆく場合にも、のっとられるべき精神です。

三　教育委員会は、どんな組織をもっているか

教育委員会は、都道府県と市町村に設けられ、りっぱな教育を行うために必要ないろいろの仕事、言いかえれば、「教育行政」をする機関です。教育委員会は、都道府県の場合には七人、また市町村の場合には五人の委員で構成さ

れます。このうちひとりは、都道府県や市町村の議会の議員ですが、あとの六人または四人は、住民の一般選挙によって選ぶことになっています。ちょうど、市町村長や市町村の議会の議員を選挙するときと同じような方法で、教育委員会の委員を選挙するのです。委員の任期は四年ですが、二年ごとに半数ずつが選びなおされるので、四年目に委員の全部が一度に代わって、教育の方針が急に変わるというようなことは起りません。また、教育委員会は教育長という職名の人を選任しますが、教育長は、教育の行政や財政について専門的な知識と経験をもった人であることが必要であり、さらに一定の免許状をもっていなければなりません。また、教育委員会に事務局が設けられ、ここに学科の指導に当たる指導主事をはじめ、教科内容・教科書・学校衛生・建築等の仕事にたずさわるいろいろな専門家やその他の職員が集まって、教育長のさしずをうけて、それぞれの事務をするのです。

四　教育委員会は、どんなことをするか

今までは、学校は、都道府県や市町村の議会できめて建て、市町村長が学校を管理していましたが、これからは、教育委員会で、どこに、どんな学校を建てるかをきめ、委員会で設置し、委員会で管理します。学校の先生は、知事が任命していましたが、これからは、そこの委員会が任命します。学校でどんなことを教え、どんな教科書を使うかは、文部大臣がきめていましたが、これからは、これらのことは、国の法律で基準をきめて、あとはこの委員会で、その基準に従って、その地方の実情や特徴を考えてきめるのです。ただ、教科書の検定は、都道府県の委員会でまとめて行い、地方委員会が、その範囲内で必要な教科書を選択します。教育費は、この委員会できめ、知事または市町村長を通じて議会で決定されます。

図書館や博物館・公民館を建て、これを運営したり、また子供をよくするためには、おとながまずりっぱな人にならなければなりませんが、そのための成人教育を計画、実施する、いわゆる社会教育の仕事も、そのほか学問・芸術

その他文化一般の振興も、教育委員会のたいせつな任務です。

要するに、今まで知事や市町村のしていた教育上の仕事は、みなこの委員会が行うのです。そのほか教育上必要ないろいろな調査をしたり、統計をつくって、その地方の教育・学術・文化の進歩をはかる仕事をするのが、教育委員会の任務です。

五　教育委員会はどうやって仕事をするか

先の町を例にとって話してみましょう。まず一般の選挙と議会とで選ばれた五人の委員のうちから、委員長をひとり選挙します。委員長は、毎月少なくとも一度は、定例の会議を招集します。その会議が、いつ、どこで開かれ、どんなことを取り扱うかは、会議の三日前に町の人々に知らされます。それで、会議を傍聴したい人は、だれでもこの会場に出て様子をきくことができるわけです。委員会の委員は、一般の町の人の中から選挙されるのですから、決して教育上の細かいことまで知っているわけではありません。ただ、子供の幸福や学校をよくすることなど、町の教育全体に深い関心と熱意をもっている、正しい心をもった人々が選ばれてなるのです。

そこで、教育上の専門のこと、細かいことは、専門的な知識と経験をもっている教育長に相談し、その意見をきいて、会議できめてゆきます。特に教科内容の決定や教科書の採択などについては、現職の学校の先生が、教育長を中心にしてその相談に参加します。会議できめたことは、教育長が、その通りに実行してゆくのです。

委員会の仕事は、ひとりひとりの委員が勝手にするのではなく、すべて会議で相談してきめなければなりません。そして、委員会の大事な任務は、その地方の教育や文化のためにどういうことが一番よいかをきめ、その決定した方針が正しく行われるのをよく見守って行くことであって、実際の仕事は教育長以下の職員にまかせればよいのです。

六　国民は、どのようにして教育を守り育てるか

1　委員の選挙について

以上の説明で、今改革が進められている日本の教育の方向と新しい制度である教育委員会のだいたいの様子がわかったことと思います。ところでこの新しい改革の方向の中にあって、新しい教育委員会制度について、われわれ国民はどのような態度をとるべきでしょうか。一番はじめにも述べたように、この制度は、教育は国民のものである、社会全体のものであるという精神を一番もとにおいて、国民と社会を深く信頼した制度です。特に教育委員会の委員を住民全部の直接選挙によって選ぶこととしたのは、この精神を最も徹底した形で表わしたものです。したがって教育委員会制度の一番根本の大事なことは、この委員の選挙なのです。委員を選挙する権利と義務は住民全部がもっているのです。そこでもし、国民のひとりひとりが、昔のままに、教育はだれかがやってくれるのだという誤った考えを改めないで、いいかげんに選挙したらどうなるでしょう。なんらかの野心をもっている人間が、この国民の無関心ないいかげんな気持につけこんで、うまいことを言って投票を集めてしまいます。また一部の者がじょうずな方法で選挙人の関心を呼びあつめて、その人たちだけで委員を全部占めてしまいます。そうなったら、その地方の教育は、これらの野心家の思うつぼにはまり、あるいは一部のかたよった考えに左右されて、真理を求める人間の教育、社会全体のための教育はゆがめられ、その結果は、自分たちの子供の教育に好ましくない影響が及ぼされることになります。こんなことにならないように、自分たちひとりひとりの一票が集まって、それが委員会の意思となり、子供の教育や町の幸福にかえってくるのだと考え、どんな誘惑にもまけず、子供に対する親の愛、次の時代にバトンを渡す今日のおとなとしての責任感から、積極的に教育のすこやかな成長と発展を願って投票をしたいものです。このような人たちが多ければ多いほど、この熱心なまごころが委員会に反映して、みんなの望む町の教育がはぐくまれ、発展してゆくことになります。教育は国民のものということが、国民が一票を投ずる行為によってはっきり生かされるとい

うことを深く考える必要があります。

ところで、教育に対する国民の意思は、この選挙のときに表わすだけでおしまいなのでしょうか。国民がこの人ならと思って選挙した委員がみんなの意思に反して正しくないことをしたり、ちっとも積極的に教育のことを考えなかったりした場合にはどうしたらよいのでしょうか。法律には、こんな場合を予想して、委員の解職の請求という権利を国民に認めています。それは、前に述べたような場合に、選挙をした人たちが、こんなはずではなかった。自分たちの期待が裏切られたと考えた時には、選挙人の三分の一以上の人々の署名を集めて、あの委員をやめさせてくれと要求することができるのです。したがって、委員は、いつも国民の批判を受けながら行動することになり、国民は、「教育は国民のもの」という権利と責任を絶えず行使できるし、また行使しなければならないわけなのです。

2　委員の選挙方法

教育委員会の委員の選挙方法は、だいたい地方の議会の議員の選挙の場合と同じ方法であると前に申しましたが、それと違うおもな点は、

一　教育委員会の委員の候補者は、選挙人六十人以上の人が署名して推薦した人でなければなりません。自分ひとりで立候補することはできません。これは、いわゆる「出たい人より出したい人。」という、選挙のときによく使われることばの精神から出たものです。選挙人から出て下さいと推薦されることが必要です。また他の選挙に普通ある供託金制度は、この場合とられていません。

二　選挙は、市町村にしても都道府県にしても、選挙区というものを分けていません。町なら町を全部一つの地区として選挙いたします。

三　委員は、二年ごとに定数の半分ずつ選挙します。たとえば、町では、選挙される委員の定数が四人ですが、二年ごとにふたりずつ選びます。任期は四年ですから、こうすると一度に委員が全部交代することがなく、ふたりが二

8 教育ニ関スル勅語

朕惟フニ我カ皇祖皇宗國ヲ肇ムルコト宏遠ニ徳ヲ樹ツルコト深厚ナリ我カ臣民克ク忠ニ克ク孝ニ億兆心ヲ一ニシテ世々厥ノ美ヲ濟セルハ此レ我カ國體ノ精華ニシテ教育ノ淵源亦實ニ此ニ存ス爾臣民父母ニ孝ニ兄弟ニ友ニ夫婦相和シ朋友相信シ恭儉己レヲ持シ博愛衆ニ及ホシ學ヲ修メ業ヲ習ヒ以テ智能ヲ啓發シ徳器ヲ成就シ進テ公益ヲ廣メ世務ヲ開キ常ニ國憲ヲ重シ國法ニ遵ヒ一旦緩急アレハ義勇公ニ奉シ以テ天壤無窮ノ皇運ヲ扶翼スヘシ是ノ如キハ獨リ朕カ忠良ノ臣民タルノミナラス又以テ爾祖先ノ遺風ヲ顯彰スルニ足ラン

斯ノ道ハ實ニ我カ皇祖皇宗ノ遺訓ニシテ子孫臣民ノ倶ニ遵守スヘキ所之ヲ古今ニ通シテ謬ラス之ヲ中外ニ施シテ悖ラス朕爾臣民ト倶ニ拳々服膺シテ咸其徳ヲ一ニセンコトヲ庶幾フ

明治二十三年十月三十日

御名御璽

『尋常小学修身書　巻四』児童用。1920（大正９）年発行。

出典：岩本　努『教育勅語の研究』民衆社　2001,10-11頁

年ずつ食い違って在任することになります。

四　二年ごとに選挙が必ず行われるので、その中間には、補欠選挙や再選挙などの特別選挙は、原則として行わないことになっています。

以上が主として違う点です。

ことしは、都道府県と大阪・京都・名古屋・神戸・横浜の五大市とその他の市町村に教育委員会がおかれるのですが、その委員の選挙は、十月五日、全国いっせいに行われます。したがって九月の初めごろから候補者がきまって、その選挙運動が行われますが、われわれは今まで述べて来た教育委員会制度の精神を十分理解して、しっかりした考えをもって、自分たちの教育についての考えをそのまま選挙に表わすようにしなければなりません。

〔国立教育研究所『戦後教育資料』、文部省調査局長通達添付資料〕

9 教育勅語等排除に関する決議

一九四八（昭二三）年六月一九日（衆議院可決）

民主平和国家として世界史的建設途上にあるわが国の

現実は、その精神内容において未だ決定的な民主化を確認するを得ないのは遺憾である。これが徹底に最も緊要なことは教育基本法に則り、教育の革新と振興とをはかることにある。しかるに既に過去の文書となっている教育勅語並びに陸海軍軍人に賜わりたる勅諭その他の教育に関する諸詔勅が、今日もなお国民道徳の指導原理としての性格を持続しているかの如く誤解されるのは、従来の行政上の措置が不十分であったがためである。

思うに、これらの詔勅の根本理念が主権在君並びに神話的国体観に基いている事実は、明かに基本的人件を損い、且つ国際信義に対して疑点を残すもととなる。よって憲法第九十八条の本旨に従い、ここに衆議院は院議を以て、これらの詔勅を排除し、その指導原理的性格を認めないことを宣言する。政府は直ちにこれらの詔勅の謄本を回収し、排除の措置を完了すべきである。

10　教育勅語等の失効確認に関する決議　一九四八（昭二三）年六月一九日（参議院可決）

われらは、さきに日本国憲法の人類普遍の原理に則り、教育基本法を制定して、わが国家及びわが民族を中心とする教育の誤りを徹底的に払拭し、真理と平和とを希求する人間を育成する民主主義的教育理念をおごそかに宣明した。その結果として、教育勅語は、軍人に賜はりたる勅諭、戊申詔書、青少年学徒に賜はりたる勅語その他の諸詔勅とともに、既に廃止せられその効力を失っている。

しかし教育勅語等が、あるいは従来の如き効力を今日なお保有するかの疑いを懐く者あるをおもんぱかり、われらはとくに、それらが既に効力を失っている事実を明確にするとともに、政府をして教育勅語その他の諸詔勅の謄本をもれなく回収せしめる。

われらはここに、教育の真の権威の確立と国民道徳の振興のために、全国民が一致して教育基本法の明示する新教育理念の普及徹底に努力をいたすべきことを期する。

右決議する。

11　中野区教育委員候補者選定に関する区民投票条例（昭和五十五年七月七日公布）

中野区条例第二十三号　㊟〔　〕内は五十四年五月二十五日公布の最初の条例で、〔　〕のない条文は修正なし。

（目的）

第一条　この条例は、日本国憲法、教育基本法の精神に基づき、区長が、地方教育行政の組織及び運営に関する法律（昭和三十一年法律第一六二号）第四条に定める教育委員会の委員（以下「教育委員」という。）を任命するに先立ち、区民の自由な意志が教育行政に反映されるよう民主的な手続きを確保し、もって教育行政の健全な発達を期することを目的とする。

（教育委員候補者の選定）

第二条　区長は、前条の目的を達成するため、区民の投票（以下「区民投票」という。）を実施し、その結果を参考にしなければならない。

〔第二条　区長は、前条の目的を達成するため、教育委員候補者を選定するにあたっては、区長が実施する区民の投票（以下「区民投票」という。）の結果を尊重しなければならない。〕

（区民投票）

第三条　区民投票は、教育委員候補者になろうとする旨を区長に届け出たもの（以下「立候補者」という。）について行う。

2　前項の区民投票は、郵便投票とし、四年ごとに行うものとする。

〔2　前項の区民投票は、教育委員候補者の定数を二人と三人に分け、二年ごとに行うものとする。〕

3　区民投票の投票期限は少なくとも三十日前に告示しなければならない。

（立候補者の資格）

第四条　教育委員候補者になろうとする者は、区長の被選挙権を有するもので、教育に関して深い理解と識見を有するものとする。

（立候補の届出）

第五条　教育委員候補者になろうとする者は、第三条第三項の告示のあった日から五日以内に、郵便によることなく、文書でその旨を区長に届け出なければならない。

2　前項に定める届出をする場合には、区の住民基本台帳に登録されている年齢満二十年以上の区民六十人以上百人未満の推せん書を添付しなければならない。

〔2　前項に定める届出をする場合には、区の選挙人名簿に登録されている区民六十人以上の推せん書を添付しなければならない。〕

第六条　削　除

〔（欠員の補充）

第六条　区長は、教育委員に欠員を生じたときは、第三条に基づく直前の区民投票の得票の得票順に、これを教育委員候補者として尊重しなければならない。

2　区長は、次の各号の一に該当する理由により前項に規定する教育委員候補者として尊重すべき者（本項において「欠員補充候補者」という。）がいないときは、その欠員補充に係る区民投票を行うものとする。

一　地方教育行政の組織及び運営に関する法律第四条第二項に該当するとき。

二　欠員補充候補者が、教育委員候補者となることを辞退したとき。

三　欠員補充候補者がいないとき。

（投票資格）

第七条　第三条第三項に規定する告示の日前十日現在において、区の住民基本台帳に登録されている年齢満二十年以上の者は、投票を行うことができる。

（投票資格）

第七条　区民投票の期日の告示のあった日において、区の選挙人名簿に登録されている者は、投票を行うことができる。

（運用の公正と運動の公営）

第八条　区民投票に関する運動は、教育の中立性を尊重して、公正に行われなければならない。

第八条　区民投票に関する事務並びに教育委員候補者になろうとするために行われる運動は、教育の中立性を尊重して、公正に行われなければならない。

2　立候補者が行う運動は、区長と立候補者が別に定める協定によらなければならない。

3　区長は、前項に規定する協定を区報等で区民に知らせるものとする。

4　区長は、区民投票の公正を確保するため、次の事項を行う。

一　第三条により届出のあった者の経歴、主張及び見解等を記載した公報の発行及び配布
二　立候補者共同のポスター掲示及び意見発表会の開催
三　その他必要と認める事項
5　前条の規定により投票することができる者は、区民投票の公正の確保に関し、区長に意見を申出ることができる。

（結果の公表）
第九条　区長は、区民投票の結果を、区民に対しすみやかに公表しなければならない。
〔2　区長は、必要があると認めるときは、前項の公表にあたり、前条第五項の意見をあわせて公表することができる。〕

（委　任）
第十条　この条例の施行に関し、必要な事項は規則で定める。

（附　則）
1　この条例は、公布の日から施行する。
2　第三条の規定に基づく第一回目の区民投票は、昭和五十六年二月末日までに行う。
〔2　第三条の規定に基づく第一回目の区民投票は、昭和五十五年十月に行うものとし、教育委員候補者の定数は三人とする。〕

附　則（昭和五十五年七月七日条例第二一号）
この条例は、公布の日から施行する。

12　中野区教育行政における区民参加に関する条例

（目的）

第一条　この条例は、中野区の教育の分野における区民の主体的な取組を踏まえ、区民の意思が教育行政に適切に反映されるべきであるとの認識に基づいて、教育行政を推進するに当たっての区民参加の原則を確認し、もってより良い教育の実現を図ることを目的とする。

（区民参加の原則）

第二条　教育行政における区民参加（以下単に「区民参加」という。）は、次の原則に従い行われるものとする。

一　区民参加は、教育に関する問題について区民の意見を総合し、地域の意思の形成をめざして行われるものであること。

二　区民参加は、年齢、国籍等にかかわらず、すべての区民にその機会が保障されるものであること。

三　区民参加は、具体的な仕組み及び手続により保障されるものであること。

四　区民参加は、教育の政治的中立を尊重して行われるものであること。

（区民参加の仕組み）

第三条　区民参加の仕組みは、教育に関する施策又は事業の内容、性質、重要性等に応じ、審議会、協議会等の設置、公聴会、対話集会等の開催、意向調査の実施その他の適切な形態及び方法によるものとする。

（区民参加における配慮事項）
第四条　区民参加においては、権利の主体としての子どもの参加と意見表明の機会が保障されるよう配慮されなければならない。
2　区民参加においては、区民が区の機関に対し、直接かつ個別に意見、苦情等を申し出ることができるよう配慮されなければならない。
3　前項の意見、苦情等については、区の機関において公平かつ責任ある方法で処理されるものとし、当該意見、苦情等を申し出た区民は、そのことを理由としていかなる差別的取扱も受けないものとする。

（区民の役割）
第五条　区民は、家庭及び地域における教育の機能を高め、教育環境を向上をさせるよう努めるものとする。

（区の機関の責務）
第六条　区の機関は、相互に連携し、区民参加の成果を主体的に実現するよう努めなければならない。
2　区の機関は、区民参加を促進するため、区民の自主的な活動を支援するとともに、区の機関が保有する情報を積極的に区民に提供し、その意思決定の過程についても公開するよう努めなければならない。
3　区の機関は、職員が区民参加の意義を理解し、これを尊重するよう研修その他の必要な措置を講じなければならない。

中野区教育委員会『教育だより　なかの』第八一号（一九九七年三月三一日発行）

13　学習指導要領一般編（試案）〔抄〕

一九四七（昭和二二）年三月二〇日　文部省

序論

一　なぜこの書はつくられたか

いまわが国の教育はこれまでとちがった方向にむかって進んでいる。この方向がどんな方向をとり、どんなふうのあらわれを見せているかということは、もはやだれの胸にもそれと感ぜられていることと思う。このようなあらわれのうちでいちばん大切だと思われることは、これまでとかく上の方からきめて与えられたことを、どこまでそのとおりに実行するといった画一的な傾きのあったのが、こんどはむしろ下の方からみんなの力で、いろいろと、作りあげて行くようになって来たということである。

これまでの教育では、その内容を中央できめると、それをどんなところでも、どんな児童にも一様にあてはめて行こうとした。だからどうしてもいわゆる画一的になって、教育の実際の場での創意や工夫がなされる余地がなかった。このようなことは、教育の実際にいろいろな不合理をもたらし、教育の生気をそぐようなことになった。たとえば、四月のはじめには、どこでも桜の花のことをおしえるようにきめられたために、あるところでは花はとっくに散ってしまったのに、それをおしえなくてはならないし、あるところではまだつぼみのかたい桜の木をながめながら花のことをおしえなくてはならない、といったようなことさえあった。また都会の児童も、山の中の児童も、そのまわりの状態のちがいなどにおかまいなく同じことを教えられるといった不合理なこともあった。しかもそのようなやり方、教育の現場で指導にあたる教師の立場を、機械的なものにしてしまって、自分の創意や工夫の力を失わせ、ために教育に生き生きした動きを少なくするようなことになり、時には教師の考えを、あてがわれたことを型どおりにおしえておけばよい、といった気持におとしいれ、ほんとうに生きた指導をしようとする心持を失わせるようなこともあったのである。

もちろん教育に一定の目標があることは事実である。また一つの骨組みに従って行くことを要求されていることも事実である。しかしそういう目標に達するためには、その骨組みに従いながらも、その地域の社会の特性や、学校の施設の実情や、さらに児童の特性に応じて、それぞれの現場でそれらの事情にぴったりした内容を考え、その方法を工夫してこそよく行くのであって、ただあてがわれた型のとおりにやるのでは、かえって目的を達するに遠くなるのである。またそういう工夫があってこそ、生きた教師の働きが求められるのであって、型のとおりにやるのなら教師は機械にすぎない。そのために熱意が失われがちになるのは当然といわなければならない。これからの教育が、ほんとうに民主的な国民を育てあげて行こうとするならば、まずこのような点から改められなくてはなるまい。このために、直接に児童に接してその育成の任に当たる教師は、よくそれぞれの地域の社会の特性を見てとり、児童を知って、たえず教育の内容についても、方法についても工夫をこらして、これを適切なものにして、教育の目的を達するように努めなくてはなるまい。いまこの祖国の新しい出発に際して教育の負っている責任の重大であることは、いやしくも、教育者たるものの、だれもが痛感しているところである。われわれは児童を愛し、社会を愛し、国を愛し、そしてりっぱな国民をそだてあげて、世界の文化の発展につくそうとする望みを胸において、あらんかぎりの努力をさゝげなくてはならない。そのためにまずわれわれの教壇生活をこのようにして充実し、われわれの力で日本の教育をりっぱなものにして行くことがなによりたいせつなのではないだろうか。

この書は、学習の指導について述べるのが目的であるが、これまでの教師用書のように、一つの動かすことのできない道をきめて、それを示そうとするような目的でつくられたものではない。新しく児童の要求と社会の要求とに応じて生まれた教科課程をどんなふうにして生かして行くかを教師自身が自分で研究して行く手びきとして書かれたものである。しかし、新しい学年のために短い時間で編集を進めなければならなかったため、すべてについて十分意を尽すことができなかったし、教師各位の意見をまとめることもできなかった。ただこの編集のために作られた委員会の意見と、一部分の実際家の意見によって、とりいそぎまとめたものである。この書を読まれる人々は、これが全くの試みとして作られたことを念頭におかれ、今後完全なものをつくるために、続続と意見を寄せられて、その完成に協力されることを切に望むものである。

二〔以下略〕

14 学習指導要領の改訂経過一覧

	小学校	中学校	高等学校
1947	47・3・20『一般編（試案）』発行 以下『各教科編（試案）』発行（47・4より実施）	47・3・20『一般編（試案）』発行 以下『各教科編（試案）』発行（47・4より実施）	47・4・7「新制高等学校の教科課程に関する件」通達 『一般編（補遺）』 以下『各教科編』発行（47・4より実施）
1951	51・7・10『一般編（試案）』改訂 以下『各教科編（試案）』発行	51・7・10『一般編（試案）』改訂 以下『各教科編（試案）』発行	
1955	55・12・15『社会科編』改訂発行のみ（55・4より実施）	56・2・20『社会科編』改訂発行のみ（55・4より実施）	55・12・5『一般編』改訂発行 以下『各教科編』発行（全面改訂、56・4より学年進行により実施）
1958	58・10・1告示 全面改訂（61・4より実施）	58・10・1告示 全面改訂（62・4より実施）	60・10・15告示 全面改訂（63・4より学年進行により実施）
1968	68・7・11告示 全面改訂（71・4より実施）	69・4・14告示 全面改訂（72・4より実施）	70・10・15告示 全面改訂（73・4より学年進行により実施）
1977	77・7・23告示 全面改訂（80・4より実施）	77・7・23告示 全面改訂（81・4より実施）	78・8・?告示 全面改訂（82・4より学年進行により実施）
1989	89・3・15告示 全面改訂（92・4より実施）	89・3・15告示 全面改訂（93・4より実施）	89・3・15告示 全面改訂（94・4より実施）
1998	98・12・14告示 全面改訂（02・4より実施）	98・12・14告示 全面改訂（02より実施）	99・3・29告示 全面改訂（03・4より実施）

(1947・1951年の小学校・中学校欄は一つのセル)

出典・歴史教育者協議会編『新版 日の丸・君が代・紀元節・教育勅語』地歴社 一九八一年
（浪本勝年氏作成・89年以降は奥田が補遺）

15　池田・ロバートソン会談日本側議事録草案要旨（一九五三年一〇月二一日）

この文書は、議題の順序に従って今日までに得られた成果を要約し、同時にまだ意見の一致をみていない分野を明らかにするためのものである。

（一）日本の防衛と米国の援助

（A）日本側代表団は十分な防衛努力を完全に実現する上で次の四つの制約があることを強調した。

（イ）法律的制約　　憲法第九条の規定のほか憲法改正手続きは非常に困難なものであり、たとえ国の指導者が憲法改正の措置を採ることがよいと信じたとしても、予見し得る将来の改正は可能とはみえない。

（ロ）政治的、社会的制約　　これは憲法起草にあたって占領軍当局がとった政策に源を発する。占領八年にわたって、日本人はいかなることが起っても武器をとるべきではないとの教育を最も強く受けたのは防衛の任に先ずつかなければならない青少年であった。

（ハ）経済的制約　　国民所得にたいする防衛費の比率あるいは国民一人あたりの防衛費負担額などによって他の国と比較することは、日本での生活水準がそれらの国のそれと似ている場合のみ意味がある。旧軍人や遺家族などの保護は防衛努力に先立って行われなければならぬ問題であり、これはまだ糸口についたばかりであるのにもかかわらず、大きい費用を必要としている。また日本は自然の災害に侵されやすく今会計年度で災害によるその額はすでに千五百億円に上っている。

（ニ）実際的制約　　教育の問題、共産主義の浸透の問題などから多数の青年を短期間に補充することは不可能であるかあるいは極めて危険である。

（B）会談当事者はこれらの制約を認めた上で、

（イ）十分とまではいえないにしてもともかく日本で防衛力といったものを作るだけではなく、これを維持するためにも今後数年間にわたり相当額の軍事援助が必要であることに同意した。米国側は日本側が考えている数およびその前提は低きに失することを指摘し、またこれらのものは重大な困難なしに発展向上させ得ると信じると述べた。日本側代表団は米政府が考慮中の軍事援助の種類および金額を知りたいと希望している。また日本側代表は提示した計画の基本的前提を変えることなしに向上させ得る方法について示唆を受けることを歓迎する。

（ロ）米政府は、米国駐留軍のための日本の支出額は、日本自身の防衛計画のための支出が増大するにつれて減少すべきものであることを認めかつ同意した。

（ハ）会談当事者は日本国民の防衛に対する責任感を増大させるような日本の空気を助長することが最も重要であることに同意した。日本政府は教育および広報によって日本に愛国心と自衛のための自発的精神が成長するような空気を助長することに第一の責任をもつものである。

（C）しかし外国の援助もまたこのような空気の助長に役立つ。貧しいが自尊心の強い国民にとって外国からの援助のうち最も効果的なものは、寛大な友情が示されることである。（以下略）

（二）東南アジア貿易と賠償（略）

（三）中共貿易（略）

（四）ガリオアの処理（略）

（五）外国資本の投資（借款を含む）（略）

（六）日本の国内政策（略）

一九五三（昭二八）年一〇月二五日付朝日新聞（朝刊）より抜萃。（一）は新聞どおり　（二）～（六）は項目のみ。

16　教職員の日教組脱退促進に関する対策（昭和三五年七月—自民党文教問題対策委員会）

日教組は過去二ヶ年にわたる勤評闘争を通じて、外からは世論の厳烈な批判、内からは脱退者の続出という苦境に立ち、ここに低姿勢へと戦術を転換した。しかし、これは戦線たてなおしのための戦術にすぎず、革命を目的とする日教組の基本的立場にはいささかの変化もみられない。しかも今後においては特に教育内容を管理することに全力をあげて方針を打ち出しているので、本質においてわが国教育の危機はむしろ一段と深化するものと予測される。ここにおいてわれわれは日教組の戦術転換にげん惑されることなく、日教組の革命教育を排除しわが国教育の正常な発展をはかるため、基本的には正しい教育理念の確立に努めると共に、当面、一般教職員を日教組の制約から解放することが緊急の要務であると考える。特にここ一年来、教職員の日教組脱退が相次ぎ（約七万人）脱退促進の風潮が醸成されているだけにこの際強力に推進すべきである。かくして教職員の日教組脱退促進をはかるべく日教組の内情を分析するとき、積極的に日教組ようごの立場に立つものは一部の活動分子にすぎず、大多数の教職員は日教組に入っていなければ身分や待遇が保証されないと軽信するか、あるいは日教組を脱退したくとも勇気に欠けているというのが実情である。

このような判断にたつとき、教職員の日教組脱退を促進するためには、第一に日教組に対する教職員の過大評価を一掃すべく管理体制の確立、第二に脱退促進の具体的方策の樹立、第三に脱退工作に必要なる資金の確保が必要である。この三点について今日までの各地における体験を参考にして検討するとき、次の如き措置が考えられる。

一、管理体制の確立
教育行政秩序を確立して、日教組の教育行政に対する不当な圧力は断乎として排除し、もって日教組に対する教職員の過大評価を一掃する。

㈠　管理機構の強化
教育長、事務局職員、教育出張所長等、管理機構から日教組分子を一掃し、確実に信頼できる人物を登用する。これがため当面三六年四月の定期大異動を目標として準備をすゝめる。

㈡　人事権の確立
1　人事に関する教組の意見は一切拒否し、且つ教組の指導分子は教育の破かい者である故、校長、教頭に任用しない。
2　脱退教職員、教委への協力者は教育の正常な発展のための協力者であるからこれを優遇する。
⑴　脱退に協力した校長の退職年限を延長する。
⑵　脱退教職員も校長、教頭に抜擢する等その栄進をはかる。
⑶　以上の趣旨を教育長にてっ底させるとともに、三六年四月の定期大異動を目標として準備をすすめる。

㈢　違反者の処分
法令に違反したもの、また業務命令に従わないものに対しては管理者自ら全責任をとる決意をもって、必ず厳重に処分する。たとえ些少なりとも違反行為は容認しない。

㈣　勤務評定の実施と活用
勤務評定は今後とも厳重に実施し、評定結果はこれを活用する。

㈤　学校管理規則の実施

学校管理規則の制定を促進し、その厳正な実施をはかる。

㈥　団体交渉の制限

免職処分をうけた教職員を役員とする教組に対しては交渉を一切拒否する。

二、脱退促進の具体的方策

㈠　関係機関との協力体制の整備

1　教職員を日教組から解放することこそ、真にわが国教育の正しい発展をはかる唯一の途であることの確固たる信念のもとに、有志教育委員が協力し、教育長にも脱退促進の決意を確立させる。

2　公安当局と緊密な連絡をとり、必要ある場合の支援体制の整備をしておく。

3　県議会関係の有志と連絡し、必要ある場合の支援体制の整備をしておく。

4　信頼できる学者、文化人を必要ある場合、講師団として動員できるよう準備をしておく。

㈡　集団脱退を目途に目標地域の設定

教職員は勇気に欠ける故、なるべく郡市単位に集団脱退させることとし、郡市単位に目標地域を設定する。

㈢　中心人物の選定と相互の連携の強化

目標地域において校長の中の有志、有能なる中堅教職員を選定し、これらが常に懇談して緊密な連絡を保ちつつ、それぞれの地域において同志を発見し、拡大していく。地教委の有志も側面からこれを支援する。

㈣　教組尖鋭分子対策

脱退促進工作の障害となる教組尖鋭分子を目標地域から締めだすため、なるべく組合活動困難な地域に移動させる。

㈤　広報活動の推進

日教組の批判的風潮を醸成し、脱退促進の気運をもりあげるために日教組批判、脱退状況の報道を内容とする広報活動を活発化する。

これがため、出版物の教職員自宅宛送付、学者・文化人の日教組批判の講演会を開催実施する。なお、脱退者が出るたびに新聞が大々的に宣伝するよう工作する。

㈥　脱退教職員の後援組織の設置

脱退教職員を支持し、更に脱退を促進するため脱退教職員の後援会組織をつくる。

㈦　専従者の制限

脱退促進を容易ならしめるため、脱退者が少ないか或は教組活動の活発な府県においては専従者に対する規制措置を講ずる。

三、資金網の確立

日教組からの脱退促進のためには、広報活動費、工作費等に相当の資金を必要とするので、各県毎に綿密な全体計画を作成することとし、その所要額に対しては文教懇談会の組織を通じて配布する。

17　学習権宣言（一九八五年・パリ第四回ユネスコ国際成人教育会議）

学習権を承認するか否かは、人類にとって、これまでにもまして重要な課題となっている。

学習権とは、

読み書きの権利であり、

問い続け、深く考える権利であり、
想像し、創造する権利であり、
自分自身の世界を読みとり、歴史をつづる権利であり、
あらゆる教育の手だてを得る権利であり、
個人的・集団的力量を発達させる権利である。

成人教育パリ会議は、この権利の重要性を再確認する。

学習権は未来のためにとっておかれる文化的ぜいたく品ではない。

それは、生き残るという問題が解決されてから生じる権利ではない。

それは、基礎的な欲求が満たされたあとに行使されるようなものではない。

学習権は、人間の生存にとって不可決な手段である。

もし、世界の人々が、食糧の生産やその他の基本的な人間の欲求が満たされることを望むならば、世界の人々は学習権をもたなければならない。

もし、女性も男性も、より健康な生活を営もうとするなら、彼らは学習権をもたなければならない。

もし、わたしたちが戦争を避けようとするなら、平和に生きることを学び、お互いに理解し合うことを学ばなければならない。

〝学習〟こそはキーワードである。

学習権なくしては、人間的発達はあり得ない。

学習権なくしては、農業や工業の躍進も地域の健康の増進もなく、そして、さらに学習条件の改善もないであろう。

この権利なしには、都市や農村で働く人たちの生活水準の向上もないであろう。

端的にいえば、このように学習権を理解することは、今日の人類にとって決定的に重要な諸問題を解決するために、わたしたちがなしうる最善の貢献の一つなのである。

しかし、学習権はたんなる経済発展の手段ではない。それは基本的権利の一つとしてとらえられなければならない。学習活動はあらゆる教育活動の中心に位置づけられ、人々を、なりゆきまかせの客体から、自らの歴史をつくる主体にかえていくものである。

それは基本的人権の一つであり、その正当性は普遍的である。学習権は、人類の一部のものに限定されてはならない。すなわち、男性や工業国や有産階級や、学校教育を受けられる幸運な若者たちだけの、排他的特権であってはならない。本パリ会議は、すべての国に対し、この権利を具体化し、すべての人々が効果的にそれを行使するのに必要な条件をつくるように要望する。そのためには、あらゆる人的・物的資源がととのえられ、教育制度がより公正な方向で再検討され、さらにさまざまな地域で成果をあげている手段や方法が参考となろう。

わたしたちは、政府・非政府双方のあらゆる組織が、国連、ユネスコ、その他の専門機関と協力して、世界的にこの権利を実現する活動をすすめることを切望する。

エルシノア、モントリオール、東京、パリと続いたユネスコ会議で、成人教育の大きな前進が記されたにもかかわらず、一方には問題の規模の大きさと複雑さがあり、他方には適切な解決方法を見出す個人やグループの力量の問題があり、そのギャップはせばめられてはいない。

一九八五年三月、ユネスコ本部で開かれた第四回国際成人教育会議は、現代の問題のスケールの大きさにもかかわらず、いやそれだからこそ、これまでの会議でおこなわれたアピールをくり返しのべて、あらゆる国につぎのことを要望する。すべての国は、成人教育の活動においても、サービスにおいてもたしかな発展をとげるために、大胆で想像力に満ちた努力をおこなうべきである。そのことによって、女性も男性も、個人としても集団としても、その目的や条件や実施上の手順を自分たちできめることができるようなタイプの成人教育を発展させるのに必要な、教育的・文化的・科学的・技術的蓄積を、わがものとなしうるのである。

この会議は女性と婦人団体が貢献してきた人間関係における新しい方向づけとそのエネルギーに注目し、賛意を表明する。その独自の経験と方法は、平和や男女間の平等のような人類の未来にかかわる基本的問題を解決するための中心的位置を占めるものである。したがって、より人間的な社会をもたらす計画のなかでの成人教育の発展に女性が参加することは、ぜひとも必要なことである。

人類の将来がどうなるか、それは誰がきめるのか。これはすべての政府・非政府組織、個人、グループが直面している問題である。これはまた、成人の教育活動に従事している女性と男性が、そしてすべての人間が個人として、集団として、さらに人類全体として、自らの運命を自ら統御することができるようにと努力している女性と男性が、直面している問題でもある。

〔国民教育研究所訳『国民教育』68　一九八六・七〕

THE RIGHT TO LEARN

Declaration of the Fourth UNESCO International Conference on Adult Education, Paris, 19-29 March 1985.

Recognition of the right to learn is now more than ever a major challenge for humanity.

The right to learn is:

- the right to read and write;
- the right to question and analyze;
- the right to imagine and create;
- the right to read one's own world and to write history;
- the right to have access to educational resources;
- the right to develop individual and collective skills.

The Paris Conference on Adult Education reaffirms the importance of this right. The right to learn is not a cultural luxury to be saved for some future date. It is not the next step to be taken once basic needs have been satisfied. The right to learn is an indispensable tool for the survival of humanity. If we want the people of the world to be self-sufficient in food production and other essential human needs, they must have the right to learn.

If women and men are to enjoy better health, they must have the right to learn. If we are to avoid war, we must learn to live in peace, and learn to understand one another.

'Learn' is the key word.

There can be no human development without the right to learn.

There will be no breakthroughs in agreculture and industry, no progress in community health and, indeed, no change in learning conditions without the right to learn.

Without this right there will be no improvements in the standard of living for workers in our cities and villages.

Inshort, the right to learn is one of the best contrebutions we can make to solving the crucial problems of humanity today.

But the right to learn is not only an instrument of economic development: it must be recognized as one of the fundamental rights.

The act of learning, lying as it does at the heart of all educational activity, changes human beings from objects at the mercy of events to subjects who create their own history.

It is a fundamental human right whose legitimacy is universal: the right to learn cannot be confined to one section of humanity: it must not be the exclusive privilege of men, or the industrialized countries, or the wealthy classes, or those young people fortunate enough to receive schooling.

The Paris conference calls on all countries to implement this right and to create the necessary conditions for its effective exercise by all, by making available all necessary human and material resources, rethinking education systems along more equitable lines and, finally, drawing on the resources than have been successfully developed by various communities.

We urge all organizations, both governmental and nongovernmental, to work with the United Nations, UNESCO and other specialized agencies to promote this right on a world scale.

In spite of the great progress in adult education that has been recorded at consecutive UNESCO conferences, in Elsinore, Montreal, Tokyo and Paris, the chasm has not narrowed between, on the one hand, the scale and complexity of the problems, and, on the other, the ability of individuals and groups to find appropriate solutions.

The Fourth International Conference on Adult Education, meeting at UNESCO Headquarters in

March 1985, repeats the appeal made at previous conferences, calling on all countries, despite or indeed becouse of the scale of contemporary problems, to make a determined and imaginative effort to bring about the intensive and specific development of adult education acitivities, so that women and men, both individually and collectively, can equip themselves with the educational, cultural, scientific and technological resources necessary for a type of development whose aims, requirements and practical procedures they themselves have chosen.

The conference recognizes and acclaims the energy and the trends in human relations that women and their organizations have contrebuted. Their specific experiences and methods are central to the fundamental issues on which the future of humanity depends, such as peace and equality between women and men. This being the case, women's participation is essential in the development of adult education in plans to bring about a more humane society.

Who will decide what humanity will become in the future? This is the question facing all governments, non-governmental organizations, individuals and groups. This, too, is the question facing the women and men who are working in adult education and who seek to enable all people, ranging from individuals to groups to humanity as a whole, to gain control of themselves and of their own destiny.

あとがき

まえがきでも述べたように本書はできるだけ多くの一般市民の方々に読んでいただきたい、と願っている。『教育行政学』という書名を見れば研究者はともかくとしておそらくまずは教育行政関係者か、せいぜい関心のある教師が手に取ってくださるというのが普通であろう。しかし、現代では教育行政は教育のあらゆる領域に関係しているのであり、最近は国政選挙をはじめ各種選挙の争点にもなるほど教育問題は国民的関心事になってきている。そのことを考えれば、教育とは何かを理解するために、まずは、すべての市民に教育行政に関心を持っていただきたいのである。書名の頭に「市民」を持ってきた所以である。教育行政学は教育学の中で最も政治と近接している領域なのである。

本書はおおきく四つの部分に分かれている。

第一の部分は、第一章から第五章まででそれぞれ教育行政とは何かということを取り扱っている。教育行政の原理は教育基本法第一〇条に明快に述べられており、本書はその精神に則って書かれている。二〇〇二年一一月一四日中央教育審議会は教育基本法の改正を内容とする中間答申を文部科学大臣に提出したが、現在の教育の混迷をもたらしたものは決して教育基本法なのではなく反対に池田・ロバートソン会談以後の国の教育政策が過去五〇年にわたって教育基本法の精神を無視ないし軽視した政策を採ってきたことに起因するのである（第六章ではその政策が主として教師に対してどのような影響を与えたかについて詳述した）。教育基本法の改正は全く必要なく、むしろ今こそ敗戦直後の初心に返って教育基本法の精神を実現するべく努力すべき時なのである。

第二の部分は、第六章から第八章までで教師と教育行政、子どもと教育行政、市民と教育行政のそれぞれの関係を考察している。いうまでもないが第六章教師と教育行政および第七章子どもと教育行政は学校教育、第八章市民と教育行政は社会教育の分野の事象を論じている。第六章についてはすでに述べたとおりであるが、第七章は後期中等教育の多様化政策、高校入試における内申書重視と五段階相対評価法について、ならびにそれらが子どもの学校生活にどのような影響を与えたか、今なお与え続けているか、について論述した。

例えば、二〇年以上も前のことになるが、一九八〇年三月一七日の朝日新聞の「声」欄には、大阪・堺市の現職の教員の次のような投書が掲載されている。

十五歳にして「現実」を知る

卒業前の中学三年生に、中学時代に悟ったことを、短いことばで書かせてみました。受験戦争を戦っている中学生たちの横顔です。

▽われ十三にして大志をいだき、十四にして学にこころざす。十五にして現実を知る。
▽受験戦争は急流を泳いで渡るようなもの。力を抜けば、どこまで下へ流されるかわからない。
▽若さをスポーツに燃やすことはできるが、若さだけで入試の答えは出てこない。
▽見えるものは障子に穴をあけてでも見る。聞けるものは壁に耳をあててでも聞く。しかし自分のことは、口が裂けても話さない。
▽中学生活は自分でつくるもの。未来は自分で見つけ出すもの。テストは先生が問題を見つけ出してつくるもの。
▽いたずらはうっぷんを晴らすもの。うっぷんは先生が作る。
▽優等生、二十年後裏工作で逮捕され、劣等生、二十年後平凡な会社員。

▽自由とは生きている時に味わえず、死んでから味わう楽しさ。
これを書いた中学三年生たちは、おそらく客観的には優等生の部類に入る生徒たちであっただろう。だから、主観的には「劣等生」であっても二〇年後は平凡な会社員を夢見ることがまだできている。しかし、すでに中学生時代に「どこまでも下に流された」と感じてしまった生徒たちが、親身になって理解してくれる大人に支えられたり心の内を語り合える友人を得たりした場合は別として、学習意欲を失ったり、いじめに走ったり、登校拒否を起こしたり、ぐれて暴力団の手下になったりしてもそれはそれほど驚くには当たらないのではないだろうか。そして、さらに問題なのは、現在も教育行政がこのように中学時代にすでにどこまでも下に流されたと感じている生徒をその後の二〇年間大量に再生産し続けているということである。

第八章では、市民と教育行政との関係を、第二次大戦後日本に新たに誕生した新しい教育機関としての公民館の生成と発展の経過を通して考えてみた。

第三の部分は、第九章だけであるが、ここでは「二一世紀の教育改革の課題」を若い研究者や実践家の協力を得て展望しようと試みた。それぞれ重要な課題を的確かつ明快に論述してくださったことに対し各執筆者に深く感謝している。

第四の部分は、特論一・二・三として、私のこれまでの論考から教育行政学に関連するいくつかの論文を収録した。

巻末の資料は本文の理解を確かなものとしていただくために収録した。いろいろな面で活用をお願いしたい。

各論文の初出について一覧にしておく。

第一章〜第五章　『教育行政学』中央大学通信教育部　一九九三（非売品）

第六章・第七章　書き下ろし

第八章　小林文人・佐藤一子編著『世界の社会教育施設と公民館―草の根(グラスルーツ)の参加と学び―』エイデル研究所　二〇〇一

第九章第六節　日本社会教育学会編『現代公民館の創造―公民館50年の歩みと展望―』東洋館出版社　一九九九

＊第六節以外の各節は、各執筆者の書き下ろし。

特論一　『月刊社会教育』国土社　No.五三一　二〇〇〇・一

特論二・一　日本私立大学連盟『大学時報』二五七号　一九九七・一一

二　第百四十二回国会　参議院文教・科学委員会会議録第十四号　一九九八

三　中央大学父母連絡会『草のみどり』第一〇七号　一九九七・七

特論三・一　中央大学教育学研究会『教育学論集』第三五集　一九九三

二　同・第三六集　一九九四

三　同・第三七集　一九九五

本書は私にとって初めての単行本である。論文執筆自体もたいへん難航したが、慣れない編集作業には思いの外手間取った。中央大学出版部の矢崎英明氏、平山勝基氏の丁寧なアドバイスがあったればこそその困難を乗り越えられたと思っている。記して感謝の意を表したい。

二〇〇三年三月

奥　田　泰　弘

執筆者紹介

〈編著者〉

奥田泰弘　中央大学文学部教授（教育行政学・社会教育担当）。
1935年京都府生まれ。東京教育大学卒業、同大学院教育学研究科修士課程卒業。『月刊社会教育』編集長、福生市公民館運営審議会委員長、福生市生涯学習審議会委員、イギリス・レスター大学客員教授、全国私立大学教職課程研究連絡協議会事務局長、社会教育推進全国協議会委員長等を歴任。
主な著書・論文に『世界教育史体系36・社会教育史』（共著）講談社・1974、「1970年代における公民館整備の動向とその意義」日本教育学会『教育学研究』第52巻第４号・1985。「イギリスにおける教育改革の動向（その１－３）」『教育学論集』第35・36・37集、1993・1994・1995、『変動期の教員養成』（共著）同時代社・1998、『社会教育・生涯学習ハンドブック（第６版）』（共編）エイデル研究所・2000、『世界の社会教育施設と公民館』（共著）エイデル研究所・2001、その他多数。

〈第９章執筆者〉

内田純一　東京都教職員研修センター研究主事。〔第１節執筆〕

廣田　健　中央大学兼任講師。〔第２節執筆〕

小宮山弘樹　中央大学大学院文学研究科教育学専攻博士後期課程。〔第３節執筆〕

山田　功　中央大学兼任講師。〔第４節執筆〕

入澤　充　東京女子体育大学助教授。〔第５節執筆〕

片野親義　さいたま市立岸町公民館長。〔第６節二執筆〕

市民・子ども・教師のための**教育行政学**

2003年4月28日　初版第1刷発行

編著者　奥 田 泰 弘
発行者　中央大学出版部
代表者　辰 川 弘 敬

発 行 所
中 央 大 学 出 版 部
192-0393 東京都八王子市東中野742-1
電話 0426(74)2351 FAX 0426(74)2352
http://www2.chuo-u.ac.jp/up/

電算印刷・渋谷文泉閣

ISBN 4-8057-6143-1